近代中國政治外交史

坂野正高◎著
陳鵬仁、劉崇稜◎譯

臺灣商務印書館發行

史學家的慣例，只敘述事件不加論斷

——夏燮《明通鑑》（一八七一）

代序

方今海外諸國，日起爭雄，自人視之，雖有中外之分，自天視之，殆無彼此之異。《書經》曰：「皇天無親，惟德是輔」。

——兵部左侍郎王茂蔭（一八五八）（《籌辦夷務始末》，咸豐朝，卷二十八，頁四八）

泰西雖強，尚在七萬里以外，日本則近在戶闥，伺我虛實，誠為中國永遠大患。

——李鴻章（一八七四）（《籌辦夷務始末》，同治朝，卷九十九，頁三二）

凡一統之世，必以農立國……並爭之世，必以商立國。

——康有為「公車上書」（一八九五）

革命者，去腐敗而存良善者也；革命者，由野蠻而進文明者也；革命者，除奴隸而為主人者也。

——鄒容（一八八五—一九〇五）《革命軍》（一九〇三）

余致力於國民革命凡四十年，其目的在求中國之自由平等，積四十年之經驗，深知欲達此目的，必須喚起民衆及聯合世界上以平等待我之民族，共同奮鬥。

——孫文遺囑（一九二五）

目次

第三章　朝貢關係——「叩頭」問題……63

第九章　喪失邊疆・其一……261

第一章　外政機構、外交文書、外交史研究

對我們來說，在近代史的場合，會覺得有重壓感的是，一定有很多未知的史料，存在於某些地方。（中略）就以手邊的有限史料，反過來說，至少在當時這些史料是得以存在的；就站在當時的歷史事實至少容許存在這些史料的立場，我想就會產生徹底來分析這些史料的力量。

——「座談會・關於中國近代史的研究」（《歷史評論》，八九號，一九五七年十月）頁三〇

情報（資訊）在外政（交）機構之中流傳。文字化後被儲存起來的就是外交文書。外交文書在最初不對外公開的，但不久後可以公開，於是學者就可以利用它，從事外交史的研究。（相同的事項，稍為擴大範圍來說，可以分為政治機構、公文書、政治史研究等三個階段來研究）。茲從這一個角度來概略敘述近代中國政治外交史的研究資料。

第一節　總論

在近代外交的世界，職司一個國家外政（交）的機構，是本國的外交部和大使公使所派駐的在外使領館。（英文稱外交部為 Foreign Office，在駐外使領館服務的人員為 diplomatic service。兩者合稱 foreign service）。

以議會民主制的國家為例，外交部長以對議會負責的內閣之一員，在外交官僚的輔佐之下，決定政策之立案。換言之，外交部分為外交部長和外交官員的官僚組織。外交部長是行政機關的外交部的官僚組織的長官，同時也是內閣之一員的政治家和外交家。

外交部長對派駐國的大使或公使發出訓令(diplomatic instractions)。訓令中，常有外交部和國內其他部會之間來往公文的類似抄本的參考資料「附件」(inclosures)。

大使或公使依訓令，經常與駐在國的外交部進行交涉。此外，經常觀察駐在國的情勢，進行資訊之蒐集與分析，而且不斷的向外交部長提出報告(diplomatic dispatches)。這些報告之中，也經常附有與駐在國的外交部長之間的來往文書抄本，或拜會外交部長時的記錄，或與駐在國開港通商地方的本國領事館之間的來往文書的抄本等等附件。

在外交部本部，有訓令的原稿和大使・公使送來的報告（謄清影印）的存檔。在外館方面則有留存的訓令和寄送本國的報告的原稿檔案，以及寄送駐在國外交部的公文原稿、駐在國的外交部送來大使館的公文等等。上述文書的全部，通稱為外交文書(diplomatic documents)。

對中國外交史的研究，在鴉片戰爭後不久的初期，從上海到廣州之間的五個通商港口的領事館記錄，是非常重要的資料。

保存在外交部的外交文書，是先放在外交官員的手邊。在英國是兩年期間視為「最近辦理期間」(current)，此後放置在外交部的圖書館，再經過二十年後移置於文件館。在英國和美國，國立文件館是在別的獨立的建築物裡。在法國，各部會裡都有國立文件館的分館，外交文書就繼續個別分置於外交部之中。日本在東京的北之丸公園，於一九七一年完成國立公文書館的建築物，但被批評過於狹小。外交文書則如後述，由新設置的外務省外交史料館保管。此外，駐外使領館的記錄，經過某種程度的歲月後，沒有保存的場所而送回本國，收進本國的文件館。

外交文書如何讓學者來使用呢？在議會制國家，政府必須不斷的向議會提出文書報告，請求議會的支持。例如開戰時，為了爭取戰費預算，無論如何都必須提示資料。這種如英國的藍皮書，毋須經過長久時間，就有不少資料可以公開。

有別於向議會即時提出的部分，通常有五十年的保密規定。也就是有五十年期間，禁止將外交文書提供給部外人士閱覽的慣例。英國在近年的勞工黨內閣時代，將五十年縮短為三十年，採取每年一月一日起，自去年底算起，公開三十年前文書的方式。也就是以一九七二年當年來說，可以公開一九四一年底以前的資料。唯限於有關第二次世界大戰的文書，在一九七二年中已全部公開。美國的慣例是經過二十五年便公開，在一九七一年時，學者已可利用一九四六年以前的資料。在革命或戰爭之後，有暴露秘密條約或為了追究對方國家的戰爭責任，常有讓學者編纂的外交文書的大量出版。這一類文書集，在第一次世界大戰及第二次大戰後出版很多。日本的外交文書，現在保存於一九七一年四月在東京麻布新設的外務省外交史料館，已公開到一九四五年的第二次大戰終結的時期部分。此後的部分，至執筆本書時（一九七三年六月），尚未決定要公開到經過幾年之部分的原則。

位居決策中樞的首相和外交部長，或擔任交涉的大使、公使等人的私人信函和日記，其重要性不低於公文書的外交文書。在私人信函當中，尤其重要的是，通常被稱為秘函(private letters)者。這是外交部長乃至外交次長和駐外單位之間，與正式的文書來往同時進行的非正式的通信。雖然是秘函，但也是工作上的「非正式」層級的通信。秘函因為不是公文書，因此不會刊登在藍皮書上。通常也不會收藏在文件館，而會帶回自己的家。如人事資料，不便記載在公函上的也採取這種方式。但也有對某些事項，先經過互相試探或協調之後再記載在公函上的方法。其實這才是最有趣的資料。然而秘函被保存在關係人的子孫家中，不出門外。經過一段歲月之後，庫存太多而礙事，於是或在歷史家的希望下，送到圖書館或文件館寄存。學者便有可能利用到它了。

為了從事在非常狹窄的，以外交交涉的經過為中心的外交史研究，當前最低限度必須要有上述的資料。而且僅憑一個國家的資料是不充分的，也必須參考對方國家的資料，或相關的第三個資料，甚至有必要對照站在如第三者、觀察者立場的第三國的相同資料。

且說，擴大研究的視野，將政策的立案過程或決定過程，或外交交涉的成果，對國內外有何影響等種種要因為對象，也就是廣義的政治學方面，則應該涉及的資料範圍也就擴大。因此必須參考範圍非常大的公文書和秘件及議會的議事錄，甚至政黨內部的文書記錄。這是很難獲得的資料之一。在中國史的研究上，傳教師的報告，貿易商社和國際金融業者的內部記錄，壓力團體的請願書、小册子，群眾運動的標語牌等等，都是非常重要的資料。例如英國的現場當局，大量蒐集鴉片戰爭以後的排外運動的傳單類原件或抄寫本，寄回英國本國。當然，報紙、雜誌類也極為重要。

到了二十世紀，外交的要因更涉及多方面，因此電視的錄影帶也成為重要的資料。例如發生大規模的示威遊行。示威遊行，在整體上還算平和，但發生部分脫序，與警方發生肢體衝突時，只拍攝肢體衝突的場面，透過人造衛星向全世界播映，於是有在電視上只看到肢體衝突的畫面，在腦海產生不快感的人，和在現場看到整體示威遊行的過程而認為沒什麼大事的人。看電視的一般民眾，對放映的部分，瞬間產生強烈的衝擊。如果忽視這種現象，是不能研究現代史的。民意調查的資料也很重要。如此看來，資料的範圍更加擴大，分析的方法，也不得不採取高度的立體性方法了。

第二節　關於中國方面的重要相關資料

首先有《大清歷朝實錄》（簡稱《清實錄》）的龐大基本資料。簡言之，這是在清朝的中央政府，直接輔佐皇帝的軍機處所起草的上諭，按照日期順序排列的資料。上諭有機密訓令（稱為寄信上諭或廷寄）和公布於中外的布告（明發上諭）兩種。

上諭的內容涉及內政、外交、行政、裁判、稅制、經濟、社會事項等等。因此《清實錄》可說是具有顯現清朝社會森羅萬象的萬花筒性格的資料集。因為是站在政府當局的立場所寫的，所以對事物的觀點和事實的認定上，難免有某種的偏差。但無論如何，它是總括性的極為基本性的資料。一九三七—三八年曾公開出版照相版（影印本）。

《籌辦夷務始末》。這是和《實錄》不同，是以對外關係為對象的資料集。它不僅有聖旨，也有上奏文。因此比《實錄》更加詳密。也就是《夷務始末》，是把對外關係的聖旨和上奏文及其他資料，按照日期順序編排的。包括始自鴉片爭論的一八三六至七四年，計有二百六十卷，一百三十冊。由軍機處編纂，保存於內廷的部分，於一九二九—三一年（？）刊出影印本。

其次是《清季外交史料》（鉛印本，一九三二—三五）。實質上這是《籌辦夷務始末》的續編，是一部非官方性質的編纂物。由曾經擔任軍機處書記官（「章京」）十八年的王彥威，在公餘編纂的，再由他的兒子王亮再加以補充，包括一八七五至一九一一年的資料（僅本文就有一百四十六冊）。研究中國外交史時，將《籌辦夷務始末》和《清季外交史料》從頭到尾全部通通看一遍，就能將一八三六至一九一一年的中國外交動向，化成流動的歷史感觸，追蹤相當細膩的痕跡。

以上三種，是已經被編纂的資料，它的材料就是原始的手寫資料。在此簡單的回溯一下，上奏文的傳達和處理的手續。

譬如，地方的總督呈奉上奏文。清代的上奏文有題本和奏摺。題本是從明代以來的方式，有固定的繁複的傳達、處理方式。因為題本的處理很費時間，也不能保守機密，所以在康熙帝時（一六九三），想出一種非正式的可以迅速而秘密處理的方式，叫做奏摺，此後就以奏摺這種方式為中心進行。奏摺在開始時是皇帝和該上奏者之間的秘密通訊方式，因為數量漸漸的增加，皇帝一人已無法處理，就以軍機處為遵照皇帝的命令處理奏摺的機構，於雍正帝時設置軍機處（一七三〇）。

奏摺送到北京後，經奏事處直接呈給皇帝。原則上由皇帝先看。

題本則經由通政使司送到內閣，內閣大學士先看加上處理意見後呈奉皇帝。這種手續叫做「票擬」（或「票簽」）。皇帝先看過奏摺後，將必要的部分交給軍機大臣。軍機大臣接受皇帝的口頭指示起草聖旨（「擬旨」）。不必發出聖旨的場合，在奏摺上批簡短的指示，這叫做硃批。有硃批的上奏文（「硃批奏摺」）原件，會被送回原來的上奏人。上奏人在上奏文的原稿（「奏稿」）上寫上某年某月某日「奉到」此一硃批。硃批奏摺的原件，因為有皇帝的硃批，臣下不能私自保存，再送還北京繳回硃批奏摺，在宮中保存（「宮中檔案」）。

軍機處在處理奏摺時錄製副本（「錄副」）。做這項工作的是軍機章京，是從其他官衙徵調頭腦反應快，下筆也快的中堅官員，每日輪流到軍機處兼任的。副本類以保存記錄，存放在軍機處記錄庫的方略館大庫，按照日期順序整理置於「摺包」袋中保存。

軍機處的「檔案」（保存記錄），現有六十餘萬件留在北京，由國家檔案局明清檔案館負責保存整理。有一部分在台北的國立故宮博物院。宮中的繳回硃批奏摺，有四十餘萬件在北京，十餘萬件在台北。

軍機處的檔案，在一九三〇年代，由北京的故宮博物院一點一點編輯出版。現在由北京的國家檔案局明清檔案館慢慢進行的軍機處檔案之出版，可以說是同一工作的繼續。此外，由北京的中國史學會主編，總稱為《中國近代史叢刊》的「鴉片戰爭」到「辛亥革命」的各種資料集（至一九七一年已出版十種），大致上可以說是蒐集已經出版的各種資料者，但也收入不少軍機處尚未出版的檔案。另外，前述在台北的宮中檔案，據故宮博物院出版的《故宮文獻》（一九六九年十二月創刊，季刊），已自最早的康熙年間（一六六一——一七二二）部分，按照順序出版照相版。

《籌辦夷務始末》的照相版發行之後，當時的清華大學教授蔣廷黻（一八九五——一九六五），每天都到故宮博物院，探索在《夷務始末》所沒有的有關外交資料，抄寫大約二千件。這就是《籌辦夷務始末補遺》。此一抄寫的資料集，據說在抗戰期間，於後方的疏散地被日軍的轟炸燒失，但可能留有曬藍本，現在被保存在中國的某地，好像從這一資料常被引用。

自蔣廷黻的《籌辦夷務始末補遺》中，當時在北京留學中的J・K・費正清(Fairbank, 1907-?)教授，將在自己的研究上必要的部分，請人抄取的，現仍保存在哈佛大學的費正清教授的研究室裡。一九六六年，台北的近代史研究所把它編輯，題為《道光咸豐兩朝籌辦夷務始末補遺》出版。

相當於日本外務省保存記錄的是總理衙門、外務部、外交部的檔案。這類資料於一九四九年全部運到台灣。一九五五年，中央研究院新設近代史研究所，保存運到台灣來的這一批資料。在近代史研究所的保存記錄之中，有很多比《籌辦夷務始末》和《清季外交史料》更詳細的資料，大部分是按件分別編纂，被稱為《清檔》，而以照相印刷或活版印刷，陸續發行中。

以上是關於中國中央政府的文書。此外，也陸續刊行地方的保存記錄。廣東省文史研究館編印的《三元里人民抗英鬥爭史料》（一九五九）就是一個例子。

另外，不是官廳保存的公文書，而由中央或地方官員在政治舞台上實際活動的人，也就是所謂「關係人」(participants)所寫的資料也很重要。如前述的「奏稿」也是其中的一種。大官的「奏稿」會完整的保存，常被編輯出版。另有意見書、回憶錄，乃至自傳（「自訂年譜」）、書簡或日記、為別人的著作所寫的序文、受託所寫的墓碑銘等等。也有蒐集上述種種資料的個人《文集》。如李鴻章的文集《李文忠公全集》（一九〇八，全一六六卷）就是代表性的一種，是研究清末政治外交史的不可或缺的豐富的基本資料。

其次有所謂的民間資料。有詩歌、小說、戲曲、散文之類。如阿英編纂的《鴉片戰爭文學集》（一九五七，全二冊）、《中法戰爭文學集》（一九五七）、《庚子事變文學集》（一九五九，全二冊）等就是實際例子。最近在日本，譬如研究義和團或太平天國時，除了過去使用的正統資料之外，已出現使用在當地以現在的民謠或民間故事的形態留傳下來的資料之研究成果。

在中國方面的資料，有不是漢文而用英文所寫的大量未公開發行的官方資料。外人稅務司制，於一八五四年開始在上海試用後，在亞羅號事件以後擴大實施於全國通商開港的海關。這種新方式的中國海關被稱為洋關，英國人羅拔·赫德(Sir Robert Hart,1835-1911)，自一八六三年起出任總稅務司四十多年。有很多洋關的外國人職員所寫的英文資料。這也是很重要的資料，已經有依據這些資料的研究成果。將這些資料譯成中文，在中國以《帝國主義與中國海關》為題的已經出版有七本。

清末，中文的報紙、雜誌次第發行很多。有維持較久的，也有兩三年便中斷的，但都在某種意義上，可以說是報導事實，蒐錄公文書，顯示輿論或為政治性宣傳和啟蒙的手段，因此也是很重要的資料。此外，不是民間報紙，可說是半官半民的官報《京報》(*Peking Gazette*)，在研究清代政治過程上應該受到注意的資料之一，可惜尚未受到充分的利用。

第三節　資料與史實

——資料操作的問題

本節以引用自刊登在日本的《歷史評論》八九號（一九五七年十月）的「關於中國近代史的研究」座談會紀錄的形式來記述。這個座談會，以市古宙三先生為中心，野原四郎先生擔任司儀進行的。

市古氏的發言：

「我現在最困擾的一點是，如何來操作史料的問題。要研究某一事項的時候，首先要蒐集所有相關的史料，一件一件確認它的可信性，然後才可以使用史料。這是我們在學生時代一再的被教下來，現在也確信這是歷史研究者首先必須做的工作。……可是近代史的史料，比古代史、中世的史料，非常的豐富。而且這種史料，個人收藏的比公共圖書館的還要多，……在近代史中，連專家都不知名的史料有很多，況且又沒有如史籍題解之類的，這種情況，使蒐集近代史的史料陷於困難地步。尤其難以處理的是，跑遍到處圖書館蒐集的史料，仔細加以查證，發現可信性不高的有很多。同時史料的記載不一致的也很多。這時候到底要依據那一個史料才好，幾乎找不到可以成為決定性的史料。」（頁二一一—二一二）

市古氏繼續說：

「發生這種問題的時候，在研究古代、中世史的場合，有慎重地考證應該採取那一種的論文可資參考的依據，但中國近代史的場合，這種論文比較少。……任意採用對自己的論證比較適合的，這樣的情形，近代史的研究者比古代史、中世史的研究者，比較不在乎吧。」（頁二一二）

又說：

「關於某一事項，有採用A史料之說而放棄B史料，對另外一項則放棄A史料而採取B史料，如果不說明為什麼採用A或B，則無論引用多少史料，我認為這種論文沒有多大價值。……漢文或多或少，有可以了解意思的地方，所以多讀一點前後的文章，常常會發現絕對不是這樣解釋的地方。」（頁二一四）

其次出現聯合目錄(union catalogue)的問題，和希望有追蹤史料系統的文獻解題的話題。

「……因為不知道要到那一家圖書館才能找到這本書，所以為了找一本書，常有必須跑三、四家圖書館的情形。為了省去這種浪費，無論如何希望早一點有聯合目錄。還有，書的內容也有很多不懂的地方，沒有類似圖書解題也很感困擾。史料雖然豐富，但意外的有很多是只抄寫別人的史料而已。所以只要好好整理史料的系統，近代史的史料一定會減少很多。」（頁二七）

再來引用同一座談會的田中正俊先生的發言。

「還有看不到的史料所以有還不能下筆的沉重壓力感……如何來克服呢……史料的數量，以我們的能力來說，可以說是無限量的，反而——我們的能力是有限的，所以在現在能夠看到的所有史料當中，如果不抱持自己將它吸收予以理論化的目標，我想同樣的對任何時代的歷史也都寫不出來……從歷史事實和史料的關係來說，做為史料而留到現在的資料，對於史實是極度受限而且是有限的，所以手邊的這些有限的史料，反過來說，至少在當時這些史料得以存在，因此站在當時的歷史事實，至少容許這些史料之存在的立場，我想就會產生徹底分析這些史料的力量。」（頁三〇）

歷史性的事實，也就是史實與資料的不同，在這裡被尖銳地指摘出來。

此外，下面引用的市古氏的發言，觸及對資料的讀取方法的非常重要的問題。

「我在最近的一、二年間，從報紙、雜誌、地志類，試著蒐集有關清末民變的史料。在地志上操作一整天都找不到任何東西，有一整天寫不出一行字的日子。這種日子很是失望，感嘆如果有索引該多好。但是現在回想起來，反而認為沒有索引才好。因為如果有了索引，只會依照它寫出有關民變的記錄，而不會去理會其他的記錄。因為清末的民變，不是只蒐集有關民變的記錄就可以研究的。……因為同一時代的所有事項都和民變相關的。不限於民變，任何事項都互相有關連。因為在沒有索引的狀況下，從頭翻遍報紙、雜誌、地志，自然的其他記錄都進入眼裡——是按照字面進入眼裡，絕不是說讀了它——只是進入眼裡，但也籠統地知道了清末這個時代是怎樣的一個時代，我認為是太好了。」（頁三四）

以筆者的方式重新說的話，對研究外交史的人來說，最基本的中國方面的資料是《籌辦夷務始末》和《清季外交史料》等等。雖然如此，在先前說明基本資料時，最先提出《大清實錄》的第一個理由，是因為《大清實錄》是在北京政府中樞部的決策場所成為問題的森羅萬象，是如同萬花筒般展開的記錄之故。因此將《大清實錄》和《籌辦夷務始末》同時讀下來，就能對於彼一時此一時的對外政策問題，在北京政府面臨的各種問題之中，到底具有多大的相對的重要性或優先順位、籠統地能夠予以定位之故。

第二章 清代的政治機構

The Chinese official is nowadays less an administrator than a tax-collector;but an infinitesimal portion of his revenues is wasted on such heads of expenditure as police, jastice, roads, education, fire-prevention, sanitation, or others of the numerous expenses falling on the official purse in the west; so far as we, with our limited Occidental mind, can see, he exists solely for his own maintenance and that of his fellow-officials, his superiors and his subordinates.

——H. B. Morse, *The Trade and Administration of the Chinese Empire* (Shanghai, etc.: Kelly and Walsh, 1908), p. 81.

陋規有必須改革者。斟酌其間，有因革相半者。斷斷乎有必革者。

——黃六鴻《福惠全書》（序文，康熙三十三年〔一六九四〕）卷三

第一節　總論

1　君主獨裁制

清代的政治機構，大抵可以定位為君主獨裁制。這是直接承襲明代的政治機構。同時為清朝的新機軸，在政治機構的中樞部，新設軍機處。也就是這兩者的複合形態。

在中國的歷史上，以君主獨裁制(monarchical despotism)為問題的觀點有多種。在此注意以下的兩點。第一點是以唐末以前的「貴族政治」，自宋代（九六〇—一二七九）改變為獨裁制的觀點（內藤湖南（一八六六—一九三四）說）。此處所說的貴族政治，是指貴族集團獨占重要官職群的政治機構（非指個別官職與個別家族有世襲性的結合）。自宋代改成獨裁政治，是如後述與「科舉」制度的發展有密切的關連。第二點，是強調非立憲君主制的觀點。這個觀點，以織田萬（一八六八—一九四五）主編的《清朝行政法》（一九一〇—一四）可以看出其代表性。中國的歷史，以分為「古代」和尚未來臨的「近世」之二分法的時代區分來說明，以對比「專制政治」和「近世法治國家」、「立憲國家」①。

在外交史上的問題點，對於來到中國的外國當局人員來說，銘記在他們印象中的是，中國的政治機構是獨裁君主的權力非常強烈的專制體制。執拗地要求在中國的首都北京常駐外交使節的背後，就是因為有了上述的印象。由於歐美各國當局對於中國政治機構的認知，可以說是在對中國政府，如何促其遵守條約的設想下定型的。

2 分權國家（非集權國家）

將清代視為分權國家的觀點，在織田萬主編的《清朝行政法》中，有兩點最典型的討論。其一是地方長官（總督、巡撫）直屬於皇帝，與中央官廳（六部）對等，不受其指揮命令。其二，是中央各官廳也相互對等，各別直屬於皇帝②。

在外交史上的問題點必須留意的是，有以傾向於歐洲的絕對王制的類推法來觀察在中國的外國外交當局，這與現實的中國的分權性政治構造，到底有何關連的問題。

分權國家的另一個問題是，在權力構造上的中央與地方的平衡問題。這個問題不能一概而論。因時有差異或變化，也會因外在的影響而發生變化。對於這一個問題的決定性重要關鍵，在如何來看鄉紳的分擔任務。

3 征服王朝

清代的中國，可謂是由一小撮滿州人來統治三億以上中國人（漢人）的征服王朝的時代。試就征服王朝的問題點來加以思索③。

第一，是以武力的統治。滿州王朝於一六四四年入關定都北京，至平定中原，大約費時十七年。接著自一六七三年連續到八一年有三藩之亂。也就是自入關至平定三藩之亂費時三十七年。在這一武力平定的過程，同時強制弁髮，不服從強制弁髮者，併用斬首的苛烈威嚇手段。被平定的中原戰略要地，由稱為「八旗」的軍隊控制。

第二，是繼續維持明代以來既存的社會構造和政治構造，亦即與漢人支配層締結可以說是階級性的連帶關係。促成此一狀況的背景是入關以前的滿州人社會，已經採取相當多的接近中國的體制。換言之，原為狩獵民族的滿州人社會，已經開始適應接近中國的農耕社會，這一點已受到相當的注目。另一方面，建立清朝之後，在政治機構上，如後述採取了滿漢箝制的結構，同時不能忽略雖然繼承明代的政治機構，卻也想出奏摺和軍機處等滿州化的新的統治技術乃至統治機構。

第三，實施巧妙的思想統制。原為夷狄的滿州人，於入主中國後，首先處理了傳統性的華夷思想的意識形態的艱難問題。中國之所以為中華，並非因為是漢民族，而是擔負高度文化的旗手之故。擔負高度文化的旗手並非唯一而可有複數。亦即不一定是漢民族，只要有高度文化就能成為中華的旗手。滿州人就是採取這樣的觀點來處理華夷思想④。清朝也獎勵宋學。他們是將政治思想上，宋學的重心在將尊重上下身分的思想利用於觀念形態的。宋學自明代以來被作為科舉考試的經書的公定解釋之基準，清朝也將之繼承。到了乾隆時代，開始採取極為嚴苛的「禁書」政策。也就是在清朝初期，比較放任言論的自由⑤，而在權力基礎鞏固之後，開始採取峻烈的壓迫言論政策。據傳，有五百三十八種，一萬三千八百餘的書籍被查禁。在壓制的反面，也進行大規模的編纂事業，散發巨額報酬，以懷柔讀書人。康熙、雍正時代編纂《古今圖書集成》，乾隆時代編纂《四庫全書》就是實際的例子。

第四，採取滿人不同化政策。以征服王朝君臨中國的內陸亞洲諸民族，據云經長久時間多被漢民族的文化同化吸收。清朝在最後也幾乎被同化，但至少在政策上採取非同化政策，也就是對滿州人自漢人社會，採取在社會上、文化上隔離的政策。例如在雍正時代，「封禁」滿州人根據地的滿州，禁止漢人的移住。雖然沒有嚴格執行封禁，但在某一時期，確實明確地採取封禁政策。此外，也禁止滿州人和中國人之間的通婚。另外對滿州人撥給稱為「旗地」的農地，禁止從事農業以外的生產⑥。

清朝是征服王朝，這在外交史上也是一個問題點。例如對清末的對外政策的決定過程加以仔細的觀察，在處理危機時的政策決定者的行動模式中，可以發現是以維持自己的權力地位為首要，為滿州王朝的利害打算，和生根於中國社會的漢人當事者的利害打算之間，時常有微妙的差異。另一方面，在外國方面，如英國的外交官，視清朝為征服王朝的主要原因，有過大評價的傾向非常顯著。

還有，征服王朝並不限於清朝。征服王朝，在中國歷史上曾經反覆的出現過。中國史，一方面也是中原的農耕社會和內陸亞洲的遊牧騎馬民族社會之間的勢力關係的變遷以及相互規律的歷史。

第二節 中央官廳

1 「政務統一的機關」

「政務統一的機關」這句話，援用自織田萬的《清朝行政法》中的用語。簡言之，是指直接輔佐皇帝的參議(council)。統一政務的機關，可以分為清初就設立的機構，和一七三〇年前後設立的新制度。

(1) 清初的機關

清初的政務統一的機關有兩個單位。

(a) 「議政大臣會議」（又稱「議政王大臣會議」），是由皇族、滿州貴族、舊臣為構成員（大部分為滿州人）的滿人政治社會特有的合議體。其背後有皇帝和有力的皇族們各自掌握自己的軍隊，處於對抗關係，皇帝的權力就由有力的權門的聯合政權所支持，處於勢力關係的均衡分配狀況之下。

(b)「內閣」，是繼承明朝制度的機關。它的機能在執行「票擬」（又稱票簽）。這是對上奏文，大臣起草皇帝要下達的聖旨的草案（內閣付上票擬的上奏文稱為「題本」）。清朝的內閣特徵在任用相同人數的滿人和漢人為內閣的大學士。大學士有四人，滿、漢各兩人。協辦大學士有兩人，滿、漢各一人，合計六名。內閣的沿革，是將滿文的文書譯成漢文，及將漢文的文書譯成滿文的，征服王朝必備的翻譯機關。

在上述兩單位的合議體之中，議政大臣會議掌理軍事、外交等重要國務，內閣掌理其他的一般政務。議政大臣會議不但可以單獨舉行會議，還經常和其他官廳以聯席會議（廷臣會議）的形式發揮機能。

(2) 軍機處

於一七三〇年（雍正八年）創設當時稱「軍需房」，接著稱「軍需處」，一七三二年改稱「辦理軍機處」，而且鑄造專用的「印信」。創設期的軍機處，也曾經被稱為「軍機房」。

軍機處，在最初是為了對亞細亞內陸行使軍事力，雍正帝（在位一七二三—三五）所設的為了指導戰爭，由極少數高官構成的小委員會。一七三八年乾隆帝親政之後，成為全面職司重要政務的委員會(council)⑦。

軍機處置軍機大臣若干名。雖然沒有定額，但見至清末的歷任者的統計，有三至十名。未規定滿漢同數，但統計上幾乎是同數。原則上不是專任的官職，而由有本職的高官兼任。原則上不用皇族。滿州人的大臣中，上三旗（直屬皇帝的八旗）的旗人較多，占六一％。一七九九年以後，軍機大臣原則上不得兼任御前大臣。軍機大臣之下置稱為軍機章京的書記官（軍機章京，為滿州語 chang ying 之音譯），名額為滿人、漢人各十六名，原則上仍以其他官廳的中堅官員到軍機處兼任，分為兩班工作。軍機處的印信由宦官奏事太監保管。

軍機處職司涉及內政、外交的文武一切重要國務，主要的列舉如下：第一，每日之晉見奉答（到皇帝面前回答諮問）。第二，處理付有票籤之題本。第三，處理奏摺。題本是先由內閣付票籤後呈給皇帝御覽；奏摺則如第一章的說明，經由奏事處直接送到皇帝，由皇帝第一個先看。最早是由皇帝親自處理奏摺，只有呈上奏摺的官員和皇帝知道內容。後來由於奏摺的數量增加，皇帝一人已無法處理，所以為了輔佐處理奏摺才設了軍機大臣。亦即軍機處的設置，是與奏摺政治的發展，有密切的關連。第四，是起草上諭（「擬旨」）。上諭有明發上諭和寄信上諭（廷寄）之別。明發上諭的性質是一般可以發表的，而寄信上諭是秘密的訓令。第五，是處理重要的人事。

總而言之，軍機處吸收了清初的議政王大臣和內閣所有的全部職權。因而皇帝直接加強把握了政策決定機構，「奏摺」就在這樣的變化過程中，滿州人皇帝想出來的決定通信的新方式了⑧。

由於議政大臣會議淪為有名無實，因此於一七九二年廢除。內閣則持續到清末。因為有必要保存清代官人最高地位的內閣大學士官職的職位之故。

如上所述，變成以軍機處為中心的機構變化之背後，似乎有相對的滿人上層的勢力關係之變化。亦即皇帝於初期在八旗中只掌握上三旗而已，後來掌握了包括下五旗的全體。甚至貫徹了八旗的官僚制度化。本來八旗是由幾個有力的皇族和所謂封建性的忠勤服從關係，以人際關係結合的。後來被切斷與特定家族的關係，變成官僚制化的軍隊中的職位集合體，八旗的部隊司令官，變成由滿州人大官每隔短暫期間，轉來轉去調動的形式被任命。

2 「政務分擔的機關」

「政務分擔的機關」這一概念，也是依照織田萬的《清朝行政法》的用例。

(1) 序論

首先舉出清代的政務分擔機關和近代國家的 ministry 的不同的地方。

第一、非單獨制(monocratic)而是合議制(collegial, collegiate)的官廳。第二，長官為 ex-officio 而非政務統一的機關(council)的成員。第三，直屬於皇帝，與直接輔佐皇帝的軍機處「平行」，在機構上不從屬。惟從機能上觀之，重心在軍機處。第四，與地方的大官「平行」，不能直接下命令。（對等的官廳間的通信，使用「咨」〔又稱「咨文」〕形式的公文書。也併用稱為「函」的不拘禮節的方式）。

(2) 六部

隋唐以來，歷代的王朝設置下列六單位的「部」，總稱為六部。

吏部——職司文官的任免賞罰之官廳，至唐代為貴族的搬弄人事大本營。

户部——掌理財務。

禮部——掌理典禮、學校事務、科舉、朝貢國。請注意科舉和朝貢國屬其所管。

兵部——不但有關軍事，交通行政（驛遞）也屬其掌管。

刑部——以合議執行的上級法院之一部門，也掌理判決集之編輯等司法事務。

工部——掌理土木及軍需品之製造等。

以上六「部」的共同構造，簡述之有合議體的長官。稱為「堂官」，由尚書二名，侍郎四名組成。尚書滿、漢各一人。侍郎有左侍郎和右侍郎，亦各滿、漢一人。尚書的品級比侍郎高，侍郎以右侍郎的地位較高，但無大臣、次長等關係，尚書與侍郎共六名成為一體的合議體，構成「部」的長官。

堂官之下有局、處、科等單位。相當於局的單位稱為「清吏司」。清吏司的數目各部不一。各清吏司有司員（司官）和筆帖式(bitheshi)（滿州話，書記之意）和書吏（胥吏）。司員分為郎中、員外郎、主事等三級，郎中就是局長（司長）級。筆帖式為滿州人，人數甚多。可以說是為了「飼養」多數滿州人。最下級的書吏，在官僚機構的項目再詳加說明。

各部設有相當於秘書處的檔房和司務廳。檔房又稱為本房，有職司文案的堂主事（相當於大臣秘書官）。司務廳有職司文書收發的司務（相當文書課長）。

(3) 其他官廳（若干舉例）（詳情參照《清朝行政法》改訂第一卷，上）

(a) 翰林院　可以說是直屬天子的秘書室。被稱為「儲才之地」，是年輕菁英官僚的集中地，擁有數百人。被視為「清貴」的官廳。實際上是以科舉為媒介，可以織出搓出來的人事網，是隱藏「美味」的機構（學政、鄉會試的考試官是由翰林院派遣的）。

(b) 詹事府　秦漢以來設置的皇太子府。清代，除初期之外未立皇太子，故完全是冗員。為充作翰林院系統的官員之升遷職位，被保留⑨。

(c) 大理寺　三法司（大理寺、都察院、刑部）之一，執行死罪之裁判。

(d) 理藩院　管轄亞細亞內陸（蒙古、青海、西藏、回部）之官廳，由滿州人控制，是於清代新設的機構。理藩院所屬清吏司中，典屬清吏司掌管的有外蒙古的郵傳和互市、西藏、喇嘛教之外，還有和俄羅斯的交涉、貿易等單位。

3 「政務監察的機關」

為「政務監察的機關」（《清朝行政法》之用語）設置都察院。以滿、漢同數的左都御史二名、左副都御史四名，合計六名的合議體構成堂官。地方長官的總督兼任右都御史，巡撫兼任右副都御史。總督與巡撫得以右都御史或右副都御史資格互相彈劾。

都察院的科室分為六科十五道。六科為吏、户、禮、兵、刑、工，配屬二十四名給事中。十五道有冠上京畿道、河南道、江南道、浙江道等地方名稱，配屬五十六名監察御史。亦即六科十五道，總共配置八十名科道官。六科十五道未必是都御史的下屬，各科各道及各給事中和御史，都可以單獨上奏。

都察院的職掌如左。

(a) 政務之監察（會計檢查等書面審查、實地監察）及朝儀之監察。

(b) 彈劾及建言（「言事」）。都察院的給事中和御史的重要職務之一為彈劾及建言，因此科道官又稱「言官」，陳述意見稱為「言路」（經常使用「洞開言路」、「杜言路」等用語）。

(c) 參加廷臣會議，接受重要國務之諮詢。

(d) 參加重要裁判的聯合法庭之一。

(e) 將題本（紅本）回送（科鈔）六部。題本在六科抄寫兩份，其一稱為「史書」送內閣史官，做為編纂歷史的材料保存。另一份稱為「錄書」，做為六科的保存記錄歸檔。

都察院為中堅菁英官員集中場所的意義上，是類似翰林院的存在。沒有資格直接參與政策之決定，是以發言為任務的衙門。都察院、翰林院、詹事府都是所謂「清議」的中心，對外危機時成為主戰論、拒和論的大本營。

此外，附帶說明，中央政府的「官」（不包括吏）的人數，是明代的二、三倍。這是因為清朝不僅繼承明代的制度，同時併用滿漢人員，還要提供滿州人的職務，因此如前述設置了筆帖式的職位之故⑩。

4 廷臣會議

廷臣會議，是中國自古以來就有的決定政策方式之一。是直接從明代繼承。如被稱為「九卿科道」的聯席會議便是。九卿是併稱六部和都察院、通政司、大理寺等九個官廳堂官的總稱。其人數有六部總計三十六人。都察院六人。通政司四人。大理寺四人。科道即科道官，如前述總計八十人。因此九卿科道的總數達一百三十人。廷臣會議之外，前述滿州人固有的聯席會議之議政大臣會議，其歷史上的由來雖異，但也是廷臣會議之一種。

在做重要決定時，雖在過程中有諮詢這種各官廳聯席會議之政治性慣例，但決定權保留在皇帝乃至輔佐皇帝的委員會手中。被召集參加聯席會議的官廳則不一。此外，在裁判制度上，死罪案件有由「九卿詹事科道」審理的慣例。議政大臣會議雖然單獨可以發生機能，但多和「九卿詹事科道」或「九卿科道」舉行聯席會議。

議政大臣於一七九二年廢除之後，廷臣會議仍然至清末經常召開，尤其在決定和戰之時屢屢召開。再加兩件與廷臣會議相關的事項。其一是決定政策的方式之一，有事先屢屢對地方大官諮詢，然後將諮詢的回答再提請廷臣會議覆議的情形也不少見。似乎這麼做是通例的。

其二是如何處理死罪案件的問題。總的說來考量政治機構時，有必要注意其政治機構的骨架：刑事訴訟手續和徵稅機構的狀況。簡言之，為了合法處刑，到底採取怎樣的手續，以及如何向人民徵稅的問題。茲就清代的裁判機構略述如下。

第一，正規的審級制。對死罪案件採取七級制。即始自州縣，次為府的階段。再次為布政使、按察使的階段。第四級為總督、巡撫的階段。第五級為三法司的階段。第六級為「九卿詹事科道」的廷臣會議的階段。最後才由皇帝決定的七階段手續⑪。但是裁判的舉行方法，比起近代的裁判，有強烈的行政性的性格⑫。

第二，「就地正法」。指不經過前述的正規裁判手續，將「土匪」之類立即決定處刑者。實際上很多場合是幾乎不加區別的處死很多的人。有事先獲授權「就地正法」者，也有是否獲授權不明確的場合。在發生內亂或暴動時，事實上就以現場的判斷，廣泛的採取就地正法的樣子。

第三，村落、行會（公會）的自律性裁判機構。在村落或行會，以自律性的裁判，執行包括死刑在內的案件，經史家的研究，已公諸於世⑬。

第三節　地方官制

1　地方官衙的等級制度

各「省」(province)的長官，即相當於地方長官者，有總督和巡撫。其下面有主司財務和人事的布政使，及主司裁判的按察使。省之下分置若干道，道有道員。道之下分置若干府，府的長官有知府。地方行政組織的末端單位為縣或州。縣與州合計大約有一千三百。其大部分為縣，及若干的州。縣的長官稱知縣，州的長官稱知州。知縣與知州俗稱州縣官（關於州縣官，在以下的說明，為了方便只言及知縣）。

以上所述的地方官衙的一般等級制度之外，還有直屬皇帝，屬於一種欽差官的「學政」（「提督學政」），是引人注目的官職。學政在各省派駐一名，是在省內巡迴舉辦科舉初試（童試）最後階段的院試之官員。總督、巡撫是二品官，學政則是五品乃至七品的翰林官，但不隸屬於總督或巡撫，在公務上碰頭時，可以採取平等的禮儀。

2 若干問題點

(1) 督撫的配置

各省的長官是總督、巡撫（合併簡稱督撫），實際上在十八省的所有省並未配置總督和巡撫各一人。大致上在二至三個省配置一個總督，各省又各有一個巡撫。因此，某一省的長官，有管轄該省的巡撫，和包括該省在內，管轄二至三省的總督等二人。但也有只有總督而沒有巡撫的省，同時也有只有巡撫而沒有總督的省。如北京所在的直隸省，有直隸總督（駐在保定）而無巡撫。南邊的山東省則無總督，只有山東巡撫（駐在濟南）。山東省南方的長江三角洲地帶的江蘇、安徽、江西三省，分別有江蘇巡撫（駐在蘇州）、安徽巡撫（駐在安慶）、江西巡撫（駐在南昌），而有統轄這三省的兩江總督駐在南京。在外交史上不斷出現地名的上海在江蘇省，江蘇省的長官是江蘇巡撫和兩江總督。再南邊有浙江省和福建省。浙江省有浙江巡撫（駐在杭州），福建省有福建巡撫（駐在福州）。這兩省的總督有閩浙總督，也駐在福州。也就是總督和巡撫駐在同一地點，各有各的衙門（稱為「同城」）。再往南有廣東省和廣西省。廣東有廣東巡撫（駐在廣州），廣西有廣西巡撫（駐在桂林）。統轄兩省的兩廣總督也駐在廣州（即為廣東巡撫同域）。

(2) 督撫的相互關係

總督是二至三省的長官，巡撫是一個省的長官。從品級而言，總督是正二品，巡撫是從二品。總督加銜尚書時是從一品，巡撫加銜侍郎是正二品。雖然總督比巡撫的品級高一階，但不是巡撫的上司。總督與巡撫都直屬皇帝，是平等的官員。權限與管轄事項，雖然在法令規定上有些細微差異，也有重複，實際上幾乎擁有同樣重複的權限。例如關於江蘇省的問題向中央提出報告時，由兩江總督和江蘇巡撫連署將上奏文呈送北京。

(3) 督撫與中央官廳之關係

總督與巡撫不但相互平等，同時各自直屬皇帝，不隸屬於北京六部及其他中央官廳，而和這些官廳是同格的。因此，除向皇帝呈送上奏文之外，與各中央官廳之間互相以平等的咨文公文形式，或以「函」的非公式文書通信的。六部不能直接對總督和巡撫下達命令。只能上奏皇帝，由皇帝下達聖旨的方式，才能動得了總督和巡撫。

(4) 滿漢箝制

在中央官廳的長官級，有滿州人和漢人同數的規定，相對的在地方則無此規定。但觀之實際的配置，大致上漢人比滿州人較多⑭。尤其在十九世紀中葉增多。但從大體上看來，重要職務有相互監視的配置。如最重要職位的直隸總督或兩江總督，多由滿州人擔任。又如某省的總督為滿州人，則巡撫多由漢人出任。

(5)「學政」的任務

學政，主要由翰林官之中，以三年任期為限巡迴派遣至各地的欽差官，雖然品級較低，但直屬於皇帝，與督撫平等。是以科舉的預備考試（「童試」——及格者稱為生員〔俗稱「秀才」〕）第三階段的「院試」考官，巡迴省內主持院試為其職務。學政另外可能負有表面上沒有公開的任務，也就是以皇帝的耳目，監視地方長官行動的任務⑮。

3 州縣官

州縣官一身兼具種種職務。知縣衙門的六個辦事部門，模仿北京的六部分為「六房」，由知縣全權統轄。

知縣隨身帶二至數名「幕友」和數名「長隨」（相當從者或家中下人）。到任地方的衙門，有在該衙門長年窩下來的「書吏」和「衙役」。書吏配置在六房，實際擔任文書工作；衙役則擔任衙門的手腳、信使、傳令兵甚至暴力工作。知縣在衙門內有辦公室和居所，使喚幕友和長隨來管理及支配書吏和衙役。在衙門外，有在當地頗有影響力的鄉紳。鄉紳是具有與知縣相等甚或更高的科舉學位的地方頭子。知縣在求取鄉紳的協助下施政。

如上略述之外，有關知縣衙門的構造，在相關官僚機構的章節再詳述。

4 對地方大官的重要事項之諮詢

在廷臣會議項中已述，決定政策之一方式，對於重要事項常有對地方大官發出諮詢。然後以諮詢的回答為參考，在中央由皇帝來決定，或將地方的回答再交廷臣會議再議。⑯

第四節　軍制（軍隊與警察）

1　八旗

八旗是滿州王朝自己培訓的軍隊。據稱兵力約有二十萬人。八旗是由正黃旗、鑲黃旗、正白旗、鑲白旗、正紅旗、鑲紅旗、正藍旗、鑲藍旗所構成。有滿州八旗、蒙古八旗、漢軍八旗的區別，各由上述八色的旗組成。其中以滿州八旗最大。據《光緒會典》（一八九九年編輯完成），滿州八旗由六百八十一佐領構成。「佐領」是八旗軍隊的編成單位，滿州話叫做NIRU。一佐領定為一百五十人。漢軍八旗有二百六十六佐領，蒙古八旗有二百零四佐領。

八旗有旗籍，在户籍上與八旗以外的中國人有別。屬於旗籍的人稱為旗人。但旗人不一定全部是八旗的軍人，是從旗人中招募志願兵組成八旗軍的。

漢軍八旗，在入關以前的重要任務，是擔任火器的製造和操作的部隊。明朝的軍隊所使用近世火藥的外國製大砲，滿州人不會使用，所以利用會使用這種大砲，也會鑄造的投降漢人來編成漢軍八旗的。在入關以後的平定中原的過程中，以及和台灣的國姓爺（鄭氏一族）的戰爭中，漢軍具有的使用火器能力，和操縱船隻的能力，都發揮了很大的威力。

在八旗中，構成相當於親衛隊的禁旅八旗主力的親軍營和其他的部隊，僅由滿州八旗和蒙古八旗編組而成，不許漢軍八旗加入。

八旗又有上三旗和下五旗之區別（這種區別在滿州八旗、蒙古八旗及漢軍八旗都有）。如前已述，皇帝在最初是有力的權門之一，是聯合政權當中的 primus inter pares，所以在軍事上皇帝並未率領八旗的全部，開始的幾年期間，只率領八旗中的二旗，接著率領三旗，這就是上三旗。其他的五旗由諸王分別率領。因此上三旗在種種意義上接近皇帝。例如軍機大臣多出自上三旗的旗人。此外，前述的「親軍營」，也是由滿州和蒙古的上三旗的子弟所組成的。再從親軍營所屬的菁英組成「侍衛處」。其長官稱為領侍衛內大臣（名額六人，從上三旗中各任命二人）。侍衛處擔任北京紫禁城的守衛，及巡幸時的隨扈等皇帝身邊的護衛任務。也有以屬於侍衛處的侍衛為皇帝的間諜，派遣到各地方去的很多例子⑰。

侍衛處又管轄奏事處。如前述，奏事處是收取地方官員直接送給皇帝的奏摺的處所⑱。

其次，有關「內旗」與「外旗」之區別，是只在滿州八旗才有的區別。外旗是八旗的普通軍人，而內旗其實不是滿州人，是收編俘虜和投降者，以漢人較多，滿州話就叫 bo-i（包衣），英語譯成 bond-servant。有上三旗包衣和下三旗包衣。內務府由上三旗的包衣構成。內務府是掌理有關皇帝本人事務的官衙（有關皇帝以外的皇族（宗室）事務由「宗人府」掌理）。如粵海關監督及織造（官營的編織工廠長官）等收入多的欽差官，多從內務府派出，這意味上三旗的包衣，也擔任為皇帝本人吸取私人財源的白手套任務。可以說包衣是皇帝手中的棋子的一種。因此構成內務府的眾多包衣，和以考取科舉的漢人所構成的一般 bureaucracy 不同，屬於皇帝本身掌握的 personal bureaucracy，但大部分的包衣只擔任警衛或雜役程度的工作而已⑲。

八旗的軍事力量的配置特徵，是集中的配置在全國的戰略要點，不採分散零星配置，重點配置各數千的兵力。從全盤看來，重點放在北京周邊和滿州地方，大約駐紮半數。

2 綠營（綠旗）

綠營是將明代的雜軍予以整理減半，大約有六十萬兵力。與其說是軍隊，更近於警察。在多數場所，以小型兵力如警察派出所般極度分散的配置。八旗則如前述，在重要地點集中配置，形同控制綠營。綠營的指揮系統也很細分化，成為大軍不容易集中的構造。

3 衙役

衙役在州縣衙門，執行徵稅、召喚、拷問、行刑，或傳令等工作，簡言之，是構成權力末端的暴力裝置，詳情在第七節再述。

4 保甲

保甲與日本德川時代的五人組制度有些類似，是在州縣官管理下的行政性的網眼兒。集十家為一牌，每牌置牌頭，集十牌為甲，置甲長。十甲也就是一千家為一保，置保正。保甲採連帶責任制，在某保、甲或牌之中發生的犯罪事件，要由屬於該單位的各家負起連帶責任。也在州縣官管理下擔任戶籍事務及警察事務之一端。

保甲是自上面壓下來的行政性網目，另外有自然的村落性的，由下而上的自治組織，兩者之間也能窺出有對抗的關係。

5 團練（鄉勇）

團練，是鄉紳在州縣官監督之下組成的鄉土自衛組織。為對付內亂或外敵應時組成的。有農民為了保護自己的農村（自然村落）而組織的，也有如廣東的都市的失業者流浪者受雇組成的團練。

第五節　財政

清朝的財政極為複雜。可以說至今還沒有明確的被了解。本節僅概觀其收入與支出，指出若干問題點。

1 收入

(1) 傳統的稅捐收入

傳統的稅捐收入，主要的有三種。第一是課徵農地的「地丁銀」（「田賦」）。第二是課徵鹽的「鹽課」。在中國製鹽或賣鹽，都必須向官方繳付保護費取得官府許可，但取得官府許可的鹽商，在製鹽及賣鹽時仍然要繳納稅金。第三是「常關稅」，即關稅。對關稅則無區別國內關稅和外國貿易關稅的觀念。只要在商品通路的重要地點處處設置關卡，對通過的商品加以課稅。

征收稅捐，採取承包制，對稅金個別定有分攤數額（「定額」）(quota)。如地丁銀的定額——加少許其他雜稅之額度——全國定為約三千三百三十五萬兩，各省各定多少不一的數額，末端的各別州縣也分別規定一定數額。同樣的鹽課的定額為總數約七百四十八萬兩，常關稅定額總數約四百三十五萬兩。常關稅中，在外交史上常被提到的廣州粵海關的定額為九十萬兩⑳。

關於稅金有「中飽」(embezzlement)的事實。所謂中飽，是把從民眾徵收的稅金之中，或從國庫支出的金額之中，官員從中私吞放入私囊的情形㉑。

(2) 新型的稅收方法

第一是捐納。是政府出售科舉的一定階段的資格，或官位、或官職。雖然是自古以來的收入方法，但清朝最大規模的進行。每有大事件便訴諸這一手段。在太平天國之時也以大規模的捐納，擴大收入㉒。

第二是釐金。這是對通過商業都市的商品課徵一至一〇%的稅金。一八五三年為籌措討伐太平天國的一項財源，在江蘇試辦後數年，施行於全國。雖然是獲得北京的許可開始的稅收，但由鄉紳負責徵收。後來雖由官方負責徵收，事實上仍由地方控制用途，是中央難以統制的財源。釐金與一般常關稅，被外國人視為內地通過稅而抗爭。釐金在太平天國滅亡後仍存續至民國時代，成為二十世紀的恢復關稅自主權運動的很大障礙。

第三是洋關稅。詳在後面章節再談，在此僅指出洋關稅在十九世紀末有過相當的重要性㉓。

2 支出

支出的最大特徵在軍事費的過多。如與增加新經費項目的清末區別，軍事費幾乎佔總經費的半數以上。此外，文武官員的薪俸，同樣的在各時代都佔總經費的六〇%以上（亦即軍事費的相當部分是薪資）。軍費之所以多，不外為了維持統治機構本身，或為維持治安，花費了相當部分的費用。軍費以外的項目，以治水費約佔一〇%而受到注目。

3 財政的分權性性格

政治機構的分權性性格，明確的表現在財政上。由於國家經費與地方經費應無區別，及户部在官制上被稱為財政的「總匯」，其職權及於國家全部財政，因此乍看之下似為集權性，其實在制度上及實際上都有顯著的分權性。

在税收方面，分為保留在徵收當地使用的部分（「留支」），和送到户部的部分（「京餉」），及依户部指示送到缺乏財源的其他省分的部分（「協餉」）等三部分使用。大體上，各省的經費由各省自行籌措為原則，以地方支出經費的剩餘呈送北京為實際上的慣例。亦即本來的制度是決定留支與協餉的額度，其餘全額解送户部為原則，後來改為決定京餉的定額，只要解送定額即可。但實際情形好像是保留地方的必要部分，其餘解送北京㉔。

分權制的一個現象是，户部不能直接指揮命令督撫。原則上户部對督撫的非法支出有「駁議」的權限，可以向皇帝奏請予以彈劾，發動皇帝的監督權，實際上户部幾乎沒有行使過駁議權。似乎京餉不按定額送達的是常態。

H・B・摩斯指出的「common purse」制度的欠缺也是財政分權制的現象。税收有很多種類，分別自各地方徵收，在觀念上將全部税收作為國庫的收入，置於一個大容器之中，然後從這一大容器中支出各種科目的費用，這就是「common purse」制度。清朝就不是這樣，而一一事先指定自某某場所徵收的某某項目的收入，應由某某官署使用於某某項目。相反的，也為了某一官署的某一項目的支出財源，而指定複數的地方的税收充抵。如指定五十二個不同的財源，充抵北京八旗的費用。又將A省的某項收入撥給B省，將B省的收入撥抵C省的支出，將C省的收入撥給A省，也絕不相抵。簡單言之，縱使將A省的某項財源撥給B省使用，將B省的某項財源撥給A省使用時，各省並不相抵而使用自己省份的收入。因為相抵則將侵害到隨著將特定財源稅收撥給對方省份時，某些人物以種種形式可以從中揩油的「既得利益」之故㉕。

清朝財政性格的另一個問題，是現實的收入與支出的大小未有改變。實際上動用的金額則有表面上的「定額」的好幾倍，民眾實際所繳納的稅額，與定額之間有很大的差距。其中的一部分雖然可視為是官員事實上的俸給（可說是前期性的手續費收入），及若干行政費用的支出，其餘的部分則是完全的非法，賄賂性的收入。

4 屬於戶部管轄的國家財政與皇帝直接把持的皇室財產之對抗關係

在明代，皇帝有驅使宦官為皇帝本身開發財源，以製造皇帝的私人財產。清朝則有驅使內務府的包衣，收集皇帝自己的財產。此種皇室財政與正規的國家財政之間，在明代有淒慘的對抗關係。互相如禿鷹般使用對方的財源，不使用自己財源的傾向。在明代歷史中記錄的，宦官與讀書人出身的官員之間的血腥鬥爭，從財政方面來看就有這種對抗關係的存在。清朝的狀況也是一個研究的課題㉖。

第六節 欽差大臣

1 總論

現任某官職者，限於特定事項，受皇帝派遣臨時任務時稱欽差官。欽差官之中，三品以上之大臣稱謂欽差大臣。在內亂或戰爭或外交交涉時，常有派遣京中或京外之大臣為欽差大臣之例子。鴉片戰爭時的林則徐就是其例。欽差大臣於被派遣時，受交付刻有「欽差大臣關防」之長方形官印。

關於欽差大臣，受到注目的是雖然以某特定事項而派遣，但其權限則頗曖昧。雖然可以說是相關的現象，如果將該事項妥善處理可獲褒獎，但處理不當時，也有被處罰的可能，也就是以處理結果的責任來判斷業績的傾向很強。這在清朝乃至舊中國的整個官僚機構是如此，尤其在欽差大臣的場合更能明顯可見。

2　常設化的欽差大臣

從沿革上看來，清朝時的總督和巡撫，可以說是明代時的類似欽差大臣的常設化官職。前述的清代學政和粵海關監督，也可以說是常設化的欽差官。在此只提出外交史上常設化的欽差大臣。

自一八四四至五九年，派駐廣東的兩廣總督，銜欽差大臣資格，擔任對外交涉的窗口。當時俗稱「廣東的欽差大臣」。廣東的欽差大臣，於一八五九年移往上海，改由南京的兩江總督銜欽差大臣資格擔任外交交涉。俗稱「上海的欽差大臣」。上海的欽差大臣，於北京設置總理衙門的新外交機構體制中，自一八六〇年以後稱「南洋通商大臣」，略稱「南洋大臣」，繼續到了清末。

一八六一年，在天津置辦理三口通商大臣。所謂「三口」是指牛莊、天津、芝罘的三個港口。一八七〇年廢除三口通商大臣，改由直隸總督繼承其職務，並被授予欽差大臣資格。直隸總督本來派駐在保定，而從此時開始改駐天津，冬季白河結冰時回保定、春季時又到天津辦事。後來此一職務被稱為北洋通商大臣或北洋大臣，由李鴻章長期擔任此一職位。

3 在外使節

中國於一八七七年開始在外國設置在外使領館，派駐公使。清朝稱公使為大清欽差出使大臣。原則上以北京的從三品的官員派任。如具有光祿寺卿等本職的人，以任期三年為限臨時派到英國的形式派遣的。

4 外國駐清外交使節自稱的漢名

外國的駐清外交使節的自稱漢名，也開始使用欽差大臣的稱號。所謂欽差大臣，只有中國的皇帝才能任命，準朝貢國的各外國不可能有欽差大臣。在外國方面，為了對中國表示平等而自稱欽差大臣，從中國方面看來是很不遜的行為㉗。

5 他國的類似事例

欽差大臣是中國特有的官職，雖然自明代就已出現，但類似的制度，在其他國家也可見。據說在古代的波斯帝國也可見到同樣的事例㉘。又如歐州的絕對王政時代，專制君主為了破壞擔負中世性憲法秩序的地方豪族權力，從中央派出國王的親信到地方，逐漸奪取地方的財政和裁判等權限，這些被稱為委員或專員的國王親信，與中國的欽差大臣加以比較，或許是更能使欽差大臣的性格明確的一種方法㉙。

第七節　官僚機構

1　前言——官人、官員

Mandarin 這句話，根據《簡明牛津辭典》(*Shorter Oxford Dictionary*)，是在一五八九年（明代中葉）始出現於文獻，用於指中國的具有正一品至從九品的品級官員之用語("A generic name for all grades of Chinese officials, of which there were nine, each distinguished by a particular kind of batton.[The Chinese name is Kwan.]")。語源出自葡萄牙語、馬來語、梵語等等的語言。

不把中國的官員稱為 magistrate 或 official，何以稱為 mandarin 的理由，可能是 mandarin 具有一種特別的語感之故。他們具有歐州的官員所沒有的畏怖和權力，包在複雜的禮儀和莊重的威儀之中，如要擤一下鼻涕，也要裝模做樣，可以說是捕捉君臨民眾頭上的中國官員的一個側面的用語。

2　科舉

(1)　前言

所謂科舉，是以「科目」「舉」人，是錄用官員的考試。據說科舉始於西曆五八七年（隋朝時代），建立於宋代。從歷史上看來，是推翻持續至唐末的「貴族政治」，確立及維持君主的政治權力的一種重要手段的機能，在政治上的意義是阻止封建化(Feudalisielung)的一個主要因素。在宋代建立，是指這個時代加上了皇帝親自主持的殿試，一直繼續到清末，而於一九〇五年廢除。

在中國錄用官員的方法，有「正途」和「倚途（雜途）」之區別。正途指科舉和蔭，倚途有捐官（捐納）和保舉兩種。

(2) 考試階段

科舉考試的各階段，除最後階段在北京舉行的會試、殿試之外，每一階段在每一地區都按地區別定有及格的名額。此一定額並不按照人口的比例，而是按照該一地區人民的生活文化程度和政治性考量來決定的。

(a) 預備考試（學校試）（童試）

預備考試的考生稱「童生」（無論年齡多大的考生一律稱童生）。及格者稱「生員」（秀才）。生員就是「縣學」的學生之意。雖說是縣學，但並不實際授課，只是有縣學這一制度，成為縣學的一份子之意。

童試也分為三個階段。第一是「縣試」，由知縣擔任考試官。第二是「府試」，由知府擔任考試官。第三是「院試」，由省的學政巡迴各府舉行。太平天國領袖洪秀全及格縣試，但第二階段的府試以後沒有及格，是個落第秀才。

(b) 正式考試（科舉考）

鄉試——每三年在省城舉行。及格者被授予舉人的資格。鄉試的主試者是總督或巡撫，考試官由北京翰林院派遣的欽差官擔任。

會試——每三年，在舉行鄉試之翌年在北京辦理會試，禮部尚書負責試務，考試官由大官選任，及格者獲授予「貢士」的資格。

殿試——接會試舉行殿試。原則上由皇帝親自擔任考試官，故稱為殿試，惟實際上是由大官擔任考試官出題及閱卷，將成績最好的幾份考卷，呈上由皇帝親自閱卷決定名次。

殿試不再是篩選貢士，僅決定貢士的成績順位，考完殿試者稱為「進士」。每次約有三百人及格。及格者又區分為一甲、二甲、三甲等三級，一甲規定為三名。以第一名及格者（一甲第一名）俗稱「狀元」，第二名（一甲第二名）俗稱「榜眼」，第三名（一甲第三名）俗稱「探花」。二甲約有一百名左右，剩下的大約兩百名列三甲。進士的及格順位，例如是某年考試的二甲第十名，或三甲五十六名等順位，將終生成為這一位進士的經歷，多多少少左右他的官場前程。

(3)　考試科目

考試科目有「文」、「詩」、「策」三項。「文」從四書五經出考題。「詩」是考作詩。「策」又稱策論或策文，試寫一種政策論文。答案必須以被稱為「八股文」㉚的特殊文體書寫，因此科舉也是作文技術的考試。在答案內容上，四書五經以宋學為解釋的公定基準。策論雖以政治批判為原則，實際上所出的試題是迴避批評現政的題目，答案也不能有批評現政府的內容。因為透過科舉實施宋學的正統性灌溉的結果，中國的知識份子（讀書人）陷入只具一種定型的思考模式，或必須表現只有這種定型的思考模式的樣子。因此可以說科舉成為持續阻止中國的「近代化」的精神上風土上的一個主要原因。另一重點是以八股文所象徵的，科舉只不過是作文的考試而已㉛。

(4)　應考資格

原則上是公開而四民平等。婦女不得應考，男性除賤民之外，任何人都有應考資格㉜。雖說四民平等，事實上多屬地主的子弟。為了應考讀書，或遠道赴考，都必需花費很多金錢之故。據京都大學教授宮崎市定著《科舉》（中公新書，一九六三，頁一九三），在十六世紀當時，赴北京參加會試和殿試的一切費用，幾乎和現在的一對夫妻去周遊世界的費用相同。因而形成了土地、官職和教育的三項相互關連的三角形。地主或其子弟才有時間讀書接受教育。接受教育才能報考科舉。通過科舉才能做官，做官才能發財，發財才能買土地成為地主，成為地主才有閒暇時間讀書㉝。

在中國，以公開考試(open competition)採用官員之事，很早就透過耶穌會傳教士介紹到歐洲。據說它在歐洲的近代官僚制的形成過程中，對考試採用制度之成立，有了某種程度的影響。

(5) 師生同門關係之形成

科舉的考試官俗稱「座師」，及格者稱為「門生」。同期的及格者稱為「同年」，這種縱（垂直）的座師與門生的關係（「師生」關係），與橫的同年關係，編成門路關係網。這種門路關係網，為保身或發跡顯達，或為吸取不正當收入的吸取器，都非常有用。

可以想到的是，翰林院的官員有很多擔任學政或科舉的考試官。翰林官被說成遠離決定政策的，與腥膻的利害關係無緣的「清貴」官員，然而實際上則如前述，是最有機會結成門路關係的，很有妙處的職位。

(6) 進士的出路

獲得進士資格者，是以何種通路或順序進入官界及升遷的呢？一言以蔽之，成績良好者被留在翰林院，同時升遷也最快。

首先，一甲的三人，立即被任命為翰林院的本官。其次依接殿試之後，在翰林院舉行的「朝考」成績，一甲的三人以外的進士，被分為A、B、C三級，A級成為翰林院庶吉士。庶吉士是附屬於翰林院的稱為「庶常館」的學校學生。B級被任命為六部主事（正六品），但三年期間是額外主事，也就是編制外的見習生，無薪給，俗稱「學習進士」。C級被派往地方任知縣。直隸省的知縣品級是正六品，其他省份的知縣是正七品。知縣雖然是轉來轉去不固定的職位，收入卻比京官多得多㉞。

A級的庶吉士，在三年後受「散館考試」，然後依成績分為一等、二等、三等三級。一等任命為翰林院本官，二等任用為六部主事等，三等派出地方為知縣。

總之，一甲的三人，依翰林院庶吉士的散館考試成績擔任翰林院本官或六部主事者，以及朝考結果為B級而任六部見習進士者留在中央服務。留在中央服務者也有後來轉出地方者。這是希望收入較多，自願請調到地方的。

繼續留在中央者之中，形成官僚機構的所謂內部集團，再從內部集團，有人出任尚書、侍郎、大學士、軍機大臣等（軍機大臣大致上由大學士、尚書、侍郎之中甄選兼任）㉟。

3　科舉以外的登用方法

(1)　捐納

捐納是繳納金錢買官職或一定官人身分乃至科舉的一定階段資格之行為，又稱捐官。慣例是先買生員的資格，叫做例監生，簡稱監生。可以買到的有候補官或實職，京官可以買到郎中為止，外官也可以買到道員。

捐納在中國古時就有，但清代特別盛行，尤其在十九世紀後半有大規模的進行。透過此一管道，有大量商人進入官界㊱。

地主或地主的子弟參加科舉考試落第數次後，有以捐納購買監生地位的場合。因為只要得到監生的地位，就能成為保護同族的財產的手段之故。

(2)　保舉

保舉是以大官為保證人，受其推薦而進入官界之途徑。雖然是古代就有的方法，而在鎮壓太平天國的過程及此後廣泛可見。原為軍人或大官下面的書記，經由此一途徑成為高級官員的不在少數㊲。

(3) 蔭

有恩蔭和難蔭。恩蔭是大官的子弟，如大學士或尚書之子獲得官人資格的場合。難蔭是因內亂或戰爭，或因洪水時出動治水工程而犧牲生命的官人之子，給予資格以代替撫卹的場合。大官的子弟雖因蔭而獲得資格，但因凡庸而不能出人頭地的情形頗多。

4 候補與候選

——外補與內選

成為舉人或進士之後，雖然獲得任官資格，但未必所有人立刻被任命為實職。對於有資格的人數，官職相對的很少，因此存在不少等待任命的候補人員。由於十九世紀中葉開始，有大量捐納與保舉者進入官界，更使候補人員的人數，尤其在地方更加膨脹。這批候補人員，有候補（候補官、候補人員）和候選（候選官、候選人員）兩批。

曾經留學過北京，撰寫臨時台灣舊慣調查會《清朝行政法》第一卷（初版一九〇五年，改訂版一九一四年）「官吏法」㊳部分草稿之狩野直喜博士（一八六八—一九四七），於一九〇七年的演講中說（狩野《讀書篡餘》〔弘文堂，一九四七〕頁一六五—一六六）「大體上，文官的任免是中央的吏部掌管的㊴，獲得任用資格者的名字都會被登記在吏部的登記冊上。然後在某縣出缺時，以抽籤（「掣籤」）來決定補缺的人。此一制度確實自明代中葉就開始㊵，而有任用資格者等待吏部抽籤的狀態稱為候選。此外，另有候補。候選與候補的不同雖然很複雜，但候選是自己不知道會被派遣到何處，也不知其地位；而候補則已經過吏部的手續，依吏部的指定或自己的志願，前往某省的省城等待就任。〔中略〕候補已受該省的總督或巡撫的監督，每月一日或十五日，無事也要到總督那裡去侍候，這期間由總督來考核候補的人品。當時已設置很多《大清會典》所規定的官制以外的各種官署，〔中略〕因此就暫時由這種官署任用。如某局的總辦，大概就是候補道的出處。這種職位未必請示吏部，可由總督的權限來派遣，雖然仍由中央政府公告，任用則是總督的權限。總而言之，候補和候選都是官員〔中略〕須保持官吏的體面，但不知道是否能夠得到自己一生的地位，所以非常苦惱。也就是沒有錢就不能做官。如江蘇省有六十二個縣，它的候補竟有六百人，這樣大概就可以想像了」㊶。

與狩野博士於一九〇〇年同時在北京守城，後來在北京大學堂師範館擔任六年多總教習的服部宇之吉博士（一八六七—一九三九），在日本的清朝駐屯軍司令部編的《北京誌》（博文館，一九〇八，全九二六頁）的題為「候補與候選」項目下所述㊷，和前面的狩野博士的說明相補，姑且可做候補與候選的相關解說。

曰：「無內外官之別，初任官者先稱候補。候補乃俟補實之義，即有官而無職者。在京各衙門之候補官，在京俟時之到來。固對本官無職，不必出勤衙門。止長官之更迭，新年團拜，京察（三年一次之工作評定）等場合出面以足。於自己所屬衙門，因升遷、死去等發生官員缺，方依候補先後，漸得實職。又外省之候補官，赴某省為候補。但初任某官之候補時，尚未定其所屬之省分，更須經分省及分發之手續，方定其所屬省分。分省及分發雖以抽籤為原則，但本人採捐納法時得自行指定其希望之省分。稱此為指省或指發。經抽籤或指定，決定其所屬省分始赴該省為候補。道台、知府等屬總督或巡撫之監督，知州、知縣等受布政使之監督。候補固未得實職，但在外省如事務多，實職官員無法處理時，候補官經長官之命執各種職務。如充學堂總辦、提調或釐金局、團練局等之委員，或水害旱魃等臨時發生事項之調查委員，或出差海外調查各種事項等皆為候補官之職。也有一時代理某官之職務等。如此一方面學習辦事，另一方面獲得若干津貼（凡為內外官候補，皆不支薪）。然各省之候補人員甚多，故無法皆得上述之職，多數候補官無任何職務，只閒居，時來則按順序補實職㊸，惟對同一官職之候補有種種類別，得實職之遲早自不一。（中略）故有財力者利用捐納法，以求最早得就實職」（頁一三七—一三八）。再就候選敘述如下：「候選指在京侯吏部之選補者。即某省發生某官之空缺，應自候選中派補時，吏部照例規自候選官中（以抽籤）選某人，經引見（指參內謁見之事）確定赴該省即就實職。候補內外官皆有，候選獨外官才有。外官之候補必至其省，候選則在京俟選。此兩者相異之處也。」（頁一三八—一三九。以上兩處引用文之句點、傍點、括弧說明為引用者）

道台、知府以下的地方官之「缺」（職位、官職之意），從較容易的算起來，有事務比較閒散，較易管理地方出缺的所謂簡缺和中缺，及多在事務繁忙比較難治理地方的要缺和最要缺等四類（大別有兩類）。前兩者發生空缺時由吏部以抽籤選出候補官任命。無經驗的新人亦可，稱為內選或部選。後二者產生空缺時，由督撫上奏獲得許可後自該省現任同等官中平調，或自該省已輪到的候補官之中選適任者予以昇任。意思是較難的職位，以有經驗者來充任。這叫做督撫的題調（題補），對內選則稱外補。地方官的階級越下，外補的人數就比內選增多。末端的州縣官其所以外補較多，乃因為是最接近民眾的職位之故。

從沿革而言，清初的上述地方官職位全屬內選（部選）。雍正帝時創設外補制，讓無經驗之有資格者為在外候補，在地方充實實務經驗，並特定較難之職位，不列入部選之對象㊹，而委由督撫派任，以補救部選的抽籤之缺點㊺。

〔附記〕為理解清代官僚機構，候補與候選是不能迴避的問題，但其沿革與實態仍然未能完全明瞭。本項目的記述，只不過反複讀了前面所引用的文獻後的心得，當作假設描述的，也因此徒然變成冗長的文章。

5 對官人的統制機構

對於進入官僚機構的官人的統制手段，換言之，加強皇帝在制度上行使權力的體制，是有種種的方法。譬如迴避。迴避有好幾種。特別是地方官不派在其出身地（含本籍地與寄留地）就職的所謂「迴避本籍」受到注意。

又以不使同一官人長期擔任同一官職，或長期在同一任地，以短期調動為慣例。在中央官廳，雖然有過長期在刑部工作，變成法規和判例行家的例子，但地方官則以三年程度為任期，在廣闊的中國各地調來調去為常例。

另有每三年實施的定期監察制度，或稱勤務評定制度。對北京官員實施的稱為京察，對地方官實施的稱為大計。京察與大計，是對年功(seniority)和業績(merit)合併實施，以抑制重用私人。

更有彈劾制度，官員常有被具有彈劾權者（都察院官員和地方的總督、巡撫）彈劾上奏的可能。皇帝在等待彈劾後，或不待彈劾便發動懲戒權。

如已前述，將滿人與漢人同數併用在相同職位，使其互相牽制的滿漢箝制制度，也可看作是對官員的控制機構。從這種結構上可以看出，已相當發達透過整個機構互相監視的所謂特務系統。擔任皇帝的特務，被派到地方去的侍衛，及擔任科舉的初試考試官巡迴各地的同時，監視督撫以下地方官的行狀向北京打報告的學政，也可以説是這種特務系統的一部分。

在這樣的嚴密的統制系統之下，官員的地位非常的不安定，他們的浮沈也非常的激烈。

6 地方官與鄉紳（知縣衙門的構造）

(1) 書吏（胥吏、吏胥）[46] (government clerks; yamen clerks)

書吏通常由當地人出任。但具有生員或監生資格者不得出任。雖然按各縣定有數名乃至數十名之定額，實際上至少有百名，甚至有千名者。他們被配置在六個辦事處（「六房」）。此外還有承發房（文書收發室）和櫃書（徵收税金的單位）等部門，但以「六房」為中心。官吏的工作有文書的起案，令狀（「票」——逮捕令狀、徵税令狀之類）之頒發，製作徵税記錄（帳簿與收據）等等文書的整理和保存。任期雖定為五年，實際上有很多不換人只換名字而長期在位的情形。因為書吏的地位收入多，因此變相成為一種人頭，將書吏的名義借給他人而收取佣金的例子。

書吏不正式支薪，他們的收入來源是「陋規」(customary fees——一種非正規收入的手續費）及純粹的賄賂等兩種。因為書吏是與衙役勾串獲得種種收入，因此很難加以有效監督。如果嚴加監督，書吏便會一個跟著一個走掉，使官衙的工作癱瘓之故。

(2) 衙役(government runners)

衙役也是當地出身者，任期雖然是三年，實際上也都長期任職，人數也比書吏更多，一個知縣衙門有數百人，甚至有一千五百多人的例子。他們的工作是使者、警衛、或警官、雜役等等。也就是構成衙門的維持治安力，擔任催收税款和徵集勞役等等。他們大都出身貧窮，更有盜賊出身者，常與盜賊是同夥。衙役中的捕役、仵作（屍體檢視人）、禁卒、門子等被視同賤民。

衙役的年俸約僅六兩，而與書吏分贓的陋規才是他們的主要收入來源。衙役的不正當收入，如發生竊盜事件時，首先向被害人索取旅費、酒菜錢、對提供情報者的禮金、及自己奔走查案的報酬等等。被害人是有力者時，可能追回一半被盜走的物品。不是有力人士時，追回的物品全部會被捕役私吞。有時還會和盜賊平分贓物，或向盜賊每月收取陋規。在法庭執行拷打逼供或笞刑的也是衙役，這也要看給多少金來決定重打或輕打。也把無罪的人冤枉為罪人索錢。發生殺人事件時必引起很大騷動，犯人家的財產幾被搾乾。極端的例子有對發生兇殺案方圓二、三十里內的有錢人家，一家一家恐嚇株連案件勒索金錢。更甚者，有衙役在自己的家中設一間牢房，先將嫌疑人逮捕帶到自宅的牢房，先恐嚇勒索金錢後再送到衙門的監牢歸案。

(3) 長隨（家丁、家奴）(personal servants)

長隨是知縣自己雇用帶在身邊的心腹使用人。擔任控制書吏和衙役的同時，也是知縣本身收賄的白手套。定額為二十名，通常有五至三十名。長隨也是賤民待遇。

長隨的主要任務在掌控衙門內的情報、人物、金錢、物資的流通經路等戰略要衝。長隨有「門上」（門警或傳達）、「簽押」（在知縣辦公室的簽押房擔任文書工作）、「用印」（保管官印）、「值堂」（廷吏）、「管監」（看守）、「錢糧」（徵稅吏）、「司倉」（常駐穀物倉者）、「跟班」(personal attendant——侍候知縣身邊者）等種類，其中最重要的是門上。因為門上不只是門警，位居一切情報與人物經由的重要戰略要點。第一是控制出入衙門的人。第二是知縣與書吏、衙役之間的仲介者。因為知縣不直接與書吏、衙役對話，必透過門上接觸。第三是送入衙門的一切文書，及從衙門送出的一切文書都必經過門上之手。其文件在衙門內部處理的過程，從簽押房送到六房，或從六房送回簽押房，門上介於中間，成為簽押房與六房之間文件往返的通路。

此外有座省家人（駐在省都）和座府家人（駐在府）。這是知縣為了與上司的知府或總督、巡撫，以及與總督巡撫駐在同一城市的按察使、布政使等保持密切關係，派在省城或府城，以與這些上司的長隨、幕友、書吏作「公共關係」保持接觸為任務的人員。

長隨的薪給是由知縣自己支給，此外也和書吏、衙役共分陋規。僅長隨特有的陋規，有如門上收取的「門包」。門包不祇向出入衙門的外面人收取，也向衙門內的書吏和衙門收取。因為衙門內的一切文件都要經過門上的手中，不給錢的話，文件可能會被積壓在門上手中之故。門上的口袋，除慣例性的「門包」之外，最容易收取各種賄賂。

(4) 幕友(personal secretaries)

幕友是知縣個人招聘的行政專家，可說是知縣衙門的神經中樞（總督、巡撫、按察使、布政使、道員、知府也雇有幕友）。

幕友無定額，通常有五、六人，至少也有二、三人。幕友的收入，出自知縣的口袋，相當高額。幕友居住在知縣衙門內，膳食費也由知縣支給。幕友中擔任司法裁判的「刑名」支最高薪。幕友因為受高薪、無收取陋規之必要，因此比較少做壞事。幕友的主要工作有監查衙門保存的記錄和文件，及辦理不能讓書吏草擬的重要文書，以此壓制書吏、衙役、長隨為目的。

幕友也有好幾種。其中最重要的是擔任司法裁判的「刑名」，和擔任稅捐關係的「錢穀」。幕友大都具有生員資格。志願做幕友的人，為了學習必要的專門知識，拜幕友為師學習。幕友以能夠真正工作及正直為基準選聘。因為收入高，故較少不正當行為。但有幕友們集結黨派。

幕友，如刑名幕友被稱為「刑名師爺」，幕友的報酬稱「束脩」，也就是視同「先生」（老師），與知縣或知府是平等的。

(5) 紳士（鄉紳）(local gentry, local élite)

紳士是以科舉為媒介，在官僚機構獲得一定地位（生員或更高資格）之人。包括現職官員（士大夫）與不出仕，或已退職乃至取長假在野者的概念㊼。

紳士至少與知縣有平等資格，生員則在知縣以下，與具有更高資格的紳士不同，對知縣，沒有隨時訪問可獲接見的特別待遇。紳士的户籍與一般民眾不同，獲免除勞役，稅金也有少繳或免除的特權。在司法裁判上或其他也有特權或免除㊽。

紳士並非一個一個孤立的存在，而以集體具有影響力。也不是局地性孤立的地方權力，而與正規的權力機構的等級制度，在各階段有聯繫關係㊾。

生員在紳士中地位雖低，但一團結也能發揮相當強大的力量。如使用共同請願或集體罷考的手段。譬如在省城舉行鄉試時，很多生員應考而來，此時如發生某種問題，他們可能發動共同請願或集體罷考，甚至煽動排外暴動等等，使地方官坐立難安。

紳士的大部分並未任官而在鄉下為鄉紳。十九世紀時的官職總數約有四萬，而生員及具有更高資格者，在十九世紀初約有一百一十萬人（陳仲禮博士推算）。包含家眷就有四五〇萬人，即以人口為三億，則人口的一・五％具有紳士身分。其大部分居住在鄉下。他們應考科舉，不一定是想做官，可以說寧願為鄉紳，以保護同族財產為目的者較多。

鄉紳被期待參與地方行政，事實上也有參與（尤其是土木、救濟、教化等事業）。因為正規的地方官極少，因此地方行政當然以鄉紳之參與為前提。鄉紳同時是知縣與民眾之間的上意下達的仲介者。也是保衛鄉土的自衛組織的團練的組織者。官方權力，對於民眾的武裝雖然有很大的警戒性，實際上卻不得不依賴它。鄉紳以團練之組織領導者，常常又成為排外運動的組織領導者。因為擁有名為團練的某種程度的軍事力，因此也能對抗官方權力，也能壓迫民眾。也有鄉紳驅使團練濫殺民眾的事件㊿。

鄉紳在繳稅上比一般民眾居有利地位。如不必付追加稅。庶民在納稅時對於銀兩與銅錢的換算率，常被強迫按市場行情或更高的恣意性的比率，鄉紳則可以主張法定換算率。因而有鄉紳為非紳士的人代繳稅金的「包攬」的盛行。

更有鄉紳對司法裁判施加壓力的情況。如生員在法律上無訴訟的當事者能力，被禁止出入衙門，但實際上常有與書吏勾結，對司法審判施加壓力。

(6) 租棧

「對於貧窮而付不起的人施予酌情處理。同樣的對於強勢而不付的人也加以酌情處理。」（村松祐次《近代江南之租棧》頁一六二）

茲將村松祐次教授對地主文書的周密檢討後的詳細研究㊿概要說明如下。租棧是具有紳士資格之地主，接受他人土地之寄託，總括起來管理經營的組織。接受土地之寄託來管理，當時的中國話稱為「包攬」。租棧以代收佃農租金，代繳租稅，支出徵收佃農租金的費用，從剩餘的純收益中收取手續費（「棧費」）。徵收佃農租金，由常駐鄉村的租棧職員「催甲」親自辦理，或由衙門的衙役受催甲的指使，由租棧負擔費用辦理。換言之，徵收佃農租金以借用公權力來辦理。

7 官僚的蓄（斂）財

(1) 收入

首先要放在心上的是，中國的官僚機構是一種承包的制度。換言之，只要向上司呈繳被分配額的稅金，其餘的金額可以收入自己口袋的方式。

收入，有名目上的俸給和養廉銀，沒有撫恤金、養老金、退職金等制度。養廉銀的由來是一七二四年，將地丁銀付加稅的火耗「歸公」的。亦即做為陋規之一種的事實上的付加稅的「火耗」，於雍正時代予以公然化，充作官人的實質上的俸給之一部分，以養廉銀的名目支給的。以知縣為例，正規的俸給為四五兩，養廉銀則有五百至一千二百兩。這種程度的金額，雇用二、三名或數名幕友的束脩和膳費就報銷。養廉銀則從嚴格區別公私的近代觀點來看，其性格甚為曖昧，是公款或可私用不明，是一種津貼同時也充作衙門事務費的財源。

其次，在俸給和養廉銀之外，有可以說是手續費收入的款項，當時叫做「陋規」(customary fees)。如地丁銀規定以銀兩徵收，實際上農民是以銅錢繳納。於是銀錢的交換率成為問題。據說是以高於市場行情的交換率來徵收，而將差額作為陋規放入自己口袋，這一項目占了陋規的最大部分㊿。

更有正面的不正當收入。不正當收入有兩種。第一是自民眾收取的賄賂；第二是「中飽」，也就是私吞公款，有私吞稅金之實徵額與分配額之差額的場合；及譬如發生水災時，以治水費用從北京户部撥出的銀兩，於到達末端現場之前，中間每經手幾個官員之手的時候都被扣留若干，到達現場時只剩下幾分之一等等私吞行政費用的場合。

(2) 支出與貨殖

官人的收入的用途，第一是個人及家眷的消費。不只官人個人和家眷，還要供養親戚和宗族。考科舉做官，可說是從家族中被選出應考，做官後要負責供養家族㊿。

第二項支出是還債，也就是返還就職以前的借款（「京債」）。為了考科舉赴京要花很多的錢。考取後至就職前的生活費和活動費也要花錢。也要旅費。貸款人很樂意借錢給他，因為有回收的目標。有貸款人的伙計跟著到做官的分發地去，打通衙門的有關部門，將知縣的收入當場確實先扣除以回收貸款的情形。擔任這種回收貸款的人，俗稱「帶肚子」。

第三，須支付幕友、長隨的薪給。第四、不可怠忽對上司的「孝敬」，也有對上司的僚屬、衙役、長隨給小費的必要。第五、欽差大臣巡迴前來時必須支付接待費用。第六、稱為捐輸(contributions)，如水災或土木建設、或發生戰爭時，常有上層命令強制捐款。

雖然支出有如上之用途，但仍有相當多的剩餘款。中國的諺語有「三年清知府，十萬雪花銀」。只要擔任三年知府，清廉純潔的人也能夠儲蓄十萬兩雪白銀子。此一剩餘款如何保存及增值的呢？

首先是將現金「囤積」。實際上有藏入牆壁裡面，或埋在床下挖土之中，或藏入枯井之中等等。白銀少量也有很高價值，容易遭到盜賊覬覦，因此有故意換成銅錢囤積的場合。不用說，也有投資不動產的，雖然比例未必很多，但必有部分投資於不動產。也有匿名投資「當舖」。換言之，是投資於以窮人為對象的高利貸的消費金融。匿名投資是因為官員在法律的原則上不允許經商，所以匿名投資的。對商業的匿名投資例子也有很多。這種場合的特徵是投資於政治性性格較強的商品，如米或鹽等的價格，因政治性操作而變動或受到規範，他們多投資於這種性格的商品。將儲蓄的錢，一時拿出收購囤積，在價格上升時立即脫手，也就是「濫用職權的眼前投資」。

在投資當舖或商業的場合，常在數處分散投資，以求安全。換言之，由於官方權力的掠奪甚強，因此資本的集中非常困難，古代中國社會構造，在官人本身的投資方法上也都浮現出來。

註釋

① 思考此一君主獨裁制時，可以參考的是馬克思・韋伯(Max Weber)的家產官僚制的理論。解析韋伯的理論，指出其與內藤湖南的觀點有類似性的，有青山秀夫的《馬克思・韋伯的社會理論》（岩波書店，一九五〇）。

② 與織田說對照性的觀點，茲舉以下兩項。第一，如在和田清的《中國史概說》（岩波全書，一九五一）下卷，頁四〇六—四〇八可見，將秦漢至清末視為「統一的官僚國家」，乃至「一君萬民的集權國家」的觀點。這種觀點或許寧可說是一般的說法。第二是在內藤湖南的《支那論》（一九一四）中的觀點。湖南雖然站在幾乎相同的事實認知上，但重點放在不同的地方。例如湖南指出：「天子在任何官吏之上擁有唯我才有的獨裁權，他的大官們單獨不負責任而互相牽制，而都屬於天子。因此，總督、巡撫等地方官，雖然支配廣大的地方，在位的時候擁有很大的權力，極其榮華，但是在天子的一紙命令之下，隨時有被免除官位。以獨裁制度而言，中國的近世，亦即明清以後的制度，可謂是理想性的完全的制度」（《支那論》〔文會堂書店，一九一四〕頁三一—三二）。也就是內藤湖南認為，與皇帝獨裁權力的完成形態之一種情況相同的現象，《清朝行政法》則當做是極端的地方分權制。

③ 清代滿州人的人數不很清楚。在清一代之間經常增加，於辛亥革命前一年的一九一〇年當時，據專家的推定，僅

在中國本部就至少有一百數十萬人。請見神田信夫〈滿州民族之衰亡〉（仁井田陞編《近代中國研究》〔好學社，一九四八，全三六一頁〕頁二七一—二九六，所收）。

④ 請參閱安部健夫〈清朝與華夷思想〉（《人文科學》一卷三號〔一九四六年十二月〕頁一三七—一五九）。

⑤ 絶非放任。順治、康熙、雍正時代的思想統制，尤其關於對「生員」層對策的精緻研究，請參閱小野和子〈關於清初的思想統制〉（《東洋史研究》一八卷三號〔一九五九年十二月〕頁三三九—三六三）。

⑥ 清朝始終原則上採取以清文（滿州文）為「國語」，以清文和漢文兩者為公用語，但為了統治中國本部的工作語言，還是專用漢文。

⑦ 關於軍機處的起源乃至設置，是依據吳秀良的最新研究〈清代軍機處建置的再檢討〉（《故宮文獻》第二卷第四期〔一九七一年九月〕頁二一—四五）。在這一篇論文發表以前，被認為最突出的研究是杜聯喆的〈關於軍機處的建置〉（澳洲國立大學東方研究中心 occasional papers，第二冊，一九六三，全三〇頁），以軍機處的起源，在一七二七年以來雍正帝命怡親王胤祥及大學士二名（張廷玉、蔣廷錫），秘密準備遠征亞細亞內陸而設置的。

⑧ 聖旨和上奏文之類公文書之送達，由網羅全中國的驛遞（兵部掌管）執行，但屬急件的外交關係公文書，在一八四二—六〇年當時，北京廣州間在十五日內，北京南京間在五日內送達。（從林則徐的日記可知，驛遞也運送大官的私人信件或《京報》〔半官半民之官報〕之類。）

⑨ 鑑於康熙皇帝時的宮廷陰謀，清朝不再立皇太子。在清初，因皇位的繼承，其所以反覆發生宮廷陰謀，是因為中國人社會的長子繼承制的習慣，與滿州人社會的末子繼承的習慣之間，發生相剋之故。

⑩ 百瀨弘〈清朝異民族統治的財政經濟政策〉（《東亞研究所報》，二〇號，一九四三年二月）頁七二。

⑪ 舊中國的裁判，多多少少都要送上賄賂，而且審級越高，據說賄賂的金額也越高。

⑫ 請見滋賀秀三〈清朝時代的刑事裁判——其行政性性格，包括若干沿革上的考察〉（法制史學會編《刑罰與國家權力》，創文社，一九六〇，頁二二七、三〇四）。

⑬請參照仁井田陞《中國法制史研究：刑法》（東京大學出版會，一九五九），第一章「中國舊社會之構造與警察權——何謂國家的、非國家的」。併參照滋賀秀三〈出現於清朝判例的宗族的私刑——尤其對於私的死刑之國家態度〉（《國家學會雜誌》八三卷，三．四合訂號，一九七○年八月，頁一三九—一八七）。

⑭在中央官廳，首長級為滿、漢同數，下級則幾乎都是滿州人。相反的，在地方的總督、巡撫、布政使、按察使等上層，則有滿人與漢人雙方互相牽制的配置。再下級職位，以漢人壓倒性居多。

⑮讀過清朝時代大官的幾篇自傳後得到的感觸是，出任軍機大臣、大學士等官員，有很多在年輕時歷練過學政。依其自傳的記載，被派遣到地方之前，通常皇帝召見授予種種訓令，任務完成回京時，似乎也被皇帝召見長時間詳細報告自己駐在地方的狀況。

多由御史或六部郎中任命的學政，雍正帝改由翰林官派任。雍正帝同時降格翰林官的品級，由翰林官辦理學力考試（「大考」）以保持其學力等等改革。詳如荒木敏一〈雍正時代學臣制之改革——以其任用法為中心〉（《東洋史研究》一八卷三號（一九五九年十二月）頁二七—四三）。雍正帝名符其實加強翰林官，作為手裡的棋子驅使，同時培養為將來的高層菁英。這一點，應將他的掌握八旗、設置軍機處，在同一政治史的文脈上加以考察的。

⑯諮詢地方大官時，至收齊回答需花費相當時間。如果沒有多餘時間諮詢地方大官的急件，手續上不得不由北京的廷臣會議來研議。此時的廷臣會議有翰林院和都察院等很多官員出席，常有提出被稱為「清議」的強硬議論，很容易影響北京政府的政策決定。相對的，地方大官在地方行政的現場，實際遭遇種種實務上的壓力，因此他們的意見比較多含現實性與妥協性。

⑰例如，在地方總督身邊工作的侍童，被發覺其實是皇帝派來的侍衛而大吃一驚的例子。根據耶穌會傳教士Halde，描寫十八世紀初雍正帝時的中國政治之報告所著作的書中，也有皇帝秘密派出的「視察員」(Inopecteurs)跑遍全國各地的記載。但進入乾隆時代後，由於侍衛的綱紀鬆弛而變成不大有效用。請看佐伯富〈關於清代的侍衛——

君主獨裁權研究之一齣〉（《東洋史研究》二七卷二號〔一九六八年九月〕頁一五八—一七八）。J. B. Du Halde, *Description gèographique, historique, chronologigue, politique et physique de FEmpire de la chine et de la Tartarie chinoise*...(paris,1935), II. 40。

⑱ 常在皇帝身邊指揮侍衛，查對官員的進出和謁見及兼管奏事處的是御前大臣。御前大臣是從王大臣中選任，無定額，其任務從《令典》的規定未必清楚，是妾身不明的職位。但有時在政治上好像很有權力。如在十九世紀中葉以後很有權勢的怡親王載垣、鄭親王端華、肅順、醇親王奕環等人都是御前大臣。自一八六五至六九年，在北京服務的英國公使奧克庫，於一八七一年發表的論文中，對御前大臣有如下的說明。「在清帝國，格式最高具有最大勢力的官廳乃至官職就是御前大臣(the Ministers of the presence)、軍機處及內閣。嚴格說來，御前大臣是宮中(his Majesty's household)之一部而非國家機構(the state machinery)之一部。但是他們都是最高職位的人。因為他們隨時可以向皇帝進言，必然的他們的勢力極大。尤其在主權者軟弱或無經驗時更是。他們的非正式影響力，常常糟塌軍機處在憲法上的影響力，甚至予以架空。據說現在就是這種狀態。」(R. Alcock, "Chinese statesmen and state papers" *Frazer's Magazine*, March 1871, p. 330.)

⑲ 清初康熙帝時，當時的滿州八旗還不很服從，因此寧可重用漢軍八旗和包衣。雍正時代時皇帝已掌握到下五旗的全部八旗，也完全掌握漢人的 bureaucracy，因此不再重用包衣，下五旗的包衣則分屬各王府。以現在的日本來比擬，是在皇族宮家的事務所服務的事務官或雜役的存在。

關於「宦官」——宦官是被去勢後，在宮廷或貴族家，尤其是在後宮工作的工作人員之一種。在明代以前的中國歷史上，宦官屢屢演出很大的角色。尤其在王朝末期極其蠻橫，釀成王朝顛覆的最大原因，是眾所周知的。在清朝，可以說明代以前宦官所扮演的政治上角色，改由包衣和八旗兵來擔任。實際上，清初時自明代留下來的宦官人數很多，而與清朝的包衣之間反覆展開對立抗爭。結果遭到漢人官員的批判攻擊和康熙帝的強硬方針，宦官被壓制配屬於內務府的一個部門。

提起宦官，一般人有在後宮工作的被去勢的男性，這樣的隱微的獵奇性印象。其實詳讀明代歷史便可知，他們是皇帝直屬的親兵軍力和秘密警察，因此和一般的官員處於尖銳的對抗關係。宦官同時是皇帝本身財產收入的白手套。但清代皇帝本身的親兵乃至財產收入的白手套已不是宦官，而是由八旗（初期是漢軍）乃至包衣來取代。在清朝政治史上，宦官取得比較重要職務的是西太后的時代。因為西太后是女性，身邊的雜務除了女官之外，專門使用宦官，與大臣之間，垂簾對話（所謂「垂簾聽政」），因此宦官成為西太后與大臣們之間的聯絡橋樑，發揮重要的機能，腐敗也由此而起。但未如明代，宦官本身未致構成軍事和秘密警察的力量。

⑳ 此三種稅捐收入額的相對性比率的變動，在一六五一年（順治十三年），地丁銀為八七%，鹽課為九%，常關稅為四%。在一七六六年（乾隆三十一年），地丁銀為七三%，鹽課一四%，常關稅一三%（百瀨弘〈清朝的異民族統治之財政經濟政策〉〔《東亞研究所報》二〇號，一九四三年二月〕頁八〇—八一）。從以上數字可見商品經濟已漸漸滲透進入。

㉑ 據馮桂芬（一八〇九—七四）列舉的數字，地丁銀民眾繳納二或三，進入國庫的只不過一。常關稅、民眾繳十，進入國庫的也不過一而已（馮桂芬《校邠廬抗議》〔一八八五〕所收之「罷關征議」）。

㉒ 以捐納在中央可以買到郎中，在地方可以買到道員的資格。調動也看多少錢就可以自由遷調。見習期間、服務期間、或行政檢查等界限，甚至懲戒處分也可以用錢來免除。

㉓ 茲舉一八八五年的主要稅捐收入數字，概算起來地丁銀包含雜稅有三千二百三十六萬兩，鹽稅有七百三十九萬兩，常關稅有二百四十萬兩，釐金一千四百二十五萬兩，洋關稅有一千三百五十三萬兩，捐納一百五十一萬兩，與其他收入合計總收入為七千七百零九萬兩不到。從此一數字可見釐金與洋關稅在清末財政收入中的重要性。

㉔ 極端的說，是接近個別場合的協商。應解送北京的金額一拖再拖不送，因此對方的省透過北京前來催送。於解送時，對方的省路途遥遠，甚至有經過的中途的省，把解送款扣留下來使用的情況。

㉕ H. B. Morse, *The Trade and Administrations of China*, 3rd ed.(Shanghad, etc.: Kelly and Walsh, 1921), pp. 92, 127-128.

㉖ 關於清朝的狀況，請看下面的最近研究，Chang Te-ch'ang. "The economic role of the Imperial Household in the Ch'ing dynasty", *Journal of Asian Studies*, vol. 31, no. 2(Feb. 1972), pp. 243-269。據此一研究，進入內務府的收入之中，有關稅定額中的「盈餘」（「正額」交戶部），及官人自動申納的罰鍰（「自行議罪」銀兩）和自官人沒收的財產。

㉗ 上海欽差大臣何桂清的一八五八年上奏文中有「彼初稱公使，今即僭稱大臣。我即目為夷酋」之一句。此處的「大臣」指欽差大臣，對方初稱「公使」。公使在中國方面則含有朝貢國的使者的意味。外國人發覺之後傲慢的開始自稱為欽差大臣。中國方面則仍認為他們是未開化民族的酋長程度。請見坂野正高《近代中國外交史研究》頁一二七—一二九。

㉘ S. W. Williams, *The Middle-Kingdom: A Survey of the Geography, Government, Literature, Social Life, Arts, and History of the Chinese Empire and Its Inhabitants*(New York: Charles Scribner's Sons, 1883), I, 446-447.

㉙ Carl J. Friedlich, *Constitutional Government and Democracy: Theory and Practice in Europe and America*, rev. ed.(Boston, etc.; Ginn and Co.,1950), pp. 66-67, 573-574.

㉚ 八股文分為「破題」、「承題」、「起講」、「入手」、「起股」、「中股」、「後股」、「束股」等八部門，自「起股」至「束股」的四段為本論，「中股」為全篇的中心。這四段又各分為兩股，合併為八股，故稱為八股文。

㉛ 歐洲的近代官僚制度，以培養專門官僚(Fachbeamtentum)為目的，故以行政技術上的專門知識為考試科目。相對的中國的科舉則有《論語》所謂的「君子不成器」的想法，以君子的統治技術來考試。在這樣的意義上，於歐洲勉強尋求類似的，有始於十九世紀中葉英國的以希臘、羅馬古典知識來考試的初期的官吏任用考試。特別附帶說明，中國讀書人的學問，絕對不是只有應付科舉考試的學問而已。隨著科舉制度的發達，分化為應考的學問，和為學的學問，乃至為享樂的趣味性學問、玩票性的學問等等。因此讀書人自覺性的分別學習不同層次

的學問。又有以科舉為媒介的體制儒教，和非正規的、「書院」性的、專門考試性的儒教等區別。而從後者中，有產生於十八世紀末，在清末的實際政治上扮演重要角色的所謂「經世致用」的學問的發達。

㉜ 戲劇演員、娼妓、奴僕、某種衙役等被列為賤民。報考科舉時，須提出祖先三代沒有賤民的所謂「三代清白」的保證書。

㉝ 在此中國社會的 social mobility 成為問題。科舉考生的實際問題是地主的子弟佔了多數，因此到底有多少垂直性的 mobility 成為問題。從個別家庭來看，未必代代都有人做官。但稍為擴大範圍，以一個同族團體來看，則一個同族中，代代做官的人似乎有很多。

科舉及第的可能性和家世(family background)是否有關也是一個問題。據馬殊(Robert Marsh)的統計研究，很明顯地官家出身者比庶民容易及格。其次是做官之後升遷的程度受到家世的多少影響的問題。據馬殊氏的研究，滿州人比漢人有利，漢人之間則因家世之如何而升高位的比率不高，只有服務年數越長越有高昇的結果。請參閱馬殊氏的論文"Bureaueratic constraints on nepotism in the ch'ing period," *Journal of Asian Studies*, vol. 19, no. 2(Feb. 1900), pp. 117-133。

㉞ 知縣的職位全國約有一千三百個，而每三年有兩百人以上的知縣預定者輩出，因此出現很多不能立即就任者。他們必須等待空缺（即候補知縣）。有空缺時進士的就任優先順位最高。

㉟ 在中央大官之中，有轉出地方經歷總督、巡撫後再回任中央者。也有擔任臨時的欽差官，短期間被派遣到地方之外，始終在中央服務而升任大臣者（如自一八五八年擔任十數年軍機大臣的文祥）。

㊱ 開港地的涉外事務，有商人捐納買到的候補道台、候補知府、候補知縣等多人參與。（關於候補，請見下面的第四項）

㊲ 包容經由捐納或保舉進入官界之人，組織接近私兵性格的巨大軍力，成為隱然可以對抗清朝勢力的就是擁有北洋軍的李鴻章，和其繼承者的袁世凱。清朝就在其崩潰前，因擁有巨大軍力的袁世凱的反正而崩潰。

㊳與候補和候選相關事項，出現於《清朝行政法》第一卷「官吏法」中多處（第一卷〔一九一四年版〕下、頁三一、一七一—一七二、一九四—一九六、二〇三—二〇四、二二八—二三三〔吏部銓選〕、二三六—二四三〔題調〕。）

㊴即吏部之銓選（詳如前引《清朝行政法》）。三品以上大官（在地方為督撫、布政使、按察使等）人事由皇帝自由任用，其候補者由軍機處（原吏部）推薦。是一種政治性任命的職位。四品以下官人人事才由吏部銓選。但地方的道員和知府的一部分任免似由皇帝掌控。

㊵「掣籤」是為了消除吏部受請託的弊害而設，對具有形式上要件的有資格者（即候選）舉行抽籤，有不問其人能力優劣，不考慮該職位難易之缺點，更有以賄賂操作抽籤（「作籤之弊」）云云。

㊶如直隸省於一八九九年當時有一百二十三縣，對之候補知縣有三百一十八人（服部宇之吉《增訂支那研究》〔京文社，一九二六〕頁一六）。

㊷請參照服部宇之吉《增訂支那研究》頁一六—二一（一九〇〇—〇一年兩次連載於《國家學會雜誌》之論文之一部分），及《清朝通考》（全二篇，三省堂，一九〇五，全二七〇頁）第二篇，頁六〇—六九。

㊸服部宇之吉《清朝通考》第二篇，頁六〇—六一的下面一段，雖然是指在京的候選，但顯示了為應酬而廢寢忘餐的在外候補的《官場現形記》一般的生態。「見近時官場之實況，長官就其多數司官及候補官，無法一一得知其人物才幹，然不問其才能，只要口才良好遇事能提出意見者，或容貌清秀、衣著華麗者，自然易受長官之注意。於是彼等多被命辦事，將來之升遷亦快速。容貌奇古，衣著粗野者或口才木訥者，縱有學識才幹亦不為長官所知，隨之將來升遷希望亦小。故官員自然流於輕浮，尊虛名外貌，彼等以應酬交際為唯一利器，不顧實力，以應酬之巧拙支配將來之命運。候補因無實職，亦無收入，其應酬費則不少。如無很多財產，則做官亦難。」

㊹詳情請見近藤秀樹〈清代之銓選——外補制之成立〉（《東洋史研究》一七卷二號〔一九五八年九月〕頁一五八—一七九）。

㊺換言之，在內選與外補之區別上，吏部與督撫在人事上處於對抗關係。對於題調（題補），吏部按照例規以駁議牽制督撫。在清末督撫對資格不符者，廣泛的採取任命為「署理」（代行）的方式，以回避吏部的駁議。雍正帝之所以創設外補制，可能是將地方官的人事權自官僚的傳統性根據地的吏部收回，委由自己掌控的督撫之手，做為強化皇帝獨裁的一個手段。但到了十九世紀中葉，督撫的勢力增強，且因捐納與保舉之濫用，使在外候補人數激增，更使中央對地方官人事的控制顯著的轉弱。顯示這種趨勢的極限而值得注目的是一九〇一年八月二日受理的劉坤一與張之洞的會奏「遵旨籌議變法謹擬整頓中法十二摺」（《清季外交史料》卷一八四，頁一—二三）中，討論地方官人事的「改選法」（頁一六—一七）提議廢止內選。即主張都以外補，將正途、保舉、捐納等所有具任官資格者一律分發到地方，讓其「學習政治」。

㊻除軍機處之外，中央官廳也有不少書吏，此處則以知縣衙門為中心說明。

㊼瞿同祖氏將紳士區分為「紳」(official-gentry)和「士」(scholar-gentry)。紳包括現任者、引退者、被免職者、及以捐納獲得官職者。士指進士、舉人、生員、監生（含捐納者）等未出任官員，但具有科舉之一定資格者。「讀書人」的概念，不祇在此說明的紳士，也包含準備科舉考試的人（「士子」）。

㊽雖然是大地主，但不是紳士而是一般庶民者，對權力是很脆弱的。一七九三—九四年，以馬卡特尼使節團之副使身分訪問中國的喬治・雷納特・斯敦東指出財產須與官職(office)結合才能安全。G. L. Staunton, *Authentic Account of an Embassy from the King of Great Britain to the Emperor of China* (London: G. Nicol, 1797), vol. 2, chap. 1。不僅紳士本人，他的家族、親戚、或使用人，也對庶民很有勢力。

㊾紳士以師生、同年的直的和橫的網路，廣範圍的互相結合在一起。地位低的紳士，因為與具有上奏權，直接可以向皇帝控訴的高階紳士有門路，因此知縣如果得罪紳士，有被控訴到上頭，受到權力機構的高層打壓的危險。捐納出身者因為不具有這種門路，因此他們的影響力較小。

㊿至清末為止，正規的官兵的武器，與團練的武器之間並無多大差異。到了民國的軍閥時代，官兵至少擁有來福槍

和機關槍，與自衛組織的武力差距很大。因此民眾更加困苦。請見 C. P. Fitzgerald, *The Birth of Communist China* (Pelican Book, A 694, 1964), pp. 51-52。

㊿1 村松祐次《近代江南之租棧——中國地主制度之研究》（近代中國研究委員會〔東京大學出版會發售〕一九七〇，全八一三頁）。這部大著作內容的概要，有村松祐次〈中國近代化與土地問題〉（《歷史教育》，一三卷一二號，一九六五年十二月，頁一——一二）。

52 負責徵收地丁銀的是州縣官，但州縣官以上的地方官及京官，也從官僚等級制度下收「賄賂」，也就是分贓陋規。

53 如在《官場現形記》的一開頭，比較貧窮的同一家族，只要家族中有聰明的孩子，便相互出錢請家教讓他考科舉。幸運地做了官，大家便依靠他，做了官的人也當然要負起供養同一家族的社會性義務。

第三章 朝貢關係——「叩頭」問題

凡四裔朝貢國。曰朝鮮。曰琉球。曰越南。曰南掌。曰暹羅。曰蘇祿。曰荷蘭。曰緬甸。曰西洋。餘國則通互市。

——《嘉慶會典》（一八一八），卷三十一，禮部，主客清吏司項

以朝聘時，往厚來薄，所以懷諸侯。

——《中庸》，第二十章，第十三節

第一節 總論

1 朝貢關係之內容

所謂朝貢關係，係指宗主國(a suzerain State)與朝貢國（或附庸國）(a tributary State)之關係。也就是一種前近代性的國際關係的一種形態。使用在中國史出現的文字，是「上國」（出現於《左傳》）對「屬

國」、「藩屬」、「朝貢國」的關係。在東亞，有以中國為中心，周邊由朝貢國圍繞的一種國際秩序。

此一以中國為中心的朝貢關係，並非它的總體形成一個系統而有一個固定的模型。寧可說是見之於中國與個別朝貢國之間的複數關係的結合。大略看來，可以抽出下面共通的要素。

第一，中國對朝貢國的統治者「封」為「國王」，賜予「印」授(seal)，並在朝貢國的統治者改朝換代時，由中國派出册封使。中國要朝貢國的統治者稱為「國王」。主張「皇帝」只有一人，只有中國才有。以上就是所謂的「册封」關係。

第二，要朝貢國使用中國的曆法（「時憲書」）。也就是要朝貢國「奉正朔」。

第三，要朝貢國定期到中國朝貢。貢使來中國，奉上國王呈皇帝的「表」和「貢」。皇帝對「貢」，賜國王及貢使一行人禮物。這種關係叫做「朝貢回賜」。這種「朝貢回賜」以「來薄往厚」①（見之於《中庸》之表現）為原則。也有雙方無「册封」和「奉正朔」之關係，只單純成立「朝貢回賜」關係之場合。

第四，從中國方面的自負來說，支持朝貢關係的意識形態是華夷思想（中華思想）。以為中國的文化（以德治主義為核心）就是文化，在世界的所謂文化，就是中國文化，地上的所有國家，無論在現實上有無朝貢中國，理論上都認為是中國的朝貢國。這種文化上的優越感就是華夷思想的核心。認為中國不但在地理上、政治上是世界的中心，在本質上也是文化的中心②。

對於中國的這樣的主張，對方國家的認知如何是個別的問題，而有種種細微的差別。一邊有真正接受儒教文化的國家。其典型的例子便是朝鮮③、琉球、越南等，日本在某種程度上也是。系列的另一邊則有為了買賣不擇手段，只要有賺頭就可以聽中國的這類諷刺性的國家或部族。這種例子可見之於中亞商業都市入貢的場合。在這兩極端之間又有種種階段，其中的特殊例子就是西藏。在此，中國方面不採取中華思想的原則，雙方採用佛教性的虛擬模式。

2 朝貢關係之政治上機能

(1) 不平等的國際關係

朝貢關係可以說是一種不平等的國際關係。如已前述，它不是一個已形成的體系，而是一個國家，如中國與其他幾個國家之間的個別的兩國之間關係的集合體④。

(2) 支配的一個方式

朝貢關係是支配（控制）他國方式之一。但為不安定的控制方式，包含緊張與動搖。尤其在中國與亞洲內陸的關係，更凸顯這種緊張動搖的關係⑤。

(3) 防禦的一種方式

中國可以說是受朝貢國的皮帶圈圍繞著。以現代方式來說是以緩衝國(buffer States)來圍繞本國周圍的一種安全保障的方式。為此必須付出巨額金錢財物給比自己強勢的對方國家，請其為朝貢國，表面上以中國為上位，以維持名聲⑥。

(4) 總之做為外交之媒體

透過朝貢關係的方式進行外交。換言之，無平等之外交關係。如中國派遣到朝貢國的禮儀性使節，同時也是蒐集情報的觀察者或情報員。有時也是向對方國家施加政治性壓力的交涉人。

(5) 對朝貢國的入貢之政治上機能及重疊或雙重之朝貢關係

在以中國為中心的國際秩序之中，對朝貢國來說，入貢中國，可以提高對其他小國的威信，或提高對自己國家安全度的手段。有時還有重疊性的朝貢關係。如越南與中國有長久的朝貢關係，而對越南，也有高棉（柬埔寨）為朝貢國向越南進貢的時代。然而高棉又同時對暹羅（泰國）進貢，也就是雙重進貢。琉球曾對中國與日本的薩摩藩朝貢，也是周知的。

如上所述，有重疊的朝貢關係和雙重的朝貢關係，相對複雜又因時代而變動。又以朝貢關係的網目形成以中國為中心的東亞的國際秩序。正確的說，以中國為中心的表現，似乎過於單純。如眾所知，農耕的中國與亞洲內陸的遊牧（乃至狩獵）騎馬民族之間的勢力關係有種種轉變，整個中國或華北，曾經一再的被征服王朝所統治。在這樣的轉變下，中國內部也有幾次分裂為複數國家群的時期。因此在東亞的朝貢關係的網目（網眼兒）和它的變動狀況是相當錯綜複雜的。

3 朝貢與貿易

朝貢與貿易又以種種形態互相糾纏在一起。第一，如已前述，朝貢的回賜是物與物的交換，也是一種貿易形態。來到中國京城的貢使，通常又帶貿易使節團。貿易使節團以「付載貨物」名目，運很多商品同來⑦。

中國的外國貿易形態，從歷史上來看，可以大別為朝貢貿易和市舶司貿易兩種。如明代進行朝貢貿易，宋、元則是市舶司貿易的時代。朝貢貿易是由國家獨占貿易，不許民間貿易，也禁止中國人赴海外的方式，也就是實施「海禁」。市舶司貿易，是在港口設置的市舶司官員監督下，讓特許的商人進行民間貿易，並准許中國人赴海外的方式。市舶司徵收關稅，核發渡航海外許可⑧。

此外，與朝貢關連的貿易中值得注目的是，屢屢將貿易利用於外交的一種手段。如以亞洲內陸為對手的茶馬貿易就是一例。中國的馬，大部分是透過亞洲內陸的貿易通路由西部進來的。為了要西部的馬，以中國特產的茶來交換。亞洲內陸的各民族雖有飲茶習慣，但不生產茶，所以用馬來交換向中國買茶。反之從中國的立場來說，茶馬貿易卻成為安撫亞洲內陸粗暴的騎馬民族的懷柔手段。

4 世界上 tribute 的種種例子

與以中國為中心的朝貢關係類似的關係，在世界的其他地區，歷史上的各種時代，也以種種形態可見。它的共通的表徵在 tribute（進貢）的關係。在 *Encyclopaedia of Social Sciences*(ESS)中有「tribute」的項目。借其說明，所謂 tribute 是未被編入征服國的 political groups 連續向征服國繳納賦課金(levy)的關係。收受國則向對方提供保護等相對的給付。tribute 這種關係，自東方的古代帝國至近代的殖民帝國的古今東西方都可見其實例。ESS在這一項目舉出各種例子，而在最後談到在東亞的歷史上可見的朝貢關係⑨。

5 外交史上有問題的朝貢關係

第一，是平等或不平等的問題。換言之，是朝貢關係與近代國際關係(modern state system)的衝突問題。具體而言，外國官員對中國官員是否應以「稟」(petition)的形式通信，謁見時應否三跪九叩禮（叩頭）的問題，以及貫徹上述外交上手續與行動模式之華夷意識的問題，成為爭執點。

第二，是朝貢關係本身成為爭執點。例如中國對朝鮮主張為朝貢關係。對之，日本及其他各國，將中國與朝鮮分離，認為朝鮮是獨立國。於是產生對抗的緊張關係和紛爭，也就是朝貢關係本身成為爭執點。在琉球、越南、緬甸的場合，也發生同樣的問題。

第三，是十九世紀後半的中國外交史，可視為是圍繞中國充作緩衝國的朝貢國的喪失過程（請見本書第九章第一節）。

第四，是稍有立場不同的問題。也就是朝貢關係的結構或主張，企圖以附有種種形態的管制的貿易制度來貫徹。例如將貿易港特定於極少數的一個或數個港口，而加以行動居住乃至交易上的種種限制來貿易。這種貿易上的各種限制，形成朝貢關係的構成部分。以朝貢來貿易的一方，要求廢除這種貿易限制，對之中國方面仍維持管制，不願撤廢，於是發生紛爭。

第二節　明代（一三六八—一六四四）的朝貢關係（禮部的管轄）

1　前言——朝貢貿易

與宋、元的市舶司貿易不同，明代採取朝貢貿易的方針。即由國家獨占貿易，僅認可「朝貢回賜」和「付載的貨物」形式的貿易。同時以禁止私人貿易和渡航海外意味的「海禁」相配合。然而有南海地方的華僑混入在朝貢使節團之中。並且海禁在實際上無法勵行，因此漸漸的走私貿易尤其在華南增加，朝貢反而減少，成為經濟的自然趨勢。結果是走私貿易成為常態的狀態，一五六七年終於解除海禁。

2 《萬曆會典》記載的朝貢國

《萬曆會典》（一五八七）記載有多數朝貢國的名稱，可以分為三大群。

第一群是東方南方的鄰接國，有朝鮮、日本、琉球、安南、占臘（柬埔寨）、暹羅、占城（中南半島東海岸）等七國。J・K・費正清(Fairbank)氏將這七國合稱「中國文化地帶」(the Sinie Zone)⑩。

第二群是亞洲內陸各國。是回教或喇嘛教普及的地方。是費正清氏所謂的「亞洲內陸地帶」(the Inner Aasian Zone)。

(a) 蒙古各族。是歷史上所謂的「北虜南倭」的北虜。瓦剌部、烏梁海、哈密等屬之。

(b) 西藏及其境界和西南方的二十處寺院。

(c) 中亞、西南亞的大約五十國。這是商隊貿易的對方國，其中有不少所在不明者。當時雖然已中斷關係，但名稱仍然留在《會典》。明朝永樂帝（成祖，在位一四〇二—二四）曾派遣使節團至撒馬兒汗、布哈拉、黑拉多(Herat)、伊斯巴汗等國。是為了想要馬，所以對於對方不作不平等的藐視對待，而作平等的對待。但如何對待這些國家而向國內宣傳時則是另外的問題。此外，對方國家也自認自己的文明比中國為高⑪。

第三群是從南方海上來的五十國。是費正清氏所謂的「外廓地帶」(the Oater Zone)。其中的十五國所在不明。這五十國的大部分，是鄭和（雲南出身的回教徒的宦官）遠征（一四〇五—三三年間八次）時編入的。向西進入南葉門的亞丁到非洲東海岸的巴拉瓦。鄭和的遠征，將過去的帆船貿易路向西方延伸。這一帆船貿易路，是中國人的帆船貿易，排除了從前的阿拉伯人的貿易，從南方向西方進出的。鄭和更將向西的貿易延長。西歐人在十五世紀以後，逆向順著這一條貿易路來到了東方⑫。

明代帆船貿易的主要基地在廈門和廣州。對方國之一有菲律賓。在菲律賓已經有西班牙人，在此與西班牙人的貿易接觸。帆船貿易的另一個主要對方是馬來西亞。這些從南方海上來的多數朝貢國，在十五世紀中葉以後，除菲律賓之外，不再來貢。

第三節 清代（一六四四—一九一二）的朝貢關係（禮部、理藩院之管轄）

1 前言——清朝的平定亞洲內陸

清朝初期，屢屢動員強大兵力遠征亞洲內陸。首先有康熙帝併吞外蒙古，接著雍正帝併吞青海和西藏，乾隆帝時代的一七五八年平定伊犁，滅準噶爾王國⑬，一七六〇年併吞天山南路⑭。乾隆時代又遠征廓爾喀（尼泊爾），也出兵緬甸、暹羅、越南，中國的現在領土，幾乎就是從這一時代領有的規模，扣除一九二一年宣佈獨立，脫離中國的外蒙古之後的範圍。帝俄則從十九世紀中葉開始在中亞地區與中國臨界國境的。

2 「禮部」管轄的朝貢國

(1) 朝貢國

《嘉慶會典》（一八一八）記載的朝貢國如下。㈠朝鮮。一年四貢（集中於年底）入貢至一八九四年。㈡琉球。兩年一貢，入貢至一八七五年。琉球也入貢日本薩摩藩，是所謂的雙重朝貢或兩屬。㈢越南。二年一貢（四年派遣一次貢使）。㈣南掌（寮國）。十年一貢。㈤暹羅。三年一貢。派遣貢使到中國至一八五三年。㈥蘇祿。五年或五年以上之期間內一次。㈦荷蘭。規定不定期朝貢。㈧緬甸。十年一次。㈨西洋。在《會典》之註中，以「西洋諸國」記載葡萄牙、羅馬教廷、英國等三國。即記載的是派使節到北京的歐洲國家。不問到北京的使節是否行三跪九叩禮，一律登記為朝貢國⑮。

對以上所舉的朝貢國，個別特定有「貢道」，不允許貢使赴北京時自行選擇路線。《嘉慶會典》的禮部管轄的朝貢國相關項目中有「互市諸國」一項。於列舉朝貢國之後，有「餘國則通互市」，列記「互市諸國」的東南亞的數處地方。大都是廈門與馬來海峽之間的帆船貿易的停靠港口。此外也列舉日本、法國、瑞典、挪威等。日本在《萬曆會寶》列為朝貢國，在《嘉慶會典》則改變為互市諸國之中。

觀之以上所舉禮部管轄之朝貢國與互市諸國名單，而與明代比較，名單已經過整理，數目已減少很多，大致上忠實地寫下當時的實際狀況。

3 「理藩院」管轄之亞洲內陸屬地和朝貢國

清朝隨著進行平定亞洲內陸，將亞洲內陸的朝貢關係自禮部的管轄分離，另外設立管轄官署。不採用明代的「中國」對「非中國」(non-China)的二分法世界觀（這是對元代的異民族統治的華夷思想性反彈），以雙重眼光清朝自己在意識上區別滿、漢之別的同時，自覺性應付複雜的環境，採用將中國以外的世界分為「北西的弦月」(the northwestern crescent)（非儒教、遊牧、茶馬貿易）（理藩院管轄）和「東南的弦月」(the southeastern crescent)(儒教、農業)(禮部管轄)⑯。於是先設蒙古衙門，一六三八年改稱為理藩院⑰。

理藩院管轄的地區和支配方式如左。

(1) 內蒙古、外蒙古、東土耳其斯坦(回部)、西藏

控制這一地區的手法和朝貢關係相同。屬於此一地區的，第一有蒙古。對蒙古的部族長的扎薩克(旗長)封爵(封為親王、郡王等)。亦即對世襲的酋長賦予資格的一種間接控制。稱年班，令扎薩克輪流到北京朝貢，並分區，在每一地區舉行會盟。這是將一定地區的扎薩克集合於一處，由北京派來的四名欽差大臣接受扎薩克的名目上貢名，並由欽差大臣交給幾倍的下賜物品和金錢。控制蒙古的特徵在對於遊牧民族的各部族，按每一部族制定牧地的界限，也就是一種分割統治，以防止如成吉思汗般的巨大勢力的重現。並且透過扎薩克的間接控制之同時，自中央派遣官員以軍事力加以壓制。在外蒙古有北京派遣的將軍和大臣的常駐⑱，在青海蒙古也同樣自北京派遣有西寧弁事大臣。

第二是東土耳其斯坦(回部)。即伊斯蘭教徒的地區(蒙古為喇嘛教地區)。回部有當地統治者的伯克和扎薩克等兩種統治者，受到清朝的承認。清廷自北京派遣伊犁將軍，率領滿州人軍隊駐紮於伊犁的惠遠城。伊犁將軍之下有若干派遣官分別駐紮於伊犁各地。

第三是西藏。西藏的拉薩有喇嘛教的大本山寺院和教主的達賴喇嘛。西藏與北京清朝皇帝的關係，被比作喇嘛教的僧團與施主的關係。採取一年一貢，達賴喇嘛採取奉貢物給文殊菩薩皇帝化身的清朝皇帝的虛擬作法。明代時，中國的軍事力量達不到西藏，但清代中期的一七二〇年，清朝派兵遠征西藏，占領拉薩，駐紮軍隊，置駐藏大臣。由於是以現實的軍事力量統治西藏，因此比單純的緩和的朝貢關係，變成稍

強的附屬的關係。到了十九世紀，隨著清朝對西藏的軍事上控制力的逐漸下降，與西藏的關係又趨於緩和，相對的，經過印度而來的英國的影響力轉強。

(2)　理藩院管轄的朝貢國

在前項列舉的各地方，與其說是朝貢國，其實是直轄領地的一種。清代，由理藩院管轄的朝貢國也有好幾國。

第一是尼泊爾（廓爾喀）（居民的大部分為西藏、緬甸語族）。一七八八和九一年，廓爾喀入侵西藏，乾隆帝的北京政府乃於一七九二年遠征廓爾喀。從此廓爾喀入貢北京，《光緒會典》記載為五年一貢。一八一四至一六年有所謂的英、廓戰爭，英軍攻入廓爾喀，此時廓爾喀求援於清朝，但清朝拒絕赴援。此後，英國在加德滿都派駐官員，將廓爾喀置於勢力範圍內。廓爾喀人騎兵隊於一八五七至五八年的SEBOY的叛亂時，曾協助鎮壓叛亂。尼泊爾一直至一八八二年實行五年一貢。

第二是俄國。俄國記載於一八一八年《嘉慶會典》的理藩院項下，視同朝貢國，由典屬清吏司管轄。在庫倫（現在的蒙古烏蘭巴特爾）置辦事大臣負責處理與俄國關係之業務。俄國與中國之間的貿易，有來到北京的隊商貿易，和國境貿易的兩種方式進行，在北京設有俄羅斯館，作為俄國的宗教使節團，及商隊的住宿場所。

第三是中亞（中東）的朝貢國。一七六〇年，清朝併吞準噶爾和東土耳其斯坦後，國境外西部各地方的伊斯蘭系土耳其種族開始入貢。其中的兩個主要國，一是哈薩克(Kazakh)汗國，是騎馬遊牧民族，於一七五七年開始入貢，代價是准許官營的絹馬貿易，大約三至四年入貢一次，持續至一八三〇年代。哈薩克汗國早於一七四〇年便入貢俄國（即雙重朝貢）。清朝在知悉哈薩克汗國已入貢俄國的情形下接受其入貢的。俄國的文獻及地圖上，好像早已將哈薩克汗國視為俄國的領地。實際上於一八五〇年代之後，已在俄國統治之下，消滅與清朝的朝貢關係。另一國是喀干特汗國(Kokand)，是烏茲別克人的農牧複合社會，自一七六〇年入貢清朝。喀干特向喀什喀爾的參贊大臣每三年遣使入貢一次，每數年遣使到北京一次⑲。清朝與喀干特的關係，於一八六〇年代斷絕。

在理藩院管轄的朝貢國中，哈薩克或喀干特的場合，是與中國的貿易為目的，是為了貿易在名義上加入朝貢關係的。清朝方面則以保護國境線為目的。

一八六二年，在陝西省和甘肅省發生回教的叛亂（回亂）。在一八六四至七七年，又發生天山南北路的鴉克布・別克的叛亂。受其影響，俄國於一八七一年占領伊犁。中國方面派左宗棠平亂，於一八七八年中收復伊犁以外的新疆全部。當時喀干特已被俄國併吞。

一八八一年，中俄簽訂聖彼得堡條約（伊犁條約）確定中俄的西部國境。一八八四年新設甘肅新疆省，亞洲內陸的天山南路北部成為與中國本部的八省相同地位的省，直轄清朝政府統治之下。此時，除阿富汗以外的中亞各地方全被俄國併吞完畢。

4 貢使入貢之際的禮儀

——三跪九叩禮

《大清會典》詳細規定朝貢國之貢使來到北京時應遵守的禮儀。其要點分項列舉如左。

(1) 規定入貢幾年一項。即特定貢使來往之頻度。

(2) 指定「貢道」。那一國自何處進入中國，途經何處到北京，按各國分別指定。

(3) 特定貢使一行之人數。有以蝦子換鯛魚為目的來多的話，所費不少，因此詳細規定那一國可派來某一資格的人幾個人等等。

(4) 由北京的禮部傳達「表」（朝貢國國王呈中國皇帝的上奏文）。此時，貢使在禮部行三跪九叩禮。

(5) 提供貢物。貢物的種類和數量，按各國分別規定。

(6) 謁見皇帝。謁見時行三跪九叩禮。

(7) 分別回賜國王、貢使、隨員。將何物給誰多少，均有詳細規定。收取回賜時，貢使一行應行三跪九叩禮。

(8) 貢使一行逗留中國期間之一切費用由清朝政府負擔。

(9) 貢使一行逗留中國期間發生之事故（貢使之死亡等等），由清朝撥出費用處理。

(10) 貢使一行旅行中國國內時，由中國官員護送。所謂護送旅行，說明白應該是在一種軟禁狀態下的移動。

在上述禮儀下，外交史上尤其成為爭執的是三跪九叩之禮。將上述十項與一八五八年分別與英、法、俄各國簽訂的天津條約中，有關外交使節的規定加以比較，便能明白上述十項所含有的意義了⑳。

註釋

① 這是以通俗的表現比喻所說的「對送來蝦子的人回送鯛魚」。即對屬下回送數倍之意。自古以來，就以這種「蝦子鯛魚」為目的，對中國朝貢的國家不少。

② 華夷思想，是以平等的主權國家之競存為前提的近代國際關係為框架的近代國家主義的反題。在鴉片戰爭前後以來的中國對外關係史上，中國的朝貢關係性的國際秩序與近代國際關係衝突時，首先與之對立的就是尖銳化的華夷思想，可以說是前近代性的國家主義。

③ 指朝鮮為儒教文化之國，未必是對中國王朝經常無條件以朝貢國臣服之故。如初期的清朝以異民族王朝，與中國讀書人之間為華夷的另一認知站在緊張關係，朝鮮的正統朱子學派思想家之間，也有以為朝鮮才是理念化的中國明朝繼承者之中華，滿州人的清朝才是夷狄。此事使「中華」主義者的彼等，陷於自我鎖閉性的孤立主義。關於此項思想史上的情況，請見朴忠錫〈李朝後期的政治思想之展開——特別以近世實學派之思惟方法為中心〉（東京大學，法學博士學位論文，一九七二），及金榮作〈韓末之民族主義思想與現實〉（東京大學，法學博士學位論文，一九七二）。

④ 朝貢關係，常以英文寫成tribute system，但這是研究人員所創造的操作性概念，是否為歷史上實際存在的一個整體的體系之朝貢關係，則為另一個問題。

⑤ 中國與亞洲內陸有力民族之關係，依時代、勢力關係之如何而複雜不一。如有時中國是君，對方國家為臣的君臣關係。中國的國力相對消弱時則變成叔父與姪子的所謂「叔姪」關係。中國更弱時變成兄弟關係。此時以兄長的虛位，勉強維持不平等的原則。

⑥ 如宋對西夏的關係就是其一例。

⑦ 也有只貢使到北京，貿易使節團停留在國境或港口入國地點(port of entry)進行貿易的場合。更有省略形式，貢使實際不到中國，只有貿易商人團到入國地點從事貿易，在作法上有貢使到北京的虛擬之下進行貿易的場合。鴉片戰爭前的廣州的貿易就是如此。

⑧ 朝貢貿易時也設有市舶司，但只擔任貢使之接待工作而已。於市舶司貿易時代也有貢使前來，在京城仍有朝貢回賜關係，但一般貿易的大半是由民間貿易進行的。

⑨ 成為問題的是，如中國的場合，文化中心的中華思想或一種文化性的普遍主義與 tribute 結合的例子，是否在其他國家也有還是沒有的問題。而且在中世歐洲的封建時代，tribute 的關係被併用於 relations féodo-vassaliques(F.-L. Ganshof, *Le moyen âge [Histoire des relations internationales*, publié sous la direction de P. Renouvin, tome premier] [Paris: Hachette, 1953], pp. 49-50, 135-139, 285-286)。這種歐洲中世的封建性君臣服從關係與東亞的朝貢關係是否為相同，或是性格相異的呢？此項比較可能又是一個問題點。

⑩ 費正清氏所使用的「中國文地帶」、「亞洲內陸地帶」、「外廓地帶」等表現，請見J. K. Fairbank, ed., *The Chinese World Order: Traditional China's Foreign Relations*(Cambridge, Mass.: Harvard University Press, 1968), p. 2。

⑪ 關於與中亞的朝貢關係，請見下列最近的傑出研究。J. F. Fletcher, "China and Central Asia, 1368-1884", in pp. 206-224 of J. K. Fairbank, ed., *The Chinese World Order*(1968)。

⑫ 關於鄭和的遠征，詳如山本達郎〈鄭和之西征〉（《東洋學報》二一卷三號〔一九三四年四月〕頁三七四—四〇四，二一卷四號〔一九三四年九月〕頁五〇六—五五六）。其次請見最近很有趣味的研究文獻，C. P. Fitzgerald, *The Southern Expansion of the Chinese People*(London: Barrie and Jenkins, 1972), pp. 87-89, 91-99, 101-102, 151。

⑬ 準噶爾是信奉喇嘛教（黃教——喇嘛教有紅教和黃教。黃教是在宗教改革的結果產生的）的遊牧騎馬民族國家，在民族上是蒙古人。自十七世紀中葉至十八世紀中葉統治天山北路，因與清朝爭奪喇嘛教根據地的西藏，結果被清朝以武力消滅。西藏人是所謂的西藏・緬甸語族。

⑭ 居住在天山南路的是回教土耳其族（維吾爾族）。天山南路又稱為東土耳其斯坦。在歷史上，中國人初次將此地劃入領土的就是這一時期。

⑮ 荷蘭與西洋，在清朝最後《會典》的《光緒會典》（一八九九）中，並未出現。

⑯ 以上記述來自M・曼克爾氏之立意。請見 J. K. Fairbank, ed., *The Chinese World Order*(1968), pp. 72-75。

⑰ 理藩院於一六五九年移到禮部之下，一六六一年再獨立。再於一七六〇年平定天山南北部之後改組。

⑱ 內蒙古在清朝入關之前便已歸順，與清朝有密切關係，而且忠實，故旗長被授予兵權。

⑲ 根據J・F・傅雷佳氏的研究，清朝皇帝對自喀干特送貢物來的使者不稱呼 My subject，而稱呼 My son，透過土耳其語的翻譯說話。雖然是朝貢國之一種，但相當近於平等的所謂 quasi-equality 的關係。請見 J. K. Fairbank, ed., *The Chinese World Order*(1968), pp. 221-222。

⑳ 三跪九叩禮，是所謂「叩頭」中最謙恭者，須三次兩膝跪下，每跪下一次要把頭叩地面三次的敬禮，在中國是最謙恭的敬禮。官員在皇帝之前行三跪九叩禮，皇帝也在祭天時舉行。貢使謁見時以三跪九叩禮為中心的禮儀，從現代人的感覺上觀之，似乎是落後於時代的甚為滑稽的行為。在古代，中國以外的各國也曾有類似的煩雜的禮儀。如與東羅馬帝國(Byzantine)的皇帝或土耳其皇帝，外國使節謁見時的禮儀加以比較，則甚有趣味。土耳其皇帝賜謁見時，自歐美來的使節受到相當侮蔑性的待遇是很有名的。東羅馬帝國的情形，請見 Harold Nicholson, *Evolution of the Diplomatic Method*(London: Constable, 1954), pp. 25-26。

第四章　鴉片戰爭前的東西貿易

亞洲與歐洲的關係，可以文物和人物的瀟灑往來的歷史來處理的只有古代至近世為止。現在的則不祇是交涉史而是更血腥的。血腥這一表現（中略）在十五世紀末發生於地球上的歐洲化，換言之在近代化現象上恰恰吻合。

——泉靖一〈歐洲文化席捲之威脅〉（《每日新聞》，一九七〇年九月十一日晚報）

第一節　近代以前的東西貿易

1　三條貿易路線（中繼貿易之連鎖）

一四九八	葡萄牙航海家達・伽馬(Vasco da Gama)「發現」印度航海路線。
一五一一	葡萄牙占領馬六甲王國。
一五四三	西班牙占領菲律賓，槍砲傳入日本種子島。

一五五七	葡萄牙據有澳門。
一五八八	英國海軍破西班牙「無敵艦隊」。
一五九四	關閉里斯本港。
一六三九	日本鎖國。
一六四一	荷蘭人自葡萄牙奪取馬六甲
一六八九	中俄尼布楚條約
一七二七	中俄恰克圖條約
一七五七	限制廣東一港與歐洲貿易。普拉西(Plassey)之戰
一七八三	美國獨立。
一七八四	歸正法(Commutation Act)
一八一四	英國東印度公司完成獨占英印貿易。
一八二六	銀兩流出（中國對外貿易逆差化）。
一八三四	英國東印度公司完成獨占中國貿易。

近代以前的東西貿易，從北向南算起，有左列三條主要貿易路線。

(1) 踏板路線(steppe route)。在西伯利亞草原地帶遊牧民之間東西走向的貿易路線。北部有西伯利亞森林地帶，狩獵民供給毛皮。北部的毛皮交易也進入踏板路線。

(2) 綠州路線(oasis route)("silk road")，又稱絲路。是經過中亞細亞的綠州地帶的貿易路線，東自中國，西至印度及伊朗。

(3) 海上路線(sea route)。西自地中海，分為兩條線，一條經波斯灣出印度洋（阿拉伯海）。另一條自地中海經紅海出印度洋（阿拉伯海）。然後經印度沿岸通過馬六甲。自馬六甲又分為兩路，一路向北至中國，另一路向東至印尼東部的摩鹿加(Maluku, Moluccas)群島。摩鹿加群島是香料的一大生產地。

以上三條路線，都自古代將中國的絲綢以接力方式傳送到歐洲。俗稱的「絲路」雖只指第二條的綠州路線，惟事實上這三條路線都是絲路。

以上三條路線，都在比較近距離的地點之間設置貿易中繼連鎖站，由近逐漸到達遠距離，因此從事此項貿易的商人，經常來往於比較短距離之間，從事中繼貿易，同時也有自東向西或自西向東從事長距離貿易的商人。經由這種連鎖的中繼貿易，來往遠距離的主要商人是伊斯蘭人，從亞洲到歐洲，在歐亞大陸一時建立廣大帝國的成吉思汗蒙古政權，在歐洲歷史上被形容為只會發揮蠻勇做盡暴戾，實際上是以保護及維持橫跨歐亞大陸的貿易路線和往來的隊商貿易，以建設並維持那麼廣大的帝國，也就是與隊商資本合一的政權①。

2　伊斯蘭商人的香料貿易及中國人的帆船貿易

伊斯蘭商人的東西貿易，自八世紀繼續到十五世紀末。主要的伊斯蘭商人，以民族而言多屬阿拉伯人，但也有印度的回教徒及土耳其人和埃及人。唐代時就有伊斯蘭商人來到中國，在廣州、泉州設有移民區。當時，現在的印度洋被稱為阿拉伯海。

與伊斯蘭商人的貿易路線反向的有中國人的帆船貿易。在宋代及元代，阿拉伯人的船和中國的帆船在印度沿岸的 KIRON 會合，阿拉伯商人在這兒換乘中國人的船。當時使用於帆船貿易的中國商船是有船員數百人的武裝船隻。前述的鄭和大遠征，是將此一帆船貿易的路線更向西方發展的。

位居伊斯蘭人的香料貿易和中國人的帆船貿易的中心點，並且是香料貿易的一大集散地或一大中心地的就是馬六甲。馬六甲在十五世紀時，是人口四萬人的伊斯蘭王國，以貿易中繼繁榮，具有強大海軍力，陸軍以戰象武裝，有很多中國人以及外國人居留（一九六三年當時馬六甲全人口的四一%為中國人）②。

第二節 「大航海時代」與近世國民國家之東方貿易

1 前言

(1) 以大洋航海術與遠隔地之直接貿易

十五世紀末葉以後的西洋人的海洋貿易，是驅使發達的天文學和航海術，使用大船進行。雖然不再如從前的航行沿岸的航海，而直接航行大洋與遠隔地貿易，因此整體上省了錢，但需有大資本。並且比以往的貿易更須強大的武力來保護。同時與中繼貿易不同，資本的回轉較遲，小規模的商人無能為力，由擁有大規模資本的勢力來營運。其第一種形態見之於葡萄牙、西班牙，由王室本身從事貿易，或為貿易的資助者，加上社會各階層人物寄生形態的貿易。第二種形態，見之於荷蘭、英國、法國、瑞典、奧國和德國的特許公司(chartered companies)，募集大資本所進行的貿易方式。

(2) 清賬手段的金銀

金銀被用於清賬手段。尤其新大陸的銀子，在東洋貿易上具有決定性的重要性。使用銀兩以前，是以奴隸為清賬手段。

(3) 大塚久雄氏的經濟史研究

為了理解這一時期的東西貿易，東京大學經濟學教授大塚久雄氏的經濟史研究業績可供參考。他指出新大陸的銀，和英國、荷蘭等歐洲各國的毛織品，以及東洋的香料和其他物資之間的三角關係構成了東洋貿易；其中，決定在東洋貿易的勢力興衰的關鍵在其本國的毛織品工業的興衰。大塚久雄教授研究中的一個重點更指出與東洋貿易的歐洲各國中，英國之所以最強盛就是因為英國本國的毛織品工業很強大之故（請見「文獻解題」、四—(6)）。

2 達．伽馬發現印度航路（一四九八）

一四九二年，哥倫布「發現美洲新大陸」。如眾所知，這是為了尋寶，認為只要地球是圓的，無論往東或往西必能到達印度，只要飄流到達印度就能發現黃金為目的的航行。當然這不是哥倫布個人的行為，哥倫布雖然是義大利的熱那亞人，但這次航海是西班牙王室資助與主導的。

哥倫布發現美洲的結果，一四九三年依照羅馬教皇亞歷山大六世(Alexander VI, 1492-1503)的布告，西班牙和葡萄牙兩國決定將全世界的海洋予以分割獨占，規定將歐洲向大西洋海上出去一點點的縱向的子午線為境界線，東側為葡萄牙的勢力範圍，西側為西班牙的勢力範圍。此項海洋的獨占，葡、西兩國於一四九六年的特魯得西拉斯條約重新加以確定。支持特魯得西拉斯條約以獨占海洋的想法，乃與國際法上的「發現優先的原則」相結合之故。所謂發現優先的原則，乃文明國的人發現新土地時（該地有可能是無人島，也可能有居住所謂未開化民族的場合），最先發現者可以領有該土地的原則。而對抗西班牙和葡萄牙高唱的海洋獨占及發現優先的原則，與之相爭的是荷蘭和英國所提倡的海洋之自由的主張，及有關領土占有的「先占原則」(occupatio)。將海洋自由的主張著作成書於一六〇九年發表的是荷蘭學者葛羅秀士(Hugo Grotius, 1583-1645)的《自由海洋論》。先占的原則也是葛羅秀士以學說提倡的。先占原則，後來成為近代國際法有關保有領土的基本原則以迄於今，並且成為十九世紀時代的分割殖民地的所謂法理上的理論性武器。

在上述經過之下，一四九八年葡萄牙航海家達・伽馬(Vasco da Gamn, 1409-1524)「發現」了印度航路③。

伽馬發現印度航路以後，葡萄牙、西班牙、荷蘭、英國等大西洋諸國支配了東西貿易。連接以往承擔東西貿易的伊斯蘭人貿易路線最西端與歐洲的是地中海沿岸的貿易都市國家，但大西洋各國跳過這些中間國家，並且排除伊斯蘭商人，直接支配了東西貿易。大西洋各國的貿易，採用繞行好望角的帆船，因此比以往降低了成本。此一狀態繼續到了十九世紀。到了十九世紀，自一八三〇、四〇年代開始逐漸採用蒸汽船與帆船混合使用，更於一八六九年蘇伊士運河開通的同時，決定性的進入了蒸汽船的時代④。

3 葡萄牙人的進出

葡萄牙王國雖然是位於伊比利半島的當時人口只有五十萬的小國，但以其突出的武力，及從新大陸帶回的銀子的威力，長期間支配東方貿易。葡萄牙人和以往蟠踞於阿拉伯海的伊斯蘭商人勢力，經過反覆的海戰，以武力控制自里斯本至馬六甲的海上⑤。並且以武力壓迫不願意中斷一向與伊斯蘭商人貿易的印度沿岸的地方性領導人們，促其與葡萄牙貿易。一五一〇年更在印度西海岸的卧亞(Goa)設官署置總督。一五一一年占領馬六甲，也設置總督。葡萄牙人使用近代火藥的大砲，制服馬六甲的戰象部隊。

在馬六甲，葡萄牙人和中國人的帆船貿易接觸。然後以香料和中國的產品（絲綢、緞子、織錦、錦鍛、陶磁器、麝香、大黃、真珠、錫）交換。此外，向各方面派出通商使節，到處設置武裝基地。一五四三年，日本九州南方種子島的領主種子島時堯，向搭乘中國人帆船的葡萄牙人購買洋槍，這就是槍砲傳入日本種子島之始⑥。

一五五七年，葡萄牙人的勢力到達澳門。之前，葡萄牙與明代中國一再發生猛烈的武力衝突，一時曾以台灣為根據地，但被明朝海軍追擊，結果以澳門作為根據地。這是葡萄牙人對華南沿海的海賊進行討伐的報償，明朝允許其在澳門設置殖民地的。於是澳門在法律上仍然繼續為中國領土，有中國官人的駐在，葡萄牙對中國繳付土地租金。但是葡萄牙在當地設政府和議會，及由混血人和黑人組成的駐屯軍。在十九世紀初（？），據稱有寺院十三所（有主教一人）、修道院三所、修女院一所。人口有中國人約七千人，葡萄牙人約四千人⑦。

4 西班牙人的進出

西班牙的進出東洋，在勢力範圍的關係上，如向東繞行將會受到葡萄牙人的武力妨礙，因此向西繞行，首先征服西印度。亦即於一五一九年征服墨西哥，將巴西以外的中南美州大部分收入手中，獲得了取之不盡的銀礦。然後進出太平洋，企圖染指摩鹿加群島，但被葡萄牙人排除，因此轉變方向，於一五四九年占領菲律賓。此地在地圖上雖然在葡萄牙的勢力範圍內，仍冒犯葡萄牙的抗議，以武力強行占領，並且自一五六五年在菲律賓建立殖民地，開始進行殖民。初期是以進行中繼貿易的馬尼拉商人為中心的。

西班牙的東方貿易的特徵，是王室在背後施加強力的統制，而殖民地官員和僧侶也加入寄生的形態下進行貿易的。

自福建，中國商人的帆船來到馬尼拉，與西班牙人接觸貿易。西班牙人的貿易路線越過了太平洋到達墨西哥，再經由墨西哥越過大西洋進入地中海，連結到義大利。逆向行駛此一路線，秘魯和墨西哥的銀大量被帶進中國。

由於中國的帆船貿易可以來到馬尼拉，因此西班牙沒有必要冒犯遭遇葡萄牙的抵抗，到中國去建立殖民地。並且為了招來中國的帆船貿易，西班牙人在中國與菲律賓之間的海上從事討伐海賊，於是自中國不僅是帆船商人，大量的失業人口從福建移民而來。由於移民而來的人數大量增加，西班牙的當地勢力曾經於一六○三年和三九年的兩次，對這些渡海而來的遊民大加屠殺，然而渡海而來的中國移民依然繼續增加。

再說，西班牙本國的毛織品工業，在十六世紀中葉時達最高峰，以後開始快速衰退。菲律賓在最初，是與中國的物產和銀的交換為主要形態，依存於王室的仲介貿易為中心，惟自十八世紀末起開始變化為所謂的大規模農園式的殖民地⑧。

5 天主教的進出東方

為應付一五一七年路德發起的宗教改革，舊教內部也興起改革運動，於一五四○年由羅耀拉(Lgnatius de Loyola, 1491-1556)創立耶穌會。耶穌會是傳道第一主義的團體，與葡萄牙王結合，耶穌會教士乃乘坐葡萄牙船進出印度和東亞，對原住民進行傳道。對葡萄牙而言，目的在促使原住民改宗信仰基督教，以減弱其抵抗。另一方面，西班牙則利用以前就有的保守系傳道團體，如道明修道會、方濟會之類的所謂托缽僧團到中南美及菲律賓傳道。與葡萄牙結合的耶穌會系，及與西班牙結合的托缽僧團系等兩派傳道勢力，在不久之後其勢力延伸到中國，並相互競爭。

耶穌會教士，最初身著僧服，而知道僧侶不受尊敬後改著儒服以接近官人和讀書人。一六〇一年（萬曆二十九年）利瑪竇到北京，耶穌會教士巴結宮廷和官人層，以天文、曆法出仕明朝朝廷。也鑄造西洋式槍砲，幫助提升明朝武力。到了清代，耶穌會教士也出任歷代的欽天監（天文台長），並且也為鎮壓內亂而從事武器的製造。

一六八八年，自路易十四世國王在位時的法國，有法國系的耶穌會教士五人來到北京。因為在歐洲大陸，葡萄牙已衰退，法國起而有力，因此在耶穌會中法國的發言權變強之故。法國來的這五人都精通數學、藥學、醫學和化學等，而其中一人的 Gerbillon（漢名張誠，一六五四—一七〇七），與葡萄牙的耶穌會教士 T. Pereira（漢名徐日昇，一六四五—一七〇八），於一六八九年參加中國與俄國簽訂尼布楚條約的交涉，擔任條文的起草工作，也因此尼布楚條約的正文是使用拉丁文起草的。

另一方面，與西班牙結合的托缽僧團則深入中國的農村，一六六五年當時，道明修道會在浙江、福建、廣東各省據說吸收中國人信徒有一萬人，方濟會派僅在廣東省就有四千人信徒。一六七〇年，在中國的天主教信徒總計超過了二十七萬人。一六三六年當時，據稱信徒當中包含生員乃至生員以上的，及高官在內有三百數十名的讀書人。

6 荷蘭人的進出

十七世紀時，荷蘭的國力遠超過英國強大。其背後雖有荷蘭的毛織品工業相當有力的事實，實際上是掌控從事東方貿易的西班牙、葡萄牙與中歐之間的中繼貿易之故。

一五八一年，荷蘭自西班牙獨立，建立商人政權。一五八八年，英國艦隊擊敗無敵艦隊。以這兩次事件為背景，當時以同君聯合下領有葡萄牙的西班牙，採取報復手段，於一五九四年將歐洲的香料集散市場的里斯本港，對英國和荷蘭的船隻封閉。於是英國和荷蘭，不得不自己從事東方貿易，荷蘭乃於一六〇二年設立東印度公司。此一東印度公司持續到一七九八年，並且於一六一九年在巴達維亞（現印尼首都雅加達）設總督府，一六四一年自葡萄牙手中奪取馬六甲。以後至十八世紀都由荷蘭人的貿易勢力控制東印度地區。其間於一六五三年在好望角置殖民地，一六六七年奪取蘇門答臘。此外，於一六一〇年在日本九州平戶，一六四〇年在長崎設荷蘭人居留地⑨。

本來荷蘭人欲與中國貿易，因為遭到葡萄牙人的妨害，因而於一六二四至二五年時來到台灣占為據點。然而明朝遺臣鄭成功（一六二四―六二）的勢力，自本土移轉而來，於一六六一年將荷蘭人從台灣驅出。但鄭氏旋被清朝討伐，一六八三年台灣遂入清朝統治之下。到了一七六二年荷蘭人終於獲准在廣東設立商館。

十八世紀末，在東亞貿易的英國的最大對手就是荷蘭。荷蘭人屢次派遣使節至北京。第一次是在一六五五年，這次獲准八年一貢。此後於一六七七、一六八五―八六、及一七九四―九五年遣使至北京，每次都按照中國的要求行三跪九叩之禮。

荷蘭人的亞洲貿易背景，有被本國的巨大造船業支持的有力的商船隊的存在，及因獨立革命，商人層掌握了政權等因素。荷蘭的亞洲貿易特徵有仲介中繼貿易性的性格很強烈，換言之，是因為荷蘭國內無有力的產業之故。

7 英國人的進出

如已前述，西班牙為了無敵艦隊被英國艦隊擊潰的報復手段，於一五九四年關閉里斯本港。於是英國於一六〇〇年也設立東印度公司，獨占自好望角至麥哲倫海峽的英國貿易。英國人的東方貿易，乃採取由東印度公司，或取得東印度公司之特許證等任何一種方式進行。

英國東印度公司，最初和葡萄牙人相爭，在印度沿海屢次展開海戰。接著又與荷蘭人邊戰邊進出。它的背後有一六四九至六〇年的採取重商主義的清教徒克倫威爾(Cromwell)政府的增強海軍軍力。一六五一年公布最初的航海條令(Navigation Act)，禁止非英國船或非產地國船的貨物輸入。其結果，自一六五二至五四年發生英國與荷蘭之間的戰爭。這一戰爭的主要戰場在海上交戰。

東印度公司於一六〇五年，在巴達維亞西北端的萬丹(Bantam)建立據點，於一六一五年當時，在印度、東南亞、日本等地擁有十六所商館。

東印度公司的東方貿易構造，是將印度的綿織品運回本國，以其所獲得的銀兩，用之於東南亞的貿易，並且以英、印貿易為中心。到了十七世紀後半，英國本國的毛織品工業勢力轉強時，業主以政治性壓力，對印度的綿織品賦課高關稅，使其事實上不可能再輸入，同時對東印度公司賦予將毛織品輸出海外的義務。

一六九八年，在產業資本的壓力下設立了新的東印度公司。一七〇二年新、舊兩家東印度公司合併，創設聯合東印度公司（此後一直到十九世紀活動的英國東印度公司，就是一七〇二年創設的這一家聯合東印度公司）。

摩鹿加群島在前述的葡萄牙與西班牙的爭奪結果，暫被收入葡萄牙版圖，然而此後荷蘭與英國又加入此一地區的爭奪戰，於一六二三年發生所謂的安汶(Amboira, Ambon)虐殺事件。一六八三年，摩鹿加群島確定為荷蘭領地⑩。

十八世紀中，英國在亞洲的活動中最顯著的是在印度與法國人勢力的爭霸戰。自一七四四年起，斷斷續續的在印度各地爆發戰爭，一七五七年在加爾各答北部的布拉西之戰，英國在克萊的指揮下對法國方面取得決定性的勝利。一七六一年，法國在印度的最重要的根據地旁第治利(Pondicherry)被英軍攻陷。

英國在亞洲的貿易，十八世紀時是以茶葉的貿易為中心。茶是向中國購買的，因此英國與中國的關連即由此開始。

8 法國人的進出

法國人也設立東印度公司進出東方。於一六〇四年創設第一次的東印度公司以來，經過一再的失敗，於一六六四年重建東印度公司(la Compagnie des Indes Orientales)時才穩定下來。當時的法國是在路易十四世治下的哥爾倍爾(Jean-Baptise Colbert, 1619-83)的時代。此一東印度公司也進出印度，於一六七四年在馬德拉斯南方的旁第治利，一六七六年在加爾各答附近的 Chanderaagore 分別建立根據地。對廣州的貿易也自十七世紀後半起斷斷續續的進行。一直繼續到十八世紀，但其規模很小。其間，於一七二八年在廣州設立商館。

法國人在印度與英國人之戰敗北，法國的東印度公司於一七八六年解散。在印度的英法武力鬥爭中，雙方軍隊的軍官都是白人，但士兵都是在當地徵募的土著民兵（即所謂的色波伊〔西巴伊〕），驅使土著民兵戰勝法軍的英國，大約經過一個世紀，於一八五七至五八年遭遇從孟加拉發生的所謂色波伊的大叛亂，其結果招致東印度公司的結束。從此，印度成為兼任印度皇帝的英國女王直轄的殖民地。

歷經法國革命和拿破崙戰爭期間，英國確立了在世界的制海權。亦即一八一五年的維也納會議，馬爾他島及南非開普敦所在的開普州成為英國的領土，英國控制了自地中海到印度的航路。印度洋的模里斯島⑪，以往由法國掌控，一八一〇年英國以武力奪取後，至一八一五年的維也納會議才確認英國的領有權。其結果，法國失去了在東方的海軍基地。

隨著法國貿易勢力的進出東方，法國系統的天主教勢力也自十七世紀後半進入東方。法系耶穌會教士的進入東方已如前述。此外於一六六三年設立外國宣教會(Société des Missions Etrangéres)。這是呼應一六二二年教廷內部新設稱謂布教聖省的傳道本部，而在法國設立的組織。然後由這一新的組織任命各地的代牧，設置稱為代牧區的傳道地區。但這一傳道地區又與在葡萄牙的保護權下的耶穌會的傳道地區重覆，而在當地發生衝突。外國宣教會的勢力，於一六八〇年代進入中國。

9　日本人的海外活動

自十三至十六世紀，「倭寇」在中國的沿岸和沿海肆虐是顯明的史實，其實倭寇之中，有相當多的中國人參與。倭寇勢力最猖獗的是，在一五五五年進犯逼近當時的中國第二大都會的南京的時期⑫。

進入十七世紀，獲得德川幕府（一六〇三年創建）許可進行的「朱印船貿易」，有不少日本人進出東南亞。雖然日本於一六三九年鎖國，朱印船貿易也告終，但自十七世紀至十八世紀末，又有相當數量的日本人受雇為英國和荷蘭的東印度公司的傭兵，在東南亞各地活動⑬。

10 美國人的進出

北美東部十三州於一七八三年脫離英國獨立。從成為獨立戰爭契機的有名的波士頓茶會事件可知，殖民地時代的美國人不能和東方直接貿易，只能喝到東印度公司貿易而來的昂貴的茶葉。到了一七八四年始有美國人自己的貿易船繞經好望角到達廣州。此時是將朝鮮人參運到中國，再從中國購買茶葉和陶器後返回美國。

美國人的東方貿易，於拿破崙戰爭中快速成長，成為東印度公司的最大強敵。此初期的東方貿易基地在波士頓、費城、紐約等三地，及次一級的賽拉姆、帕羅維敦斯、巴爾的摩等。此東海岸的因中國貿易而獲得的利潤，被送至北部儲蓄，成為美國產業革命的原始儲蓄的一部分。

當時的美國對中國貿易，是由小資本的個人貿易，長於商業交涉和討價還價，富於節省費用的才能，進行敏銳的買賣，並有強烈的中繼貿易乃至迂迴貿易的色彩。當時的東方貿易最重要的商品茶葉，最上等的部分被英國東印度公司收購，美國的貿易船則憑信用購買最下等的茶葉，而將其一部分運回美國，其餘的大部分則輸入英國和其他歐洲各國。由於東印度公司的被稱為「印度人」(Indian man)的大型貿易船，航行速度較慢，相對的，美國人使用被稱為「丁字型快速帆船」(tee clippers)的船速很快的小船，在東印度公司的茶葉尚未被運到歐洲之前，搶先一步於旺季季節之前出售。在廣州，用於清賬手段的物品，最初是朝鮮人參，接著使用來自美國印第安人的毛皮皮貨，大約使用到一八二〇年左右，此後開始使用鴉片。不過這還不足，因此為了彌補不足也使用西班牙銀元。東印度公司未必熱衷於將英國的綿織品賣到中國，美國的商人則將更多的綿織品比東印度公司廉價的賣到中國。他們甚至將英國的毛織品也賣到中國。就這樣美國商人成為東印度公司的貿易強敵，同時美國商人在廣州的行為，比英國人要來得溫和⑭。

第三節　英國的中國貿易

1　東印度公司的獨占貿易

東印度公司的對中國貿易，自十八世紀初開始定期性且有組織性的進行。於一六九九年廣州的倉儲兼商館十三行由新東印度公司的船商開設。一七〇二年在英國本國成立新的聯合東印度公司，而於一七〇八年獲得英國國會的承認。

東印度公司在中國的貿易中，從中國輸入的商品，第一就是茶葉。這是因為對印度的綿織品被賦課禁止性的高額關稅，乃被充作代用商品開發的。最初，茶在歐洲是貴重品，但漸漸受到大眾化的消費，需求量漸增，於是東印度公司以獨占茶的輸入而獲取巨大利益。第二是絲綢。輸出品中，羊毛製品被指定為義務輸出品，但銷售不佳，結果是非常態的片面貿易，而使用銀為貿易收支的清賬手段，因此中國自明末以來，由於和歐洲的片面貿易，流入大量的銀子⑮。

2　東印度公司的當地機構（廣州商館十三行的管貨人委員會）

管貨人(supercargo)是監督與船上貨物交易的公司職員，在東印度公司的船上，來回於每一貿易季節，一艘船上搭乘數名。他們在每一季組成一個審議會(council)，但自一七六二年成立常任管貨人委員會(Permanent Council of Supercargoes)，在季節外時常駐於澳門。接著，常任管貨人委員會的構成員的增多，大約自一七七〇年，由管貨人中資深的三、四人構成管貨人委員會(Select Committee of Supercargoes)（「公司」），其主席(president)（「大班」）是年收入有一萬英鎊的地位。超過十數人的管貨人之下還有數名書記(writers)。

書記是二十歲前後的青年，大多是與東印度公司本國的高階層有關的親人。他們在年輕時來到中國擔任書記，然後升任管貨人，再出任管貨人委員會的委員，三十五歲左右就能爬升為主席。由於主席的收入頗豐，因此擔任主席兩三年後便讓位給後進，引退還回本國成為慣例。

管貨人和書記總共大約有二十名，此外在廣州的商館中還有翻譯、外科醫師和牧師各一名。這些職員都住在被稱為「英格蘭商館十三行」的建築物裡。

管理人委員會是依照本國的理事會(Board of Directors)的訓令行事，在當地為代表東印度公司的機關，對公司的使用人也習慣性的行使某種程度的處罰權。可以說此一處罰權形成了鴉片戰爭後的領事裁判權的原型。管貨人委員會，對後述的地方商人(country traders)也透過發給許可證發揮若干統制力、甚至東印度公司擁有在亞洲水域行動的海軍力量。

這樣的機構，從中國方面看來，到廣州來貿易的外國人當中以英國人的勢力最大。英國人就在東印度公司之下形成一個組織，有當地機構的首長「大班」，亦即管貨人委員會的主席。對中國當局來說，大班不僅是廣州商館的英國人，更被視為是全外國人的負責人。這從當時中國社會的連帶責任之原理，乃至行為結果的責任原理來說，可謂是當然耳的思想表現。

3 地方貿易

英國人所進行的中國貿易，除東印度公司的貿易之外，還有幾種方式。其一是在十八世紀時被稱為 private trade，或稱為 priviledged trade 的方式。這是搭乘東印度公司的船隻的船長或高級船員，取得東印度公司的特許，從事英國與印度之間，及英國與中國之間的貿易。他們獲准使用東印度公司船艙的一部分空間，運送買賣限量的商品。這種方式的貿易，只辦零零碎碎的商品。

第二種形態就是地方貿易(country trade)。這在十九世紀也被稱為「個人的自由貿易」（private trade 這一名詞，依不同的時代，有不同的兩個意思）。地方貿易又被稱為自由貿易，地方貿易的商人亦被稱為自由貿易商人。是在印度或東南亞與中國之間進行的貿易，而從事此項貿易的是住在印度的英國人和印度人。他們獲得東印度公司的許可，使用與東印度公司的船隻不同的其他船隻進行貿易。他們自十八世紀初，在印度與東南亞之間進行沿岸貿易，而於一七三〇年代出現於廣州。在一七六四—六五年的旺季，占有廣州的英國貿易量的一三％，至一七七五—七六年的旺季竟占上四〇％。

地方貿易以運送印度的棉花和綿織品到中國，從中國運出生絲、絲綢、陶器等為主。茶葉僅准許限量輸出印度和東南亞為限，亦即排擠地方貿易從事東印度公司的貿易最賺錢的中國與歐洲之間的茶貿易。就這一點，地方貿易和東印度公司的貿易有利害關係上的對立。另一方面，公司貿易經常銀兩不足，而地方貿易則因對中國的輸出出超，經常有銀兩剩餘。因此雙方之間成立互補關係，在這一方面兩者的利害是一致的。

4 歸正法

美國獨立戰爭（一七七五－八三）當時，英國本國為籌措戰費的一手段，一次又一次的提高茶葉的輸入關稅。原來的從價稅額約為六四％，而在戰爭結束的翌年，即一七八四年時已調高至一一九％。因此自大陸到英國的茶葉的走私增加，東印度公司的茶葉在本國滯銷。隨之英國政府的關稅收入銳減，東印度公司的茶葉貿易瀕臨危機。於是英國政府於一七八四年八月二十日制定歸正法(the Commutation Act)為對策。

依據歸正法，茶葉關稅自一一九％一舉下降至一二·五％，代之賦予東印度公司必須輸入能夠年年充分滿足國內需要量的茶葉義務。施行歸正法的結果，英國的茶葉價格降低，需要激增，輸入增加很大。其結果，對中國的片面貿易更加嚴重，銀兩的不足也更加嚴重。原先是為了補救銀兩之不足而依賴地方貿易，可是地方貿易主要是將印度的棉花帶去中國，如此仍然不充分，因而開發的竟然是將鴉片賣到中國去。

在上述意義下的歸正法，可以說是在一八三三年以前的中英關係史上的最大的一個事件⑯。

5 鴉片貿易

英國東印度公司，自一七八〇年代開始對中國進行有組織的鴉片推銷。對之，中國政府於一七九六年發出最初的鴉片輸入禁令，鴉片貿易變成走私貿易。東印度公司也禁止公司人員運鴉片到中國。但鴉片貿易仍然以走私貿易的形態繼續發展。而從事鴉片走私的就是地方貿易商人。東印度公司雖然握有孟加拉的鴉片專賣權，但表面上採取遵守鴉片禁令的立場。中國方面的公行商人（洋商）也不再接觸鴉片買賣。

鴉片交易是在廣州貿易的商船碼頭黄埔進行。因為是違禁品故不用繳稅，但代之交付賄賂。以前是以藥材課稅，這次卻變成中國方面的鴉片商人，介入官員與外國的鴉片商人之間仲介賄賂。

一八一四年，英國與印度之間的貿易獨占權被廢止。廢止的結果，英國的綿織品流入印度，開始與印度土產的棉紗競爭，因此英國對印度的輸出大量增加，成為片面貿易，印度乃須大量增加付賬用的銀兩，為了籌措對英貿易逆差的銀兩，就依靠對中國的鴉片推銷。因此對英國的產業資本而言，為了把綿織品賣到印度去，就有必要和中國進行鴉片貿易。一八一四年以後，英國的產業資本與鴉片，成為貿易循環上無法分離的關係。

一八二一年，鴉片的交易場所從黃埔移到海上的伶仃島。因為發生了兩廣總督陳元不得不厲行鴉片禁令的事件，鴉片貿易乃從黃埔被趕出之故。此後，貿易船先停靠伶仃，將鴉片卸貨移至躉船(hulk)後，貿易船只載運正常貨物進入黃埔。躉船在一八三七年當時有二十五艘之多⑰。

由於鴉片貿易逐漸擴大，因此以一八二六年為轉捩點，中國的外國貿易轉為入超，銀兩開始從中國流出⑱。

此項伶仃貿易，形態上是走私，實際上在當時中國的貿易佔有很大的地位。走私可以說是正常的狀態，廣州的貿易制度是被地方貿易商人所進行的鴉片貿易摧毀的。在一八二〇年代，地方貿易比東印度公司的貿易還要大很多。

一八二八年以後，又發生地方當局不得不厲行禁令的事件，以此為開端，鴉片貿易擴大到了北方（鴉片船之中有開到中國東北南部海岸者）。其結果，也使外國人自己直接操作有關贈送賄賂的工作。又在廣東，鴉片換成銀兩後，再用這個銀兩來買取某些商品；而在北方只有換成銀兩，把換來的銀兩帶到廣州附近才能再換成商品。因此進行鴉片貿易的北方當地，銀兩流出的現象，強烈的引人注目。此外，由於鴉片貿易擴大到北方，隨之交易量也越來越大。反過來說，廣州附近對鴉片貿易的市場占有率相對的減少。也因此廣東當局的賄賂所得也相對的，甚至絕對性的減少。

又，鴉片戰爭前的鴉片貿易，也有經由亞洲內陸的路線進行。也就是從印度的克什米爾東部的拉達克，經葉爾羌（現新疆維吾爾自治區東南的莎車縣），通過新疆，由商隊運至華北。回程自中國買回新疆、西藏的羊毛，經由拉達克運回克什米爾。以運回的新疆、西藏羊毛為原料編織的就是俗稱克什米雅的上等毛織品。這一條經由亞洲內陸的鴉片貿易，在中國政府內部也成為問題，因為無法阻止而成為當局的頭痛原因⑲。

6 東印度公司廢止獨占中國貿易

自十八世紀中葉，英國開始產業革命，最初成為其中心的英格蘭北部的蘭開斯特的綿織工業的勢力，抨擊東印度公司的貿易獨占權。也就是批判東印度公司不熱心將蘭開斯特的產品推銷到外國。於是東印度公司的貿易獨占權，特許狀的期限每十年到期，每經議會以法律更新延長期限時，一次又一次的予以縮短期限。

首先於一八一三年，廢止英國與印度之間的貿易獨占。接著於一八二三年使新加坡成為自由港。其背景是一八一九年英國的殖民地南蘇門答臘朋古魯(Bengkulu)副總督史丹福・拉福爾（一七八一－一八二六）占領新加坡，建設為英國的東方基地。並依拉福爾的貿易政策，使新加坡成為自由港，以至牽涉到廢止東印度公司獨占東南亞的貿易。

一八三二年，英國第一次修改選舉法，而依照新的選舉法的最初選舉被選出來的英國下議院，於一八三三年制定了東印度公司的新的特許狀，被稱為「中國及印度貿易管理法」。依據此一法律，東印度公司獨占的中國貿易與茶貿易於一八三四年四月二十二日以後廢止，同時規定設置三名以內的貿易監督官(superintendent of trade)，以繼承之前的東印度公司的當地機構之管貨人委員會的功能，從事貿易之監督工作。但貿易監督官不再是東印度公司的職員而是國家官員。代表英國國家的官員常駐廣州，與中國的地方官員對立的態勢於焉產生[20]。

促使東印度公司廢止獨占中國貿易的重要原因之一，是蘭開斯特的紡織業資本集團所推動的自由貿易運動。此外，在當地也有地方貿易商人的自由貿易運動。他們稱為「自由貿易商人」，代表者是「Shirting Masesn」商會。他們在一八二七年七月創刊《廣州的記錄》(*Canton Register*)週刊雜誌，在雜誌上呼籲他們的主張[21]。此外，由英國本國的茶葉進口商，在利物浦組織叫做 Liverpool East India & China Association 的壓力團體，並且集合英格蘭中部的伯明罕、西北部的曼徹斯特、南西部的布里斯托、蘇格蘭中部的格拉斯哥等新興工業都市的商工業者展開打倒東印度公司的貿易獨占運動，也是很大的重要因素。

第四節　亞洲內陸的東西貿易

——以中俄貿易為中心

1　中俄陸路貿易

(1) 尼布楚條約（一六八九）

中國與俄國之間，自一六五五年以來，有俄國商隊前來北京七次。另一方面，在現在的東三省（中國「東北」或「滿州」）地區的北部，兩國勢力的接觸，於大約十年間斷斷續續的發生可以說是國境戰爭的武力衝突後進入膠著的狀態。在此狀況的背景下，兩國於一六八九年簽訂了尼布楚條約。這次中國方面是在擁有很大的兵力之下進行交涉，因此尼布楚條約並非如後來的南京條約般的城下之盟。

尼布楚條約的內容，約略如下：第一點，畫定國界。以外興安嶺為境界。外興安嶺往東至太平洋的廣大區域，在未畫定國境的狀態下保留。第二點，兩國國民的自由貿易。即正式承認國境貿易。第三點，罪犯之引渡。決定國境後，當然會發生犯罪人逃至對方國內時如何處理的問題，因此規定了罪犯之引渡。簽訂尼布楚條約的中國全權代表團中，有葡萄牙人耶穌會教士徐日昇和法國人耶穌會教士張誠兩人參加，擔任條約文的起草工作。條約是以拉丁文的原文為正本，另外有俄國的俄文原文交給中方，中方將滿文的原文交給俄方㉒。

尼布楚條約未必可以斷言是近代的平等條約。從條約文（拉丁文、俄文、滿文）的原則來說，雖然是以近代國際法為基礎的平等條約，但中國對國內公布的漢文原文，已被竄改為納入所謂的朝貢關係體制中的形態㉓。

尼布楚條約之後的貿易，以北京貿易和國境貿易的兩種方式進行。為了進行正式的北京貿易，開始時由商人個人組織商隊每年來到北京。一六九八年起有官營的商隊來到北京，至一七一八年大約每隔一年繼續來到北京㉔。

俄國商隊來到北京有兩條路線。一條是尼布楚——齊齊哈爾——北京的滿州路線，一七〇六年以後改採 Serginsuku——庫倫——北京的蒙古路線。

在國境地帶的貿易，是從北京貿易被排除的個人商人，在齊齊哈爾和外蒙古的庫倫進行。尤其在庫倫盛行毛皮的走私，對於赴北京的官營商隊貿易有很大的打擊㉕。

(2) 恰克圖條約（一七二七）

恰克圖條約，可以說是對西部地區簽訂與尼布楚條約相同的事項。第一點是畫定國境。第二點是規範貿易。限制來北京的官營商隊，每一次的構成人員在二百人以下，且每三年入京一次，貿易為免稅。對個人商人的國境貿易場所定在接近尼布楚的恰克圖和吐海頭，禁止以前在齊齊哈爾和庫倫的貿易。

恰克圖條約以後的貿易，實際上如何進行的呢！商隊的入京，在恰克圖條約之後有六次，一七五四年的最後一次之後中止，一七五九年正式廢止。因為敗於個人商人的毛皮走私貿易。繼續興隆的是一七二八年開始的恰克圖的國境貿易（吐海頭方面則不振）。恰克圖貿易，雖然在條約上規定免稅，實際上俄國方面自一七五五年開始徵收進口出口關稅，中國方面則自一七五九年開始實施特許商制度之一種的「票商」制度。這是以一年為期限，由理藩院發行「票」證，只有取得理藩院的「票」證者才獲許可從事貿易的方式。參加恰克圖貿易的「票商」，多屬山西商人。

(3) 陸路貿易的構造（恰克圖貿易）

在恰克圖貿易，決定性的重要商品是在西伯利亞森林地帶取得的毛皮。毛皮是羅馬諾夫王朝時代的俄羅斯，獲得外匯的主要手段，因此與中國的貿易，在十八世紀時也以毛皮貿易為中心。毛皮之外，外國製的呢絨和綿織品也都進入中國。

自中國出口的，第一是南京木棉，第二是絲綢，第三是茶葉。茶葉自一七九〇年代開始增加，進入十九世紀時茶葉已成為出口中心，至一八一二年時超越了南京木棉，到一八四〇年代時已佔出口俄國商品的九五%，並且自一八二七年開始經過俄國再轉向西歐輸出。

在十九世紀，自俄國輸入中國的商品，第一位仍然是毛皮，但自一八二〇年代末期開始減少。第二是毛織品，在一八三九年時已超過毛皮，至一八四〇年代時已佔輸出中國商品的四〇%。第三是紡織品，在一八四〇年代佔有一八%。毛織品加紡織品，在一八三五年時已超越毛皮。此外，西歐的紡織品也有經過俄國輸往中國的過路貿易品較多，但以一八三二、三三年期間為轉機，俄國產品也超越了過路貿易量。

其次，再來看看貿易收支。開始時是俄國的出超。自一七八〇至一八四四年間則大致上輸出入平衡，至一八四五年以後，出現俄國的入超。此乃俄國對茶葉的進口壓倒性的增加之故。

恰克圖貿易的全盛時代大致上在一八三〇至四〇年代。這個時代的中俄貿易，主要在中國的茶葉與俄製纖維製品的交易。

(4)「俄羅斯館」

俄羅斯館，有俄羅斯南館和俄羅斯北館的兩館㉖。

(a) 俄羅斯南館　最初只被稱為俄羅斯館，後來與北館區別而被稱為俄羅斯南館。此一建築物，本來是提供貢使住宿的「會同館」（一四四一年設置），於俄國的商隊住宿時把它稱呼為俄羅斯館的。文獻上最初出現稱呼俄羅斯館是在一六九三年。在這一棟房子裡，其他國家的貢使也都住宿。在北京，俄國的使節和商隊都受貢使的待遇。

自十七世紀後半至一七二七年，俄國的使節有八次來到北京，使節也謁見過皇帝。謁見皇帝時也行過三跪九叩禮。商隊則更頻繁地前來北京。

一七二七年的恰克圖條約以後，這一棟會同館已被專稱俄羅斯館，並且成為俄國的專用房舍，有宗教使節團和學生住宿。一七一五年以來，事實上有僧侶或使節的駐在，而因恰克圖條約，僧侶（喇嘛）四人和學生六人被允許居留，甚至被允許在此設置希臘正教的教會堂。此教會堂於一七三二年舉行了獻堂典禮。恰克圖條約以後，大約以十年輪替，宗教使節團駐在於此。宗教使節團的首長是僧侶，但在本國的外交部亞洲司的管轄下。這個時代的俄國和中國兩國政府的公文書來往，是由中國的理藩院和俄國的參政院(Senate)之間行文，而由宗教使節團團長擔任傳達的窗口。原則上宗教使節團駐在北京的費用由清朝政府負擔。但在一八二〇—二一年當時，實際上也由俄國分擔費用㉗。

理藩院任命俄羅斯館監督負責管理俄羅斯館。俄羅斯館有兩名館夫（門房之一種），及負責在俄羅斯館防止間諜行為的御史。又在隊商前來時，臨時任命總理俄羅斯館事務的官員，並派兩百名官兵駐紮在館內，俄國人外出時由士兵隨行。

(b) 俄羅斯北館　在尼布楚條約之前的國境戰爭期間，於阿爾巴辛等攻略戰捕獲的俄國人俘虜，在北京被編成叫做「俄羅斯佐領」的八旗的一佐領，編入滿州鑲黃旗之中。這一隊俄羅斯佐領，在北京內城東北的東直門內獲撥給居住地區，並為他們建造教會堂，於一六九〇或九二年時舉行獻堂典禮。這一所教會堂被俗稱「羅刹廟」，也就是「北館」。在恰克圖條約之後，駐在南館的宗教使節團長到北館來主持宗教儀式的「勤行」。在這裡舉行勤行的僧侶絕不對中國人傳道，也未受到中國人的迫害，僧侶穿著中國人服裝在街上徘徊。上述俄國人俘虜們與當地人結婚，他們的子孫現在仍然住在北京，但現況不明㉘。

一八六一年，俄國在俄羅斯南館開設具有近代性意義的公使館。原先住在南館的宗教使節團移駐北館。一九七二年二月當時，俄國大使館遷移到原來北館的場所（請見《朝日新聞》一九七二年二月二十一日晚刊「北京市街圖」）。

2 新的「絲路」

十八世紀後半，清朝平定土耳吉斯坦的結果，中國與更西的各地域開始保持接觸，產生所謂的新的絲路。第一是從塔西肯特(Tashkent)經喀什喀爾，連結葉爾羌，連結以中繼貿易為中心的中亞貿易。從事此項貿易的是喀干特商人等，將茶葉、絲綢、陶磁器、大黃等運往西部。第二是以伊犁為中心的絹馬貿易，和從哈薩克汗國來的隊商之間進行。哈薩克方面的馬、羊、牛等進入中國，自中國方面出口絲綢和木棉等。此項絹馬貿易的背後則有俄國和哈薩克之間的貿易，俄國以紡織品及金屬製品，交換哈薩克的家畜和毛皮等等。

這一條新絲路被俄國征服。做為東西貿易的中繼貿易之絲路，由於被俄國征服而發生變革。一八五一年中國與俄國之間簽訂的伊犁條約就是變革的畫期。伊犁條約可以說是對應南京條約，另一方面也具有可以理解是尼布楚條約和恰克圖條約等系列的延伸的側面。並非俄國憑武力強迫簽訂的條約，而是因為俄國併吞哈薩克汗國，直接與中國鄰接才簽訂的條約。以此條約，俄國獲允許在伊犁和塔爾巴戛台（塔城）的貿易。此項貿易為免稅，同時俄國取得領事裁判權，同時俄國人也取得在當地的居留權和布教權㉙。

第五節　廣州貿易制度

1 前言——商館・十三行

商館・十三行(factory)，是特許公司在亞洲貿易的重要地點設置的貿易據點(trading post)㉚。商館・十三行，一言以蔽之，可以說是「要塞化的商人居留地與避風港」。商館的背後有特許公司獲本國政府賦予的獨占貿易的特權。這個特許公司對於居留在商館的本國國民擁有法律上的某些管轄權，甚至對以商館為據點做生意的人和他們的貨物，受到特許公司的海軍力和陸軍力的保護。

這種危險的商館組織設在廣州而和中國方面的體制發生衝突。然後被解除武裝，而在被隔離的狀態下，以符合中國體制的單位，被排入朝貢關係下的貿易機構當中，這就是廣州的貿易制度。商館在這種歷史性的文脈乃至展望中而言，可以連結到鴉片戰爭以後的通商口岸。

在東方貿易的特許公司，十八世紀時大致上已終結它的角色。從此以後，特許公司概括性營運的各功能分化，在和貿易對方國家的互動下採取種種形態繼承下去。其中一種形態是殖民地或保護國。或成為在中國與日本可見的貿易商社。在這種場合，因不信賴當地對方國家的司法權下的法律救濟手續，所以由領事取得領事裁判權，亦即受到領事裁判權保護的貿易商社的形態。

2 廣州港（一七五七）

一六六一年，清朝政府頒布遷界令，將沿海居民遷移內地三十華里。這是為了對抗鄭成功的勢力所採取的一種封鎖大陸的措施。一六八一年平定三藩之亂，一六八三年以台灣為根據地的鄭氏滅亡。於是清朝於一六八四年（康熙二十四年）解除遷界令，也解除「海禁」，開澳門（廣東省）、漳州（福建省）、寧波（浙江省）和接近上海的雲台山（江蘇省）四個港口。這四個港口都設海關，准許貿易特許商人與外國船的貿易獨占權，同時包辦相關貿易的徵稅工作。

到了一七五七年（乾隆二十二年），與外國船的貿易限制於廣州一個港口。這一年，幾乎與清朝的平定亞洲內陸的時期（一七五八年準噶爾王朝滅亡）是平行的。

3 機構（維持治安與徵稅）

廣州貿易制度的機構，有兩廣總督和廣東巡撫。總督與巡撫在軍事力方面握有廣東省全部，包括水師及名額約有七萬人的綠營。防範夷人章程（取締外國人規則）也以總督的名義頒布。在軍事力方面，除綠營外還有廣州將軍率領的八旗駐軍（名額四千七百四十一人）在廣州。

廣州附近的海關長官為粵海關監督(Hoppo)。粵海關監督由內務府官人任命，任期三年。粵海關監督同時是為北京的宮廷呈送珍貴的各種輸入物品的吸取機器。例如音樂鐘錶等外國製的奢侈品，被用於誇示專制王朝的宮廷威嚴之裝飾品，或恩賜的物品，是重要的政治手段之一種。粵海關監督將這種高價的輸入物品作為禮物呈送北京的財源，多由廣州特許商人的公行商人籌款的㉛。

其次，在廣州有被稱為「廣東十三行」的構成同業公會的特許商人（以下稱為「公行商人」）之一群㉜。

公行商人，第一是獨占貿易。輸出品有茶葉和絲綢，輸入品有棉花（主要來自印度）、貴金屬類、毛織品等㉝。

公行商人，第二以承包徵稅為任務㉞。關稅及其他賦課金有正規的關稅，分為「船鈔」和「貨稅」。

船鈔以船隻的大小分為三級，對整艘船的全部商品總括起來課稅的稅金。貨稅是對各別商品，按其品目與數量徵收的。稅率在二%至四%，在十八世紀末的歐洲重商主義時代的高關稅時期，以當時的世界水準來說，此項稅率可以說是很低的。但是在正規的關稅以外還有附加稅（額外加徵）。此附加稅居然漸漸增加到正規的三、四倍，由於過高而成為問題，於一七三〇年廢止。此外，還有「規禮銀」（又稱「規銀」、「規例」、「規禮」等），好像是手續費之一種，在進口手續時有三十種類，出口手續時也有三十種類之多。此一規禮銀，竟進入上自總督、巡撫、粵海關監督，下至書吏、衙役、長隨的口袋，但自一七二六年「歸公」，決定一船收取一千九百五十兩。這是將非正式繳納的個別七零八落的手續費予以總括起來公然化的（此項措施，如已前述，是與一七二四年制定養廉銀，將火耗（田賦的附加稅）「歸公」之時幾乎同時並行發生的現象，可認為同一性格之事項）。然而依然有未被報告的黑金的繼續存在，也有新加的，又自一七八〇年再設「行用銀」(The Consoo fund)。這雖然是一種公積金，實際上也屬於附加稅之類。以上種種稅金的累集成為相當高額的稅金。

公行商人的第三項工作是對於在廣東地區的外國商人及外國船隻船員的一切行動，由公行商人成為一體負起連帶責任。公行商人之中，最資深的一人擔任「總商」(senior merchant)。一七五四年以來，每一船須設「保商」(security merchant)，貿易船應聘任何公行商人為自己的保商。保商要僱用「通事」，說是通事也只是名義上而已，並不會說外國話，通事再僱用「買辦」，買辦擔任購買外國人日常必要的東西。就這樣形成保商——通事——買辦的階級秩序。

公行商人一概而言，是非常賺錢的職業，但在反面，經常被當局強制捐款（捐輸），因此在經濟上很不安定，也有不少因而破產。

從清朝當局者的想法來說，管理廣州的外國人在社會的系統，以總督、巡撫、粵海關監督為高峰，其下有公行商人，再下有英國東印度公司的「大班」，再其下有包括英國人在內的所有居留外國人，形成這種階級秩序才是最理想的構造。

4 對外國人的統制與居留外國人的生活

(1) 限制居住

外國人不允許居住在城牆內的廣州中國人街坊，指定在城外沿珠江東西七百呎，南北一千一百呎的特別地區「隔離」居住於此。此一場所被稱為「夷館」。**夷館地區有很多公行商人所有的房屋**，租賃給外國商人居住和辦事。個別的房屋也被稱為夷館。商船停泊於廣州城市下游的黃埔碼頭。船員須留在船上㉟，只有商人和東印度公司的職員才獲准許居住在夷館內。廣州夷館的居住人口，以一八三六—三七年的時節來說，外國人有三百零七名（其中英國人一百五十八名），以商社數來說有五十五家（其中英國商社有三十三家）。

(2) 限制行動（「防範夷人章程」）

外國人受到所謂的防範夷人章程管理。此項管理規則被修改提出數次，內容比較完整的一八三一年的章程要點如下㊱。

(a) 外國人軍艦可以來到珠江河口的虎門，但不得駛入珠江之中。——虎門設有砲台，至上游的廣州附近的珠江兩側設有很多砲台。

(b) 不得帶女性進入夷館內，也不得帶武器進入。——禁止女伴，是惟恐帶家眷來，有長期居留之虞。

(c) 不許公行商人向外國人貸款。——廣州貿易是片面貿易，外國人，尤其是地方貿易商人手中銀子充斥，公行商人則經常現金不足很想向外國人借錢。對外國人來說可以高利貸款，讓現金閒著很可惜，因此這一條規定實際上常被破壞㊲。平常當局閉一隻眼，但發生事端時被依法處罰，曾經發生公行商人受處罰，處流罪之案例。

(d) 不得雇使用人（中文為「沙文」，這是 servant 的音譯）。——實際上雇有很多中國人事務職員及勞工。如果發生事端，為對外國人施加壓力的手段而發動這一條文時，中國籍使用人立即從夷館失去蹤影。

(e) 不得乘坐轎子。——在中國社會規定可以乘坐轎子的大概只有官員，而且以乘坐的人的地位有不同的抬轎人數。這個規定以為外國人步行才符合其地位，不值得讓外國人乘坐轎子。

(f) 不得在河上為消遣而划船。——對外國人來說，運動是很重要的事，因此夷館地區的一半作為公園。英國人尤其喜歡划船，卻遭到禁止㊳。

(g) 外國人與中國人官員通信時應依「稟」的形式，而且不得直接行之，須經公行商人行之。——外國人提出「稟」，多屬對公行商人的作法提出申訴或抗議。將抗議文經由製造被抗議原因的公行商人提出，有在提出過程被擱置的危險，因此這是被巧妙安排的控制外國人的方法。

(h) 在夷館內，任何事項均須服從保商的統制。

(i) 貿易季以外，不得滯留在夷館內。——貿易季因季風的關係，自十月至一月為止。過了這一時期，季風開始吹向相反的方向，外商乘風歸國。想停留的人要到澳門去居留。退出夷館時須各付三百兩手續費。實際上外國人會藉口種種理由，在夷館內各房舍殘留兩三人。不這樣做，互相在生意上會有障礙，因此中國官方也予以默許。

(3) **裁判管轄**

對於民事爭執，任由外國人自己仲裁不加干涉，但刑事案件，尤其是對於殺人事件，中國方面經常強烈主張裁判管轄。受到壓力，外國方面不得已將嫌疑人交給中國官方後，大概都被處以絞首刑。

(4) **威嚇停止貿易**

中國方面可以使用的最強烈的壓力手段就是停止外國貿易，以武力封鎖夷館。所以要停止貿易的「威嚇」，可以說是最有效的王牌。但是，真的停止貿易，其實對雙方都不利。因為一旦停止貿易，不但是外國商人，中國商人也會困擾，連以向商人吸取好處的當局人員也受窘。在外國方面，如美國商人資本力小者，不能忍受停止貿易的威脅，但如英國東印度公司有強力的組織體支撐，因此反而有由英國東印度公司以停止貿易來要脅中國方面接受其要求之例子。

(5) **貿易與生活之實際情形**

簡單說，廣州的貿易非常繁榮。從十八世紀末到十九世紀初，年年約有一百五十艘外國貿易船到廣州來。在廣州的外國人的生命財產，大致上非常的安全。創造雙方受惠的安全貿易環境是當然的。在夷館的外國人的日常生活極盡豪華。外國商人與公行商人之間的交易關係，在雙方商人之間的高度相互信賴上結合。交易大致上也以口頭約定進行，據說沒有發生問題。但是上述的生活和行動上的各種限制，仍然被外國人感覺受到限制，而且在被「隔離」的特殊地區內的豪華生活，反正是H・B・摩斯所謂的「金光閃閃的鳥籠」(a gilded cage)中的生活而已。

註釋

① 關於蒙古政權的社會、經濟背景，在飯塚浩二《東洋史與西洋史之間》（岩波書店，一九六三）頁一九一—二六〇，有趣味深遠富於立意的記述。每日新聞自一九七一年四月十六日至五月一日，連載十四次京都大學名譽教授、日本蒙古學會會長岩村忍氏的「蒙古學之散步」對談文章，內容依據最近的實態調查和文獻上的蒙古研究，對談內容很具體而有趣。

② 關於一五一一年葡萄牙人占領馬六甲以前的東西貿易的地位，本章所敘述的內容是根據別枝篤彥的〈馬六甲——其成立與發展，以十五世紀的伊斯蘭王國時代為中心〉（《史苑》，二三卷二號〔一九五八年三月〕頁九五—一一七）。有關馬六甲，請見 Tom Pires《東方諸國記》（岩波書店，大航海時代叢書V，一九六六）補註頁五七五—五九五（生田滋執筆）。

③ 伽馬一行人，自里斯本沿非洲西海岸南下大西洋，經好望角出東海岸，僱用老練的阿拉伯人為領航員，再經三週時日到達印度西海岸的科西科德(Calieut, Kozhikode)。該地是胡椒的大集散地，位居海上東西貿易路上，相對於東邊的馬六甲，能夠與之匹敵的西邊大中繼轉運市場。伽馬的艦隊是由葡萄牙國王派遣，以四艘船組成（船員一百五十人）。葡萄牙國王在派遣之前，先由科學家組織委員會，作了充分的準備。

特別在「發現」兩個字加括弧的原因，是以歐洲人來看的發現的意思。伽馬所經過的航路，就是以前的阿拉伯人所經過的航路。況且當時已經有很多的原住民，所以從亞洲人來看，如今說是「發現」，可以說未免太牽強了。

④ 另外提及麥哲倫環繞航海世界一周（一五一九—二〇。麥哲倫於航海中死亡）的影響。於一四九四年的特魯得西拉斯條約劃分的分界線之外，因已認為地球是圓的，因此在大西洋劃上的縱向線之外，理論上應該還要有一條。麥哲倫環繞世界一周的結果，圓形的地球成為現實的問題，有必要在地球的反面再劃上一條縱向的分界線。這一條分界線大約通過日本岡山附近的南北。於是產生香料（丁字和肉豆蔻）產地中心的摩鹿加群島究竟屬於此一分

界線的那一側的爭端。因為該群島位於此一分界線的子午線的西側，因此依照特魯得西拉斯條約應屬葡萄牙領土，但實際上西班牙和葡萄牙雙方，各提出對本國有利的地圖相爭，在當地反覆發生武力衝突。結果於一五二九年兩國間經過種種利害關係的協調，以條約將摩鹿加群島歸屬葡萄牙領土。然後於一七五〇年葡、西兩國簽訂的條約，廢除了分界線的觀念。一七五〇年的條約，也解決了關於菲律賓的葡西兩國的紛爭。

⑤ 慎重再說一次，小國的葡萄牙，決定不是因為繞過好望角的新航路而獨占東方的貿易。以往連接阿拉伯貿易，控制地中海的威尼斯商人，在十六世紀中葉前已恢復自波斯灣通敘利亞的路線，在十六世紀末以前，也已恢復經紅海連結印度洋與地中海的亞力山大市場。

⑥ 日本的戰國諸侯，模仿種子島洋槍大量製造，並且自日本大量輸出。關於種子島槍砲傳來的狀況，加以深入探討的論著，請見飯塚浩二《東洋史與西洋史之間》（岩波書店，一九六三）頁二六三—二七八，及飯塚浩二《向東洋的視角及對西洋的視角》（岩波書店，一九六四）頁一二一—一五四（第五部「《鐵砲》文明論」）。另有推測種子島槍砲並非歐洲系統，可能是伊斯蘭文化圈的土耳其系統之短文，請併同參照飯塚浩二〈種子島銃之系譜〉（《朝日新聞》，一九六四年八月十一日版面）。

⑦ C. Northcote Parkinson, *Trade in the Eastern Seas 1793-1813*(Cambridge University Press 1937), p. 57。依據摩斯引用的數字，一八一〇年當時，居住在澳門的外國人，有白人男子一千一百七十二人，女子一千八百四十六人。男奴隸四百二十五人，女奴隸六百零六人，合計四千零四十九人。一八三〇年的數字是白人男性一千二百零二人，白人女性二千一百四十九人，男奴隸三百五十人，女奴隸七百七十九人，合計四千四百八十人。在殖民地，通常是男性多、女性少，但數字上女性異常的多，是所謂的妓女多，正明白地反映澳門這一地方的性格了。H. B. Morse, *The International Relations of the Chinese Empire*, I, 46。

⑧ 有關上述的西班牙人之進出，請參照荒松雄〈十六、七世紀西班牙的亞洲貿易——歐洲商業資本之亞洲貿易的一類型〉（《歷史學研究》，一九五〇年一月，頁二三—三二）。

⑨ 日本雖於一六三九年實施鎖國，但如周知，此後僅允許荷蘭人和中國人在長崎進行貿易。

⑩ 所謂安汶的虐殺，是在摩鹿加群島的安汶島西南部港灣都市安汶，荷蘭人斬首殺害英國人十人、葡萄牙人一人、日本人九人的事件。

⑪ 模里斯島自一五九八至一七一〇年為荷蘭領地，一七一五年起成為法國領地，當時稱為法屬島嶼(Isles de France)。按，摩鹿加群島在第二次世界大戰中為日本所占領。戰後的現在為印尼領土。

⑫ 在日本進入明治時代，於一八七〇年代初期，中國與明治維新後的日本將進入新的外交關係時，中國大官之中有人反對與日本簽訂條約，其反對意見的日本人觀之中，竟然還留有倭寇的形象。請見總結有關倭寇的專門性研究的概說書，石原道博《倭寇》（吉川弘文館，一九六四，全三七一頁）。

⑬ 請參照岩生成一《南洋日本町之研究》（地人書館，一九四〇，全三八七頁），岩生成一《朱印船貿易史之研究》（弘文堂，一九五八，全四五八頁），及岩生成一《關於十七世紀初期移住萬丹的日本人》（《和田博士古稀紀念東洋史論叢》〔講談社，一九六一〕頁一三三—一四〇），以及岡本良知《十六世紀日歐交通史之研究》（增訂版，六甲書房，一九四二，全九〇八頁），第三編第四章「日本人奴隸輸出問題」（頁七二八—七七八），並同章「增補」（頁八三五—八四〇）。

⑭ 中國方面對美國人評為「恭順」。因為美國的貿易商社的資本小，無法抗拒停止貿易的威嚇，只好採取溫和的行動。

⑮ 銀兩的流入始自明末，也從日本流入大量的金銀。比金銀的流入，對中國國內經濟的極大影響自不待言。

⑯ E. H. Pritchard, *The Crucial Years of Early Anglo-Chinese Relations, 1750-1800*(Pullman, Washington: the State College of Washington, 1936), p. 146.

⑰ 中國方面的鴉片貿易深入內地擴散，有廣大的銷售網。中國的鴉片商人的營業處叫做「窯口」，大概都擁有二十萬兩至一百萬兩以上的大資本，而這資本是由數十名合夥人股東出資的。窯口擁有快速的武裝船，船上有五十至

七十名粗漢子，以射箭般快速，將鴉片運送到內地。一八三一年當時在廣東附近有一百至二百艘的快速船，使用數十隻划槳划船，看起來好像是蜈蚣，被稱為扒龍或快蟹。

⑱ 過去以一八三一年為貿易轉捩點。最近的研究則為一八二六年。請見 Hsin-pao Chang, *Commissioner Lin and the Opium War* (Cambridge, Mass.: Harvard University Press, 1964), pp. 40-41。

⑲ 鈴木中正〈十九世紀前半期的旁遮普、克什米爾與中國〉（《愛大國際問題研究所紀要》二八號〔一九五九年十月〕頁三一—五二）。

⑳ 東印度公司雖然失去貿易獨占權，但繼續保持對印度的統治權。一八五八年，英國女王以印度皇帝的資格掌握印度統治權之後，東印度公司仍以清算團體之名義留下，直至一八七八年終於解散。

㉑ 《*Canton Register*》刊載廣州附近的鴉片行情。

㉒ 請參閱有關尼布楚條約的最近的研究：吉田金一〈尼布楚條約考〉（《埼玉縣立川越高等學校紀要》創刊號〔一九六四〕頁一—九）。吉田金一〈中蘇國境問題再論——關於尼布楚條約〉（《浦和西高等學校研究集錄》第六集〔一九七一年十一月〕頁一—一五）。

㉓ 羽田明〈俄清關係之特殊性〉（《學海》三卷六號〔一九四六年九月〕頁二六—三二，三卷七號〔一九四六年十月〕頁一七—二〇）。吉田金一〈西伯利亞路線——俄國與清朝之交涉〉（平凡社《東西文明之交流》與〔《西歐文明與東亞》〕〔一九七一〕頁三一七—三三〇）。

㉔ 派遣官營商隊的背景，有一六九七年俄國政府在西伯利亞實施毛皮貿易的國家獨占。一七〇六年禁止官營商隊有個人商人之同行。

㉕ 一七二二年，到庫倫的俄國商人，由於政治上理由，被中國官方驅逐。

㉖ 關於俄羅斯館的踏實的最近研究，請見蒙思明的"The E-lo-ssu Knan(Russian Hostel)in Peking," *Harvard Journal of Asiatic Studies*, no 23(1961), pp. 19-46。

㉗ Е. Ф. Тимковский, *Путешествие в Китай ерез Монголию в 1820 и 1821 годах* (СПБ, 1824), I, 7-9.

㉘ 吉田金一〈西伯利亞路線——俄國與清朝之交涉〉（平凡社《東西文明之交流》與《西歐文明與東亞》頁三四二。）併參照高木健夫〈北館——阿爾巴辛村事件〉（《大安》四卷一二號〔一九五八年十二月〕）頁四〇—四七。此外在《基督教科學評論》一九五六年六月五日的"Soviet churchmen sift peace hopes"的記事中，有提到北京的希臘正教教會現況的簡短記述。

㉙ 羽田明〈俄清關係之特殊性〉（《學海》三卷六號〔一九四六年九月〕頁二六—三二、三卷七號〔一九四六年十月〕頁一七—二〇）。羽田明〈伊犁通商條約之簽訂及其意義〉（《和田博士古稀紀念東洋史論叢》〔講談社，一九六一〕頁七二九—七三九）。

㉚ factory 這句話，在現在的英語是「工廠」的意思，但從前，借用《簡明牛津辭典》的說明，是"An establishment for traders carrying on business in a foreign country"的意思。一五八二年用例最初出現於文獻上。

㉛ 粵海關監督以工作上好處很大的職位而知名。據莫斯所引用的資料，三年任期內進入私人口袋的工作上好處之中，三分之一用於歸還為了取得這一職位時送賄賂所用的借款；三分之一用於三年期間平安保持此一職位的支出；剩下的三分之一的一部分用於三年任滿後能夠平安全身而退的賄賂；其餘就成為個人蓄財的財源。請見 H. B. Morse, *The International Relations of the Chinese Empire*, I, pp. 34-35。

㉜ 當時的中國話，把這批特許商人的同業公會稱為「公行」，把個別企業體稱為「洋行」，洋人主人稱為「洋商」或「行商」。本人統稱為公行商人。

㉝ 其實不祗公行商人從事貿易，局外的「散商」也從事統制外的商品（扇子、漆器、刺繡、繪畫、磁器、南京木棉等）買賣。也有借用公行商人名義從事買賣者。

㉞ 繳納稅金的不是外國商人，而由公行商人代繳。從外國人來看，稅金包含在商品價格之內，不明白到底將什麼稅金繳納多少等明細的構造。

㉟ 船員被准許到夷館來玩，夷館地區內的馬路，有很多並排的店舖。

㊱ 章程原文刊載在郭廷以《近代中國史》（商務印書館，一九四一，全二冊，合訂本，全一二七一頁）頁四一七—四二三。並請參照 H. B. Morse, *The International Relations of the Chinese Empire*, I, pp. 69-71。

㊲ 公行商人向東印度公司借的錢，再借給茶葉產地以控制製茶工場的實例，有人加以研究。請見波多野善大〈中國輸出茶之生產構造〉（《名古屋大學文學部研究論集》第二冊（史學1）（一九五二）頁一八三—二一〇）（波多野善大加筆再錄於《中國近代工業史之研究》（東洋研究會，一九六一，全五八八頁））。

㊳ 紳士自己划船，從中國讀書人看來是值得侮蔑的行為，划船的西洋人因而受到輕侮。

第五章 鴉片戰爭

To blockade at once the mouth of the canal and of the Yangtse-keang could scarcely fail to distress the empire, and especially Peking, which is fed by supplies from the southern provinces.

—John Francis Davis, *The Chinese*(London: Charles Knight, 1836), II, 8.

切碎煙土，拋入石池，以泡鹽滷，以爛石灰，凡待戳化為渣，退潮時送出大海。

——林則徐「會奏銷化煙土一律完竣摺」（一八三九）（《林文忠公政書》卷三）

第一節 與廣州制度之對決

1 馬卡托尼使節團

(1) 背景

一七九三年，英國政府派遣曾任國會上下議員的喬治・馬卡托尼(George Macartney, 1737-1806)為全權大使來華，赴宮廷謁見乾隆帝。其背景有英國本國因產業革命使近代性紡織工業發展，亟欲將紡織品銷路擴展到海外的強烈要求。尤其一七八五年弧光燈的專利期限屆滿的結果，生產量急遽增加，生產過剩，紡織工業面臨危機的狀況。

在中國當地方面，一七五七年將海外貿易港口限制在廣州一個港口以來，在廣州又加強貿易限制，再加一七八四年的歸正法以來，英國政府與東印度公司有意將中國貿易由英國人獨占，使倫敦成為亞洲貿易的中心，於是積極推行獨占中國貿易的政策。

直接促使派遣使節團的主要原因是對於在廣州的外國人犯罪的刑事裁判權的問題。一七八四年至八五年，在廣州發生的休士夫人號貿易船事件，對英國方面的刺激很大①。

英國政府雖於一七八七年派遣察爾斯・卡史卡特中校(Charles Cathcart)，但渠於赴中國途中病歿。英國政府給他的訓令要點有入北京謁見皇帝，要求：第一、出讓可以由英國人自己行使警察權和治外法權的通商基地(depôt)，或改善廣州的貿易；第二、要求中國與英國之間交換外交使節，如果中國方面要求禁止鴉片貿易，英方願意接受等等。

(2) 馬卡托尼的派遣

馬卡托尼被派遣來中國時的英國內閣是彼得(Pitt)內閣，外交部長格蘭威(Lord Granville)。英國政府派遣馬卡托尼的第一目的是將中英兩國關係建立在「條約基礎」。英方研擬的條約內容要點有㈠開放寧波、珠山、天津等港口；㈡公告稅率，並降低稅率；㈢割讓臨近絲綢和茶葉產地的一個小島，在那小島由英國方面行使對英國國民的警察權和司法權；㈣交換常駐外交使節等等。第二個目的是調查中國的實際情況。

派遣馬卡托尼時，代表北部新興產業資本家利益的英國政府本身，和東印度公司之間發生認知上的不一致。馬卡托尼決定帶去北部的很多商品樣本，東印度公司則設法使其少帶。他們希望寧可增加現在賣的很好的商品需求量，也預測毛織品和印度棉花的銷售量增大，逆轉貿易的平衡，期待找出自中國為抵消進口而出口的新的產品。

如果被提出鴉片問題時，必須很慎重的處理此一問題，如果中國方面明確要求禁止輸入時則依其所求，馬卡托尼獲如此訓令。英國方面認為此時只有在別地方另求孟加拉鴉片的銷售門路②。

(3) 在中國的馬卡托尼

清朝方面將馬卡托尼視為自朝貢國來的使者，因此一再要求謁見皇帝時要行三跪九叩禮。折衝的結果，中國方面接受馬卡托尼提議的歐洲式的禮儀，於熱河離宮謁見乾隆帝時，以一腳跪地，親吻皇帝之手。也同意將英國國王致中國皇帝的國書，由馬卡托尼直接面呈皇帝。但親吻皇帝之手，應中國方面的要求而省略③。

馬卡托尼的主要目的之外交交涉完全失敗，簽訂通商條約也遭到全面拒絕。清朝作為正式回答的乾隆帝的三件上諭中，明確地表現中華思想式的觀點，及地大物博的中國是自給自足，無需與外國貿易，只因對方國家的困難，所以施予恩惠，允許進行貿易的想法。

在觀察中國的實情方面的任務，則有相當的成果。馬卡托尼以軍艦直行至大沽登陸，越過萬里長城，赴熱河離宮謁見皇帝，回程旅行內地花費數月至廣州。這數個月的內地旅行，可以說是在軟禁狀態下移動的旅行，但使節團仍在侷限的範圍內做到盡可能的見聞。尤其對擔任護送的官員的行動都做了詳細的觀察，其成果在使節團回到英國後，刊行在幾件報告書之中，或以旅行記刊行。這些書籍，與以往歐洲人對於中國的主要資訊來源的耶穌會教士所寫的報告類大為不同。它的特徵可以說是在他的確實的實務家般的見解，成為此後的英國人在學術上的中國研究之出發點④。

(4) 阿瑪斯特使節團（一八一六）

馬卡托尼使節團因為未能完成主要交涉目的，英國政府於一八一六年再派遣威廉・阿瑪斯特(William Amherst, 1773-1857)來華。阿瑪斯特使節團本來是要求將貿易直接置於皇帝的管理之下，但在謁見儀禮問題一開始就發生嚴重糾紛。不滿馬卡托尼前例的中國方面，強迫行叩頭禮，阿瑪斯特卻到最後關頭仍然峻拒，於是未獲謁見便被驅逐回去。然而此時使節團也作數個月之內地旅行回到廣州，因此也得有機會觀察中國的內地⑤。

2 貿易監督官律勞卑

(1) 英外相帕馬斯頓的訓令

一八三四年，英國廢止東印度公司獨占中國貿易之時，派遣具有英國政府官吏身分的貿易監督官威廉・律勞卑(Mapier, 1786-1834)到廣州。當時的格雷內閣（輝格黨）外相帕麥斯頓(Palmerston, 1784-1865)給律勞卑的訓令，整體而言是很協調性的。

英國政府預測，隨著貿易的發展，廣東制度不久將崩潰，因此一面觀察情勢，一面研究應對策略，態度非常慎重。於是對律勞卑的訓令中也強調要尊重中國的法律和習慣，並叮囑未獲倫敦的事前理解，不得擅自行動與北京政府直接交涉，也不得暗示將有行動。但是訓令中的「貴官應以書面通知總督，貴官的抵達廣州」("Your Lordship will announce your arrival at Canton by letter to the viceroy,")這一段，成為所謂炸彈的導火線，與當時的中國的制度和原則衝突，引起傷害中國當局想法的大騷亂。

(2) 律勞卑的當地交涉

律勞卑是海軍上校，曾任國王身邊侍從武官的貴族。他於一八三四年七月十五日抵達澳門，使節團一行在澳門集合。首席監督官為律勞卑，第二監督官為約翰・法蘭西斯・戴維斯。第三監督官為喬治・貝斯特・羅賓遜。戴維斯和羅賓遜都是廢止獨占前的東印度公司廣州管貨人委員會的成員。其他隨員有書記官、通譯、外科醫師、牧師和律勞卑的秘書官等人。

律勞卑一行，於七月二十五日抵達廣州商館。他們從澳門搭乘英國軍艦來到珠江口的川鼻，換乘軍艦上的快艇到黃埔碼頭，從黃埔乘商船的小艇到廣州。在商館，律勞卑以威廉・賈甸的客人身分，以英國商館為宿舍。律勞卑一路到此已經違反中國方面的慣例。亦即律勞卑未作先在澳門通知中國方面，取得入港許可證（「紅牌」）再赴廣州的手續，製造第一個紛爭的原因。

律勞卑於抵達廣州當天就備妥求見總督的信函交給書記官阿斯德爾，並指示應在廣州城門，不透過公行商人，直接將信函交給中國官員，而且該信函不以「稟」的方式，而採取對等的書信形式，形成第二個紛爭。

中國方面拒收違反慣例的信函。在阿斯德爾的堅持下，中國方面想出一種妥協方案，提議由廣州協副將韓肇發和總商伍敦元一起收取。這樣既可視為阿斯德爾按照命令交給中國官員，中國方面也可視為按照慣例由公行商人收取，是一種變通辦法。但阿斯德爾拒絕這種方式，未交付信函便返回商館。可以說英國方面失去了一次機會。

當時的兩廣總督盧坤是一七九九年的進士，是以軍事專家知名的很有才幹的官員。廣東巡撫是祁墳（一七九六年以十九歲進士及第）、粵海關監督為中祥。盧坤不直接與律勞卑接觸，經常透過公行商人。然而對律勞卑以貿易監督官身分到任，對於如何對待以往的慣例所沒有的新事態，成為總督面臨的第一個問題。盧坤採取請示北京期間，延緩決定的方針。盧坤允許律勞卑在澳門執行職務，如無北京之許可，則不得進入廣州⑥。

但是律勞卑與赴澳門傳達總督意向的公行商人交錯，已經來到了廣州。於是盧坤採取第二段手段，要公行商人負責促律勞卑離開廣州⑦。

然而律勞卑仍然不離開廣州，盧坤乃採取第三個手段，訴諸防範夷人章程中的規定，於八月四日，以粵海關監督對公行商人轉達兩廣總督的通告形式，列舉防範夷人章程的重要部分，命令勵行。就這一衝擊，商館的全部舢板水手及在商館工作的中國人職員有很多人逃走。

八月六日，公行商人訪問商館，以澳門較適於居住等婉轉表現，促律勞卑離開廣州，被律勞卑拒絕。八月十日，公行商人邀請英國商人舉行會議，企圖拉攏商人使英國方面分裂，也被英國方面拒絕。事先律勞卑召集英國商人開會拒絕公行商人的邀請，並且一致決議不與律勞卑採取不同行動。其間，以律勞卑與公行商人之間的溝通管道而活躍的是威廉·賈甸。八月十一日，公行商人將八月四日的總督與粵海關監督命令勵行防範夷人章程的抄本送交外國商人。

事情發展至此，律勞卑仍不為所動。中國方面決定使出停止貿易的最後手段。八月十六日，公行商人自動決定停止裝船作業，這是公行商人的自保方法，但對英國商人通告是奉總督的口頭命令行事。八月十八日，總督透過公行商人向英國商人傳達恫嚇停止貿易的意思表示⑧。

在施加停止貿易的恫嚇，至實際實施停止貿易之間，發生了有名的「爭椅子」(the battle of the chairs)事件。

八月二十三日，廣州府知事、潮州府知事、廣州協副將等三人來訪商館與律勞卑會談。在會談之前，為了安排席位協調費時。中國通事提議的席位安排，律勞卑認為不對等，重新安排為對等的方式。就這席位安排的協調費時，中國官員比當初約定時間延遲兩小時才到達。會談一開始律勞卑馬上責備中國官員的遲到。雖然是因為協調席位的安排費時才遲到，但公開在正式會談席上責備中國官員的遲到，讓以總督的代表身分而來的對方大失面子。可以說律勞卑在這裡失去了第二個機會。

會談時，中國方面首先詢問律勞卑前來廣州的理由。律勞卑提出兩廣總督於一八三七年透過公行商人對大班請求向東印度公司董事會反映，於該公司被解散時派來代替大班的管理人來華的事之後，出示自己就是替代人的派令。其次，中國方面詢問律勞卑被命令的工作性質。律勞卑的回答是自己的工作性質已經寫在致總督的信函之中，如果願意轉交此信，可以打開來看。但中國官員並無轉達的立場，因此不打開來看。第三點，中國方面質問律勞卑何時返回澳門，律勞卑回答以自己的情況來決定。雙方會談無交集而終，八月二十四日，三個官員之一的廣州知事遭免職。八月二十五日，廣州的英國商人集合，正式設立商業會議所(Chamber of Commerce)，英國方面更於二十六日將律勞卑的見解以漢文印刷公布，並散發給廣州市民。此舉被認為引起反效果，激怒廣東當局。

九月二日，總督公告與英國停止貿易。公告一出，同時命令與英國有關的商館的買辦、通事、使用人全體撤離。然而公告是在四日才公佈，在這期間，公行商人與威廉·賈甸之間已製作因應妥協方案⑨。

九月四日，十三行商館被武力封鎖，斷絕糧食。在英國商館十三行內的中國籍使用人已全部撤離。此時中國方面將停止貿易的公告貼在木板上掛在英國商館門口。在商館內的律勞卑出來把公告牌拆除。僅此一舉，對中國官方來說，無疑是重大的侮蔑⑩。

(3) 律勞卑的武力示威（砲艦政策）

為對抗商館被武力封鎖，律勞卑於九月五日叫來兩艘軍艦。軍艦冒虎門的砲火，於十一日到達黃埔。其間有兩名死亡，數名受傷。六日有海軍陸戰隊的一小部隊抵達十三行商館。

律勞卑以為展示這樣的武力示威，廣東當局就會簡單的讓步。又，他把滿漢區別，認為滿州人雖然對貿易採取閉關政策，但漢人則期待貿易。

(4) 律勞卑之離去

總督對律勞卑之武力示威並不屈服，於九月十一日對公行商人的命令中誇示，只要數千軍隊就能壓制英國人。另一方面，英國商人之間，已自九月初發生內部分裂，與賈甸和馬賽斯交惡的籐多等其他若干商人秘密向粵海關監督請求重開貿易。對之，中國方面非正式允諾只要律勞卑離開就重開貿易。而律勞卑自九月初以來，一再受到嚴重的瘧疾發作，不久便病重無法執行公務。

九月十四日，律勞卑告訴英國商人有意離開廣州。二十一日英國軍艦駛離，律勞卑也在同一天離開廣州。十月十一日律勞卑病逝於澳門。貿易則已在九月十九日重開。

實際上，是在十月開始的貿易旺季尚未到來的期間停止貿易及重開貿易，因此導致武力對峙的這一紛爭，從一開始便可以說是以一種遊戲比賽展開的。事實上，律勞卑也一直考慮在貿易旺季開始之前離開廣州的。

(5) 對砲艦政策的建議

律勞卑一直到病死前之間所寫的報告之中，他建議對中國應採取武力武嚇的強硬砲艦政策。此一建議的背後，不但有如前述的律勞卑本身的中國觀，更有當地自由商人的強硬形勢。他們已經公然對廣東制度挑戰，開始顯示不守法者的性格，就如前述，以武裝商船向北部擴大鴉片的走私，管理人委員會也於一八三二年，為調查北方各港口而派出船隻。

對於律勞卑的強硬建議，英國政府（羅拔・比爾的保守黨內閣，外相為滑鐵盧之戰的英雄威靈頓將軍）不為所動，威靈頓外相對律勞卑則頗有微詞。一八三五年再度出任外相的帕麥斯頓，也暫且承襲威靈頓的外交路線。

3 「沈默政策」與義律的轉換為積極政策

(1) 沈默政策

律勞卑之後，出任首席貿易監督官的是約翰・法蘭西斯・戴維斯。他在未接到新的訓令的等待期間，保持「絕對性的沈默狀態」(a state of absolute silence and guiescence)。因為廣州的自由商人不喜歡他，故於一八三五年便返回英國。

接著於一八三五年一月出任首席的是沙・喬治・羅賓遜。他和戴維斯同樣出身舊管貨人委員會，就任首席貿易監督官後繼承戴維斯的沈默政策方針。最初駐在澳門，於三五年十一月二十五日遷移到鴉片走私中心地的伶仃，居住在七〇噸級的船上辦公。

(2) 自由商人的活動

一八三四年十二月九日，住在廣州的英國商人過半數的八十五名連署向英國國王(King in Council)提出請願書。訴求任命無廣東貿易經驗的全權代表⑪，帶三艘軍艦赴北京，直接對中國政府要求：第一，賠償因停止貿易造成的損害。第二，開放廈門、寧波、舟山等北方各港口。第三，廢止公行的獨占制度。這一份請願書，由隨同律勞卑夫人回國的英商廣州商業會議所第一代會長賈甸・馬賽斯拜會威靈頓外相面交，但威靈頓不理會這份請願書。於是馬賽斯又請曼徹斯特商工會議所向外相施加壓力，格斯拉哥和利物浦的商工業者也跟著響應。到一八三六年，在中國廣州當地商人的積極政策，受到本國產業資本的支持。

(3) 義律的建議

查爾斯・義律(Captain Charles Elliot, 1801-1875)，原為羅賓遜手下的第二貿易監督官。他寄給英國外交部某高官的非正式報告中批判他的長官首席貿易監督官的沈默政策，並且報告英國政府的協調政策，在廣州當地多數英國商人之間不受歡迎之事。原來，帕麥斯頓外相以不經由首席貿易監督官的非正式管道，直接從廣州當地收集情報。

義律的目的在採取替代沈默政策的中間路線。既非沈默政策，亦非武力武嚇，總之和廣東當局保持接觸，認為應從爭取信賴與尊敬，重新出發。帕麥斯頓了解義律的這一建議後，於一八三六年六月七日的訓令將羅賓遜免職，由第二貿易監督官的義律於訓令到達的十二月十日升任。此後，廣東的貿易監督官只設一名。

(4) 義律與廣東當局的接觸

義律於上任之同時，自澳門透過東印度公司的代理人和公行商人，以「稟」的形式，書面向兩廣總督鄧廷禎要求到廣州履任。在這一件稟中，義律對自己的職稱不使用「大班」兩字而自稱「遠職」。兩廣總督向北京請示，北京的敕許（皇帝批可）於一八三七年三月中旬到達。四月十二日，義律合法進入廣州。總督發給義律，可以前來廣州的回答，是以總督發給公行商人的命令，再由公行商人通知義律的間接方式傳達的。

在這期間，英國外相帕麥斯頓於一八三六年七月二十二日發出，一八三七年一月才到達的訓令，禁止使用「稟」，爾後也屢次發出同樣禁止使用稟的訓令，但是在義律第一次收到禁止使用的訓令時，早已使用稟的形式與中國當局接觸過，而且已經建立了與廣東當局的聯繫管道，不久也獲准無許可證也可來往廣州與澳門之間，而且總督命令的傳達，也不再透過公行商人，成功的轉換由官員直接傳達⑫。

(5) 義律的轉向積極政策（一八三七）

自一八三六年十月開始，廣州當局嚴厲取締鴉片的走私。如在下一節所述，自同年六月，清朝政府內部開始有關鴉片的爭論。

在如此狀況的變化背景之下，一八三七年二月二日，義律分別致書帕麥斯頓外相、印度總督、及東印度艦隊司令官。對外相，義律敘述每隔短期間屢屢派遣幾艘軍艦來廣州，應可挽救貿易的停滯。對印度總督奧克蘭卿(Lord Auckland)也訴說貿易的停滯。對東印度艦隊的卡倍爾提督(Admiral Capel)則要求派遣海軍武力支援。東印度艦隊司令官受本國訓令禁止派遣艦隊到中國，因此對本國政府請示訓令。

一八三七年九月二十日，帕麥斯頓對海軍部傳達英女王的命令，為保護從事中國貿易的英國人，派遣軍艦到中國海。同年十月九日，下達海軍部新任東印度艦隊司令官馬他倫(Sir. F. Maitland)的訓令中指示，應派遣大型軍艦一艘或數艘儘可能經常到廣州，馬他倫本身也應前往會見在澳門的貿易監督官。

一八三八年七月十五日，馬他倫率領軍艦三艘赴中國，停泊在珠江入口離虎門七英格（一英格相當三英里）的銅鼓灣。馬他倫大約停留近三個月，於十月五日率艦離去。

建議以小小的海軍武力，在廣州附近舉行這種示威的義律的目的，是想藉此壓力使當時在北京強大的嚴禁鴉片貿易論軟化，以圖恢復原已逐漸活絡的鴉片貿易公開論。

第二節　鴉片問題

1　鴉片爭論

(1)　問題的背景

(a)　銀的流出

因為鴉片的走私，造成銀兩的流出國外，引起中國政府內部的鴉片爭論，是很有名的話題。銀的流出，造成所謂的銀錢的比價，亦即銀兩與銅錢之間的交換比率的問題而成為一大問題。

當時的中國，田賦多以銀兩計算繳納，但是農民出售農作物收取的現金則是銅錢，因此多以銅錢來繳納田賦。在這種場合，因為是銀兩計算稅額，因此銀錢的比價成為問題。因為以銅錢繳納的田賦，官員要解繳北京時，現實上必須換成銀兩才能解送北京之故⑬。

其實銀錢比價的變動是另外還有原因的。例如銅錢的重量比以前為輕，價值當然下降。雖然如此，當時將銀錢比價變動的主要原因，歸罪於銀兩的流出而成為問題。

(b) 生產力之破壞

鴉片的吸食，相對的縮小對其他商品的購買力。於是該商品的生產也會減少。在這種意義上，可以說是生產力遭到破壞，這種狀況，譬如在林則徐的上奏文中也曾論及。

(c) 吸食鴉片在生理上的戕害

值得注目的是，不是一般性的鴉片在生理上的戕害，而是特定種類的人吸食鴉片的問題。亦即官員、士子（科舉考生）、兵丁的吸食行為受到憂慮。

(d) 禁令何以未厲行

同一時期，亞洲的其他各國，如日本的明治政府非常有效的厲行嚴禁輸入鴉片的政策，鴉片幾乎都未進入日本。然而中國何以不遵守禁令，讓鴉片的吸食擴大。其直接的現象，可以說是擔任取締的官僚機構的腐敗之故。如再深入探討，中國是個禁令不具有實效性的社會，亦即中國社會是使人不得不依賴鴉片來逃避的，有很多不能使人滿足欲望的社會，或既使吸食鴉片，在職業上也不會發生困難的人太多的社會吧。

(2) 公開許可論與禁止論

引起鴉片爭論開端的是一八三六年五月，太常寺卿少卿許乃濟等人提倡公開許可論。公開許可論的要點是：第一，鴉片貿易既已現實進行，不如將之合法化，以正規途徑由中國方面作為與輸出商品的物物交換項目。第二，除兵丁、官員、士子之外，可放任鴉片之吸食。第三、獎勵栽培土煙（國產罌粟）等。許乃濟的公開許可論，是代表聚集在阮元於一八二〇年在廣州創辦的叫做學海堂的書院的學者們的意見發言的。

在初期，公開許可論頗為有力，但一八三六年九月，朱嶟及許球提出嚴禁論後，大勢轉回嚴禁論，於是以北京的轉回嚴禁論為背景，如已前述，自同年十月起廣州開始加強取締鴉片。

嚴禁論中最強硬的是一八三八年六月的鴻臚寺卿黃爵滋的上奏文。他主張吸食鴉片者應處以死刑。這份上奏文，道光帝交給「督撫將軍」研議，計有二十七封對此一諮議的回答，內容全部是鴉片貿易的禁止論。其中，包括湖廣總督林則徐在內的八人，贊同黃爵滋的吸食鴉片者死刑論。二十七份回答於一八三八年十月二十三日的廷臣會議提出討論，出席者有「軍機處、內閣、該部（可能是指戶部）等」。會議的結果，皇帝決定基於嚴禁論採取積極政策。

首先，將許乃濟調降官等並予休職，召喚湖廣總督林則徐到北京。據林則徐的日記，到北京後他被皇帝召見八次，詳細的詢問他的意見。同年十二月三十一日，皇帝任命林則徐為欽差大臣，下令處理廣東的鴉片問題。林則徐的派令中規定他的任務是「馳驛前往廣東。查辦海口事件。所有該省水師，兼歸節制。」從文面上來看，林則徐被賦與的權限相當模糊，但將廣東省的所有海軍武力置於林則徐的統制下這一點很受注目。

2 欽差大臣林則徐

林則徐於一八三九年三月十日到達廣州。居留在廣州商館的義律也於這一天離開廣州赴澳門。在林則徐尚未到任之前，當地對鴉片的取締已越來越嚴。至一八三八年十二月初時，已有兩千人以上被捕投入監獄，每天處刑二、三人。更於一八三八年底停止與英國的貿易（但於一八三九年一月一日重開貿易）。一八三八年十二月十二日，在商館附近發生暴動。

林則徐（一七八五—一八五〇），福建省侯官縣人。一八一一年以二甲四名的成績進士及第。先在中央歷任翰林官、御史，一八二〇年轉任地方道員。再轉任各地鹽運使、按察使、布政使等，於一八三二年就任江蘇巡撫，一八三七年虛歲五十三歲時升任湖廣總督。其間，於一八三〇年在北京曾創辦宜南詩社。這是由林則徐、龔自珍、魏源等三人為中心組織的詩人、改革主義者以及進步派的人士的俱樂部⑭。

林則徐在廣東，首先進行中國人的取締。亦即摧毀鴉片的販賣網，然後取締吸食鴉片。在取締時，不用官署的書吏和衙役，而動員讀書人和鄉紳。其次，對外國人要求繳出儲藏在伶仃的鴉片。為實行鴉片之繳出，林則徐算計只要施加暫時停止貿易，再准重開程度的壓力便能充分達成⑮。

第三，是裁判管轄權的問題。林則徐認為在中國的外國人當然要服從中國的管轄權。是中國人在外國，應服從該國的法律相同的論理。對這樣的認知，義律並不加以否定。義律雖然承認中國的裁判管轄權，但為了逃避中國的裁判管轄權，想出將船隻與人員從中國的裁判管轄權所及的範圍分離，然後引進英國的軍事力，以圖中國的法律不能適用於英國人。

林則徐在廣東的腹案之中，有幾項偏見和誤算。第一，是到廣州就任之初，至少相信外國人吃多了乳製品容易便秘，為了治療便秘，茶和大黃是必需品的傳說。第二，認為與外國貿易，對中國並不重要，不考慮發展外國貿易。第三，認為可以分離鴉片貿易與鴉片以外的正常貿易。以為沒有鴉片，外國商人仍然可以賺錢。第四，沒有預測到英國政府會支持鴉片商人。

三月十七日，林則徐下令公行商人：第一，須在三日內促外國人繳出鴉片（如不在三日內繳出，將奏請皇帝下令處刑公行商人一兩名，並沒收其財產）。第二，促外國人提出今後永久不帶來鴉片之宣誓書（如違背誓約帶來時，沒收鴉片，帶進來的外國人處以死刑）。接著對外國人也下達相同內容的命令。即第一，三日以內繳出鴉片。第二，今後永久不帶來鴉片，如帶進來，沒收鴉片，帶來者處以死刑。

義律於三月二十二日通告英國商船集結於香港，三月二十四日自澳門進入廣州。即他以英國當局在當地的最高負責人的身分，在廣州進入危機狀態之時，身入險地。

三月二十四日的同一天，林則徐宣佈停止貿易，命買辦和使用人離開商館十三行後，以兵力封鎖商館十三行。封鎖由一千至一千二百名的警衛擔任，在警衛後面配置軍隊。商館十三行區域內有三百五十名外國人被關在裡面。

三月二十八日，義律向林則徐表示願繳出鴉片⑯。

四月四日起至五月十八日，英國方面實行繳交鴉片，其間於五月二日解除對商館十三行的封鎖。自六月三日至二十五日，林則徐將沒收的鴉片，全部在當地銷毀⑰。

解除商館十三行的封鎖後，義律要所有英國人退到澳門。他們於七月四日前全部離開廣州。義律本身則早在五月四日便已回到澳門。林則徐因希望與英國重開貿易，所以要外國人回來黃埔，但義律不准英國人回去。

還有留下來的問題是今後不帶來鴉片的宣誓書，最後英國方面還是沒有提出宣誓書。爭執的核心在帶鴉片來中國的人，到底要適用中國法律或英國法律這一點上。

第三節　戰爭（一八三九—四二）

1　殺害林維喜事件與轉向交戰狀態

一八三九年三月當時，在廣東當地的英國海軍戰力只有拉恩(Larne)號（砲二十門）單桅帆船戰艦一艘。這艘戰艦於五月底為遞送公文書駛往印度去。八月三十一日，一艘孛雷吉(Volage)號（砲二十八門）自印度駛來廣東。

一八三九年七月七日，在九龍尖沙嘴，發生一群爛醉的英國船水手打死中國人林維喜的事件。義律拒絕將人犯交給中國官方。林則徐乃對集結在香港的英國商船斷絕提供糧食，並且在海岸的水井投入毒物。另一方面，殺害林維喜的加害者的裁判，由義律在英國船上舉行，僅課以附帶重勞動的禁閉與罰鍰程度的刑，對照當時的中國刑罰，被認為實在太輕了。到了八月，林則徐以武力封鎖澳門，斷絕糧食與燃料之供給，撤離在該地工作的所有中國籍使用人和買辦。居住在澳門的英國人，於八月二十六日乘船大舉避難到香港。

九月四日，義律到九龍要求提供糧食，因為在海岸的交涉決裂，英國方面先開砲，在帆船戰艦及海岸砲台之間發生大砲交火。

接著於十一月三日發生所謂川鼻之戰，當時義律不准英國商船為貿易駛往廣州。對著冒犯義律的禁令，駛入珠江將要通過虎門的英國商船船頭，孛雷吉號發射一顆砲彈。接著與欲保護該英國商船的二十九艘中國艦隊進入交戰狀態，孛雷吉號擊沉中國船三艘，擊毀一艘。

十二月六日，林則徐再度停止與英國的貿易⑱。

2 英國派遣遠征軍

一八三九年十月，帕麥斯頓外相致函義律表示英國政府有意派遣遠征軍到廣東當地。

英國政府（輝格黨的墨爾本子爵(Melbourne)第二次內閣，外相仍為帕麥斯頓）向國會提出題為 Correspondence relating to China 的一大册藍皮書，一八四〇年四月七日在下議院討論時，詹姆斯．格拉漢姆(Sir James Robert George Graham)議員曾提出反對政府動議案，但以九票之差被否決⑲。

接著於一八四〇年五月十二日在國會上議院討論中國問題，雖然提出彈劾鴉片貿易的決議案，但在墨爾本子爵、威靈頓公爵(Wellington)、及其他議員的反對而撤回。鴉片戰爭乃因而獲得英國國會上下兩院的通過⑳。

在國會討論之前，英國政府已經在一八四〇年二、三月間決定派遣遠征軍。遠征軍於六月間陸續到達當地。英軍的基地在印度，而以新加坡、馬六甲為前進基地。到中國的登陸部隊大部分為印度民兵，由印度政府準備。陸軍有步兵三個部隊，印度志願兵一團，歐洲人砲兵兩連，工兵兩連。海軍兵力有裝備大砲七十二門的軍艦三艘，四十門以上的兩艘，二十門以上的五艘，共十艘軍艦，大砲約四百門。其他有小型船舶和四艘汽艇加入㉑。

英軍首先封鎖廣州。七月七日占領舟山列島的定海，在此實施占領行政。其間在廈門和寧波試圖傳送帕麥斯頓致北京政府的信函，但沒有成功。英軍再封鎖寧波和長江河口，再北上於八月十一日至九月十七日，在接近天津的白河河口的大沽與北京政府進行交涉。

代表中國方面在大沽與英方交涉的是大學士直隸總督琦善（？—一八五四）。他於定海失守後從保定移駐天津，以備英軍來攻。在此琦善收取帕麥斯頓的信函轉送北京。帕麥斯頓在信函前半責難林則徐的行動，在後半提出英國政府的要求，即第一、賠償沒收鴉片的代價；第二、處罰侮辱義律的人；第三、賠償軍費；第四、割讓香港；第五、清償公行商人未付清債務；第六、承認兩國官員之間的對等交際等等。

3 琦善與所謂「川鼻臨時協定」

琦善在大沽海岸搭帳棚，鄭重而巧妙的應對英方。交涉的結果，英方答應於九月十七日離開大沽前往廣東。琦善與英方在交涉期間，派心腹的人觀察碇泊在海上的英國軍艦，詳查英國海軍的戰力，據實向北京報告。對來攻的英國海軍實力的生動報告，加強了在北京政府中樞於定海失守以來醞釀的和平論，結果是欽差大臣林則徐，和協助林則徐的兩廣總督鄧廷楨被撤換，任命琦善為欽差大臣，署兩廣總督赴廣州與廣東巡撫怡良等人共同擔任與英方的交涉㉒。

到廣東的琦善，和林則徐的時候不同，與現在已具有強大力量的英國武力對峙。他拆除林則徐設置的廣州附近的戒備，解散林則徐組織的「水勇」㉓，指他們為漢奸甩開，只依賴從各省召來的客兵。

琦善率領的兵力與英軍之間仍繼續進行戰鬥行為。虎門的沙角和大角的兩處砲台，於一八四一年一月七日失守。接獲失守報告的北京政府，於一月二十七日發布當時的中國式意味的宣戰聖旨㉔。

以上述軍事情勢之演變為背景，琦善與義律之間在川鼻進行和平交涉。義律的終結戰爭構想是割讓香港及為英國取得最惠國待遇為已足。他的想法是將帆船貿易引進香港就可以和中國貿易。要求在廣州以外開放新港口，或要求改變廣東制度，只會製造無謂的紛爭。這是根據他在廣州當地的經驗所作的實利性的狀況判斷。

一八四一年七月二十日，義律宣布完成「預備性規約」(preliminary arrangements)。內容要點是：第一，割讓香港，但中國得在當地課稅。第二，以六年分期，中國支付六〇〇萬美金之補償金。第三，兩國官員之對等交際。第四，重開廣東貿易。此項布告被印刷在當時的《*Chinese Reportree*》之中。此一布告，

H・B・摩斯在*The International Relations of the Chinese Empire*中加以引用，但寫成讓讀者以為此時簽訂了一個協定之印象。這就是俗稱「川鼻的臨時協定」，到現在仍在教科書或歷史系列叢書被引用。然而實際上並未在此時簽訂臨時協定。只不過當做交涉過程的一個階段的終了而已。

實際上此時中英雙方所談論的事項最近被公開了。是從日本學者佐佐木正哉編的《鴉片戰爭之研究、資料篇》（東京大學出版會，一九六四，全三一九頁）中所介紹的漢文資料明白的。據其所記載，二月十二日完成臨時條約草案的「善定事宜」，十三日將草案的漢文正文由英方送交琦善。但這份草案未經雙方蓋章修訂。善定事宜的要點如下：第一、廣州貿易按以往繼續進行；第二、雙方官員之間文書往來採對等形式行之；第三、香港一島給予大英君主；第四、關於裁判管轄：㈠在香港的中國人之犯罪，交附近地方官，由中英雙方會同裁判，㈡在中國的英國人犯罪時，交香港「總管」（指貿易監督官），在香港由雙方會同裁判；第五、英國商船按以往可赴黃埔；第六、公行商人之負債，於條約簽訂後三年內償還，三年平行線廢止公行之獨占；第七、禁止鴉片貿易（帶進鴉片等違反禁令之貨物，或合法商品逃稅時，逮捕該外國商人，沒收其商船和貨物，商人交總管或自行回國，不許再入國等相當受注目的規定。如將此一規定從反面來解釋，在中國禁止鴉片貿易，在香港則可以）；第八、批准條項。（通常，批准條約時須由雙方國家元首或相當元首之全權代表來簽名蓋印，唯在此一場合，同意不加蓋中國皇帝之印〔國寶〕）。

4 琦善的沒落

內容有在外洋允許「給予寄寓一所」的一月十三日的琦善奏摺，於一月三十一日到達北京。收到奏摺的北京政府乃任命宗室奕山（領侍衛內大臣）為靖逆將軍，隆文（户部尚書）、楊芳（河南提督，以名將知名）為參贊大臣，命往廣東「剿辦」外國人。接著於二月十六日到達有關川鼻交涉後之經過的奏摺。得到此一資訊的北京政府處罰了琦善。處罰的程度是免大學士，拔去花翎，交部嚴加議處而已。二月二十六日，廣東巡撫怡良的彈劾琦善並報告英國人已經占領香港之事實的奏摺到達北京㉕。接到怡良的奏摺，北京政府乃將琦善「革職鎖拏。……押解來京。嚴行訊問。所有琦善家產。即行查抄入官。」㉖琦善被送到北京審判，雖被宣告死刑，但獲減刑，流放到黑龍江地方。

總之，琦善赴廣東，而英國海軍自大沽海上退回南方，對北京政府直接加上的軍事上壓力鬆弛時，政府內部就再加強主戰論；另一方面，由於廣州周邊的排外氣運高漲，因此發生了上述的變動。

5 罷免義律與起用樸鼎查

義律本來站在可以壓迫中國接受帕麥斯頓的訓令所要求條件的軍事上立場，但義律因為沒有完全按訓令的條件向中國提出要求，而以此理由被免職。一八四一年八月十八日義律離開了他的任務。後任的陸軍上校亨利・樸鼎查(Henry Pottinger, 1789-1856)於離開倫敦之前，受到鴉片商人之一的巨頭威廉・夏甸的施壓，要求以不破壞鴉片貿易的方法終結戰爭。

6 重啟戰端和約交涉

在川鼻的談判交涉，雖然曾經達成臨時條約草案，但終歸白費，戰端於一八四一年二月二十三日重啟。北京政府受到當地的報告，知事態已僵化，因為廣東的主戰派作了戰鬥準備，義律乃決定再度行使武力。

戰鬥的結果，廣州被英軍壓制。但正值貿易旺季，因此在雙方同意之下暫停戰鬥，匆忙的進行貿易。當時新任的名將楊芳已經來到廣州。四月十四日，奕山和隆文也到達，再度積極進行戰鬥的準備。五月二十一日停戰結束，當天中方先開砲，再開始戰鬥後中方處於劣勢，在廣州面臨被攻陷時，五月二十七日廣東當局與英方簽署訂有中方支付英方六百萬元的贖城費等內容之所謂廣東協定，廣州城免於被砲火焚毀。

新任英國代表樸鼎查於八月十八日接替義律到任。八月二十六日廈門失守，十月一日定海淪陷，十日鎮海被攻陷，十三日寧波也被攻陷。進入冬天後雙方休兵，而於翌年春天再開始戰鬥。一八四二年五月十八日，浙江省乍浦（與日本長崎貿易的中國帆船的出入港口）又失守。在乍浦、滿州八旗駐軍一千七百人曾猛烈抵抗，與英軍展開激烈戰鬥（乍浦的中國總兵力約有八千名），這是英軍與滿州八旗兵的第一次衝突。六月十六日，吳淞砲台淪陷，不久，上海也被占領。

英軍從印度開來增援部隊，於七月二十一日攻陷長江與大運河交叉的鎮江。防守鎮江的核心兵力是一千六百名八旗兵，幾乎與家眷都全滅。由於鎮江的淪陷，大運河被封鎖，運往北京的食米及其他重要物質的大動脈被切斷，接著英軍開始準備攻擊南京，發出最後通牒。就在預定限期的八月十四日，南京城牆掛起白旗，雙方進入媾和交涉，而於八月二十九日在英國旗艦「貢華麗」號簽訂所謂的南京條約，簽約的英方是樸鼎查，中方是欽差大臣杭州將軍耆英（宗室）、乍浦副都統（前協辦大學士、兩江總督）伊里布（滿州人）和牛鑑（兩江總督、一八一四年進士、甘肅省人）。㉗

第四節　南京條約

南京條約全文十三條，以媾和條約來說是比較簡單的，可以說是一種預備條約。為了解南京條約，有必要總括起來考察此後一年之間，中國與英國在廣州附近繼續交涉談判後的成果，如「有關通關稅宣言」、「五港通商章程」、「稅率表」，及以「虎門寨追加條約」等具體化並且補充的所有條約和協定㉘。

1 以近代國際關係為前提的新通商機構

南京條約簡單的規定：第一、開放廣州、廈門、福州、寧波、上海五個通商港口；第二、廢止公行獨占貿易；第三、設定並公布「公平、正規」(fair and regular)的輸出入關稅；第四、在五通商港口派駐領事；第五、兩國官員的對等文書來往（未規定常駐使節與謁見）。

此後再以前述的各種協定補充。其中以第一、協定關稅率（以從價五分為原則的從量稅）；第二、領事裁判權；第三、最惠國條款（片面、無條件、概括性）；第四、在五個通商港口各停泊一艘軍艦（government cruiser「官船」）；第五、通關稅「不得超過適當的現在的稅率」（通關稅此後長久一直成為未能解決的問題）等五項最為重要。

2 割讓香港

香港已於一八四一年一月二十六日被英國占領，而以南京條約正式承認割讓。此後香港成為自由港，及英國的政治性基地而發展㉙。

3 戰爭的善後處理

(a) 賠償金　中國支付合計二千一百萬元賠償金，其內容為：㈠鴉片賠償金洋銀六百萬元。㈡公行商人債務三百萬元。㈢戰爭賠償一千二百萬元（英方本來要求三千萬元，中方殺價並扣除一八四一年八月一日以後在揚州等地支付的贖城費）。以上總額二千一百萬元規定至一八四五年底按年支付。

(b) 釋放俘虜漢奸

(c) 保障占領　為保障支付賠償金及實現開放五港之手段，英軍暫時占領中國，於支付第一次賠償金後自大運河、南京、鎮海撤退，付完賠償金並開放五港後再自鼓浪嶼（廈門對岸）、舟山列島撤退[30]。

第五節　中國的國內情勢

1　主戰論與和平論

鴉片戰爭當時，中國政府內部有主戰論與和平論之對立，同時隨著狀況之變化，雙方的相互關係也跟著發生變化或交錯，其詳細情形研究至今日仍未完全清楚。大體上的見解是在決定政策的軍機處，有明顯的對立情形。和平論的中心人物是當時的首席大學士軍機大臣的滿州人政治家穆彰阿（一七八二—一八五六）。琦善、耆英、伊里布等三人就是穆彰阿的和平政策的現場執行者。在軍機處提倡主戰論的主要人物是漢人軍機大臣的潘世恩、王鼎、祁寯藻三人。其中王鼎以最激烈的主戰論者而聞名。為建議再起用林則徐，於一八四二年六月竟作「尸諫」（留下死諫奏摺自殺）。

響應北京的主戰論，在現場站在主戰立場的就是林則徐。林則徐在中國近代被定位在從上而下的近代化發端的執行者。他在廣州當地時，用很多人從事海外情勢的研究，並且讓他的友人魏源（一七九四－一八五七）編纂《海國圖志》㉛。

此外，在和平論的背後有因為戰爭而顯著增加的國內不安定情勢。一是受到英軍占領的影響。因為英軍一占領某地，該地的居民，尤其是富裕的居民便避難到近郊，官員們都逃離，於是在該城市內外「土匪」蜂擁而起。因戰敗而官方失去威嚴，於是屢屢發生暴動，暴民衝入衙門搶奪財物，這種狀況以奏摺形式向北京報告的有多件㉜。

2 廣東民眾的抵抗運動

鴉片戰爭當時，在廣州附近屢次發生排外事件。最有名的是一八四一年五月三十日至三十一日，發生在廣州北郊的所謂平英團的三元里事件㉝。舉此一事件，於五月二十七日廣州支付贖城費屈服後，登陸廣州北郊的英軍撤退時發生的衝突事件。舉起平英團旗幟聚集的一萬人前後的農民武裝自衛組織與英軍一小部隊發生衝突。經英軍部隊長休柯(Hugh Gough)與廣州府知府余保純交涉後，平英團被解散㉞。

三元里事件，於事件後立即被誇大宣染和記錄，化成一種「神話」，成為後來的排外運動的精神上支柱。

與民眾的抵抗運動關連而受到注目的現象，是出現在戰爭時被指為「漢奸」之類的「人」，以及從事被指為漢奸的「行動」，在中國人之間廣範可見的現象㉟。

英國在戰爭時一再宣傳英國是與中國的政府戰爭，而不以民眾為敵，採取只攻擊政府當局的戰術。避免強制徵收物資，付給中國人出價更高的錢來收購，以收攬人心。也雇用中國工人編組運輸部隊。據外國人的從軍記錄，中國民眾對英國軍人，似乎不恐懼而以好奇心或驚奇的眼光來看，甚至有很多人在河堤上或屋頂上觀看雙方的戰鬥。有時中國人還幫忙英軍排除障礙物。

註釋

① 休士夫人號，是往來印度孟買與中國之間的地方貿易船。一七八四年十一月的英國的某慶典節日在這艘船上打響禮砲，結果發生打傷三名中國官員，其中兩人傷重死亡的意外事件。中國方面立刻扣押該船管貨人為人質，並停止貿易，派兵封鎖夷館，要求引渡砲手。英國方面讓步接受要求，引渡砲手的結果，砲手被交付審判，處以絞首刑。

② 關於東印度公司於十八世紀中葉以後，希望建立乃至擴充越過喜馬拉雅山，通過西藏路線以與中國貿易的事項，請見鈴木中正《環繞西藏的中印關係史》（一橋書房，一九六二，全四一四頁），尤其是第二章。

③ 中國方面的說明是從遙遠的英國來向皇帝表示敬意，念其遙遠之故，允許其行英國式的儀禮。但中國方面並未改變視馬卡托尼為貢使。雖然與緬甸和安南視同為朝貢國，只不過將英國視為特別而已。

④ 派遣馬卡托尼使節團以後，在廣州當地東印度公司職員之中，雖然是極少數，在公司命令之下，積極的培養在工作之餘或專門研究中國的研究人員。其最初的人就是與馬卡托尼同行的副使喬治・雷納多・史當東（一七三七－一八〇一）的兒子喬治・湯瑪斯・史當東（一七八一－一八五九）。他以廣州商館的書記於一八〇〇年來到廣州，至一八一七年時任管貨人委員主席，其間學習中國話，從事中國研究，發表幾本書和論文、翻譯等。在鴉片戰前，將廣州當地有關中國研究予以集大成的是約翰・法蘭西斯・德比士（一七九五－一八九〇）。他自一八一

三至三五年在廣州，從書記逐步升到管貨人委員會主席，於返回英國後，一八三六年出版《中國論》(*The Chinese*)大著，是總括當時英國人研究中國的集大成。

⑤ 馬卡托尼使節團一行中，唯一會說中國話的是馬卡托尼的隨行侍童十二歲少年喬治・湯瑪斯・史當東一人而已。阿瑪斯特使節團，懂中國話的隨員至少有六人。阿瑪斯特使節團回國之後，發表幾篇有關使節團的旅行記之類的文章，成為歷史研究的保貴資料。關於派遣馬卡托尼以來由英國當地實務家的觀察及研究，請參閱坂野正高《近代中國外交史研究》（岩波書店，一九七〇，全四五三頁）的第四論文「英國外交官如何看中國——自馬卡托尼使節團之派遣至辛亥革命」之第一節「鴉片戰爭以前——如何把握原原本本的中國」（同書，頁二五七—二六七）。

⑥ 廣東當局已於一八三一年，由當時的兩廣總督要求東印度公司向董事會反映，在廢止獨占貿易後仍請派遣「曉事大班」為貿易監督。因此盧坤了解律勞卑與以往的大班不同，是另一類人物，在向北京的上奏文中表示律勞卑不是「大班」而是「夷目」。

另一方面，為防範新事態之發生，自一八三二年以來已在廣州附近增強水陸防務，而盧坤面臨此次局面，更增加防務。因此律勞卑來到廣東時，附近的防務已經相當堅固。

⑦ 有趣的是，當時律勞卑送交中國方面的漢文公文中，名字使用「納陛」兩個漢字，而盧坤的上奏文則使用「律勞卑」，似乎以「勞」和「卑」等漢字，寓意卑視對方。

⑧ 在恫嚇的意思表示中，表示毛織品對中國並不重要，但茶和絲綢對英國是不可缺的。當時中國對茶和大黃相信一種傳說，以為西洋人嗜好乳製品所以容易便秘，茶和大黃可以治癒便秘，因此中國停止茶和大黃的輸出，英國人必損健康。這種傳說，據說林則徐於一八三九年以欽差大臣到廣州就任初時也相信它。

⑨ 妥協案內容有，第一，一旦按照預定公告停止貿易後，英國商人稟請重開貿易，再由總督下令重開。第二，四、五天後律勞卑低調離開廣州。第三，對於律勞卑的離去，中國方面不發出刺激性的佈告。第四，律勞卑為短期居

留，願低調前來廣州，中國當局可予默認。總督有意接受此一妥協案，但因巡撫及其他身邊高官的反對，乃按預定公布停止貿易。

⑩因為英國商館十三行的中國人已全體撤離，所有勞力工作，英國人不得不自己來做，令他們相當痛苦。此外，賣糧食給英國人的中國人會被處以死刑，其他外國人如提供糧食給英國人時，也將受到與英國人同樣的限制。

⑪如戴維斯或羅賓遜等具有舊東印度公司廣東貿易經驗的人，因為囿於舊想法，無法採取斷然的行動，因此才要求任命無廣東貿易經驗全權代表。

⑫義律不贊同鴉片貿易，並且有意打破廣東制度。但他又不想搞壞現在繁榮的貿易。於是思考現實政治的方策，可能是為了打開僵局，乃採妥協政策。

⑬銀錢的比價（兌換比率），公定匯率是銀一兩相當銅錢一千文。但現實上有市場行情，而市場行情比公定匯率更對使用銅錢的農民不利。然而官員們經常以比市場行情更不利的匯率強迫農民換算。因此銅錢在銀兩的流出而更貶值時，農民則更加重負擔。

⑭如後述，林則徐在鴉片戰爭期間，負起戰爭責任，被流放新疆邊境的伊犁，而在伊犁以開墾事業建立業績。戰後於一八四五年回到北京，獲四五品京堂候補資格。同年任署陝甘總督，四六年調陝甘巡撫。四七年升雲貴總督，平定在任地發生的回亂，並促使回民與漢人的融合。一八四九年辭官返回鄉里隱居，但於一八五〇年再獲起用，為討伐太平天國，被授與欽差大臣資格，於前往第一線途中病歿。他到現在為止在中國歷史學界，被評價為鴉片戰爭當時的「抵抗派」的領袖。

從他的經歷可見的特徵，第一是翰林官的出身，很早就歷任地方要職後升任總督。第二是日本學者田中正美指出的在他的政績中，水利和河川事業占有很大的比重，同時從他的上奏文可見，經過客觀的緻密的調查之後提出具體的對策傾向，發揮在他的工作上。林則徐可以說是典型的經世型的官僚。

⑮林則徐很了解英國的實力，因此很慎重的思考以不致於引起戰爭程度的壓力來處理，並且認為施加上述壓力便能

處理。換言之，認為可以只分離鴉片來處理。

⑯ 此時繳出的鴉片有二萬二百八十三箱，價格約值二百四十萬英鎊。義律保證其價格由英國政府支付，促商人繳出鴉片。當時鴉片的銷路不佳，大約相當於印度鴉片年產量一半之大量滯銷貨存在伶仃。繳出的鴉片，等於是將庫存品的鴉片以時價售清。

⑰ 沒收的鴉片，最初被指示運送北京，後來改變方針，五月十日到達新訓令在當地處理。鴉片的銷毀方法常被誤傳是點火燒毀，其實不是，而是挖濠溝引海水入溝，再混合鹽和生石灰，然後投入鴉片攪拌，使其變質後於滿潮時放流入海的。因為在水中投入生石灰，變成好像是沸騰的狀態，冒出熱氣，但無火炎。此時也讓外國人參觀，在《*Chinese Reportage*》有詳細的觀察記，其內容與林則徐的上奏文內容也完全一致。

⑱ 當時正值貿易旺季期間，英國貿易乃由美國船來代替，讓美國船的貿易大繁榮。

⑲ 此時反對戰爭的演說中，以後來出任英國首相的格來斯頓(William Ewart Gladstone, 1809-98)的演說最有名。他吐出如下的名言：「在原因上，沒有這麼不正義，對我國留下這種永遠不名譽的戰爭，是我從未聽聞，從未讀到的……英國國旗現在為保護不名譽的走私而揭舉。如果英國國旗今天在中國沿岸揭舉以外無處可揭舉，我們因恐怖而連看都想回避。」（植田捷雄〈鴉片戰爭論㈢〉，《國際法外交雜誌》四二卷三號（一九四三年三月），頁二四七）。又曾經以十二歲少年隨行馬卡托尼，後來在廣東擔任管貨人委員會主席，後來又當選英國國會下議院議員，以中國專家知名的喬治・湯瑪斯・史當東此時為贊同戰爭的一員。

⑳ 按照英國憲法的慣例，英國政府及英國國王，為發動戰爭無須議會之同意。但支出戰費則必須議會之同意，因此提出議會討論。

㉑ W. C. Costin, *Great Britain and China, 1833-1860*(Oxford University Press, 1937)pp. 77-78.

㉒ 接到定海陷落的消息，宮廷的強硬政策開始動搖，而在英艦北上接近大沽時，對當時乃在上奏文上吐露主戰口氣

的琦善指示，如英方提出文書，無論是外文或漢文都向皇帝呈上原本。宮廷檢討帕麥斯頓外相的公文（漢文），似解釋為英國的抗議主要是針對林則徐的行動（此項誤解，可能起因於原文的"to demand from the Emperor satisfaction and redress"提交給中方的漢譯原文譯成「求討皇帝昭雪伸冤」）。於是以為處罰林則徐，重開貿易，支付鴉片賠償金，英國就會滿足，因而轉向和平論。關於英國海軍戰力的琦善的報告，可能也補強了宮廷的這種態度。附帶說明，接到琦善報告英艦已向南方撤走的北京政府，竟向各省指示停止對英軍事行動。北京政府急轉和平論的理由尚無確實證據，歷史學者也眾說紛紜。以上推論是依據對此一問題加以詳論的夏鼐〈鴉片戰爭中的天津談判〉（《外交月報》四卷四期〔一九三四年四月〕頁四三—五六，及四卷五期〔一九三四年五月〕頁九五—一二三）。

林則徐於一八四一年七月被處流放伊犁，於一八四二年七月赴伊犁。

㉓ 水勇，是將漁民、蛋民、船夫、水師等，以某種形態與鴉片走私者勾結吃飯的人們組織起來，給予較好薪水的人。與其說是讓他們抵抗英軍，不如說是為了防止他們成為漢奸，給予較好的誘餌把他們組織起來管制為目的的。因為廣州附近的水師，幾乎都靠有關鴉片的賄賂來生活的。

㉔ 《籌辦夷務始末》、道光朝、卷二〇、頁二四—二五。中國史學會主編《鴉片戰爭》第四冊、頁八一—八二中有一段「並著琦善激勵士卒。奮勇直前。務使逆夷授首。檻送京師。盡法懲治。其該夷之醜類。從逆之漢奸。尤當設法捦拏。盡殺乃止。」之激烈表現。此引用文中的「務使……」以下部分，在《宣宗實錄》（影印本）卷三四四、頁八—九所收的同一聖旨則是「務使兵戎早息。凱旋京師。澄清海宇。其地方之匪類。通洋之漢奸。尤當設法捦拏。盡殺乃止。」，可能是在影印之時塗改。

㉕ 一月二十六日，義律占領香港，二月一日正式公告占領香港。當時還在廣州附近的林則徐大怒，勸告怡良彈劾琦善。怡良躊躇不知所措，被鄉紳批判後才決定上奏。

㉖ 有幾項記述此時沒收的琦善財產非常的龐大。如H・B・摩斯記述在*International Relations*第一卷頁二七七的數

字是土地二百五十六萬一千二百一十七畝（相當四十二萬五千英畝以上），黃金一萬九百一十二兩，銀一千八百零五萬八千八百二十兩，寶石十一箱，房屋若干，銀行及當舖股份九十所等等。琦善於戰後獲赦免，回歸官職，於一八四三年任駐藏（西藏）大臣重新蓄財，一八四七年任四川總督，四八年兼協辦大學士，四九年任陝甘總督。一八五一年又被革職，流放亞洲內陸的可可諾魯，但不久又任署河南巡撫，一八五三年與太平軍交戰，至一八五四年逝世前仍活躍與官界。

外交史學者蔣廷黻（一八九五—一九六五）評價琦善的外交上見識，認為他是「中國近九十年大變局中的第一任外交總長」（〈琦善與鴉片戰爭〉〔《清華學報》六卷三期，一九三一年十月，頁一—二六〕）。概括而言，琦善自鴉片戰爭當時至清末被列入「奸臣」。「賣國賊」（因為不能批判道光帝，以琦善為代罪羔羊），在現在的中國史學界也多評價他為鴉片戰爭當時的「投降派」。

㉗ 其實中方早就向英方進行和平活動，前述的琦善的行動就是前期作業。伊里布也以在地方上響應琦善秘密進行和平交涉的理由，於一八四一年三月四日被革除協辦大學士頭銜，五月六日再革除兩江總督，交付審判；七月二十五日被宣告流罪。另一方面，浙江巡撫劉韻珂本來是主戰論者，但在定海、鎮江次第淪陷後轉變為和平論，向皇帝奏請再度起用伊里布。一八四二年三月二十八日，皇帝起用耆英和伊里布，四月七日賦與耆英欽差大臣資格。兩人自北京出發，於五月八日抵達杭州，一直在尋找與英方媾和的機會。

㉘ 五港通商章程和稅率表，附屬於虎門寨追加條約之一部分。

㉙ 請見有關香港的日文研究文獻，如植田捷雄〈英領香港論——尤其關於其政治上地位〉（植田《在華各國權益概說》〔巖松堂，一九三九，全五三七頁〕頁三八〇—四五四所收）。松田智雄《英國資本與東洋——東洋貿易之前期性與近代性》（日本評論社，一九五〇，全二九〇頁）頁一二六—一八五。

㉚ 一八四五年按預定付完賠償金後，英方仍不自舟山撤退駐軍，於四六年四月四日才應允於同年七月二十五日撤退。此與上章討論的廣州進城問題有關。

㉛《海國圖志》是中國的人文地理學史上畫期性的著作。與過去的中國的外國地理書籍斷然不同，資料為外國人著作的翻譯。編者從外國地理書的翻譯蒐集資料，然後從政治地理上的觀點加以編纂，描寫在列強侵略之後，及強國之間的對立和合縱連橫的狀況。並且在總論性的部分，詳述有關攻擊、防禦、外交交涉的戰略論。這本書曾增補兩次，每增補一次都擴大視野。這本書在中國銷路良好，也很快進入朝鮮和日本。在日本，包含戰略論部分的摘譯本，在翻刻版上加上漢文的日語讀法符號的形式流布，為幕末有教養的武士之間廣泛閱讀。關於《海國圖志》的最近研究，請見藤間生太的〈一八四〇年代的中國思想變革之方向——魏源的《海國圖志》之理論〉（《歷史學研究》三八五號〔一九七二年六月〕頁一——一二，及三八八號〔一九七二年九月〕頁一七—二四）。

㉜這種中國國內不安定的狀況，也映入英國現場當局者的眼中。如義律也曾擔心英方的行使軍事力，因打擊過猛有可能招致清廷瓦解。義律考慮將海軍開赴白河口，必衝擊北京政府，使北京政府的權威失墜，誘發北京政府的瓦解，因此躊躇揮軍白河口。但事已至此，終於不得不北上。義律的此一見解的背後，有當時的中國政府本身依靠「感情」(feeling)之印象。

㉝關於三元里事件，請參閱波多野善大〈鴉片戰爭時對英強硬論之意義〉（《講座近代亞洲思想史》1〔中國編〕，弘文堂，一九六〇，頁一—二六）。

㉞此一民兵是在鄉紳的橫向聯繫下組成，以廣州附近各地的「社學」為據點。此一自衛組織是為保全鄉里，以農民為主體，由鄉紳領導，為對付登陸的英軍所犯的各種暴行之抵抗手段而組成的。所謂社學是為教育農村子弟而設的學校，由生員擔任教師。

㉟請參照將此一問題適當總括研究的植田捷雄之〈鴉片戰爭與清末官民之各種現象〉（《國際法外交雜誌》五〇卷三號，一九五一，頁二三五—二七一）。

第六章　條約港（通商口岸）

自今以後，大皇帝恩准英國人民帶同所屬家眷，寄居大清沿海之廣州、福州、廈門、寧波、上海等五處港口，貿易通商無礙。……

——南京條約（一八四二），第二條

奈何，上海之民本來就軟弱，加之開始對外通商後商業興隆，福建、廣東之無業遊民勾結當地無賴之徒，為英人承包鴉片運送。英國人又給他們施一些恩惠加以拉攏。愚民只貪其利而忘其害。上海水量豐沛土地肥沃，位居南北之中，漢人匪徒與不肖外人，日漸增多。

——江蘇巡撫吉爾抗阿奏（一八五四）（《籌辦夷務始末》、咸豐朝、卷八、頁三二）。

第一節　條約體制

1 成立
——一八四二—四七年的諸條約

鴉片戰爭後，對英國以外之各國，基於美國的要求，於一八四三年中國採取給各國恩惠性最惠國待遇的措施。根據中國政府內部所用的說明方法，這是「一視同仁」的操縱政策計算下發動的措施。這種片面的行政上，恩惠性給予的最惠國待遇，各國擬將之換到條約基礎之上。中國方面厭惡被簽訂條約束縛，主張既已給予最惠國待遇，無再簽訂條約之必要。然而在數年之間，中國被迫連續簽訂了以下的數件條約。

(1) 中美望廈條約（一八四四年七月三日）

全文三十四條的條約，簽署者中方為欽差大臣耆英，美方為全權代表卡雷門・卡希爾（Caleb Cushing，原為法律專家）。望廈條約雖然是將英國已經簽訂的南京條約和其他條約協定中所決定的各種特權綜合為一個條約，但在細節上規定了如下的新的特權。此項新特權，因虎門寨追加條約第八條的最惠國條款，反而由英國沾上便宜。

(a) 整備有關領事裁判權的規定。

(b) 擴大貿易特權：㈠入港四十八小時以內未裝卸貨物者得不繳稅出港。㈡在一個港口繳納噸稅後，在其航海中無須向其他港口繳納（此項規定，使外國船可以往來中國的五個港口之間尋找較易銷貨的地點，讓沿岸貿易更為容易）。

(c) 外國人得向中國人購買書籍，及雇用中國人教師。事實上，這在過去已經進行，只因中方原則上禁止賣書給外國人，及受外國通譯官雇用教中國話，因此在本條約明定合法化，打破智慧上的障礙。

(d)　修改條約條款：簽訂後經過一二年，在「貿易及航海」相關事項，得「交涉」作「並非重要的變更」。

(e)　明確規定與北京政府之通信管道：南京條約僅規定英國外交代表得與京中、京外大臣通信；美國的條約則明定「中國辦理外國事務之欽差大臣」、兩廣總督、閩浙總督及兩江總督為通信管道。

(f)　降低洋鉛(lead)稅率：雖然只降低一個項目的零細稅率，但卻是一個重要關鍵。因為各國與中國簽訂條約時對某商品降低稅率，依最惠國條款，各國一律均霑降低的例子往後經常發生。望廈條約就是最初的實例。

另一方面，鴉片則明定為禁制品。但從其他國家而言，此項並非為特權，故英國不受此項限制所拘束。反之，美國人只要其他簽約國未規定同樣的禁止規定，則依本國的最惠國條款主張平等待遇，在法理上可以免除此項限制。

(2)　中法黃埔條約（一八四四年十月二十四日）

簽署黃埔條約的法國代表是名為迪爾羅・拉爾奴那(Théodore de Lagrené)的外交官。與中國交涉時請曾任傳教士的卡魯利(Joseph Marie Callery)擔任通譯官。黃埔條約以望廈條約為範本製作，如將禁止鴉片的貿易定在稅率表之中。關於稅率則降低丁香和洋酒的稅率。拉爾奴那於簽訂黃埔條約後繼續留在中國，仍與中國政府繼續交涉，為爭取外交官的績效，將訓令中未被命令的事項，即成功地緩和中國政府對天主教的禁令。此項工作的背後，無疑地是翻譯官卡魯利在背後推動。因為自一七二四年以來，中國政府屢次發出天主教禁令，及天主教教會堂（所謂的「天主堂」）遭到沒收的歷史背景。

一八四四年十二月十四日，以皇帝對欽差大臣耆英起草的奏摺硃批「依議」的形式解除中國人信仰禮拜天主教的禁令。但附帶有犯罪的天主教徒，不以天主教徒的理由而以犯罪的理由予以處罪，及外國人傳教士不得進入內地的兩項條件。

問題在緩和禁令的方式。此時的弛禁，雖然是國內性的行政措施，但未將弛禁的要旨向一般公開，只由耆英傳達總督、巡撫、將軍與拉爾奴那而已。因此拉爾奴那表示不滿，要求向一般公布，其結果，於四六年二月十二日以應向一般公布的上諭形式，將弛禁的趣旨加上歸還天主堂之項目發表。此一上諭，乃透過地方長官公布①。

(3) 瑞典、挪威與中國的廣東條約（一八四七年三月二十日）

瑞典、挪威（當時為同君聯合）與中國也簽訂通商條約，其內容與望廈條約完全相同，條約文的正本是以漢文和瑞典文及英文寫成。

(4) 對比利時給予最惠國待遇（一八四五年七月五日）

比利時政府也派遣使節前來與中國政府交涉，但不要求簽訂條約，只要求確認也獲得最惠國待遇。對之，中國政府表示已於一八四三年聲明，英國以外的過去已來廣州貿易的各國均給予最惠國待遇。但在比利時重新要求給予最惠國待遇時，最初中國政府表現猶豫的態度，經負責交涉的現場當局的建言，北京政府始允諾確認給予最惠國待遇。

(5) 拒絕俄國要求的海路貿易

如已前述，俄國以亞洲內陸連結的陸路早與中國從事貿易，但在鴉片戰爭後，於一八四八、五〇、五三年，一再要求參加新開放的五個港口的貿易，但都被中國政府拒絕。

2　歷史性意義

條約體制，從外國方面的立場來說，是以受海軍武裝戰力保護的本國居留民，在具有法律上、行政上管轄權的當地當局之下，擁有堆積商品的倉庫與居留在商人團的商館（十三行）延長線上的通商口岸的權利為重點的。尤其是外國方面是以確保自由而安定的商業秩序的「場所」為目的的。因此經常的反復性與計算可能性必須受到保障，同時許可貿易及隨著貿易的各種特權，不應是恩惠性的由對方國家權力給予的，應該是依近代國際關係為前提的平等主權國家間的條約而來的權利，而受到保障。此外，在自己國家的國民在經濟上及生活上的權利受到侵害時，必須由對方國家的國內法的救濟。這種救濟，在對方國家的司法制度不可能達成，或對於對方國家的司法制度缺乏信賴時，代位的就是領事裁判權，而領事裁判權是由海軍武力支撐的。

從中國方面來看，條約體制是朝貢關係的一個環節，是廣東制度的延長，並且認為應該在廣東制度的延長線上運用的。

雙方的認知既不同，在依條約開放的五個通商港口，中方與外國方面之間，仍持續緊張的關係。外國方面以海軍武力為後盾，壓迫中國遵守條約，尤其企圖實現英國人方式的「法的支配」。反之，中方則圖保存並維持舊體制（「天朝體制」或「天朝定制」）。條約的簽訂，在南京條約的場合就可明顯看出，只不過是為了回避當前的危機，收拾時局的權宜手段而已。但是，當時的中國當局也了解條約是一種契約，具有契約的拘束力，因此也有向對方國家阻止利用條約的拘束力的意圖。

滯留中國的外國人中，多數有強烈的無賴性格，據外國方面的資料，在鴉片戰爭之後來到中國的外國商人人品，比鴉片戰爭以前的惡劣甚多②。

外國商人中，也有不少非條約國的人。非條約國人，在法律上應該服從中國的法律，但事實上，無視於中國法律，而且又無自己國家的領事，屬於領事裁判權的管轄外，因此是不受任何拘束的存在。

如上所述，在兩個異其性質的制度衝突之下，一邊不斷的發生紛爭，另一方面卻在外國貿易的共同利害下結合，總之雙方繼續做買賣，互相賺錢，形成名之為所謂「混成社會」(the hybrid society)③的折衷性秩序，經過試行錯誤，出現在條約港（通商口岸）。

條約港，對於中國社會的變動（所謂的「近代化」），發生了如雙刃之劍的雙重作用。第一是通商口岸的法律秩序，在中國社會成為破壞古老秩序的因素，至少在否定性的意義上，給予中國社會「近代化」的契機。如透過設在通商口岸的教會學校，接觸西洋社會的知識上的各種狀況，而受其影響。茲舉一例，設在上海的法國天主教系教會學校徐匯公學（後來的奧羅拉大學）的初期畢業生，出現馬相伯（一八四〇—一九三九）、馬建忠（一八四四—一九〇〇）兄弟等在李鴻章幕下的著名洋務派理論家。

第二，條約港（通商口岸）在不平等條約體制的一個環節下，也成為阻止「近代化」的主要因素。因為在無外國方面的同意不得更改稅率的協定關稅結構，及在租界中次第建設的外國工廠獲得課稅上的特權，因此妨害中國民族資本的工業發展。

第三，條約港（通商口岸），尤其在通商口岸的外國租界，成為清末的改革思想家、革命分子、乃至清末以後的軍閥政治家等各種政客的逃難場所，或所謂的「聖域」。

3 五港的開港

(1) 上海：上海於一八四三年十一月十七日開港④。
(2) 寧波：寧波於一八四四年一月一日開港⑤。
(3) 福州：福州在五港中最遲，於一八四四年六月開港⑥。
(4) 廈門：廈門於一八四三年十一月二日開港⑦。
(5) 廣州：廣州在五港之中最早，於一八四三年七月二十七日，以新制度的貿易港開港⑧。

第二節 條約港（通商口岸）的各種狀況

1 地區性界限

每一條約港（通商口岸）都有外國人可以貿易和居住的「貿易港」，及貿易港附近的「遊步（活動）地區」。

中國方面在簽訂南京條約時，不歡迎外國人居住於貿易港之陸地上。准許貿易，但要求在船上生活，惟在外國壓力下允許在通商港口街上居住。而在決定周邊遊步地區的範圍時，則屢屢發生地方性紛爭。條約上禁止外國人進入超越貿易港與周邊的遊步地區，也就是當時的中國和日本所說的「內地」。

在限定範圍的條約港，外國人被允許「不受迫害與拘束」(without molestation and restraint)（南京條約第二條）的居住及貿易，也可攜帶家屬，並且可以在條約港租賃土地和建築物，在租賃土地上興建建築物。

與英美法各國簽訂條約當時，竟然出現雙方未曾想到的，在上海及其他通商口岸設定了為外國人居住的特殊地區的「租界」。租界是因為中外雙方的利害一致，由領事及管轄該港口的道台之間的地方性協定而設定的。中國方面不希望外國人住在中國人街上與當地居民之間發生摩擦或事件。從外國人看來，中國人居住的大街上髒亂不衛生，希望只有自己人居住的清潔的街坊，於是如上海，中方將街尾郊外的潮濕陰鬱的地方撥給外國人。可是外國人驅使自己擁有的技術和組織力，竟然在該地建造適於居住的近代性的街坊⑨。

2 貿易商

(1) 外國人商社

為數不少的外國商人和外國商社來到通商口岸，但實際上是由有力商社，尤其是被英國系統的有力商社所寡佔。並由少數商社代表控制商會，左右租界的行政。同時在他們的主導之下形成了所謂的「條約港文化」(treaty port culture)。

各條約港（通商口岸）幾乎有相同的造型。首先有碼頭，沿碼頭舖設的遊步道（所謂的沿岸馬路）。此外有幾處外國人的俱樂部和基督教的教會。郊區有賽馬場和外國人墓地。沿著沿岸馬路排列外國人商社，其間有各國的領事館⑩。

(2) 中國商人

依南京條約，雖然廢止特許商人制度，但中國方面的商人並未分散，商人行會在外國貿易方面也登上檯面。例如在上海從事外國貿易的有力行會就是寧波幫⑪。

又買辦開始有重要的力量。在廣州貿易時，買辦只是擔任採購外國人日常必需品的沒什麼重要性的存在。但在新的貿易港，買辦成為介入外國商人與中國內地商人之間的中間商人，開始有了重要性。其理由之一在言語上的障礙。因為來到中國的外國商人，幾乎都不會講中國話，中國人也不會說英語，在交易上使用的語言是所謂的洋涇濱英語。是混合英語、葡萄牙語、中國話，在語言的構造和文法上受到中國話影響的特殊語言。買辦就是使用這種洋涇濱英語。第二個理由是在商業習慣和社會構造，西洋各國與當時的中國顯著的不同，因此西洋商人感受到有必要不直接接觸中國社會，以買辦居間做為雙方交易的墊板。此外，應受注目的是，買辦者之中有不少人後來轉化為民族資本家，及產生了鄭觀應（在上海活躍的廣東商人中心人物，曾任招商局、漢冶萍公司等總董，著有《盛世危言》）那樣的改革思想家⑫。

3 傳教士

一八四六年公布放寬天主教之禁的上諭，同時對新教的傳教士也允許同等待遇。也就是外國人傳教士在通商口岸對中國人可以合法傳教。

新教的傳教士羅拔・馬禮遜(Robert Morrison, 1782-1834)於一八〇七年最早來到中國。新教的傳教士多拖家帶眷居住在通商口岸從事翻譯，及分送譯成中文的宗教書刊。他們也經營教會學校，收容貧家子弟施予教育。他們通常數年一次定期還回本國接觸本國空氣。傳教士們有時以分送宗教書刊之目的進入中國內陸地區，但英國當局尊重條約上規定外國人不得進入內地的原則，對傳教士進入內陸地區者，採取以領事裁判權予以處罰的方針。

新教傳教士在通商口岸的活動中，培育了被稱呼為所謂的 missionary sinologues 的中國學者⑬。

天主教的傳教士與新教的傳教士，在活動方法乃至生活方式上有很大的差異。天主教的傳教士不理會有無天主教的禁令，不管條約上是否允許對中國人傳教，或是否可以進入內陸地區，不顧自己的危險，一個接一個的進入內地，也有不少人定居於內地。他們單身，穿中國服，說中國話，吃中華料理。一旦來到中國就不打算回國，定居當地，死於中國。

舊教的傳教士也有如前述的創辦如上海徐匯公學的教會學校多所，其中有後來改制為大學的學校。

在中國當地的外交當局，英國與法國都對傳教士的活動採取抑制性態度。從公使或領事的立場看來，傳教士做出對中國人，尤其是刺激鄉紳的言行，動輒可能引起排外運動，妨礙貿易的維持與發展。

傳教士與中國人基督教徒的人數，以新教而言，一八六五年當時有傳教士二百一十二名，中國人信徒（「教民」）有三千一百一十二名。到了一九二五年，傳教士的人數含女性在內號稱有大約八千人，中國人信徒則約有四十萬人。在天主教方面，一九二五年的數字有傳教士約三千人，信徒的人數比較多，號稱有二百二十萬人。此外，在北京的俄國系統的希臘正教徒，於一九二五年當時，據說有五千人以上。

4 「漢奸」

「漢奸」，依岩波書店《國語辭典》（第二版，一九七一）的定義是，「在中國，指通敵者。賣國奴」。在中國的《漢語詞典》（一九三七）則說明是，「為侵略者之利益，甘願從事對本國有害的種種活動之人」。

在鴉片戰爭後的條約港（通商口岸）社會，有種種人從各種立場被指為漢奸。也有被當局指為「漢奸」。就是外國商社的書記或翻譯、受雇人，及從事中國人與外國人之間的仲介業者而活動的人，以及從事鴉片買賣或苦力（勞工）貿易（人身買賣）賺錢的人。

總而言之，從當局的立場而言，商人及所謂的「無業遊民」都被視為漢奸。另一方面，官員當中，因職務上經常與外國方面接觸的官員，例如在發生排外運動時，也被鄉紳和民眾呼叫為漢奸。

5 海關

鴉片戰爭後的關稅，是依據條約規定的稅率表徵稅的，也就是所謂的協定關稅。但是徵收關稅的單位，仍然由原來的腐敗的官僚機構之一的原先的徵稅機構繼續辦理。只有在徵收手續上不同的是，廣東貿易的時代，外國商人不直接與海關官員接觸，由中國人買辦或中國商人擔任所謂的「調整」("arrange")工作，鴉片戰爭後改由外國商人直接與海關官員接觸。

在通商口岸的徵稅，對正常的貿易，竟有大規模的逃漏稅行為。他們廣泛的徵收比稅率表所定金額為低的稅金，然後將稅率表所定稅額與實際所繳稅金的差額的幾分之一做為賄賂⑭。

6 領事
——領事裁判權與砲艦外交

駐在通商口岸的外國領事，是與管轄港口的中國道員對等的官吏。領事已與廣東貿易時代的東印度公司的職員不同，中國方面在原則上也承認是代表歐美各國的國家官吏。但是在實際運用上仍想視領事為合併繼承廣東貿易的「大班」（管貨人委員會的首席代表）與公行商人功能的代表。

(1) 通常的領事事務

領事，首先執行通常的領事事務。如受理船舶文件等商船出入港手續之類的工作。只有英國領事，依五港通商章程第十五條，代替從前的擔保商，負責有關英國商船的擔保責任。同時依照南京條約第二條⑮，負有促英國商人按照規定繳納關稅等賦課金的條約上責任。

(2) 領事裁判權

領事裁判權，在沿革上起源於近代以前的地中海世界的商業都市相互之間的關係，對於居住在對方國家的本國國民社會，領事對本國國民行使裁判權。但是在亞洲，如在土耳其的所謂 cavityration 的制度，或在東亞，尤其是在中國和日本，自十九世紀中葉開始的領事裁判權制度，則被運行與上述地中海世界的慣行不同的政治性功能。

茲簡單說明在中國的領事裁判制度。在民事訴訟方面，如為英國人相互之間的爭訟，直接置於英國領事裁判權管轄之下。英國人與中國人之間的係爭事件，即混合事件，則以會審來裁判。所謂會審，是雙方官員會同，或一方具主導權，另一方的官員到場的形式下進行裁判。在刑事案件的場合是以被告主義為原則。如發生中國人傷害外國人的事件時，由中國方面來審判；外國人犯罪時，被害人雖為中國人，仍然由外國領事來裁判。與被告主義有表裏關係的便是引渡犯人的制度。如外國人在中國管轄權所及的地區犯罪時，中方應將嫌疑犯引渡給外國領事。反之，中國人在外國租界內犯罪時，應將嫌疑犯引渡給中方。

領事裁判權的審級，概括言之，在中國當地採二審制，以本國的法院為上級審，整體多採三級制。如以英國而言，在上海發生事件時，上海的領事裁判法廷為第一審，香港的法院為第二審，然後在英國本國進行第三審的上級審。

觀察領事裁判權的行使實況，大致上對刑事案件的量刑頗為輕微，常常成為中國與外國之間的問題，甚至成為紛爭的原因。

在此，無條約國的人也成為問題。無條約國人，在法律上應從中國的裁判權，但在事實上，他們無視於中國的裁判權，中方對他們也不容易行使裁判權。結果變成放縱的一幫牛鬼蛇神肆無忌憚地胡作非為的狀態。

(3) 砲艦外交

在此處的砲艦外交一詞，是以與砲艦政策區別的狹義來使用的。亦即在通商口岸，領事使用海軍兵力的威嚇，在外交上施加壓力，以確保履行條約的技倆⑯。

進行砲艦外交的背景，有兩點值得注意。其一是在通商口岸的外國軍艦的停泊權。因為可以浮在通商口岸的砲艦所象徵的武力示威為後盾，在外交上施壓之故。一八四六年起，英國在五個通商口岸都經常配置一艘砲艦。第二是當時的五個通商口岸是孤立的。如上海與英國公使兼香港總督所在的香港之間的通信，單程就要六天以上。在上海發生事件，向香港提出報告，等待香港送回訓令，通常要兩三週的時間。又從香港到倫敦之間，經過蘇伊士運河的輪船，單程也要七週以上的時間。因此駐在通商口岸的領事，被迫有必要在短期間內解決事件時，不得不獨斷以砲艦威嚇向中國的地方官施加強壓。

為了有效發揮砲艦政策，亦即不實際開砲轟擊也使威嚇能夠有效的發揮，必須讓中國方面對一、二艘砲艦所象徵的武力感受很大的壓力。事實上在初期的通商口岸的中國官方人員，對鴉片戰爭仍有生鮮的記憶，看見浮在通商口岸的一艘砲艦，便想到在鴉片戰爭時發揮猛威的英國武力，因此砲艦的威嚇，實際上發揮了真正「威嚇」的作用。

在五港時代的這種砲艦外交氣氛中成長的翻譯官或領事，據一八六〇年前後在中國擔任英國公使數年的傅雷克・布魯斯所言，他們無法脫離「擁有奴隸者」那樣的心態，視中國人為「介於猩猩與人類之間」的動物⑰。

7 鴉片貿易——非走私的「走私」

鴉片戰爭的結果所簽訂的條約和協定，規定對沒收的鴉片應支付賠償金，但關於鴉片貿易如何處理則隻字未提。然而此後的鴉片貿易仍然繼續盛行。是否在中英兩國之間有何諒解或商定，或依然與從前相同的走私，其真相長久未見明確。

近年在費正清教授研究之下始明白的是，一八四三年在樸鼎查與中方欽差大臣耆英之間，瞞著北京政府私自修訂的地方性協議，非正式解決鴉片貿易問題。內容是默認在北緯三十二度（長江河口）以南的鴉片貿易，但不允許在通商口岸水域之內的交易。依據這一協議，在每一通商口岸產生有關鴉片貿易的慣例。違反此一慣例所定的秩序，走私就正式以走私來處理。在各口岸可見的共同的典型是在港內只進行合法的貿易，另在港外的固定卸貨場，以與合法貿易的船隻不同的另外的船隻來進行鴉片買賣。因此無龐大資金力，能夠各別分開使用合法貿易船隻與鴉片貿易船隻者，無法從事鴉片貿易。因而鴉片貿易的主要業者落入夏甸麻遜公司和典特商會兩家，在這兩家的複占(duopoly)下，由重武裝的特別船隊來進行鴉片買賣。

如上所述，被允許從事不算走私的鴉片走私，限於北緯三十二度以南，三十二度以北的華北地區則對鴉片禁令嚴厲執行⑱。

第三節　沿岸貿易——商船與海賊

沿中國很長的海岸線，有帆船貿易的大規模沿岸貿易。然而外國船也漸漸加入，於一八九四年時，英國船居然已占沿海貿易的六〇％。以條約確認的沿岸貿易，始於一八六三年中國與丹麥之間的通商條約第四十四條，在此以前並無條約上的規定。

1 海盜

(1) 海盜的活動

當時中國沿海的船夫、漁夫和內水沿岸的農民，有副業性的當海盜的傾向。如果取締鬆懈，就形成有組織的很大海盜集團。也屢見負責取締的水師與海盜的勾結關係。

鴉片戰爭後自華南至長江河口，更擴大到山東半島的海面，都有海盜的猖獗活動。這種海盜的活動，是內亂或社會不安的一種顯現。與陸上的暴動或土匪暴民無異。

當時的香港就是海盜的巢窟，也是鴉片走私的中繼站。海盜在香港購買武器，在香港銷售贓物。只要鴉片的走私增加，海盜也增加。因為鴉片是少量也是高價的商品，因此容易成為海盜行為的對象，海盜的情報蒐集者就在香港蒐集有關鴉片的貨源流動情報。

(2) 英國海軍的討伐

為對付海盜的對策，採取了種種措施。第一是由英國海軍加入討伐⑲。正式開始於一八四八年以後。這一年英國海軍部發出與中國海軍合作壓制海盜的命令。中國地方官廳則自一八六〇年代末期開始使用自外國購買的砲艦，在英國海軍合作之下進行有實效的海盜鎮壓。（一八六八年，如後述經當時英國首相 Clarendon 聲明，英國政府改變政策，於一八六九年削減英國海軍配置在中國海面的兵力）。

(3) 護送船隻制度(convoy system)

這是武裝的外國船收取護送費(protection fee)來護送帆船船隊的情況。其實從事這種護送工作的外國人粗漢子，很難和真正的海盜加以「識別」。同時所謂的護送費與「掠奪宥恕金」(blackmail)只有毫釐之差，從事護送的粗漢子們，往往有化成海盜的傾向。

(4) 中國船之利用外國船籍

這是中國船隻付錢購買香港政府，或英國以外的外國領事館所發行的"sailing letter"或"licence"，登記為外國船籍，以圖避免受到海盜船的襲擊。sailing letter 的有效期間通常為一年，須換新。英國以外的其他國家的領事館所發行的 sailing letter，多屬為了賺取手續費而非法發行的。

被利用登記為外國船籍的船隻，是被稱為「划艇」(lorcha)的船隻。這種船是在洋式的船體加以中國式艤裝的斯庫納縱帆船，這種船也被用於武裝的護送船。

(5) 中國商人的租賃外國船

比起中國船，外國船的航速較快，不容易被海盜追上，因此中國商人開始租賃外國船隻。

2 外國船隻的加入沿岸貿易

由於中國商人的租用外國船隻，可以說在自然趨勢之下外國船隻也開始加入中國的沿岸貿易。外國的船隻因為航速比中國的船隻快，不容易被海盜船追上，航行路程可在比較短時間內完成，更重要的是外國的保險公司願意承保外國船上的貨物。總之，比起雇用護送船的費用，租賃外國船隻再加投保的保險費仍然較為低廉合算。

第四節 外政機構
——「廣東欽差大臣」

依照南京條約及其他在鴉片戰爭以後簽訂的各種條約，確立中國政府與外國政府的對等而且直接的通信方式，允許外國公使與北京大官的通信，但不准許外國使節常駐於北京。以這種條約上的規定為前提，鴉片戰爭以後的中國的現實外政機構是如何的呢！

1 廣東欽差大臣

與駐在香港與澳門的各國公使時常以對等資格交涉，擔任中方外交窗口的是廣東欽差大臣。這是兩廣總督，在每發生有對外交涉之必要時，每次臨時(*ad hoc*)以欽差大臣之資格從事交涉，而以一八四四年為境界，成為常設化的。

制度的原則是廣東的欽差大臣為兼任的職務，同時是臨時性的。廣東的欽差大臣之本職為兩廣總督。擔任廣東、廣西兩大省的總督工作之外，還兼任外交交涉工作的。欽差大臣在五處通商口岸中，設在離北京最遠的廣州，而與北京的通訊則利用驛遞，最小限度單程須要一五天。

歷任廣東欽差大臣者，第一任為耆英（在任一八四四—四八）、第二任徐廣縉（在任一八四八—五三。其間於一八五〇年在北京發生政變）。第三任葉名琛（在任一八五三—五八），第四任黃宗漢（在任一八五八—一八五九）。

一八五九年一月，擔任對外交涉的欽差大臣移往「上海」，由兩江總督來兼任。這就是「上海的欽差大臣」，首任為何桂清⑳。

2 通商口岸的涉外機構

在通商口岸，大致上由道台與外國領事，以對等的資格經常接觸。

值得注目的是出現了「辦理夷狄的專家」（費正清教授所謂的"barbarian experts"）。在鴉片戰爭當時偶然擔任對外折衝經驗的人，於戰後繼續起用在通商口岸從事對外關係的工作，同時加以培養，讓其累積涉外專家的經驗。在通商口岸涉及對外交涉的人員當中，有以捐納獲得官位的商人出身者，以候補或委員的資格參與者不少㉑。

3 朝貢關係之併存

與西洋各國派駐中國當地官員之間進行對等關係交際之反面，對非西洋各國之從來的朝貢關係仍然繼續存在。而與西洋各國之關係上，如在公文書上屢屢使用「夷」字可知，在條約上未有明確規定的場合──尤其是中國方面採取非妥協性態度的場合──，可在各種感覺上看出有以視為朝貢國的方法來處理外國事務的傾向㉒。如上所述，可以概括的説當時的中國對外關係上併存條約關係與朝貢關係。

第五節　廣州入城問題（排外運動）

1 前言——廣州人的排外風潮

鴉片戰爭後，可見到廣州的內外居民有堅強的排外風潮。直接的原因是留有戰爭當時的仇恨，而其背景是最早到中國的西洋人，也就是葡萄牙人在廣州對中國人施暴以來，長年在廣州人之間釀成的華夷思想性的蔑視外國人的觀念之存在。

被動員參加排外運動者多屬廣州街上的無業遊民。他們參加排外活動，因無任何損失，可以更激烈且更有搶奪性動作。這一點與三元里事件中可見的在郊外農村的排外運動被動員的農民場合成為顯明的對比。因為農民日常從事農耕工作，而為了保全自己的鄉里不得不偶而參加排外活動的。

排外運動的領導人，在廣州周邊的農村地帶是散在於各地的「社學」為據點的鄉紳。廣州市區的領導人是以廣州的三大書院為中心的一部分鄉紳。其中也有位居高官者。總之他們都具有極為尖銳的觀念性排外意識。這種排外意識的背後有一八一七至二六年，阮元擔任兩廣總督期間的具有高度學識的鄉紳的政治批判風潮。這一批鄉紳在排外活動時盛行散發傳單和高舉標語牌等文字宣傳。

這種排外運動，很容易轉變為反官風潮，從當局看來是一把雙刃劍，但喜歡批判政治的鄉紳，在一旦發生大規模內亂時，也都協助官方鎮壓叛亂。

另一方面，居留在中國的外國人行為也頗多可議之處。商船水手屢屢飲酒惹事，於貿易旺季中居住在商館十三行的商人，多在二十幾至三十幾歲的單身青年族群，也常以玩世不恭的態度接觸中國人，對中國人施暴。

一八四二年十二月七日發生大規模的火燒商館十三行事件。以這一事件為開端，尤其以英國為目標的暴動頻頻發生。到了一八四三年，與進城問題結合為政治問題化，中外雙方都不願退讓。

所謂入城問題，是廣州的城牆圍起來的中國人城市內，是否讓外國人進入的問題。這是因為條約的規定不明確所引起的紛爭。在南京條約第二條規定：中國皇帝陛下約定英國臣民攜帶其家眷和隨從人員在廣州、廈門、福州、寧波及上海「市鎮」，為從事商業得不受迫害或拘束而居住。問題就出在「市鎮」這句表現。在英文的原文是"the Cities and Towns"，而在漢文的原文是「港口」。於是中方主張雖然允許居住「港口」，但並未允許「入城」。

2　一八四六年的虎門寨協定

一九四六年一月十三日，欽差大臣兩廣總督耆英及廣東巡撫黃恩彤發出布告，認可英國人之入城權。翌日，廣州城內貼出激烈的反英傳單。再翌日，廣州府知府在街頭被襲擊。追趕知府逃入衙門的群眾，火燒知府辦公室和住所（但未觸碰法庭和庫銀）。耆英和黃恩彤不得不再發出布告，不認可英國人入城㉓。

以上述經過為背景，一八四六年四月四日，英國公使兼香港總督約翰・法蘭西斯・戴維斯與欽差大臣耆英簽訂了虎門寨協定。

戴維斯接替樸鼎查，於一八四四年五月到任。他於一八四五年底清廷付完鴉片戰爭賠款後，不遵守條約規定，未自舟山列島撤退駐軍，而將徹退問題利用於關於廣州入城問題與中方交涉的討價還價的材料。

協定的內容是：第一，延期實施廣州的入城("shall be postponed to a more favourable time")，但英方不放棄入城權利；第二，英軍自舟山撤退，中國不割讓舟山列島給他國，如他國攻擊舟山列島時，英國以自己國家費用予以排除之（此項規定成為中國的所謂不割讓宣言之嚆矢）㉔。

3 戴維斯的攻擊廣州

一八四七年三月，在離廣州很近的叫做佛山鎮的工商業大都市，發生去旅遊的英國人六人、美國人一人被丟石頭攻擊的事件。戴維斯捉住這一機會，從香港派遣軍艦四艘及九百名兵力，占領了廣東十三行，並且在武力制壓下與欽差大臣耆英展開交涉㉕。

四月六日，戴維斯與耆英之間，以耆英致函戴維斯的形式做了協定。此一協定一舉解決了在廣州周邊的地方性的中國與英國之間的各項懸案。如將港口附近的遊步區域劃在「一日行程」("the space of one day's journey")範圍內，也約定在兩年後准外人入城等等。

此一事件的結果，反而加強中國方面的排外熱度，減弱欽差大臣耆英的政治上立場。為此耆英在事件後奏請皇帝許可，任命廣州的有力紳士數名為外交參與，由地方有力人士共同負責，以躲避對自己的對外政策的批評。

一八四七年十二月九日，在離廣州約有三哩遠上游的黃竹岐，又發生六名英國青年被殺的事件。耆英立即主動派出軍隊占領該村，逮捕十五名嫌犯，十二月二十一日，將其中的四名處斬首之刑。為了這一事件，耆英在廣東和北京都聲譽不好，兩個月後被調回北京轉任協辦大學士，四八年間晉升大學士。欽差大臣兩廣總督之繼任者為徐廣縉，葉名琛出任廣東巡撫㉖。

4 入城問題的擱置

新任英國公使波南，在激烈的排外運動中經過長久的交涉結果，於一八四九年八月，同意將先前約定兩年後允許的廣州入城問題「暫時擱置」("the question must rest in abeyance")㉗。

在此次交涉過程中，北京的態度也反映從廣東當地上奏的奏摺中可見的動搖而一再的動搖，曾經一時准許入城，但馬上變更方針命令破棄約定。然而在廣州當地，徐廣縉於發出已說服英方廢約的奏摺後不久，不等北京的回訓，以獨斷宣稱不能違背民意允許入城，將所謂的抄本傳達給波南。對之波南回答同意將入城問題暫時擱置㉘。

波南在當前方策上雖然將入城問題擱置，但在長期性的政策論上，自一八四七年以來一再向本國政府進言對中國再度行使武力的必要性。

5 英國政府對北京政府的直接抗議

一八五〇年，英國外相帕麥斯頓對北京政府以文書發出抗議文。此文書收件人為「北京的外交大臣」，但當時的北京並無相當於外交大臣的官職，因此在當地依托瑪斯・維特的意見，將英外相的抗議文收件人改為大學士穆彰阿及大學士耆英，並附波南致耆英的公文，要求經由上海道台、兩江總督傳達北京。惟中方不肯傳達，因此波南自己乘軍艦來到上海，威脅如不傳達將自己乘軍艦北上，中方始接受傳達北京。

北京政府對於帕麥斯頓的抗議文，以間接方式回答。即由穆彰阿、耆英向兩江總督發出公文，將公文中回答的內容，由上海道台以公文通告上海的英國領事。回答的實質內容竟是廣東的欽差大臣才是外交交涉的負責人，故請向廣東的欽差大臣交涉。波南將這一份上海道台發出的回答公文退回，要求大學士直接回答㉙。

考察英國政府對北京政府抗議事件的意義和餘波：第一從英國方面來說，關連廣州入城問題，依照條約所定方式試向北京直接喊話提出要求，卻被以廣東欽差大臣才是接觸交涉窗口的中方機構上的理由遭到拒絕。第二是此一事件可能是招致穆彰阿與耆英没落的很大原因。因為一八五〇年是道光帝逝世，咸豐帝即位之年，在中國政治史上常見的皇帝換代後馬上發生的政變，此時也同樣發生，之前軍機處中心人物的穆彰阿一派没落，代之在鴉片戰爭當時主戰派的大臣取得了領導權。製造此一政變契機的藉口，據推測就是指責帕麥斯頓的信函，收信人是穆彰阿和耆英之故。第三是帕麥斯頓，自一八五〇至五一年，經各種主要因素的綜合判斷後，確信對中國有再度行使武力的必要。

註釋

① 對新教，耆英於一八四五年十二月二十二日發表允許同樣自由的聲明。這是拉爾奴那受到在中國的新教宣教師與英國在中國當局的壓力下，要求耆英發出的。關於簽訂黃埔條約與弛禁天主教的外交交涉的精細研究，請見Angelus Groβe-Aschhoff, *The Negotiations between Ch'i-ying and Lagrené 1844-1846*(St. Bonaventure, N. Y.: the Franciscan Institute; Louvain, Belgium: E. Nauwelaerts, 1950), 196 pp。本書對政治現象的外交交涉之冷徹、諷刺性案例的研究很深入，但對漢文資料之處理有缺點。關於這一點，請見坂野正高的《亞洲研究》一卷四號〔一九五五年三月〕頁九八—一〇四所收的書評。拉爾奴那使節團，有攜帶法國製商品樣本（絹、毛織品、美術品、骨董類巴黎商品）的數名專家(délégués commerciaux)同行，他們也有報告書之類的出版。請見下列文獻目錄：Henri Cordier, *Bibliotheca Sinica* [Paris: E. Guilmoto, 1904-1924], vol. 3, clos. 2179-2180; vol. 4, cols. 2491-24931 *Catalogue of the Asiatic Library of Dr G. E. Morrison, Now a Part of the Oriental Librar, Tokyo, Japan* (Tokyo: the Oriental Library, 1924), II, 113-115, 222-223。

② 如於一八六二年發生於日本的生麥事件時，被日本武士斬殺的英國人李察特遜，是人品惡劣的外國人的典型。在

當時駐在中國的英國公使布魯斯的秘密報告中指出，李察特遜是當時的東亞外國人社會中最被討厭的人物(Bruce to Russell, private and confidential, Peking, April 12, 1864, P. R. O. 30/22/50)。

③ J. K. Fairbank, *Trade and Diplomacy on the China Coast: the Opening of the Treaty Ports 1842-1854* (Cambridge, Mass.: Harvard University Press, 1953), I, 6.

④ 上海因為是新的港口，無過去的糾葛，因此較少排外風潮。以茶與絲綢的輸出和綿織品的輸入，及鴉片的走私等而發展為大貿易港。很多寧波商人進入上海。廣州的舊貿易商人也進入上海。

⑤ 地理上寧波在上海的外港性位置，因此以貿易港並未繁榮。城內成為傳教師的活動舞台，城外成為鴉片的走私及海賊的活動舞台。

⑥ 福州在之前是與西洋人無貿易經驗之港口，但當時在五港中是僅次於廣州的第二大都市。因為接近茶葉產地，因此英國排除中國方面的反對，促使開港的港口。然而有強烈的排外風潮，也發生所謂的入城問題。英國的領事館，開始時設在山上的寺院裡，至一八四五年二月才移入城內。因為中國方面大約有十年期間禁止從福州輸出茶葉，因此這期間貿易未有進展。其實背後有廣東貿易的既成利害關係方面的壓力之故。一八五三年，受到太平天國的影響，從福建省內地生產的茶葉無法出貨到上海，美國商社的人員親赴福建內地，成功地買到茶葉，以此為轉機開始從福州輸出茶葉，從此茶葉貿易大為發展。

⑦ 當時廈門被外國人評為世界第一不清潔的城市，因而外國人以廈門對岸的鼓浪嶼為居住地。自廈門輸出砂糖，輸入的除鴉片之外很多。輸出入不平衡的清賬，以對菲律賓和馬來西亞方面的苦力（勞工）輸出（人身買賣）來填補。

⑧ 相對看來，廣州的繁榮漸漸被上海奪去，但從交易額的絕對量來說，仍然是中國最大的外國貿易港。主要輸入品為棉花，輸出以絲綢和茶葉為中心。如後述，此地有進城問題形態的激烈排外運動，成為亞羅戰爭的背景。

⑨ 有關租界的歷史上、法律上的研究，有極為詳細的植田捷雄《中國租界之研究》（巖松堂，一九四一，全九一九頁）。經濟史上的研究，有內田直作〈在華英國商社之外交上的活動——其傳統性性格〉（植田捷雄編《環繞現

代中國的世界外交》（野村書店，一九五一，全三三〇頁）頁一八五—二三四）富於啟示。

⑩ 以英系有力商社的寡頭代表為中心製造的「條約港文化」的基調，其實是所謂的「不列顛印度文化」。也就是非英國本土的文化，而是經過在印度的英國人生活的，混合英印性而未必精煉的一種文化。

⑪ 請見根岸佶《上海的行會》（日本評論社，一九五一，全四一二頁）。

⑫ 關於買辦的總括性研究，請見根岸佶《買辦制度之研究》（日本圖書株式會社，一九四八，全三九二頁）。最近的優異研究，請見郝延平博士的以下著作：Yen-p'ing Hao, *The Comprador in Nineteenth Century China: Bridge between East and West*(Cambridge, Mass.: Harvard University Press, 1970), 316 pp，另郝氏的〈買辦商人——晚清通商口岸一新興階層〉（《故宮文獻》第二卷第一期（一九七〇年十二月）頁三五—四四），可說是前大著的摘要，是很適切的論文。

⑬ 玆舉一、二例。羅拔・馬禮遜受東印度公司的豐富援助，自一八一七至二三年編纂六冊百科全書般的《中國辭典》。E・C・裨治文（一八〇一年出生於紐約，一八三〇年來中國，一八六一年在上海去世）於一八三二年創刊《中國報導》月刊，發行至一八五一年，除刊載有關中國的種種論文之外，刊載有關中國的報導文章和很多漢文公文書的英譯本，成為今日的歷史研究的重要資料而受到重視。他又是前來中國的最初的美國人傳教士。S・W・威廉（一八一二—八四）也是美國人傳教士，於一八三三年加入《中國報導》的編輯團隊。一八五四年，培里遠征日本時以翻譯官身分參加；一八五八年的亞羅戰爭時擔任美國代表李特的翻譯官。後來又擔任美國臨時代理公使九次之多，於一八七七年還回美國出任耶魯大學的中文教授，著有百科全書性的 *The Middle Kingdom*（一八四八年初版）中國研究的大著。這本書與前述戴維斯的 *The Chinese* 是號稱雙璧的大著，一八八八年版為上卷八三六頁，下卷七七五頁。

⑭ 在各別場合，實際繳多少稅金，及付給多少賄賂，成為個別地方交涉的對象。因此徵稅其實是一種"**bargaining system**"。

⑮ 在實際問題上，如英國商人逃稅時，英國領事並未代繳稅金，也未曾對逃稅的商人威嚇施以領事裁判促其繳稅的行動。但是此一規定為條約上之義務，理論上約束英國方面。此事成為一八五四年在上海開始試辦的外國人稅務司制的背景之一。

⑯ 費正清教授，將砲艦政策定義如下：——"The art of securing treaty enforcement by pressuring local Chinese authorities without bloodshed."(J. K. Fairbank, "Patterns behind the Tientsin Massacre," *Harvard Journal of Asiatic Studies*, vol. 20 [1957]. p. 482)。

⑰ Bruce to Russell, private and confidential, April 12, 1864. P. R. O. 30/22/50，H・N・雷伊，及H・S・帕克斯等為典型。

一八四八年，在上海附近的青浦，三個英國傳教士被多數失業船夫攻擊，所幸獲救。這就是所謂的青浦事件。當時駐在上海的英國領事奧柯克大膽的驅使砲艦威力來處理此一事件的始末，成為砲艦外交的典型案件而廣為人知。關於此一事件，請見坂野正高〈一八四八年青浦事件之一考察——砲艦外交與條約解釋〉（坂野《近代中國外交史研究》〔岩波書店，一九七〇〕所收）。

⑱ 關於以上所述的不算走私的鴉片走私，請見 J. K. Fairbank, *Trade and Diplomacy on the China Coast: the Opening of Treaty Ports 1842-1854*(Combridge, Mass.: Harvard University Press, 1953), I, 133-151,226-247。

⑲ 海盜在國際法上被視為人類公敵，任何國家的軍艦都可以加以攻擊。

⑳ 關於廣東的欽差大臣及移駐上海，請見 M. Banno, *China and the West 1858-1861: the Origins of the Tsungli Yamen* (Combridge, Mass.: Harvard University Press, 1964)pp. 4-9, 93-107。

㉑ 如吳健彰是廣東貿易商人出身，以捐納獲任為官員，在當時非洋涇濱而會說一口流利英語的唯一官員，在對外事務上受到器重。曾在上海出任數年的道台。有關吳健彰的傳記，請見外山軍治〈上海道台吳健彰〉（《學海》一卷七號〔一九四四年十二月〕頁四五—五四）。A. Hummel, ed., *Eminent Chinese of the Ch'ing Period(1644-1912)*

(Washington, D. C.: Government Printing Office, 1943-1944), vol, 2, pp. 865-866(by J. K. Fairbank); J. K. Fairbank, *Trade and Diplomacy on the China coast*, vol. 1, passim(consult the index)。

㉒ 坂野《近代中國外交史研究》頁八八—九四。

㉓ 此一事件的背景，有鴉片戰爭戰敗以後官人對民眾的權威顯著下墜的氣氛變化。而在火燒知府府衙的事件中，只攻擊知府辦公室和住所，卻未觸碰法廷和庫銀，可見民眾的矛頭並非指向反抗體制的叛亂。請參閱 Kung-chuan Hsiao, *Rural China: Imperial Control in the Nineteenth Century*(Seattle: University of Washington Press, 1960), p. 434。

㉔ 戴維斯被本國政府的慎重政策綁手，因此才簽訂了這一協定。依照此一協定英軍自舟山撤退後，當時的外國方面觀測，廣東內外的排外派立場立刻轉強。

㉕ 戴維斯的此一強硬手段之背後，有一八四六年帕瑪斯頓回任外交部長後，英國政府的對華政府再度轉回強硬方針的狀況。

㉖ 戴維斯也因為一八四七年的攻擊廣州的強壓手段遭到居留英國人的批判，於四八年三月辭職回國。接替戴維斯被任命為英國公使的喬治・波南（一八〇三—六三），是東印度公司的船長之子，在東印度公司服務很久，一八三七至四七年任新加坡知事，被任命為駐中國公使時，是四十多歲的晚婚新婚時代，被稱為現實性的知識分子。

㉗ 波南事先已獲訓令被禁止行使武力。

㉘ 亦即徐廣縉向波南傳達的是偽聖旨。此事顯示了當時的中國官僚社會中，地方大官與皇帝之間的權力關係的微妙平衡動作之一例而值得玩味。請參閱闡明此一事件經緯的 John J. Nolde, "The 'false edict' of 1849," *Journal of Asian Studies*, vol. 20, no. 3(May 1961), pp. 299-315。

㉙ 波南另外派書記官梅特哈斯托，攜帶帕麥斯頓信函抄本乘軍艦到大沽外海停泊兩週進行交涉，但中方不接受帕麥斯頓信函抄本，梅特哈斯托只收取穆彰阿・耆英致兩江總督公文抄本而回。

第七章 太平天國與亞羅戰爭（英法聯軍戰爭）

We might annex the Empire if we were in the humor to take a second India in hand, or we might change the dynasty if we knew where to find a better, but if our object be to impress the existing Dynasty with such a sense of our power as will induce it to accept and faithfully to abide by, the conditions we believe to be essential to the security and extension of our trade, and to the maintenance of pacific relations, without shaking it to its base, handing over the whole Empire to anarchy, we have a work to accomplish which will, I venture humbly to assert, require some delicacy of treatment.

——Elgin to Russell, private, Talienwan, July 12, 1860, P. R. O. 30/22/49.

髮捻交乘，心腹之害也；俄國壤地相接，有蠶食上國之志，肘腋之患也；英國志在通商，暴虐無人理，不為限制，則無以自立，肢體之患也。故滅髮、捻為先，制俄次之，制英又次之。

——一八六一年一月十三日受理，恭親王奕訢、桂良、文祥之奏文（《籌辦夷務始末》，咸豐朝，卷七一，頁一七——一九）

第一節　修改條約問題

1　從外國所見之問題所在

(1) 一八五〇年代初期的問題點

(a) 外交上接觸方法之改善

由於廣東的欽差大臣在實質上拒絕與外國使節之交涉，英國政府乃試圖與北京政府直接通信，結果北京政府以間接及不對等的方式回答。於是建立與北京政府的直接而對等的外交上接觸方法，成為切實的問題。

(b) 貿易上的權宜改善

(i) 通商口岸的變更或增加：鴉片戰爭的結果開放的五個通商口岸，未必與中國國內商業幹線有直接的接觸。因此外國方面考慮將福州與寧波交換蘇州和杭州。未考慮有增加通商口岸之必要。

(ii) 海關之徵稅機構問題：由於鴉片戰爭後仍由舊中國海關之徵稅機構繼續運作，因此在通商口岸的合法貿易依然有大規模的逃稅行為。如何處理這一逃稅行為對英國政府來說是一大問題。一八五一年，英國外相帕麥斯頓指示放棄領事的確保關稅收入義務。英方的依據：第一，是英國以外其他各國領事沒有的義務，只由英國領事來負責，等於其他各國具有英國所沒有的消極性的特權。這種消極性特權就是均霑虎門寨追加條約第八條的最惠國條款之法理論點。第二，是中國徵稅機構的腐敗未完成的責任，不應該由英國單獨來負其義務之實質論點。

(2) 帕麥斯頓的決心行使武力

帕麥斯頓綜合考慮上述情勢後決心對中國再度行使武力，但在一八五一年十二月辭去外相職務下野。後來又於一八五五年一月復出，出任首相，惟當時已無對中國行使武力的「開戰原因」。反過來說，只要有適當的開戰原因，英國政府已處於隨時行使武力的態勢。就在此時，於一八五六年秋發生亞羅號事件。

2 一八五四年的修改條約交涉

發生亞羅號事件的兩年前的一八五四年，英、美、法三國與中國之間展開八個月之久的修改條約交涉。中國與美法兩國所簽條約中，有得於十二年後進行修改條約之交涉條款，英國援用最惠國條款，採取得於一八五四年進行修改條約交涉之立場。美國則反而以依據英國立場的最惠國條款得均霑的理由，加入英國的交涉，稍後法國也加入交涉，實質上由英美為中心領銜交涉。

外國方面趁清朝政府為太平天國而大混亂，疲於奔命的機會開始修改條約的交涉，恰於此時發生克利米亞戰爭（一八五四－五六）。因此英國無法調來強大的海軍武力，未能對中國施加充分的武力示威。美國則借用當時巡弋遠東水域的培里提督率領的艦隊之一部分來威嚇與中國交涉。交涉在廣州、上海附近和大沽，斷斷續續進行八個月。在大沽的沿岸海上英美總共調來五艘軍艦，中國方面也把兵力移動到天津方面對應，同時看出英美不可能動員五艘軍艦以上的強大軍事力量。於是這一場修改條約交涉，成為純粹的預備性，在勢力均衡狀態中的典型的外交交涉①，結果無實質上成果而終了。在大沽，中國採取最惠國條款的通用範圍不及於修改條約條款的立場②。

如上所述，修改條約之交涉從外國方面看來是不成功，但值得注目的是當時中國方面的兩江總督怡良、江蘇巡撫吉爾杭阿兩人表現柔軟的態度，尤其是吉爾杭阿一再上奏接受有限度的外國要求。上海附近的地方當局的這種態度的背後，有一八五四年六月當時的上海，意圖徵收高達一百二十萬兩的未繳關稅轉用於討伐內亂的軍費，同時向北京暗示，有限度答應修改條約交涉的要求，以換取外國方面提供討伐內亂的軍事援助③。

第二節　太平天國

太平天國自一八五〇至六四年，在中國本土十八省中波及十七省的大叛亂，其間太平天國以南京為首都維持政權十一年。這十幾年間喪失的人命，據說達二千萬乃至四千萬人。

1　背景

太平天國的背景，有十八世紀末以來社會不安的惡化等一般性的情勢變化。於一七九三至九四年訪問中國的英國使節馬卡托尼，看到當時在中國各地頻發叛亂，曾預言滿州政府可能在渠在世期間崩潰。實際上自一七九六至一八〇五年，在四川、陝西、湖北三省交界地方發生白蓮教的大叛亂，此後在各地持續頻頻發生大大小小的暴動和叛亂。

這種社會不安的主要原因，第一是人口壓力的問題。因為中國的人口，在十八世紀期間激增，其結果有大規模的國內人口流動，累積大量無資產的人口。他們之中有人當綠營兵士，有人加入鴉片或私鹽的走私組織，更有人加入海盜或「盜匪」組織。清初以來，有高舉打倒清朝之秘密結社，如華南之天地會、三合會，華中之哥老會、華北之白蓮教系秘密結社等等。其中，華南的天地會是擴展到東南亞華僑的龐大組織，據傳也有不少綠營的兵士加入。

第二是流通經濟的發達；第三是與第二並行的土地所有的集中化，至少局部性地相當進行；第四是官僚機構的腐敗和軍隊的無力化。

鴉片戰爭後，滿清政府因花費鉅額戰費及支付鉅額賠款，財政陷於困難，為了轉嫁負擔，開始向下猛烈收奪。同時因戰敗而弛緩官權的統制力。另一方面自一八四六至四八年，在各地又頻發廣泛的洪水和飢饉，這也可以說是某種程度的人禍。尤其是因鴉片貿易，銀兩的流出無止境，更透過銀錢比價的問題，增加了農民的稅捐負擔④。

太平天國蜂起於鄰近廣東省的廣西省東部山村地帶。其理由之一被認為在廣東地方及其腹地所具有的特色。因為廣東包含帆船貿易在內，是與外國貿易有長久傳統之地，透過貿易與外國的接觸很深，同時在八旗的軍事控制的中國本土全體之中，此地是比較弱的地方。八旗的兵力，在廣州有名額四千七百四十一人之駐軍，綠營在廣東、廣西兩省號稱有名額九萬，這是紙上的數字，實際上較少，而這不到九萬的軍隊，分散在一百四十二個地方。

2 叛亂的爆發與進展

中國的叛亂，總而言之，容易發生在省境。因為省境遠離省政府所在地，權力的浸透度較弱之故。太平天國於廣西省東部山村地帶揭竿而起的背景是此地「土匪」橫行，每一村落各自武裝，常有武裝村落之間的械鬥，及苗族與漢人之間的紛爭，以及客家（貧農）與本地人（地主，多富農）之對立。如此各種對立乃至鬥爭，又互相糾纏在一起。

太平天國首領的洪秀全（一八一三—六四），是廣東花縣客家中等農家的三男。他雖然通過童試第一階段的縣試，為應考第二階段的府試趕赴廣州，卻屢屢失敗，是科舉的落第生。有一次病中發生幻想，有個老人和中年人出現在夢中，要洪秀全消滅惡魔，拯救人類。一八四三年，洪秀全詳讀於七年前在廣州取得的外國傳教師所作的漢文宗教書《勸世良言》，相信曾經在他的幻想中出現的老人是耶和華，中年男人是耶穌，被囑拯救人類的自己是耶穌的弟弟，他們是三位一體的。於是他破壞了村子裡孔子廟的偶像，被村民驅逐出去。一八四四年，洪秀全跑到廣西省山中組織「拜上帝會」，主要信徒為客家農民和苗族。不久反清的秘密結社加入拜上帝會，拜上帝會又與本地人的自衛武裝組織發生衝突。

一八五〇年，拜上帝會在金田村揭竿而起。參加者破壞住家，投入一切家財進軍，很快擴大為一大勢力。當時他們被稱為「長毛」、「長髮賊」、「髮賊」等等。一八五一年九月，他們攻陷永安，號稱「太平天國」，洪秀全自稱為「天王」。

太平天國軍於一八五二年攻入湖南，自湖南轉進江西、安徽，其間男女小孩總共有五十萬大軍，一八五三年三月占領南京，定都南京，此後兩三年期間為太平天國的最盛期。

自洪秀全起兵以來，清軍連戰連敗。太平天國在南京定都後，清軍在南京東郊設江南大營（—一八六〇），在長江北方揚州附近設江北大營（—一八五八），對太平天國採取包圍的態勢。

太平天國的一支部隊北進直隸省，進軍至離天津二十哩處，於一八五五年被內蒙豪族權門僧格林沁率領的騎馬部隊殲滅。另一支部隊西進至湖南省，與曾國藩的湘軍對峙。

3 太平天國的理念與現實
——太平天國的變質過程

把太平天國在中國史中如何定位，如何予以評價，簡單地以圖表式來說，是在鴉片戰爭後的時代背景下的一種基督教化的「新」，與中國史上反覆不斷的王朝隆替期的民亂，以及儒教性的思考之「舊」的混合體。而貫穿其整體可見的是宗教性和政治性的狂熱盲信。最清楚的是太平天國是反滿清、反儒教、反地主支配、反官僚的。

太平天國的意識形態，有兩項顯著的特徵。其一是崇拜「上帝」為人格上唯一的神、創造的神⑤，所以才以孔子像為偶像予以破壞。此一崇拜上帝的思想，被認為是受到基督教的以人體像來看神的思考影響，但不是《福音書》所說的「愛」的教訓，可以說是重戒律的《舊約》的影響較為強烈的。

意識形態的第二特徵是同胞愛（萬人平等的想法）。這是對傳統性的儒教的五倫五常的挑戰。此一同胞愛的想法未必只受基督教的影響。可以說是承襲中國自古以來的秘密結社性的或水滸傳性的同胞意識乃至伙伴意識的。此外在太平天國軍營中可見的平等空氣，被記錄在當時與太平天國接觸的外國人的觀察記之中，但軍隊組織，除縱的等級制度秩序之外，同時包含士兵之間的橫的平等意識在內。

雖然在意識形態上強調萬人平等的同胞愛，但在現實的組織中，階級性和獨裁性的色彩，至少在後期是很強烈的。

其次來看看太平天國的綱領和政策及現實的狀況。太平天國的組織，可以說是軍營共產制。設「聖庫」制度，隨軍隊的移動獲得的動產全部收入「聖庫」，然後在必要時予以分配，也就是典型的軍營共產制，但根據最近的研究，在南京入城後不久，聖庫被廢止，據推測恢復了個人的商業經營和私有財產制。

太平天國採取「天朝田畝制」。亦即土地為天王所有，農地按肥沃度分為九等級，每年分配一次，收穫由政府管理的制度。天朝田畝制度，在南京地方有實施到某一程度之說，但似無確實的證據⑥。

太平天國也提出廢止利息的口號。但在現實上，幹部耽迷於蓄財，據傳說在占領南京以後幹部都沈迷於奢侈生活。

太平天國也制定獨自的曆法。又以男女平等為宗旨，區別男館與女館，分別收容夫妻，禁止夫妻生活是很有名的話題。但據日本學者西川喜久子的研究，於一八五五年一月廢止男館、女館之區別，承認結婚，公認夫妻生活，恢復家庭生活，被解釋為與恢復私人商工業及私有財產制是有關連的。

此外，太平天國禁止婦女纏足。其實施某種程度的男女平等之背後，有軍隊行動時，將男女分別組織起來較有效率性之外，在廣東、廣西有婦女到農田工作的風習，以及客家婦女無纏足之風習等等。

太平天國也試圖改革教育。其一是文字的改革，將白話文使用於公文書。其二是太平天國的科舉制度之特徵。雖然太平天國也採用與歷代王朝相同的科舉制度來錄用官員，但從太平天國出版的官書出題，不使用儒教的古典。同時簡化應考手續，婦女也授與應考資格，支給包含餐費在內的應考費用⑦。

總之，太平天國以禁欲為宗旨。尤其初期的太平天國，在當時的外國人觀察記中所述，似乎相當瀰漫所謂清教徒化的風氣。具體言之，實施男女的性之禁欲、禁酒、禁煙、禁賭、禁止吸食鴉片等，軍隊的規律似乎也很嚴正的樣子。

問題在鴉片之禁止。太平天國的禁止鴉片，成為西洋各國協助摧毀太平天國的理由，但根據一八六〇—六三年前後的外國方面的記錄，外國方面的鴉片商人對於太平天國的禁止鴉片並未受到影響。因為當時在太平天國地區有廣泛的鴉片吸食者，因此如賈甸・馬賽斯等大盤鴉片商人都反對英國政府的軍事干涉，印度政府也没有把鴉片問題當做問題⑧。

太平天國的構成分子，大體言之，是農民與農村的失業人口。第一是在初期的上帝會時代占多數的所謂的貧農；但太平天國在南京定都以後，貧農所占的比率已相對的減少。其次是没落的失意讀書人。然後是燒柴製造木炭工人、礦山工人、運輸工人、私鹽販子（鹽梟）、鴉片走私者、城市的手工業工人、商店的受雇用者、城市的流浪漢、自清朝軍隊投降的官兵、再來就是秘密結社。以上所舉的各構成分子當中，有相當數目的人加入秘密結社。

從組織觀點來說，大體上以上帝會和秘密結社為兩大成員。初期以上帝會系較強，後來秘密結社形成有力，而兩者之間在性格上並不融洽。

太平天國崩潰的原因，有如後述的兩大外在因素，即第一，清廷方面在軍事上重新站起來，形成新的軍事力量；第二，外國方面初期採觀望態度，最後採取有限度的軍事干涉政策，協助清廷等。而內部的主要因素則為第一，太平天國本身的割據性因素和幹部之間的內訌。最有名的事件便是一八五六年的「楊韋內訌」。這是東王楊秀清（出身於客家木炭工人，雖是文盲，但很有才幹的戰略家和行政專才，據説曾鞭打半瘋狂的天王洪秀全）竟圖就任天王而被北王韋昌輝殺死，翼王石達開感受危險逃出，洪秀全先下手殺死北王的事件。經此事件，太平天國的領導階層崩潰。

內部的第二主要因素是太平天國在初期自不用説，至少在後期已化成無法有效控制的搶奪團體。這是英國公使布魯斯對太平天國後期的看法。一八六二年，英國政府決定以軍事干涉協助清廷的理由所使用的正式見解是太平天國不是可以行使有效統治的「政治性勢力」，已化成單純的搶掠團體之故⑨。

太平天國崩潰的內部因素還可舉出戰略上的失敗。其顯著例子便是前述的一八五三年占領南京後，未集中主力一舉進攻北京，而將力量分為兩支，採取一支隊北上，同時另一支隊溯長江而上的戰略。此外有太平天國的意識形態與當時的讀書人的意識形態的正面衝突。也可以說太平天國的真面目就在寧可與讀書人的意識形態正面衝突。又與秘密結社的不和，也是常受指摘的原因之一。上帝會與秘密結社，尤其與天地會，隨著時間而分裂，於一八五三年屬於天地會系統的三合會（小刀會）攻占上海的縣城，清軍與法軍反攻時，太平天國不但不予援助，還坐視不救。天地會的組織廣布在福建至廣東、廣西，基層文武官員間也有不少會員。

4 清廷的討伐

——因新軍事力之形成，改變清朝政權之內部均衡

曾國藩（一八一一—七二）於一八五三年組織湘軍。之前於一八三八年進士及第，四九年升任禮部侍郎，五二年返鄉服母喪時受北京政府命令組織團練，至五三年初才決心著手組織團練之工作⑩。

曾國藩是奉命組織團練的，但他實際組織的軍隊，與防衛鄉土的小規模自衛隊性質的以往團練不同（當時團練已廣泛的在各地組織）。雖然以既存的團練組織為背景，但已經是離開鄉土，轉戰各地的一大地方義勇軍。如果使用英文的表現，已經不是 local militia，而是 regional army。

湘軍的特徵之一，是兵卒不採用在市井有霸氣者和有衙門習氣者，而採用平生從事農耕的強健農民。

第二是不剋扣薪餉或遲發薪餉，發給官兵兩倍的待遇。第三對兵卒實施周到的訓練。第四，軍官不雇用既有的職業軍人，而由與曾國藩有友人或師弟關係之同鄉讀書人擔任。第五，湘軍以地緣結合的小規模部隊為單位，是以曾國藩為最高的私人上下關係結合的組織。曾國藩不但組織陸上軍隊，也編成海軍（水師）。

維持湘軍的財源，第一是鄉紳的捐獻；第二是訴諸捐納手段，大規模賣官籌措資金；第三，自一八五三年開始徵收叫做釐金的稅金。釐金的徵收，原則上應獲北京之許可，但由鄉紳負責徵收，中央政府無法控制用途。太平天國的末年，一年有一千萬兩的收入。因為徵收多額釐金，乃以免除租稅或降低田賦以收攬農民。

曾國藩寫的有名的「討粵匪檄」，是對鄉紳的呼籲，同時被用於對軍官團灌輸的教材。這篇檄文的內容最受注目的是對曾國藩他們而言，「名教」比清廷更為重要。如「此豈獨我大清之變，乃開闢以來名教之奇變」。

一八六〇年，曾國藩獲任命兩江總督欽差大臣資格，督辦江南軍務，節制長江南北水陸各軍。且說曾國藩於一八五三年組織湘軍以來，湘軍在初期常陷於苦戰危機，曾國藩也曾經兵敗時試圖自殺，後來逐漸壯大實力，足以與太平天國軍對峙。清軍乃靠湘軍之力勉勉強強攔住太平天國，但北京政府唯恐湘軍成為王朝的雙刃劍，因此很久不敢賦予曾國藩的正式資格；至一八六〇年，江南大營遭忠王李秀成攻擊潰敗，才於同年八月十日任命曾國藩為兩江總督。至此曾國藩才有了正規的財政收入，掌握了自古以來中國最肥沃的地方，稅收最多的長江三角洲地帶及上海的關稅收入。一八六一年，湘軍自太平天國手中奪回安慶。這一戰成為清軍與太平天國之戰的一場決定性的轉捩點。

如同湘軍的地方軍隊，由曾國藩與友人或有師弟關係的人們組織了好幾支部隊。如胡林翼（一八一二—六一）、李鴻章（一八二三—一九〇一）、左宗棠（一八一二—八五）等人都組織地方義勇軍，參加討伐太平天國，其中值得注目的就是組織淮軍的李鴻章。湘軍可以說是書生性的，而淮軍則是具有土豪性格的軍事集團。淮軍於一八六一年底，李秀成軍逼近上海附近時，應允蘇州、上海附近鄉紳的一再呼籲，於一八六二年移動到長江下游地區。此後，李鴻章署江蘇巡撫，掌握上海地方的關稅和釐金等財政收入。上海的財源使淮軍和湘軍的財政受惠。

由於清廷依靠湘軍等其他新的軍事力量才能勉強與太平天國對峙，因此在清廷政權內部發生權力構造的變動。第一，是滿漢之間的權力關係開始傾向漢人變動。第二，在漢人官僚內部，以科舉考試進入官界，依年功晉升的所謂舊型漢人官僚之外，開始有出身讀書人（其中也有很多科舉及格者）而因戰功獲晉用的所謂新型漢人官僚的抬頭。第三，是新型漢人官僚漸漸在地方掌握軍事、財政、人事，開始逐漸加強所謂的地方分權化的傾向（regionalism，一八六〇年曾國藩獲任命為兩江總督，被認為是這種傾向的顯著化的徵表）。

對於上述權力構造之變動，北京的對應在開始時皇帝以下北京政府高級官僚普遍對新的軍事勢力抱持猜疑態度。尤其祁寯藻等舊型官僚之間有很大的猜疑心。據說就在普遍的猜疑空氣中，主動採取適應新軍事勢力的抬頭以圖王朝之延命的就是滿人軍機大臣文慶（一八五六卒）的「斡旋氣運之功」（薛福成）。換言之，文慶明確的採取了重用漢人的政策。

但在當時，雖然在地方已形成新的巨大軍事勢力，而在北京的政治舞台上仍以滿人的政治上權威較大。因為北京的內外有八旗的大兵力重點性的駐在，此一兵力，縱使對外國軍隊或大規模的叛亂無力，但被認為足夠支撐北京的皇帝及滿人的權威，因此曾國藩等人仍須透過有聲望的滿人高官之斡旋，才有機會在北京作政治上的發言。

文慶著先鞭的重用漢人政策，由怡親王繼承。怡親王派，是以怡親王載垣（一八一六—六一）、鄭親王端華（一八〇七—六一）、宗室肅順（一八一六—六一，端華之弟）等三人為中心的黨派。其中，怡親王和鄭親王是所謂的「鐵帽子王」（代代世襲親王或郡王的家世）。一八五〇年道光帝逝世時受「顧命」，成為年少的咸豐帝宮廷的少數重臣之一，具有政治上發言的立場，職稱是御前大臣。肅順透過兄長鄭親王接近皇帝，逐漸晉升為大官，權勢欲望強而且富於政治性手腕的人物，是怡親王派的實際上的幕後黑手。他在皇帝身邊，從幕後支持曾國藩，他的家中常有漢人名士（包括尹耕雲、郭嵩燾、王闓運等曾國藩系的人物）出入。另一方面，肅順與舊型漢人大官的祁寯藻和彭蘊章等人不和，據說也辱罵一般滿州人的無能。怡親王派在皇帝身邊得勢，就是親貴（皇族）的顯著參與政治，可以說是王朝末期性的政治現象而值得注目。

5 與西洋各國的關係

西洋列強對太平天國，在當初曾表示期待感乃至漠然的同情態度。尤其英美對於太平天國的受到基督教的影響表示好感，而且期待太平天國可能推倒滿州政府。法國則從擁護天主教的立場，自始便對可能推翻現存秩序的太平天國不持好感，但仍抱持很大的關心注視太平天國的動向。

一八五三年，太平天國占領南京後，馬上在上海感受其影響。英美法當地的外交代表，顧慮太平天國成為以集中巨大權益的上海為地盤的列強的利害關係之威脅，連接不斷的直接與南京的太平天國政府接觸，以查察實況，同時注視當時的太平天國北上軍接近天津時的華北戰局之演變後，英、美、法三國暫時採取中立政策。但決定以武力來保護上海的列強的權益，也就是一種武裝的中立。在南京淪陷前，當地的清朝地方當局屢屢對英美法的當地當局請求軍事援助而每每遭到拒絕。

然而在歷史的潮流中，以一八五四年為界，至少已開始傾斜支持清朝，亦即傾向一種「善意的中立」。其徵候之一是一八五四年的修改條約交涉是以清朝為對象的。當時的列強雖然採取如果修改條約成立，而太平天國推翻清朝時也要太平天國接受新條約的原則，但選擇以清朝為修改條約的交涉對象就有一個意義。第二是一八五四年在上海設立外國人稅務司制；第三是一八五三年九月，小刀會攻占上海縣城時，鄰接縣城的外國租界由英美法三國海軍和居留外國人組成的義勇隊來防衛，並且以武力阻止清朝官兵進入租界內，維持租界的中立，但此時法國方面單獨與清朝軍隊平行攻擊上海縣城的小刀會，於一八五五年二月奪回上海縣城。亦即清軍的奪回上海縣城，法軍的行動助力很大是不能否認的事實。

外國的當地當局以中立為原則，而外國商人則對清朝和太平天國雙方，都大量的出售武器牟利⑪。此外，有不少外國人投入雙方的軍中。雖然是逃兵、流浪漢、冒險家之類，但在亞羅戰爭時自英軍裡逃走的印度土著兵，也有少數進入太平天國軍中。

鴉片貿易雖然也是一個問題，但在一八六〇年乃至六二年當時，在太平天國控制地區內吸食鴉片風習仍盛，因此英國商人反對英國公使布魯斯以太平天國為敵採取干涉政策，印度政廳當局也沒有把鴉片當做問題來看。

6 外國人稅務司之設置與上海租界之發展

(1) 外國人稅務司

在小刀會占領上海縣城後，上海的海關（江海關）的關稅收入停止，上海港成為可以說是牛鬼蛇神肆無忌憚的狀態。中國的地方官署由於討伐太平天國的戰費不足，關稅收入的停止影響不小。外國官方方面，尤其是駐上海的英國領事歐克谷（Alcock, 1809-97，一八六七—七一年任駐華公使）以貿易的無秩序化對貿易的發展極為不利，依照一八五四年六月二十九日的上海道台吳健彰與英美法三國領事的協定，於七月創設外國人稅務司制。此項協定是在英國公使約翰保林、美國高等專員羅拔・麥克廉、及兩江總督怡良的認可簽訂的。此一稅務司制，是以英、美、法三國領事各一人擔任稅務司(inspector)組成關稅管理委員會(the Board of Inspectors)。這三人中只有英國的托瑪斯維特和他的繼任者H・N・雷伊兩人會說中國話，由他們兩人先後掌握實權。江海關就在這新制度之下確實徵稅，稅收大幅增加，但一百二十萬兩（約四十萬鎊）的未繳關稅，只追繳約一〇%而已。

外國人稅務司制之重點在關稅的評價由外國人關稅吏擔任，將評價結果報告上司。稅金的繳納，按原來的慣行由中國式的銀號為窗口，也就是採取不干與有關徵稅的既有機關，只正確掌控課稅額的報告，以防止中間搾取的方式。經此巧妙的方法，不可能再有大規模的逃稅，徵稅額快速大增；換言之，減少了中國當地當局的不正規收入。然而外國商人則必須繳納比過去付賄賂，大規模逃稅時更高的稅金，因此大大的反對外國人稅務司制，一再展開廢止運動，為此甚至讓倫敦政府也一再的動搖。

(2) 上海租界之發展

當時上海租界的人口僅二百人而已，但累積的外國人財產據說達到二千五百萬英鎊。一八五三年四月，外國人義勇隊在上海租界組成，並與英法海軍陸戰隊合作維持租界的所謂「中立」，於一八五四年四月與攻擊上海縣城的清軍衝突，將清軍驅逐於租界外。

成為一八四五年設立上海租界的法律根據之土地章程，雖然禁止中國人居住於租界內，但在太平天國占領南京之後，上海附近的中國人難民大量流入租界內，其人數立即增加到兩萬人左右，一八六〇年增至三十萬人，六二年更增加到五十萬人，於是不得不容認中國人難民之流入了。

一八六三年，鄰接英國租界的地區，事實上已經存在的美國租界正式成立。而同年十一月，英國租界與美國租界正式合併成立共同租界。法國租界則不加入共同租界，一直維持獨立性至二十世紀⑫。

第三節　亞羅戰爭

1　亞羅號事件

(1)　事件

亞羅號是香港船籍的中國人所有的木炭渦輪船，從事稻米的輸入運輸。是現在的所有人向海盜買來，再向被海盜搶奪的原船主付錢取得所有權的「有問題」的船隻。因為登記為香港籍，船長是具有英國國籍的北愛爾蘭的伯爾發斯特出身的二十一歲青年托瑪斯・甘乃迪。

一八五六年十月八日，停泊在廣州珠江水上的亞羅號，廣州水師官兵登船拔掉船上英國國旗，並以海盜嫌疑捉走船員十二名，這就是亞羅號事件的開端。

(2) 當地交涉與英國海軍占領廣州

當時的英國駐中國公使兼香港總督為約翰・保林(Sir John Bowring, 1792-1872)，廣州領事為巴夏禮(H. S. Parkes, 1828-85)⑬。

亞羅號事件發生後，巴夏禮與兩廣總督葉名琛進行交涉，但交涉於十月二十二日決裂，英國方面將事件之處理交當地英國海軍，西門提督於十月二十三日開始進攻廣州，英軍於十月二十九日攻進兩廣總督衙門，於同日退出。

(3) 爭執點

亞羅號事件爭執點之一，是懸掛在亞羅號船上的英國國旗，中國軍人將之拔掉，侮辱英國國旗。中方則主張當時亞羅號上並未懸掛英國國旗。

爭執點之二，是船籍的問題。中國方面雖然不否定香港政府的船籍登記制度，但主張亞羅號是中國人所有的船，無資格登記為英國船籍。事實上亞羅號有香港船籍，但船籍的期限已經在發生事件當天時已逾期消滅。該船於九月一日自香港出發，經澳門開往廣州而於九月二十七日一年效期的船籍已到期，巴夏禮似乎不知道事件發生當時船籍已消滅。後來英國的現場當局發覺這一點，但對中國方面一直隱瞞，不讓中方知道船籍期限已消滅的問題。這一點成為英國國會下議院檢討的問題。提出彈劾決議案的柯布連議員(Richard Cobden)非難保林隱瞞期限消滅而與葉名琛交涉，是「窮兇惡極」("utterly flagitious")的行為。

爭執點之三，是引渡犯人的問題。依虎門寨追加條約第九條的規定，逃入英國船內的中國人犯罪嫌疑人，中方應向英方發出「照會」(communication)，由英方逮捕犯人「以證據或自白」(on proot or admission)證明有罪時引渡之。英方非難中方未經上述規定手續，逕自從亞羅號船上捉走海盜嫌疑人。

(4) 排英運動

進入十二月後，在廣州周邊發生猛烈的排英運動。十二月五日，一名英國海軍軍人被殺，附近的村民把其頭顱砍下取走。英軍把該村燒毀報復。十四日，中國人火燒廣州的英人商館。接著二十二日，中國的兵船攻擊郵件船西斯魯號(The Thistle)。三十日，混入西斯魯號的便衣隊占領該船，殺死十一名外國人，砍下頭顱，把船擱淺岸上燒毀。

翌年的一八五七年一月十四日，發生從香港的中國人麵包店的麵包檢出砒霜（砷）的事件。當時香港有七萬人以上的中國人居住，二月底香港政府沒收居住香港的全部中國人的全部財產，並命返回內地本土。

2 第一次英法聯軍戰役

(1) 英國政府的決定開戰

英國輝克黨的帕麥斯頓內閣（外交部長克拉連倫）認可駐外單位的處置，立即決定開戰，將標題為Correspondence respecting Insults in China，收錄自一八四二至五六年的十四年間發生在中國對外國人施暴事件共二十八件的相關文書之藍皮書，提出於國會上議院。上議院於一八五七年二月二十四日進行討論，集中於批判保林，並對達畢卿所提出的彈劾案進行討論。達畢強調「亞羅號是在中國建造，由中國人占據、由中國人出售、由中國人收購上船，是中國人所有的船。可以要求條約上的保護，拒絕中國官方臨檢的是英國的船舶。此次的戰爭，既無法律保障，亦無道德上正義之保障，是對不好戰的無辜人民強迫流血的行為」。二月二十六日進行表決的結果，卻以一百一十票對一百四十六票被否決。在下議院，柯布連(Richard Cobden, 1804-65)議員於二月二十六日提出反對政府動議，經四天的大討論後於三月三日進行表決，結果以二百六十三票對二百三十七票表決通過，帕麥斯頓的戰爭政策未獲下議院贊成。帕麥斯頓立即解散下議院，訴諸下議院之改選。改選結果，輝格黨以八十五名之差勝選，帕麥斯頓再度組閣，遂走向戰爭之路。

英國政府乃決定派遣幹練的外交官兼殖民地官吏的耶魯欽伯爵(Elgin James, 1811-63)為全權大使，帶五千兵力，於五月九日自英國出發。

(2) 法國的開戰決定（與英國共同出兵）

受到英國政府共同出兵的要請，拿破崙三世治下的法國政府，決定以一八五六年二月二十九日在廣西省西林，法國傳教士歐丘斯特・夏布托列被砍頭殺害事件為開戰藉口出兵，起用人材能匹敵耶魯欽的老練職業外交官格羅男爵(Gros, 1793-1870)。

當時的法國對中國的貿易上利害關係比較小，但拿破崙三世的政府，從內政上的考量採取在海外保護天主教的政策。同時希望與英國維持克里米亞戰爭以來的合作關係，更不希望失去在東亞展示法國聲望的機會。其實法國隱藏在背後的真正目的在一方面放出以中國為敵，與英國共同出兵的煙幕，一方面進行侵略中南半島。

(3) 美俄的參加修改條約交涉

英法兩國政府也對美國和俄國政府呼籲採取共同步調。美國雖然回絕參戰，但派遣威廉・李特（一八〇六—七八）為全權代表參加修改條約之交涉⑭。

美國之所以採取參加修改條約交涉的背景是進入一八五〇年代後，在加州開發金礦，又開始太平洋航線，成立通過美國、中國、歐洲的世界一周航線，完成世界市場的連線之故。

另一方面，俄國政府也採取不參加武力之行使而參與修改條約交涉的方針。此時俄國政府為了要求簽訂參與海上貿易的條約，已經派遣布加金來東亞。布加金在恰克圖及大沽與中國政府接觸失敗後，於一八五七年十一月來到香港與英、美、法三國代表會合。

俄國之所以參加修改條約交涉的背景，第一是前述的達到一八五一年簽訂伊犁條約前已進出中亞；及以一八四七年任命穆拉威約夫（一八〇九—八一）為東部西伯利亞總督時為一個轉期的俄國的開發西伯利亞。自一八五四年以來穆拉威約夫手下的哥薩克兵一再遠征黑龍江一帶，在黑龍江北岸各地一處又一處的建造根據地，並且自一八五五年九月以來與中國就東部國境之劃定進行交涉。此外因鴉片戰爭的結果，中方開放五個通商口岸，中俄陸路貿易受到很大的打擊，因此俄方強烈希望參加過去一再向中國要求而未成功的與中國的海口貿易等等。

(4) 英法聯軍的占領廣州和占領行政

一八五七年五月，在印度發生SEBOY的大叛亂。從英國本土派遣到中國的遠征軍，半途轉往印度平亂。耶魯欽於七月二日先抵達香港，補充部隊則至十一月才到達。英、美、法、俄四國代表於十一月在香港會合。

一八五七年十二月十二日，英法代表對兩廣總督葉名琛發出最後通牒，葉不理，英法聯軍乃於十二月二十八開始攻擊廣州，派五千六百七十九名兵力登陸，於二十九日占領廣州，一八五八年一月四日俘虜葉名琛。英方扣押了保存在兩廣總督衙門的外交關係之保存記錄文件⑮。

英法聯軍在廣州實施占領行政至一八六一年。利用捕獲總督葉名琛後殘留的廣東巡撫柏貴為首長的傀儡政權，採取間接統治的方式⑯。

新任的兩廣總督黃宗漢未到廣州任職，而駐在廣東省惠州，在與北京連絡下指揮廣州周邊的排外運動。

(5) 簽訂天津條約之交涉（四國連合的外交壓力與英法在華北的武力行使）

在廣州完成占領行政部署後，四國代表將同文照會送到北京政府，要求在上海進行修改條約之交涉。北京政府以咨文送達兩江總督，將其內容傳給上海的方式作間接的回答。回答的內容是要英、美、法三國代表在廣東與兩廣總督黃宗漢交涉，俄代表布加金則赴黑龍江流域另行交涉。

英法代表率軍北上，自四月底在大沽進行交涉。在大沽由直隸總督譚廷襄（？—一八七〇）擔任交涉代表，但譚的有無「全權」成為問題而決裂，五月二十日英法聯軍占領大沽砲台，並進軍天津，於六月在天津重開談判交涉。

到了這一階段，北京政府才以第一級的人材為交涉員派赴現場。以欽差大臣身分被派遣的是內閣大學士桂良（一七八五—一八六二）和吏部尚書花沙納（一八〇六—五九），及在他們下面掌理條約之起草和「文案」的軍機章京段承實。英法代表以武力為背景採取強硬姿態，尤其英國施加強大壓力。俄國與美國則搭英法交涉的便車，同時並行交涉，終於在六月中完成四個天津條約，亦即六月十三日與俄國、十八日與美國、二十六日與英國、二十七日與法國分別簽訂（條約之詳細規定後述）。英法聯軍以武力壓制下簽訂的天津條約，以文書確認已獲北京的皇帝正式承認後始自天津撤退。

就在天津進行交涉時，俄國代表穆拉威約夫與中國代表宗室奕山（一八七八卒）也在黑龍江流域，就東部國境的劃定進行交涉，而於五月二十八日（俄曆五月十六日）簽訂了瑷琿條約，其要點為黑龍江北岸為俄國領土，烏蘇里江右岸至大海之間的地域屬中俄兩國共同管理。

簽訂瑷琿條約的報告到達北京時，正因天津交涉的衝擊陷於混亂狀態之中。北京政府立即承認瑷琿條約，並以承認的代價，要求在天津的俄使布加金斡旋與英法之間的交涉。布加金實際做了一點斡旋之外，表示願意無償提供大砲五十門和來福槍一萬支的武器，及派遣軍事顧問團等軍事援助。這是以防備英法聯軍之再度來攻的名目提出的。北京政府在開始時曾表示冷淡態度，結果還是接受了⑰。

3　中國政府內的主戰論與和平論

——「親貴會議」（暫稱）與「廷臣會議」

(1)　前言——政治過程的原型

在外壓加強時北京政府就會轉向主戰論，而壓力更加強時和平論就抬頭。壓力到達極限時，在決定政策的層級，主戰論就轉回和平論而成立和談（由於下層依然會高喊主戰論，因此決定政策層級的轉回和平論，意味著主戰派的一時分裂）。和談成立後，外國的軍事上壓力一緩和，政策決定層次的和平論者，又會再度轉回主戰論。這種主戰論與和平論糾葛循環的背後，有鴉片戰爭以來全中國鄉紳層的排外趨勢⑱。

(2)　政策決定機構

決定和戰的政策決定機構，首先有正規的決定政策的中心機關軍機處。此外，在當時有對軍機處的決定能夠施予顯著的影響，事實上左右軍機處的以惠親王綿愉（一八一四—六五．咸豐帝叔父）、怡親王、鄭親王為中心的諮議機關在皇帝的身邊。此一諮議機關單獨或與軍機處以舉行聯席會議的形態活動。一八五八年六月三日，北京設置「巡防處」。這是為了防衛北京的可以說是大本營性的臨時軍事委員會，但由上述三親王與一、兩位軍機大臣所構成。巡防處於七月十七日廢止後，以這三位皇族為中心的諮議機關仍然繼續存在。這一諮議機關暫稱「親貴會議」。

親貴會議，似乎是以上述三親王為中心，但從其他資料推測，有惇郡王奕誴（一八三一—八九，咸豐帝之弟，一八六〇年封親王）和恭親王奕訢（一八三三—九八，咸豐帝與惇郡王之弟）也常常加入。此外，親貴會議可能有幕後黑手肅順之存在⑲。

據一八六〇年當時的資料，英國方面認為惠親王、怡親王、鄭親王等三人為當時中國的「實際上的政府」("the actual government")⑳。

其次是決定政策的重要方式之一的「廷臣會議」，在亞羅號戰爭中召開過數次。可以確實確認的有一八五八年六月二日及二十三日和一八六〇年九月九日的會議。在一八五八年六月二十三日的廷臣會議中如後述，曾討論天津條約交涉時的和戰之決定。

(3) 主戰論（攘夷派）

在北京高唱主戰論的，主要是都察院、翰林院的中堅少壯官人層（尤其是漢人）。當時設在北京的臨時民間自衛組織事務所的「團防處」成為據點。他們對外國所主張的，尤其是對於外交使節常駐北京之要求，高呼極為強烈的反對態度。

在地方上，廣東省城內外的排外運動極為激烈，實際上相當牽制英法聯軍的行動。此一排外運動的根據地在廣州西北的石井，在籍的侍郎階級的高官三人為中心人物。

亞羅戰爭當時的主戰論，與後來的中日甲午戰爭當時的主戰論不同，是相當觀念性的。追究它的論理，第一是對近代國際關係（即對等的國際關係）的反彈；第二是畏懼中國的政治上、社會上、文化上的現存秩序遭到破壞；而這兩者是互相關連的。這種主戰論，帶有一種文化鬥爭的性格，有走向狂信的、觀念性的傾向。其所以如此的最大理由，在主戰論者對英法聯軍的軍事力，尤其對火力的強大與軍隊紀律和志氣之高昂的無知，以及過於相信中國自衛組織的團練。

(4) 和平論（撫夷派）

(a) 在大沽、天津的交涉當事者

和平論（撫夷派）的中心人物是在大沽及天津的當地直接在英法武力壓制下，與外國的全權代表交涉的譚廷襄、桂良、花沙納等人。桂、花兩人的和平論，同時也受到天津商人（張錦文等）的慎重論之影響㉑。

在現場的和平論者之中，最重要的人物是大學士桂良。他是皇叔惠親王及皇弟恭親王的岳父，又是老練的政治家。他的巧妙而果敢的和平工作值得注目。

(b) 上海的和平論

當時經由貿易與外國方面經常性的有很大接觸的上海附近的外交當局者之間，也有堅強的和平論。代表上海的和平論者，自一八五八年至一八六〇年一再的向北京上奏和平的是兩江總督何桂清（一八一六—六二）。這些外交當局者的背後，有一大群中國貿易商人。他們經常與外國商人聯繫，在亞羅戰爭當時也充當中國與外國當局者之間的非正式溝通管道。也曾嘗試請求外國官方對中國的內亂提供軍事援助。並經當時上海貿易商人中的實力者寧波幫幫主楊坊的斡旋，組成以美國人F・T・華爾為指揮官的外國人部隊（後稱「常勝軍」）。

當時在上海、寧波與牛莊、芝罘之間，有三千艘帆船從事大規模的沿岸貿易。帆船船員據稱有大約十萬人。投入此項貿易的資本高達七百五十萬鎊，出資者是上海和寧波的商人。這批帆船貿易商人成為高唱和平的一個很大壓力。英國的現場當局於一八六〇年四月，不理會本國的訓令，決定不實施海上封鎖。因為得罪帆船貿易，等於得罪和平勢力的一部分，同時防範封鎖效果波及十萬名帆船船員失業，引起社會不安再轉化為排外運動之故。

(c) 廣州的商人層

當時在廣州，有舊公行系的貿易商人（伍崇曜等）充當廣東當局與外國方面之間的非正式溝通管道而活動，有從地方性立場為和平活動的形跡。

(5) 「親貴會議」的對立

據說，當時的清朝咸豐帝（奕詝，一八三一—六一，在位一八五〇—六一）是傾向於排外的，在決定政策時似乎多受怡親王派之影響所動。

親貴會議之中，怡親王和鄭親王唱主戰論，其背後似有肅順，但怡親王派之主戰論，其實好像是被御史尹耕雲等漢人的主戰論者（攘夷派）硬推上去的。兩廣總督黃宗漢被認為與北京的主戰論者（攘夷派）有聯絡的人物。

在親貴會議中站在和平論立場的是恭親王。一般的說法認為恭親王在開始時是主戰論者，於一八六〇年負起和談交涉的責任後轉變為和平論（撫夷派），但據推測恭親王自一八五八年就是和平論者㉒。親貴會議的「首席」位階的惠親王，從散見於一八五〇年代的《清實錄》來看，身為一個擔任公職的人，做了相當有力活動的人物。在亞羅（英法聯軍）戰爭當時，在北京彌滿的攘夷派主戰性風潮中，被認為最後站在推動向適應客觀的勢力關係變動的人物。

(6) 外壓的內面化

所謂的外壓的內面化，乃指外壓，具體而言是英法聯軍的壓倒性軍事力量，對遠離戰場的北京城內的政策決定者實際感受到的外壓而言。

扮演重要任務的是欽差大臣僧格林沁（一八五六卒）。他出身於與清朝初期以來的王室關係密切的內蒙古豪族，與清朝王室有姻親關係。當時他以欽差大臣首都防衛司令資格駐紮在近北京的通州。一八五三年秋，太平軍北上軍逼近天津時，他率領蒙古騎兵殲滅太平天國的北上軍（此時表面上總指揮官為惠親王）；成為清廷依靠最深的將軍。當時的僧格林沁被外國方面目為主戰派的首領；但從僧格林沁在《籌辦夷務始末》中的奏摺詳加檢討，並與其他的主戰奏摺加以比較後得到的印象，僧格林沁其實應是站在軍事專家立場的人。他的奏摺一貫的，都屬很具體的現狀分析而有濃厚的悲觀色彩。他的奏摺或透過奏摺以外管道的發言，的確對政策的決定發生了影響。

再說，當時國內的不安相當緊迫，太平天國和捻軍（匪）對中國社會統治階層帶來的危機感，成為有關亞羅戰爭的奏摺類的論證前提。尤其北京附近的治安不良，稅金一連滯納，北京城內的物價高昂㉓。成為主戰論者（攘夷派）確信的理由之一的團練，已由僧格林沁和譚廷襄等人指出其實是不中用的存在。團練雖然足以防備「土匪」，但無力在軍事上對抗英法聯軍。組織團練的目的，除防備「土匪」之外，被認為是將地方上無業的混混組成為團練，發給薪餉置於統制之下，以防止他們去協助敵方㉔。

(7)　主戰論者的分裂（「親貴會議」的轉向和平論）

(a)　一八五八年六月二十三日之廷臣會議

參加此一會議人員有「軍機大臣、王大臣、九卿、科道」等。當天皇帝首先召見惠親王、怡親王、鄭親王及軍機大臣，然後召見團防處首腦的高官三人。對團防處三人，皇帝命召集廷臣會議，並交付暗示慎重論之硃諭。接著召開廷臣會議，席上對出席者出示硃諭，雖然議論沸騰，結果還是決定和平。

(b) 殷兆鏞與怡親王、鄭親王之衝突

詹事府詹事殷兆鏞（一八〇六—一八三）於一八五八年上呈攻擊皇帝左右高官及親貴之激烈的主戰奏摺，據傳説怡親王與鄭親王將此一奏摺丟棄地上。此一奏摺雖然「留中」，即置於皇帝手邊，但在一八五九年六月的大沽事件（後述）之後，該抄本流布市面，上海附近的讀書人喜歡讀它，其英文的全譯也被刊登在《Nose China Herald》上。

(c) 一八六〇年秋之可否蒙塵意見之分裂

在一九六〇年九月九日的廷臣會議，討論皇帝自京城出奔，即蒙塵之可否。會議席上對蒙塵有激烈的反對意見。此時怡親王派的皇族贊成蒙塵。會後不斷有人呈上反對蒙塵的奏摺㉕。

(8) 外國現場官員之支持和平論

在中國政府內部，隨著亞羅戰爭（英法聯軍）戰局的演變而有和平論（撫夷派）與主戰論（攘夷派）之對立，並且順應當時的局面而微妙的變動。外國方面的現場官員對中國內部狀況已有某種程度的掌握，於是支持和平論，曾幾度採取防止和平論沒落的措施。

茲舉一例。於一八五八年的天津交涉時，桂良和花沙納之外，再加已没落引退的耆英被任命為第三位欽差大臣派到天津，牽制桂良等人的交涉。耆英一到天津，當地便一再發生排外事件，當地空氣陷入險惡。於是英方考慮從交涉的場面排除耆英，在桂良、花沙納、耆英同席的交涉會議席上，由曾經在耶魯欽身邊實際擔任交涉的翻譯官托馬斯·維特和H·N·雷伊，取出占領廣州時在兩廣總督衙門扣收文書當中的一八四四年耆英上奏有關操縱外國人方法之奏摺原稿，交給花沙納當場宣讀。大失面子的耆英，不待皇帝准許便擅自離開天津而被捕，經政治裁判命其自殺。由於耆英自交涉場合被排除，桂良與花沙納才恢復在交涉場合放手處理的權限㉖。

4　第二次英法聯軍戰役（一八六〇）

(1)　上海會議

根據天津條約第二十六條，包含通商規則的中英協定，於一八五八年十一月八日在上海簽署（法國、美國也簽訂同樣協定）。

天津條約第二十六條規定應派户部大官到上海修訂關稅率；但北京政府竟從北京派遣簽訂天津條約的負責人桂良和花沙納兩人及内務府高官武備院卿明善，以及參加天津交涉的軍機章京段承實，再加上當地的兩江總督何桂清為代表團團員。本來是修訂關稅率的技術性會議，其所以成為高度的政治性，乃因北京政府企圖以全免關稅為代價，以全面廢棄天津條約。桂良等人被賦予的任務是至少要求取消外交使節之常駐北京、開放長江、外國人之內地旅行權、及賠款支付完畢以前的保障占領廣東省城等四項目。

桂良等人不從上述訓令，反而自現場一再呈上奏摺，與北京激烈爭論。對英方也未洩露有上述訓令。英方雖然探知有上述四項要求，但不知北京政府企圖以全免關稅為代價要廢棄條約。

在上海交涉的結果，桂良等人不但完成改訂關稅率及簽署貿易規則協定，還從英方取得英方不行使天津條約中的外交使節常駐北京的權利之諒解㉗。

(2)　在北京交換批准書的問題

關於天津條約批准書的交換，中英、中法條約訂為「自簽署之日起一年以內在北京」；中美條約訂為「簽署之日起一年內」（未特定地點）；中俄條約規定「沙皇批准後一年内在北京」。但北京政府不欲外交使節為交換批准書而進入北京，以一八五九年一月二十日的上諭，明示希望在上海交換批准書。接著在同月二十九日的上諭，將擔任對外交涉的欽差大臣，由兩廣總督移往上海，以兩江總督（當時為何桂清）為欽差大臣。

英法方面雖然評價欽差大臣之改駐上海，表示清朝政府中相對的增強了和平論的立場，但不改變批准書之交換，仍應遵守條約之規定，在北京交換之立場。英法公使乃率領少數軍艦於一八五九年六月到達大沽海面。北京雖然準備迎接英法使節，但不歡迎英法公使自大沽登陸，通知自距離大沽北方約十哩的北塘登陸。然而六月二十五日此一通知到達停泊在大沽海面上軍艦的英法公使手中時，已經晚了一步，英法海軍已開始行動，排除封鎖大沽的白河口障礙物。同日，英法海軍溯行駛入白河時，欽差大臣僧格林沁防守的大沽砲台開砲轟擊，英法海軍蒙受大損害，英法公使未能達到目的退回。

當時美國公使約翰・華特(John Ward)也來到大沽海上，照中國方面的指定，於七月二十日在北塘登陸，七月二十七日到達北京。然而被要求在交換批准書之前先謁見皇帝，但對謁見的禮儀無法妥協，因此僅將美國總統致清帝的國書交給桂良和花沙納，而於八月十一日離京，八月十六日在北塘的寺院與直隸總督恆福交換批准書。

關於中俄條約，則已於一八五九年四月二十四日，由畢羅夫斯基與肅順和瑞常交換了批准書。畢羅夫斯基是俄國外交部官員，正好擔任每十年交替的新宗教使節團到北京的嚮導官來到北京，後來被賦與全權代表資格，擔任條約批准書的交換㉘。

一八五九年六月，尼克來・保羅維契・伊克那傑夫（一八三二—一九〇八）為實行布加欽約定的軍事援助，以軍事顧問團團長的身分被派到北京來。但此時清廷拒絕接受軍事援助，乃改以政治特使(political agent)身分帶少數衛兵入京。他負有對於東部國境劃定問題，璦琿條約暫定的問題進行繼續交涉的使命（後來被賦予辦理公使之資格）。

(3) 英法聯軍再度進犯（一八六〇）

一八五九年六月二十五日的大沽事件之後，北京政府試圖與英法代表接觸，以與美國代表相同方式入京交換批准書，但被英法代表拒絕。中方乃於一八五九年八月一日以上諭廢棄與英法之間的天津條約，允給英法與美國條約相同的最惠國待遇，宣布派何桂清與英法重新訂約，並在上海交換批准書，中國向英法索賠的新方針。

英、法兩國為報復大沽事件，分別再起用耶魯欽和格羅，率領兩國的兩萬大軍赴中國（英軍在此時實驗安式大砲）。英法方面要求的重點在廢棄英方應允之不行使常駐權，要求在北京交換天津條約之批准書，全面履行天津條約，並對大沽事件道歉，追加賠償金等等。

英法聯軍於一八六〇年八月一日自北塘登陸，從背後攻陷大沽砲台。然後進軍天津，在天津與桂良和恆福的交涉決裂，再在通州與北京政府派來的怡親王和軍機大臣兵部尚書穆蔭交涉。也就是決定政策的中樞機構之軍機處和親貴會議派出代表來。但通州交涉也於九月十八日決裂，包括英方交涉員巴夏禮和洛克等英法兩國四十餘名被俘。接著交涉舞台移往北京附近。

在圓明園的清帝，於九月二十二日帶著惠親王、怡親王、鄭親王、肅順、大部分軍機大臣及後宮人員走上蒙塵熱河離宮的旅途。前一天的二十一日，恭親王被任命為欽差大臣與英法繼續交涉。大學士桂良和軍機大臣文祥（一八一八—七六）被命令留在北京附近輔佐恭親王。

十月六日，英法聯軍侵入圓明園，展開史上惡名昭彰的大搶奪。記錄上是法軍做了最大的搶掠。八日，中方釋放巴夏禮和洛克，十三日北京開城，將安定門移交英法聯軍接管。被俘的大約四十名中有多數慘遭虐殺，對此採取何種報復手段，由於現場的英法兩軍意見不一致，乃由英軍單獨於十月十八日放火燒毀圓明園宮殿㉙。

十月二十日，恭親王接受英法聯軍最後通牒，於二十四日在北京城內禮部大堂簽署中英北京協定，二十五日簽署中法北京協定。耶魯欽和格羅，及從上海被請到北京的英公使布魯斯等人於十一月九日離開北京。

英法聯軍退出北京後，當時已經住在北京俄羅斯館充當英法與恭親王交涉的最後階段斡旋工作的伊克那傑夫，開始與恭親王交涉，於十一月十四日簽署天津條約追加條約，以確認璦琿條約，同時將烏蘇里江右岸地區割讓俄國。

5　「中國市場」問題與列強之支持清朝政策

——以"Mitchell Report"為中心

(1)　中國市場之「神話」(the "myth" of the Chinese trade)

在鴉片戰爭以前，英國工商業者便抱取擁有三億以上人口的中國市場，具有對英國工業產品的「無限」需求之幻想。但在鴉片戰爭後，所謂的印度貿易自一八三四至四四年雖有相同比率的增加，但英國本土工業產品對中國的輸出並未增加，戰前的幻想變成幻滅。然而對中國市場無限性的神話依然活著，認為只要打破制度上的障礙便可增加貿易。具體而言，是要求增設通商口岸、讓外國商人可以越過通商口岸周邊進入內地，取消內地關稅等等。其結果演變為要求修改條約，及亞羅戰爭。

(2) Mitchell Report（米契爾報告）

所謂米契爾報告，是一八五二年三月十五日，在香港、廈門從商的英國商人米契爾(W. H. Mitchell)向英國公使香港總督波南提出的報告書。內容要點指出英國製綿布在中國銷售不佳原因在中國的價廉耐穿的工作衣服用綿布，是由農家的家庭副業織成的農工未分化的中國經濟構造使然。當時中國土布的年產量，米契爾推定有英國輸入綿布的一百七十五倍，英國輸入綿布只有沿海都市有錢人或商館書記、會計員、掌櫃的穿著而已，占中國人大半的農民工作服所用的如土布般耐用的綿布，在英國製造，花船隻運費運到中國來，絕對與當地土布競爭不過等等。

這一份報告在當地被擱置很久，後來獲耶魯欽的注意，經向米契爾確認他本人的意見後於一八五八年三月三十一日轉交本國，公布於一八五九年七月刊行的藍皮書㉚。

可以說是認同米契爾報告的思考，策定了十九世紀後半的英國外交部的對華政策。即中國不如印度，不值得植民地化。對華政策，不值得注入精力和很多金錢。

(3) 認定清朝政治構造為集權性的

當時的外國方面，尤其是英國當局，或許是從歐洲的絕對王制的類推，認定清朝的政治構造是中央集權性的。因此外國方面，尤其是英國強烈要求外交使節之常駐北京，認為讓使節常駐北京，可以直接對北京政府以勸導方式施加外交上壓力，由北京政府促地方官署在通商口岸遵守條約。外國政府認為北京政府有充分的權力可以指揮地方官署。

(4) 支持清朝政策

西洋各國，以上述(2)(3)對中國的觀察為背景，在太平天國之亂時，漸漸認為支持清朝較為有利。這不是喜不喜革命的意識形態的好惡問題，而是支持內亂時的那一邊才能有更安定而有利的市場之現實利害問題。

縱使外國選邊支持太平天國，太平天國打倒清朝後或有安定的市場，但在安定之前的過渡性混亂期，有斷絕市場的可能性。如果預測混亂可能持續很久的話，選擇太平天國將有很大的負面影響，同時太平天國是否有統治能力也是很大的問題。如果太平天國無統治能力，在打倒清朝時將發生非常大的混亂；果如此，則即使腐敗，支持現實上已統治中國大部分地區近二百年的現有政府比較有利方便。因此對於「市場」的夢幻無現實性的話，支持清朝自然比較有利，算計對北京政府直接施加外交上的壓力，促使地方官署遵守條約才是較為實際的。

外國方面具體思考的方案是，第一，縱使不協助清朝，也不幫助太平天國。即如前述，採取「武裝中立」或「善意性的中立」。第二，不推翻清朝。一八五八年的法國及俄國代表的立場便是不要有英法的過大要求削弱了北京政府。英、法兩國也刻意在行使武力時斟酌行使不致於對清朝政府有致命性打擊程度之武力，只求達成修改條約之目的而已。如果超過程度，可能失去交涉對手，因此一八六〇年時英法聯軍唯恐清朝皇帝蒙塵熱河，但在清朝皇帝蒙塵後，又擔心恭親王也逃亡。

然而歷史是很有諷刺性的。清朝皇帝蒙塵而王朝並未隨之崩潰，反而讓留在北京附近的和平派的立場相對轉強，對外國招致有利的結果。也就是北京的和平派受到亞羅戰爭後仍暫時駐留天津的數千英法軍隊的壓力支撐，而在一八六一年咸豐帝死後發生的政變，怡親王派被清除，成立恭親王與西太后的聯合政權，因而強化了實施一八五八至六〇年簽訂的條約與協定的政治主體。

6 亞羅戰爭的結果（一八五八年及六〇年之各條約、協定、規則）

以下，總括起來說明亞羅戰爭當時與英、法、美、俄四國簽訂的各種條約、協定、規則之要點。四個天津條約的內容雖然有強弱之差，但都有最惠國條款，所以可以將全部當做一個條約來考察。

(1) 使節之常駐或隨時入京

(a) 中美條約第五條

中美條約規定，公使「有事時隨時得」入京，與大學士或特別被任命的同等大官協議，但附有以下條件：第一，公使之入京，限一年一次，小事不入京，入京時縮短滯留日子。第二，要入京時，應先以文書通知禮部，由禮部安排公使旅行之方便，及往返時之護送。第三，入京以陸路或經由白河口，美國軍艦不入白河口，通知地方官署派船迎接。第四，公使之隨員，除中國人之外不超過二十人。第五，在北京準備適當宿舍，但費用由美國支付。第六，隨員不可從事貿易（禁止對朝貢使節團允許的北京貿易，因中方的希望，特別以明文加入）。

以上六項條件中，前面的四項，使人想起《大清會典》所定的有關貢使待遇之規定。

(b) 中英條約

中英條約的第二條規定，英國的外交使節得常駐北京，或隨時來往。在第三條及第四條更詳細規定英國公使與朝貢國使節之不同。第一，規定外交使節「是代表與清朝君主相同地位的君主」云云，明確否定三跪九叩禮。第二，得帶同家族與隨員，人數不限制。第三，一行的行動自由，隨意往來旅行。第四，對公使一行無禮或有暴力性言行之中國人，應嚴厲處罰。第五，為建設公使館得取得用地或租賃建築物。第六，得自由雇用中國人僕婢、佣人，受雇者不受迫害。第七，使節得在海岸之任何地點之間發受書信，文件及付屬物品不可侵犯，及英方可以使用特別傳信使。第八，總之外交使節得享受依西洋各國之習慣被認定的同樣的特權。第九，有關使節的一切費用由英國政府負擔。此外，中英條約第五條規定，中國政府應任命與外交使節「完全對等的資格」，以「面對或書面」從事交涉的「內閣大學士、尚書中的一員」。

(2) 增加十一處通商口岸，並開放長江

增加十一處通商口岸的結果，原來偏在華南的通商口岸，一舉擴大到華中、華北、東北地方的南部，也開放長江流域的幾個港口，等於也開放了長江，這是中國方面曾經強烈反對的條款之一。

以下列舉新增加的通商口岸：⑴牛莊。一八六一年以營口為通商口岸，公文書上卻以營口為牛莊㉛。⑵登州（開放時變更為芝罘）、⑶漢口（一八六一年開放）、⑷九江（一八七六年開放）、⑸鎮江、⑹台灣府、⑺淡水、⑻潮州（汕頭）、⑼瓊州、⑽南京（一八九九年開放）、⑾天津（在一八六〇年的協定追加）。

以上十一處當中，漢口、九江、南京在長江流域。

(3) 內地旅行權

內地旅行權規定在中英條約第九條，是中國方面強烈反對的條款之一。在外國人旅行中國內地時，附有必須攜帶英國領事發給，有清朝官署副署之執照的條件。對船員不許旅行內地，也不允許一般外國人進入北京城。在通商口岸周邊三十三哩（一百里），五日以內可以旅行的範圍內則不需執照。

准許外國人旅行內地，對中國的外國貿易發生很大的影響。如輸出品的集貨單位可由外國商人辦理，增大輸出商品；輸入品目也逐漸擴大（自一八九〇年代顯著可見此一傾向）。此外，為調查內地的經濟狀

況，外國商會常常派出調查團，做有組織性的實態調查。

(4) 稅率

稅率，維持在鴉片戰爭後的各種條約中所定的以從價五％為基礎的從量稅，但按物價的變動修正稅率表。在戰後近二十年期間物價上昇頗高，實際上的稅率已降至五％以下的拉回到實質的五％，重新修訂從量稅。

五％的例外，有中國主要輸出商品的茶的輸出稅，維持了一擔抽二兩半的五％以上高的舊稅率。反之對絲織品則考慮法國的利害關係，維持相當於五％以下的一擔抽十兩的低舊稅率。

新決定的有二・五％的內地通過稅。此外，在地方上事實上已被公認課稅的鴉片貿易成為合法化，每擔的稅率定為三十兩㉜。

(5) 外國人稅務司制擴大至全部通商口岸

一八五四年開始在上海試辦的外國人稅務司制，因為違反外國商人的利害關係，曾經有堅強的廢止運動，連英國本國政府的態度也動搖，但亞羅戰爭的結果，中國必須支付巨額賠款，因此確保支付財源，乃決定將外國人稅務司制定為恆久性的，而且擴大至全部通商口岸。

(6) 領事裁判權之整備

將原來的領事裁判之規定，更加以整頓備齊㉝。

(7) 基督教傳教權

有兩點重新在條約上獲得認定。一是中國人的信教自由以條約之規定加以認定。第二是承認外國人傳教士的傳教權（包括在內地的傳教）㉞。

(8) 在公文上不使用「夷」字

鴉片戰爭後，含蓄不將外國人對等視之「夷」字仍常用之於公文書上。條約乃規定不得使用「夷」字。

(9) 有關條約正文的規定

以英文正文為解釋條約之準則，亦即以英文正本為正文之意思，規定在中英條約的第五十條。為了防止在廣州的入城問題發生漢文正本與英文正本之間的條約解釋上的紛爭，乃規定以英文正本為正文，同時在第五十條也規定英國政府致中國政府之公文雖使用英文，但暫時添付漢文之譯文。以上兩點，在中法條約第三條也有相同規定。此項規定成為一八六二年設立附屬於總理衙門的通譯及外交官養成學校的同文館之背景。

(10) 正式認可中國人渡航外國

中國在法制上禁止中國人渡航海外，但實際上有很多中國人，尤其是從福建省和廣東省到菲律賓和東南亞各地。乃在條約上正式認可中國人渡航外國。

十九世紀中葉以後的新現象而受到注目的是，在美國加州及澳洲發現金礦，需要開礦的中國人勞工，及古巴和秘魯禁止黑人之買賣，於是農園勞力不足，急需中國人的勞力來填充，於是出現向古巴和秘魯送進農園勞工的中國人為生意的所謂「苦力貿易」。一八四七年以後出現從事苦力貿易的商人，以近似誘騙方式將中國的流浪人口送到古巴和秘魯，有不少人在航海途中死於船上，或在當地農場受到虐待等等各種弊害，成為後來中國與古巴簽訂條約時的外交交涉的一個問題。

(11) 賠款

在一八五八年的天津條約規定應付英國四百萬兩、法國二百萬兩的賠款，但在一八六〇年的北京協定大幅提高金額，須各付英法八百萬兩。這八百萬兩，規定從各通商口岸的海關收入各扣取二〇％，即英法兩國合計扣取四〇％。同時規定為了保證付清賠款，在付清前占領天津、登州、大沽及廣州各地。

⑿ 割讓九龍給英國

訂於北京協定第六條。在北京協定前之一八六〇年三月二十日，巴夏禮已向兩廣總督勞崇光永租的九龍地區，正式割讓給英國。

亞羅（英法聯軍）戰爭的結果新訂的條約、協定、規則等概要既如上述，其中心在一八五八年的中英天津條約。該條約對在華外國人可以說是「大憲章」，一直到一九四三年成為不平等條約體制的骨幹。

7 總理衙門之設立

——因亞羅戰爭的外政機構之變動過程

亞羅戰爭的結果，於一八六一年在北京設立相當於近代國家的外交部的總理各國事務衙門（簡稱「總理衙門」、「總署」、「譯署」）。中國的外政機構乃從鴉片戰爭後的名之為廣東欽差大臣制，改為以總理衙門為中心的機構。

此一變動並非一躍而成。是先經一八五九年一月，將擔任對外交涉的欽差大臣，由廣東的兩廣總督改為兩江總督（所謂的「上海的欽差大臣」）；而於一八五九年夏，美國公使華特入京時大學士桂良與吏部尚書花沙納負責接待；及一八五九至六〇年，北京的對俄交涉機構已徐徐發生變動等過程，一點一點變化的結果，於一八六一年設立總理衙門的㉟。

成為設立總理衙門的直接的前階段機構便是一八六〇年秋的北京交涉機構。該機構由恭親王帶欽差大臣資格擔任負責人，並由大學士桂良和軍機大臣文祥輔佐。這三人構成首腦部，而在他們下面擔任交涉員，實際與外國方面直接接觸的是恆祺、崇綸、崇厚等三位內務府所屬的高官。恭親王的辦公室還有不少幹部，與軍機處的在京部分成為重複的構造。此外，對俄關係的負責人也是恭親王，而實際擔任交涉員的是刑部尚書瑞常和侍郎階級的官員三人。

恭親王的辦公室，於九月二十一日被任命為欽差大臣以來輾轉於北京城外，十月二十四日始進入城內，十一月二十六日遷移至鄰近恭親王府的嘉興寺。嘉興寺是一八五九年，桂良和花沙納用於與美國公使華特會談的場所。

英法兩國的現場代表於北京協定簽署後，以文書向中國方面要求希望設立以恭親王為中心的「外交部」的意見，表明不認同在沿海置欽差大臣的已往的制度。

以上述動向為背景，於一八六一年一月二十日設立了總理衙門。設立當初的名稱是「總理各國通商事務衙門」，因為「通商」兩字觸犯外國人的忌憚，為此恭親王親自向在熱河的皇上交涉，決定至少在對外消除「通商」兩字。

成為官署的總理衙門的特徵，並非如吏部或户部般的所謂六部之一的「部」，可以說是軍機處的分處般的可稱之為臨時委員會的組織。其所以成為這種形式，乃因它是中國政府內部各種勢力之間，以及對外政策對立下妥協的產物，而從另一個角度來看，是在既存的體制之中，打下創新的轉機的實利性、經驗性志向的顯現。

總理衙門的首腦部，通稱為「王大臣」。是由恭親王、桂良、文祥等三人構成。不久加入崇綸和恆祺。王大臣之下有章京（又稱司員）滿漢各八名，計十六名。另加額外滿人章京兩人、蒙古人一人及另一人的總計二十名章京。此外，自軍機章京中派八人兼任總理衙門。這是為了將總理衙門的保存記錄交由軍機處保存之故。在章京之下署書吏（供事）一六名。

總理衙門附設官署有總稅務司和同文館。總稅務司是一八五九年，上海欽差大臣何桂清任命的H・N・雷伊（一八三二—九八），改為直屬總理衙門重新任命的㊱。同文館是於一八六二年，以外語學校設立的。

地方的外交機構，在天津置辦理三口通商大臣，任命崇厚出任。這是為了管轄亞羅戰爭的結果開放華北的芝罘、天津、牛莊等三處通商口岸而設置的。不是地方官兼任而是通商大臣專任的職位，不擁有兵力㊲。

屬於上海欽差大臣的系統，在總理衙門設立後的體制下仍殘留成為地方外政機構的上海通商大臣。最初由江蘇巡撫兼任（一八六一），一八六二年成為獨立的官職，被賦予辦理通商事務大臣之名稱。一八六三年又改回由江蘇巡撫兼任，一八六六年又改由兩江總督兼任（這就是與北洋大臣相對，以南洋通商大臣或南洋大臣所知的職位）。

註釋

① 研究此項外交交涉的過程，有一種個案研究的意義。以一八五四年的修改條約交涉為對象，作為典型的外交交涉而研究的有坂野正高的〈在外交交涉中的清末官人之行動模式——以一八五四年的修改條約交涉為中心〉（坂野《近代中國外交史研究》〔岩波書店，一九七〇〕再錄），請參照。

② 在亞羅戰爭，英國政府法務官(law officers)曾表示最惠國條款之適用範圍不及於修改條約條款之見解。因此不同於一八五四年，於亞羅戰爭時英國不提出條約論而基於實質論提出修改條約之要求。

③ 請見前揭坂野〈清末官人之行動模式〉。

④ 東印度公司的最後的管貨人委員會主席，在鴉片戰爭後接英將璞鼎查之後出任英國公使兼香港總督的戴維斯，認為鴉片戰爭引起太平天國之亂，是很有暗示性的見解。J. F. Davis, *China during the War and since the Peace*(London: Longman, Brown, Green and Longman, 1892), I, 181-184; J. F. Davis, *China: A General Description of that Empire of China and Its Inhabitants*(London: John Murray), II, 412-413，（本書為一八三六年以題為 *The Chinese*…印行，經增刷、改訂增補版之書）。

⑤ 請參閱野村浩一《近代中國之政治與思想》（筑摩書房，一九六四）頁六二—七四。及不以「上帝」為人格神，解釋為一種自然力的小島晉治〈太平天國之思想〉（《講座近代亞洲思想史》中國篇 I〔弘文堂，一九六〇〕頁二七—五九）。

⑥ 關於天朝制度，請參閱河鰭源治〈天朝田畝制度之成立〉（《東洋學報》三三卷二號〔一九五〇年十二月〕頁二〇〇—二三二）。河鰭源治《關於天朝田畝制度的近年研究》（《東洋學報》四四卷一號〔一九六一年六月〕頁九五—一〇二）。

此外，Franz Michael 教授認為天朝田畝制度不是單純的有關農業的土地法，應看做是企圖建立包括性的「全體主義化統治體制」(a totalitarian administrative system)。請參閱 F. Michael, *The Taiping Rebellion: History and Documents*, volume I: History(Seattle and London: University of Washington Press; Tokyo: University of Tokyo Press, 1966), pp. 83-87。

⑦ 阿部宗光（一九一三—七二）〈近代化中國的教育政策〉（《歷史教育》一三卷一二號〔一九六五年十二月〕頁一三—一九）頁一四—一六。

⑧ John Gregory, *Gueat Britain and the Taipings*(London: Routledge and Kegan Paul, 1969), pp. 139-141, 160-163.

⑨ 坂野《近代中國外交史研究》，頁二七八—二九〇。西川喜久子採取太平天國的初期與下層農民為一體的。但在

楊韋內訌以後的後期變質為改良主義性的地主政權之見解。（後出「文獻解題」七—⑸）。

⑩ 曾國藩是屬於有折衷性學風的桐城派學者，同時以做官的實務經驗與修養鍛鍊自己的人。讀其《手寫日記》（有影印本）可知其平常做官的生活狀況，以及惜取寸暇時間讀書的具體情形。在《手寫日記》中的手筆易讀，文章也有實務家性，是很平易的文言文漢文。

⑪ 在克里米亞戰爭當時使用的武器，於一八五〇年代後半歐洲經過一場武器革命之後變成無用之物。這批舊式武器全被賣到中國、日本及南北戰爭當時的美國。

⑫ 日本人所見的一八六二年當時的上海租界實況，請參閱《納富介次郎、日比野輝寬・文久二年上海日記》（全國書房，一九四六，本文全一六五頁）。

⑬ 巴夏禮當時是二十八歲青年，曾於一八四一年來華參加鴉片戰爭後留在中國受教育，擔任翻譯官在領事館繼續服務。一八四八年的青浦事件時展現手腕，於發生亞羅號事件當年的年初獲六個月賜假返回英國，與英外交部接觸，受到英外交部對中國強硬政策的影響於同年夏天回到廣州不久便發生亞羅號事件。保林與巴夏禮在亞羅號事件發生後，強硬地讓事態擴大，並且故意讓交涉決裂。

⑭ 當時，美國的現場當局也實行一種砲艦政策。為了在亞羅號事件後，收容在廣州商館的居留民，美國所派出的當地艦隊受到清兵砲擊，因此美國海軍於一八五六年十一月十六日攻擊廣州砲台。美國本國政府不同意這樣的積極行動，將在當地鼓吹積極行動，並向本國政府建議與英國共同作戰及占領台灣的臨時代理公使彼得・派克（一八〇四—一八四〇）改調，起用李特。派克以醫療顧問身分於一八三四年來到中國，協助卡雷・卡辛克交涉簽訂望廈條約，於一八五五至五七年代理公使職務。威廉・李特並不是職業外交官。原為法學家，曾任賓州檢察長、州議會議員、州地方檢察官、賓州大學教授等職後被派遣到中國。

⑮ 葉名琛被押送到印度加爾喀答，於翌年客死該地。

於攻擊廣州時，英軍在香港組成苦力部隊為輜重部隊，參加攻陷廣州及華北作戰。因為成果頗佳，甚至被考慮用於印度的鎮壓 SEBOY 的戰役。

⑯ 由英軍和法軍的上校各一名及英國領事巴夏禮三人的委員會，指揮英兵一百名，法兵三十名的巡邏隊，及組成中國人的警察隊維持廣州城內外的治安。委員會也對外國人不良分子的「一旗組」加以嚴格取締。對中國人的行政，在嚴格監督之下委由中國官員掌理，但以中國官員名義發出的布告，委員會也都加蓋印章。廣東當局的武器全部繳交英法軍方。

⑰ 後來北京政府曾否定已承認的瑷琿條約，使中俄之間再度引燃紛爭。同時暫拒接受武器援助，至一八六一年才接受武器。

⑱ 附帶說明，在此並不討論「排外」的當否或善惡，而以政治過程的主要因素之排外論和排外運動為問題。此外，因為排外運動的構造因時因地而異，故有必要按個別案子加以具體的分析，不能把問題一律按圖表式來論斷。

⑲ 肅順於一八五七年任左都御史，五八年十月任理藩院尚書，五九年二月轉任户部尚書至六一年。同時自五九至六一年為御前大臣，並自六〇至六一年兼任內務府總管大臣，一八六一年任協辦大學士。也就是兼任好幾個重要職位。

⑳ 在此以「假設」推定其存在，並以暫稱為「親貴會議」的符號所稱的機關或團體之筆者推論，詳請見 M. Banno, *China and the West 1858-1861: the Origins of the Tsungli Yamen*(Cambridge, Mass.: Harvard University Press, 1964), pp. 57-65。再次聲明，「親貴會議」並非正式名稱，是筆者在著作上命名的符號而已。

㉑ 一八五八年，在北京無決定政策責任立場而高唱激烈的主戰論的少壯精英官員中，於一八六〇年的第二次英法聯軍戰役時被派到天津去組織團練之際，一接觸當地的空氣，便有人在當地反而提唱和平論者。

㉒ 從表面上來看，恭親王的確呈上過主戰的奏摺，但被認為在岳父桂良操縱下在背後提唱和平論。因為恭親王與異母兄咸豐帝感情不睦，據說與怡親王派也平生不和。在當時清朝政府中樞，對決定政策有決定性影響的親貴會議

之中，如果無人實際從事和平工作，則在外壓提高到最後關頭時，親貴會議將不可能一時性的轉回和平論。假設有推動轉回和平論立場的人，此人推斷為恭親王較為妥當。

㉓ 由於英法聯軍打進天津，使物質流通變壞，甚至有囤積物質，天津和北京的物價快速上揚。借用一八六〇年六月，自北京到上海的俄國代表伊克那捷夫的誇張說法，當時北京城內處於「革命的前夕」。

㉔ 翻閱當時外國方面的見聞錄，在一八六〇年的戰役時，由於英法聯軍攻入北京，伸延的兵站線，惟恐遭到遊擊隊的襲擊。

㉕ 這些奏摺中的數件，在圓明園被外國方面扣收。看到這幾件扣收奏摺的英譯文的外國現場司令官，對被認為在亞洲專制主義國度具有絕對權威的清朝皇帝，官員竟敢做嚴厲的批判而非常驚訝。

㉖ 正確言之，在耆英的悲劇當時，英方不一定已辨別中國政府內部的和平派和主戰派。至一八五八年十月前後才明確辨別和平派和主戰派，開始打出種種支持和平派的手段。有關本項所述之主戰論與和平論之對立交纏的詳情與資料，請見 M. Banno, *China and the West, 1858-1861*, pp. 54-92。

㉗ 正確言之，耶魯欽允以天津條約批准書之交換，依條約規定在北京舉行，而且有關常駐使節以外之所有規定之完全履行為條件，將不行使常駐權之案呈報本國政府。倫敦即表示同意。英方將獲得本國政府同意的通告，於一八五九年三月傳達中國當局。此一不行使常駐權之諒解，是以交換條件之一部分允諾的，但也是為了不減弱中國政府內部桂良等和平派立場的一個手段。

㉘ 此時條約的滿文、俄文、漢文的各本文之間發現不一致，因此在交換之前進行協調原文不一致之困難交涉。然後在交換批准書的翌四月二十五日，接著簽署有關自海口入京的協定。依照天津條約的規定，俄使雖然未被允許常駐北京，但可以隨時入京，因此另簽限定入京通路之協定。即限定自海路進京時必須是「海口平穩」之場合，及登陸地點應在北塘之兩點。

㉙ 英國的理由是俘虜的虐殺在圓明園實行，及不波及中國民眾受害卻能打擊中國皇帝尊嚴最好的方法就是焚毀圓明

園。法國的反對破壞圓明園卻是唯恐恭親王因而害怕逃走，失去交涉對手。英方則預測恭親王不致以這種程度的衝擊就逃走。原先英法考慮砲轟北京城內宮殿，因預料可能會有負面效果而取消。據說當時徘徊於北京郊外的恭親王，看到焚燒圓明園的黑煙覆蓋北京城上空時，曾命備車逃亡，但被身邊的人力阻逃亡。伊克那傑夫收穫豐碩，於十一月二十二日離開北京。

㉚ 一八五九年十二月三日的《*New York Daily Tribune*》刊載柯爾・馬克斯的〈與中國之貿易〉論文中，引用很長的米契爾報告。馬克斯修正米契爾的中國觀，已是周知的事情。

㉛ 營口是以大豆貿易繁榮的中國東北第一的港口。此地以牛莊為名開放為通商口岸後，中國東北與世界市場連線。在一八六二年以前，中國方面禁止外國船自營口載運大豆出口。

㉜ 鴉片的稅率雖比五%高，但比走私的誘因不高。另除通過稅特權之外，對鴉片的內地課稅則任由中國的地方官署任意徵收，同時規定自通商口岸至內地的運輸，限由中國人擔任。

㉝ 關於領事裁判權的適切的解說，請見植田捷雄《在支列國權益概說》（巖松堂，一九三九）頁七一——一〇九。

㉞ 在一八四六年的上諭，已認可外國人傳教士在通商口岸對中國人的傳教權，更將在內地的傳教，也以條約上的特權加以認定。

㉟ 關於本項的詳情，請見M. Banno, *China and the West, 1858-1861*, pp.93-236。

㊱ 一八六三年，羅拔・赫德(Robert Hart, 1835-1911)就任第二代總稅務司，一八六五年將總稅務司辦公室從上海移到北京，至一九〇七年擔任總稅務司四十年以上，不但是外國人稅務司制的長官，更成為北京政府的內政外交政治顧問。

㊲ 在第二章第六節之2已述，辦理三口通商大臣之官職，於一八七〇年廢止，其職務改由直隸總督兼任並賦予欽差大臣頭銜。此後，直隸總督於冬天駐在直隸總督本來的任地保定之外，經常駐在天津。帶著欽差大臣頭銜的一八七〇年以後的直隸總督，成為被稱為北洋通商大臣或北洋大臣的官職。

第八章　同治中興與洋務運動

夫今之日本即明之倭寇也。距西國遠、距中國近。我有以自立，即附麗於我，窺伺西人之短長。我無以自強，即將效尤於彼，分西人之利藪。

——江蘇巡撫李鴻章致總理衙門函（一八六四）（《籌辦夷務始末》同治朝，卷二五，頁九—一〇）

Wensiang said to me the other day—"You will be more anxious to stop our learning in 50 years time, than you now are to make us learn."

——Hart to Fitzroy, no date, quoted in Wade to Hammond, 22 April 1867, F. O. 391/19.

第一節　前言

同治，是一八六二至七四年期間的中國的年號。相當於日本的文久二年至明治七年。在這同治年間，清朝政權有一種可以說是復興乃至重整的動向，歷史上稱為「同治中興」。

同治中興，大體言之，是與從下而來的太平天國的壓力和從外而來的「西歐的衝擊」對立的，由中國高層推動的體制之重整。這個時代的口號就是「自強」。

同治中興是在一定界限內的一種改革運動，在某種意義上的西洋化的努力，是「從上而下的近代化」的一例，對於西歐的衝擊，中國的統治層表現出來的最初的自覺性體制性的反應。在思想史上的志向十八世紀以來的經世致用之學，及實踐上的林則徐在廣東的嘗試或編纂《海國圖志》，可見其端緒。在同治中興的改革的努力，歷史學家視之為「洋務運動」①。

同治中興，由活在儒教性體制的漢人統治層為主要推動者，而受到謀求王朝之延命的滿人統治層的支持，但結果在自己界限的挫折下告終。同治中興乃至洋務運動本身就包含自我矛盾。因為同治中興企圖維護的是儒教性意識形態和靜態的農業經濟，地主支配的體制以及由科舉和官僚機構支撐的「成法」；然而如徹底推行「洋務」，勢必摧毀它。以外交史的立場換言之，如不履行條約將增強外壓危及清朝。但履行條約又將引起地方鄉紳層的離反。其實，鄉紳層的利害關係或對事物之思考和偏見，正是同治中興企求維護的目標之故。

同治中興的時代，是在中央集權化與地方分權化的對抗關係的搖動的時代。從大勢而言，已相當進行分權化。其最象徵性的存在就是李鴻章。李鴻章在一八七〇年以後，身居北洋大臣直隸總督，擁有巨大軍事力，在外交上也居於與總理衙門較量的存在②。

同治中興，英文稱為「the T'ung-chih Restoration」，而與日本的明治維新「the Meiji Restoration」加以比較。如常被指出兩者的時期幾乎相同，但歷史性的性格不同。打倒幕藩體制形成絕對主義政權的明治維新的日本，尊重所謂的近代化、西歐化；從外國回來的或精通外國學術的人獲重用。在同治中興的中國卻是為了恢復或安定傳統性的體制（「成法」）只輸入外國的技術和兵器，傳統性的官吏任用制度的科舉制度依然存續；精通近代化、西歐化的人不受尊重，他們甘願受曾國藩、李鴻章等人的頤使才有工作（如容閎和馬建忠）。可與明治維新比擬的與其是同治中興，莫如自甲午戰爭經辛亥革命至五四運動時期的變動。比較這一時期的中國近代史與明治維新史，似乎才能理解中國與日本的歷史腳步乃至構造上的差異。

第二節　恭親王政權
——一八六一年政變與同治中興的勢力配置

1　一八六一年的北京政局

一八六一年春，外國公使館開始設立，總理衙門已先一步設立。清帝仍蒙塵熱河，亞羅戰爭中的主戰派壓力也潛在性的頗強，以總理衙門為據點的和平勢力仍不安定。說是他們的政治上發言力，是在英法軍隊的駐留天津下勉強受到支撐也並不過分。

2　一八六一年十一月的政變

一八六一年八月二十二日，咸豐帝在熱河離宮病歿。就在前一天，設立名為贊襄政務大臣的攝政會（由御前大臣四名及軍機大臣四名組成），怡親王派掌握了政權。他們擁立六歲的皇子載淳，將年號改為祺祥。然而在十一月初，咸豐帝的靈柩回京後，幼帝的生母西太后（孝欽顯皇后）與恭親王結合發動政變，打倒怡親王派。怡親王與鄭親王被命令自殺，肅順在北京外城菜市口的刑場，在眾人環視下被斬首。

3 政變後的政局之相對性安定

政變後開始東太后（孝貞顯皇后、一八三七—八一）及西太后的垂簾政治。恭親王獲「議政王」(Prince Regent)稱號，而且兼軍機大臣，主宰軍機處和總理衙門。總理衙門大臣的大學士桂良也升任軍機大臣（桂良於一八六二年六月逝世）。

恭親王與文祥的勢力鞏固了軍機處和總理衙門，以後的十年間，由滿州人大學士文祥扮演中國政府的事實上的首相和外相的角色。他們繼承文慶以來的重用漢人政策，重要事項都事先徵求地方有力大官（以曾國藩、李鴻章等漢人較多）的意見後才決定。

不久，西太后開始壓制恭親王。由於皇帝尚未成年，北京政府中的權力可說擴散化，責任之所在很曖昧，同時是兩個女性皇太后的垂簾政治，因此在清代被剝奪政治力的宦官，雖不像明代那樣擁有軍事力和秘密警察，但以貪污為媒介的陰微形態開始發揮影響力。就如上述，同治年間的政情，未必是安定的。

4 洋人海關的任務角色

如已前述，羅拔・赫德於一八六三年就任總稅務司，自一八六五年在北京工作，兼任政治顧問，開始具有很大的影響力。

亞羅戰爭的賠款總共一千六百萬兩，由各通商口岸的海關收入扣取四〇％支付，於一八六六年付清。但外人稅務司制之所以未被撤消而存續的原因，就如前述，與支付賠款有關之外，對中國政府來說，為確保財政收入之手段，此一洋機關相當有用之故。

為支付賠款而扣取的四○%（所謂「四成洋稅」（四成海關稅之意」），在付清賠款後被定為別項保留金，撥充特別支出使用③。

第三節 「合作政策」

一八六一年的政變，使一向對中國的內亂或多或少採取觀望態度的英國政府決定支持清朝。以這種情勢變化為背景，於一八六○年代，尤其在前半，英、法、美、俄四國採取互相合作，一致對總理衙門施加外交上的壓力，以與北京政府合作的方式，期待中國漸漸走向近代化的政策。此項政策，俗稱「合作政策」(the "Co-operative Policy")。具體的作法是，譬如發生排外事件時，不做砲艦威嚇，將問題移往北京，縱使該事件只關連一個國家，也列為四國共同的問題來處理，由四國公使聯合向總理衙門施加外交上的壓力。此一方針的背後，有外國方面認為中國是中央集權性的看法④。

第四節 內亂之平定

對於清朝與太平天國之間的內亂狀態，英國曾採取觀望態度。一八六一年三月一日，英國的現場當局的赫甫提督與當時在長江下游佔據很大勢力的太平天國忠王李秀成簽署協定，視太平天國為長江下游地區的「事實上」(*de facto*)的政權。

但以曾國藩的湘軍為中心的清朝軍隊漸漸挽回勢力，於一八六一年九月奪回安慶以後，清軍慢慢佔上優勢。同年十一月初，在北京發生前述政變，同年底，太平天國占領寧波，英國仍然注視太平天國的動向不加干涉。後來認為太平天國為不保護商工業的政權，英法聯軍於一八六二年以武力將太平天國逐出寧波。英法的此一動作，意味著英國的中國現場當局從以前的中立政策，轉向在有限範圍內明確的支持清朝的軍事干涉政策。此項軍事干涉，立即獲得本國政府的認可。一八六三年三月，英國現役軍人戈登少校（戈登為其漢名，一八三三—一八八五）獲得英女王的許可擔任常勝軍司令官⑤。

一八六四年七月十九日，南京在曾國荃（國藩之弟）率領的軍隊，經淒慘的攻城戰結果攻陷，無外國兵力的直接援助，洪秀全戰敗自殺⑥。

平定太平天國後，中國政府內部的排外派增強。至少當地的外國人有如此感受。這表示清朝政府依賴外國軍事力的必要度下降。北京的政治氣氛也有微妙的變化，可能是這種氣氛的反映，一向被外國人評價為「自由派」大官的軍機大臣兼總理衙門大臣文祥的對外態度開始有了轉變。隨之，外國人對文祥的評價也開始降低。

太平天國在活動的時代，闖起於河南省與安徽省境地方被稱為「捻軍」的流寇也一時相當猖獗。捻軍是從一八五一年開始活動，曾經有一時聲勢壯大，還發生前往征討的猛將僧格林沁於一八六五年五月十九日戰死的事態，但於六八年被淮軍消滅⑦。

回教徒的大叛亂也在邊境地帶一次又一次的發生。一八五六至七三年在雲南省有回民叛亂；一八六二至七七年在陝西、甘肅、新疆又有回民叛亂。平定陝甘新疆回亂的左宗棠，於一八六八年消滅捻軍後專注平定回亂。新疆的回亂如後述，後來引起外交上的大問題⑧。

第五節　總理衙門之外交
——以決定政策過程為中心

1　外交營運之基礎

因一八六一年政變帶來的國內政局之相對性安定，及恭親王派（以文祥為中心）掌握軍機處和總理衙門的國內條件，與以「合作政策」的國際性條件為背景，至少在一八六〇年代，在文祥領導之下，外交的中央機關之總理衙門相當順利的發揮機能，可以說開始了調和近代外交法則的外交工作。總理衙門的外交工作表現相當的柔軟性，雖然沒有明治時代的日本外交的積極性，但與當時的朝鮮李朝政府的閉鎖性是對照性的。此外，排外勢力在北京還潛在的有力，地方官廳不為北京政府隨意動作，外國方面的現場官員常常嚐到幻滅。因為清朝的政治機構，本來就有分權國家化的構造之外，一八六〇年後在地方頻頻發生鄉紳層的排外運動，以及擁有如淮軍般的新的巨大軍事力的地方大官之意向，北京不能不顧慮的新的情況之存在使然。

2　國際法之引進

懷頓的 *International Law*，由傳教師威廉・馬丁譯成中文，由總理衙門於一八六五年以《萬國公法》（序文，同治三年十二月下旬〔一八六五年一月〕）為名發行，三百冊配發給外交關係之官員。在翻譯進行中，已被總理衙門利用於外交交涉。出版後的《萬國公法》在中國的官員或讀書人中，被讀到何種程度則不明⑨。

3 條約國的增加

一八六一年設立總理衙門當時，與中國簽訂條約的國家只有五國，到了十九世紀末已增至十八國。同治年間，與普魯士、葡萄牙（中方未批准）、丹麥、荷蘭、西班牙、比利時、義大利、奧地利、匈牙利、日本等九國簽訂條約。大體而言，這些國家可以說都想以一八五八年的中英天津條約為範本簽訂，但中方努力為自己有利的方向修正。而新的條約都納入最惠國條款，因此中方的修正努力幾近徒勞，但其努力修正的方向和成果仍值得注目。

在左列通商條約一覽表中可見的各條約中，至一八六九年的奧地利條約都由總理衙門負責掌握或指揮交涉，也多由英法等大國的公使館或天津的領事館為外國方面斡旋。以下列舉在上列條約的簽訂交涉時，中方拘泥的問題點。

通商條約一覽表

國名	簽訂日期	地點	批准換約日期	交換地點
普魯士	一八六一、九、二	天津	一八六三、一、十四	上海
葡萄牙	一八六三、八、十三	天津	中國未批准	
〃	（一八八七、十二、一	北京	一八八八、四、二十八	天津）

荷蘭	一八六三、十、六	天津	一八六五、七、二十六	廣東
丹麥	一八六三、七、十三	天津	一八六四、七、二十九	上海
西班牙	一八六四、十、十	天津	一八六七、五、十	天津
比利時	一八六五、十一、二	北京	一八六六、十、二十七	上海
義大利	一八六六、十、二十六	北京	一八六七、十一、十二	上海
奧地利、匈牙利	一八六九、九、二	北京	一八七一、十一、二十七	上海
日本	一八七一、九、十三	天津	一八七三、四、三十	天津
秘魯	一八七四、六、二十六	天津	一八七五、八、七	天津
巴西	一八八一、十、三	天津	一八八二、六、三	上海
朝鮮	一八九九、十一、十一	漢城	一八九九、十二、十四	漢城
墨西哥	一八九九、十二、十四	華盛頓	一九〇〇、六、十九	華盛頓

(1)交涉、簽署場所。中方不願在北京進行條約之交涉乃至簽署，願在天津舉行。一八六五年起採取在北京交涉及簽署後，更在天津，由三口通商大臣崇厚與外國代表再一次簽署的方式⑩。

(2)限制外交使節常駐北京（得「隨時入京」）或延期常駐時期。一八六六年的義大利條約起，規定無條件常駐。

(3)嫌商人領事，要求任命正規官員為領事。當時小國為了節省費用，有任命自己國家的商人為領事之習俗，這些商人領事都有包庇本國商人逃稅之惡劣弊端。

(4)以條約之那一版本為正文。一八五八年的天津條約是以外文為正本，一八六〇年代後中國方面明確自覺此一問題所引起之問題，改為多以漢文和外文雙方為正本。

(5)不許基督教之傳教。實際上在葡萄牙和奧地利的條約上並未許可。

(6)批准換約之場所。中方不願在北京和天津進行批准換約，事實上此一時期多在上海舉行。

一八六二年中國曾與比利時簽訂上海條約，因比利時政府未批准故未發生效力。惟為顯示當時中國外交當局的條約觀而值得注目。比利時方面的原案只有適用範圍包括外交使節、領事、商民、船貨的總括性雙邊最惠國條款為實質內容的簡單條約。中方嫌其最惠國條款「包羅各國條約在內」，提出反建議①在各通商口岸設非商人之領事②商民不得進入內地③使節不可入京，駐在上海或上海南方之口岸等，以圖否定插進最惠國條款。經妥協結果簽署的條約全文四條，在第一條規定領事不得以商人充任，並且在未設領事或無代辦比利時領事事務之他國領事的通商口岸，比利人商人不能從事貿易。在第二條規定比利時「商民」在通商上的最惠國待遇，封閉外國使節入京之途。第三條規定比利時商民應按各國條約之規定繳稅。第四條為批准條款。

此條約，由於比利時政府不接受禁止商人領事之規定而拒絕批准因此未發生效力，但明顯地表現當時的中國的條約觀，成為一八七一年的日清修好條規中未插入最惠國條款之背景而頗堪玩味。

4　歐克谷協定

一八五八年的中英天津條約二十七條規定，締約國得於十年後要求修正有關通商事項及稅率表，而在十年期限前六個月內，一方未提議修改時將繼續十年間有效，以下同樣的繼續有效存在。於是在一八六八年的修改時期，雙方都以各自的立場準備修改條約，其結果簽訂的就是歐克谷協定(Alcock Convention)⑪。

(1) 雙方的準備作業

當時在中國的英國公使歐克谷於一八六七年巡迴各通商口岸，徵求在華英國商人的意見。英國商人雖然對現狀相當滿意，但被徵求意見就不願緘默，紛紛提出種種要求。主要意見有完全履行天津條約、輪船的內河航行（開放所有內河）、受領事裁判權保護的內地居住權、廢止對貿易商品的一切內地課稅、設置外國商人在民事上能獲救濟的國際法庭、民法典章之編纂公布、鐵路、電信之建設權、礦山採礦權、解除輸入鹽之禁制、統一貨幣、對於洋人海關裁定之領事審查權等等。

歐克谷本人認為英商之上述要求，如無中國之大改革是無法實現的。中國目前正在歐洲的五十年前狀態，但並未靜止而在徐徐變動中，無外力強制才能快速前進，因此不宜提出強烈要求較有利。又如要求完全實施條約及全面放棄條約上的權利之間有廣大的中國領土，因此不完全實施也有不實施的利益，「總之，進行交涉的對象，應為現有的事實，目前實際存在的狀態，而不是總有一天可能成為這樣的將來的狀態」。

另一方面，總理衙門也自一八六七至六八年，徵求地方大官十八人的意見，有十七人提出意見。此項諮詢，由總理衙門在機密信函中列舉預測外國方面可能提出的要求之對策意見，分送十八位地方大官，同時由總理衙門奏請皇帝對十八位大官下達聖旨，限期上奏意見。

在總理衙門的意見書與奏摺中可見的狀況認識，其要點是比起亞羅戰爭結束的一八六〇年，中國內部的政治狀況已更加惡劣，在此次的修改條約之際，列國可能在交涉時派出軍艦來威嚇，正是前所未有之新狀況。因此地方大官與總理衙門有必要合作，集思廣益共同負責，「空言」與「涕泣」不能渡過難關，為了不使交涉決裂，應該如何，必須某種程度的妥協，強硬論如無考慮決裂時的具體方案是無益的。

總理衙門的諮詢有下列六項：第一，謁見皇帝；第二，派遣在外使臣（遣使）；第三，鐵路、電信之建設；第四，開放內地（設置倉庫、內河航行）；第五，輸入鹽及開採煤礦；第六，基督教傳教問題等。

總理衙門也對各通商口岸海關當局以文書徵求專門性、技術性的意見。並且從天津和上海召回對外交涉經驗資深的委員各兩名到北京。

(2) 交涉（一八六八年一月—六九年十月）

修改條約的交涉，由歐克谷與總理衙門大臣之間進行。細目的作業由章京及英公使館員各二名和總稅務司赫德等五人為委員進行。交涉的最後難關由赫德與總理衙門的中心人物軍機大臣文祥兩人之間的協商解決⑫。

雙方在條約簽署前都相當用心進行國內工作。在英國方面，外交部及貿易部(the Board of Trade)支持歐克谷的作法，但在中國現場及本國的對華貿易業者卻有強烈的強硬論。中國方面，對前述地方大官的諮詢，可能事前已做了疏通，而在完成條約草案的階段，於一八六九年二月五日至七日的三天，交由廷臣會議審議。此時的廷臣會議構成員是「親郡王、大學士、九卿」，但從其中除去總理衙門大臣。在廷臣會議通過承認條約案後，醇親王提出激烈的反對意見。他的反對奏摺被交由醇親王與內閣大學士協議，由當時大學士之一的曾國藩運用他的政治力，讓醇親王的反對意見所代表的隱然的反對機運沈默下來。

條約乃於一八六九年十月二十三日，由中方的恭親王、文祥和其他總理衙門大臣與英方的歐克谷公使簽署完成。全文十六條和付屬章程十條及稅率表。此項條約被稱為歐克谷協定(Alcock Convention)。

(3) 歐克谷協定的內容

歐克谷協定的主要內容有：第一，在協定第一條插入有條件的最惠國條款。第二，中國得在「英國屬地各國」（包括香港）置領事。第三，關閉瓊州，開放温州與蕪湖為通商口岸。第四，關於通過稅，成立歐克谷苦心結晶的極為實務性的以下規定：①輸入綿織品在通商口岸繳納輸入稅和過境稅後，在條約所在之九省不再有內地課稅，在其他省內則可自由徵收內地課稅。②對輸出商品，內地課稅可自由，但在輸入港口應退回超過過境稅之部分⑬。

第五，提高鴉片之輸入稅與絲絹之輸出稅。第六，英國人得不用輪胎而擁有中國式帆船航行內河。第七，九江海關為了航行鄱陽湖的英人所有之中國式船隻，應備有一艘蒸氣牽引船⑭。

第八，在兩國協議下起草商法典章。第九，南洋大臣應在兩三個地點試採煤礦，為此雇用外國人及採購機械，由南洋大臣自主進行。

以上列舉的九項中，有條件的最惠國條款和中國在香港等英國屬地設置領事，以及提高鴉片輸入稅和絹綢的輸出稅等三項，是依中方要求插入的。

(4) 英國政府之拒絕批准

清朝政府立即批准歐克谷協定，但英國方面由於對華貿易業者的堅強反對運動，認為與其新協定，一八五八年的天津條約較有利，在中國及英國本國展開頑強的反對運動。英國政府乃屈服，一八七〇年七月，外交部次長在下議院言明不得不拒絕批准此一協定。英商反對理由之一在有條件的最惠國條款，英國政府本來也考慮至少應修正這一點，但對其他的協定大綱，基於商務部的米契爾報告的考量，大致上是認可的。

英國政府的拒絕批准，可以想像在中國政府內部削弱了總理衙門尤其是文祥等人的政治上立場。

5 清日修好條規

明治維新後的日本新政府與中國政府之間簽訂的最初的近代化通商條約的清日修好條規，於一八七一年九月十三日簽署。全文共十八條，此外附通商章程和稅率表。一八七一（明治四）年，正是特命全權大使岩倉具視一行被派遣到歐美考察的那一年⑮。

日本於一八七〇年派外務大丞柳原前光到天津進行預備交涉。他取得總理衙門致日本外務省，約定為正式交涉日本大官來天津時，奏請皇帝自北京派大臣到天津交涉的公文回國去。中國方面，對與日本的締結條約有贊成論與反對論的對立。總理衙門以李鴻章和曾國藩的贊成論為後盾指示準備交涉。不同於歐克谷協定的場合，與日本的締結條約交涉，從準備作業階段就依據總理衙門的指示，由天津的北洋大臣李鴻章與南京的南洋大臣兩江總督曾國藩互相聯繫指揮作業。然後檢討柳原留下來的條約草案，作成逐條反駁書、第一次草案（在天津作成）、第二次草案（在上海作成）、第三次草案（在從上海派來的應寶時協助下在天津作成），並經反覆仔細考量後確定中國方面的草案，同時將這些草案和相關的其他資料送達總理衙門。

正式交涉自一八七一年七月底開始。日方的全權代表是伊達宗城，柳原前光擔任輔佐。中方以北洋大臣李鴻章為全權代表，應寶時（署江蘇布政使。在上海工作經驗很久。第二次草案、第三次草案起草人之一）和陳欽（津海關道。曾任總理衙門章京很久，與應寶時一起作成第三次草案）在李鴻章之下實際與柳原進行交涉。日方雖然帶來學自西洋各國與中國簽訂的所謂不平等條約之數十條新草案，但在中方堅持下，最後以中方準備的第三次草案為交涉之基礎。

清日修好條規貫徹雙邊性的性格。但借用信夫清三郎的表現是「被定為歐美列國之市場的國家之間的平等條約」⑯。內容要點有：第一，互相派駐外交使節與領事。第二，互相承認有限制性的領事裁判權（僅限刑事、且與地方官會審）。第三，禁止內地通商（其他通商關係之規定大約與西洋各國和中國的條約相同）。第四，未列入最惠國條款（雖然日方一再要求，但中方在曾國藩獻策下堅拒列入）⑰。第五，有同盟條約味道的一種相互援助條款列入第二條⑱。（此項規定雖以一八五八年中美天津條約第一條的同種規定為模型，是防止日本成為外國的「外府」之李鴻章的考量下，列在中方的第三草案中者。日方為免招致歐美各國的猜疑，曾表示不願列入）。

清日修好條規批准書之交換，於一八七三年四月三十日由日方外務卿副島種臣和中方北洋大臣李鴻章在天津舉行。副島偕軍艦兩艘（兵員六百名）來到天津，展示威容⑲。

6 在外使領館之設置（遣使）

(1) 前史

關於中國的派遣駐外使節到外國，在一八五八年的中英天津條約第二條已有規定，但遲遲未見實施。一八六六年，經總稅務司赫德的提案，於赫德獲賜假返回歐洲時，清廷特派遣在總稅務司署擔任漢文秘書，名叫斌椿的年老官員加給總理衙門三品銜資格，及三名同文館學生，稱為斌椿使節團，隨同赫德前往歐州。清廷是為了避免發生謁見禮儀問題，才派出身分較低的官員。他們純粹為考察，走了法國、義大利、荷蘭、丹麥、俄國、德國、比利時等各國後回國⑳。

第二次，是於一八六八年派遣蒲安臣使節團。蒲安臣(Anson Burlingame,1820-70)是美國駐北京的美國公使。於任期屆滿回國時，也經赫德的提議，以中國的欽差大臣身分派遣到歐美各國說明中國的立場。使節團除蒲安臣之外，另有兩名中國人欽差大臣、兩名外國人及約三十名中國人隨員。一行於一八六八年二月二十五日自上海出發，經美國、英國、丹麥、挪威、荷蘭、普魯士、俄國（蒲安臣於一八六九年二月二十三日客死聖彼得堡）、比利時、義大利，自地中海通過剛開通的蘇伊士運河，於一八六九年十月回國㉑。

此外，於一八七〇年發生後述的天津事件時，事件當時在天津擔任三口通商大臣的崇厚，於同年被派赴巴黎謝罪。

(2) 實施常駐使節制度

一八七七年，中國政府終於實施派外交使節常駐各國的制度。其直接開端是發生於一八七五年的馬卡利事件。這是發生在雲南與緬甸邊境的英國公使館書記官馬卡利被殺害的事件。為解決此一事件，於一八七六年簽訂芝罘協定，依協定所定中國政府也派謝罪使節赴英國，然後採取留下謝罪使在英國開設公使館的方式，開始設置在外使領館。

設置在外使領館，是經過排除國內強烈的抵抗終於實現的。總理衙門用於對國內說明的正當化理由之一，是設置在外使領館可以直接觀察對方國家的狀況；第二，可以不透過駐在北京的對方國家公使，直接向對方的本國政府當局申訴不平與不滿。此時以謝罪使身分被派到英國，然後在英國開設公使館的就是郭嵩燾（一八一八—九一）㉒。

接著於一八七八年在法國開設公使館，由駐英公使兼任駐法公使。另一方面，於一八七七年在德國開設公使館，一八七八年在美國開設公使館，同年也在日本開設公使館，翰林院侍講何如璋出任第一代駐日公使。為交涉歸還伊犁，崇厚以全權大使（頭等欽差大使）身分被派往聖彼得堡時，同時以公使資格在俄國開設公使館，於一八七九年一月遞送信任狀。

在外使節的公使，在中國的官制是二等欽差大臣，直屬於皇帝。原則上以在北京有實際職位的官員，以三年任期臨時擔任「出使欽差大臣」派駐他國。地位與總理衙門並行，對北京政府的報告，以奏摺的形式呈送，對公使的訓令也以聖旨發下。同時與總理衙門之間也以對等的官廳相互間的通信形式，以文書進行接觸。國外的公使對總理衙門須按月送來例行報告，於一八七七年曾發出命令，但好像未被遵守定期性的辦理。另一方面，對在天津的北洋大臣李鴻章，卻有大部分公使館不斷的送來情報。

7 外國公使之謁見

同治皇帝於一八七二年達成年，舉行大婚之禮，自一八七三年二月二十三日開始親政。之前以皇帝未成年為理由被拒絕謁見的各國公使立即對中國政府要求謁見。

外國公使應採取何種謁見禮儀乃成為問題，中國方面要求跪拜（三跪九叩禮，或至少簡略的叩頭），外國方面則主張三「鞠躬」，經四個月的交涉結果，以五鞠躬成立妥協。

一八七三年六月二十九日，於紫禁城外的紫光閣，舉行俄、美、英、法、荷等五國公使的列立謁見。當時在天津已完成交換清日修好條規批准書的日本外務卿副島種臣，為對同治帝之親政表達慶賀之意而來到北京。副島是以全權大使之身分而來，因此在各國公使的列立謁見之前，已單獨先行謁見。這是在副島的強烈要求之下舉行的，而且副島以外國公使在日本的謁見禮儀相同的五鞠躬謁見㉓。

第六節　十九世紀後半的貿易狀況

1　貿易品目之多樣化與貿易量之擴大

貿易品目之多樣化及貿易量之擴大，其最大原因在一八五八年的天津條約後，外國商人可以進入內地的結果。但此一傾向是從十九世紀的後半開始顯著的。

近代中國對外貿易，可說是古典性構造的輸出絲綢與茶葉，輸入綿花和鴉片。原來佔輸出的九〇％以上的絲綢和茶葉，到了十九世紀末時已降至不足六〇％。因為輸出品目已多樣化，過去未被輸出的如大豆、植物油、豬毛、砂糖、煙草、生皮、駱駝毛、麥稈等等品目已開始輸出。

在輸入方面，過去未被輸入的燈油、玻璃、小麥粉、肥皂、捲紙香煙、金屬製品及其他各種消費材也開始進入。不但如此，綿織品的輸入自十九世紀中葉開始成長，至一八六〇年代末已達輸入的三〇％，至一八八〇年代已佔輸入品目中的第一位㉔。

貿易量自一八四五至九〇年間，輸出增加二〇〇％，輸入增加五六〇％。一八九五年的中國貿易總額輸出入合計有五千三百萬英鎊。以廣大的中國而言，並不算是很大的數字。

再說，自一八七三年至二十世紀初，銀的國際價格的持續暴落，成為增大輸出的原因之一。

2　蘇伊士運河的開通

一八六九年，蘇伊士運河的開通使東西方的貿易進入決定性的輪船時代。因為蘇伊士運河禁止帆船通行㉕。

3 國際電信之歐洲與東亞的聯絡

模斯(S. Morse)的構思電信，被認為始於一八三二年，而於一八四四年架設華盛頓至巴爾地莫亞之間的有線電報線。從此電信不但在陸上，也以海底電纜方式漸漸擴張到全世界。一八七一年，海底電纜伸長到日本和中國。一條是南回，經新加坡、香港、上海到長崎。一條是北回，經長崎、海參威、西伯利亞。中國、日本與歐洲，以有線電信聯結上了。

中國的內部也逐漸架設電信。一八八一年由於直接受到新疆問題的刺激，在上海──天津間架設陸上電信，接著天津──北京間也以電信連結。一九〇〇年，上海──芝罘──大沽間以海底電纜連結。

歐洲與中國之間以電信連結的結果，外國貿易的情況有了變化。即外國人貿易商社的利益賺頭下降，他們成為賺傭金之代理商(commission agent)㉖。

第七節 洋務運動

1 前言

所謂洋務運動，是以「西學」為媒介的一種改革論乃至改革運動。一言以蔽之，不觸碰傳統性體制

（成法）的根本，索性以維持傳統性體制為手段，再加上「洋務」格式的運動。它的主要著眼點在技藝，尤其在軍事技術。當時的流行口號便是「自強」。

洋務運動與後來的變法論是有區別的，變法論是以政治制度的變革為主要著眼點，尤其是志向樹立議會制，以立憲君主制為典型。變法論一方面成立於洋務論之否定，在反面上可以說是從洋務中追根究底來發展的。

洋務運動的推動者是上層官僚層，尤其是形成新的軍事力的地方總督和巡撫。他們經過太平天國和亞羅戰爭，尤其是鎮壓太平天國的經驗，一再實踐洋務。主要是從一八六〇年代開始。成為這一批地方督撫層的顧問的是鄉紳化的，或吸取香港或外國空氣的知識分子。

洋務運動在開始時是以內亂對策推行的（至一八七三年前後），接著為對抗邊境的危機和日本的台頭為直接目標。然而洋務運動卻在中法戰爭和甲午戰爭而破產，於是變成除了革命以外已無以救中國、建設新中國之方法了。

2 洋務論之思想

洋務論，一言以蔽之，認為西洋的長技在「船堅砲利」、「堅甲利兵」，故以軍務，尤其以「海防」為中心（「海防」這一句被用於很廣泛的意義）。

洋務論的代表性思想家，玆舉兩三例，簡介馮桂芬（一八〇九—七四）、薛福成（一八三八—九四）、王韜（一八二八—九七）三人。

馮桂芬是江蘇省吳縣人，一八四〇年的進士考試，以第二名（一甲二名）及格，始終以鄉紳充當曾國藩、李鴻章的顧問㉗。薛福成是江蘇無錫人，只通過童試取得「秀才」資格，後來以曾國藩幕友參與行政實務，最後出任外交官派駐歐洲。王韜是江蘇省甫里鎮（昆山之旁邊）出身，有秀才資格而在上海擔任十年以上的外國人傳教士的助手。一八六二年遷到香港，幫助理雅各(James Legge, 1815-97)英譯四書五經。自一八七三年前後開始發行《循環日報》，被稱為中國近代報界人士之元祖。一八八四年開始定居上海，不斷為《申報》撰稿。

3 洋務之實踐

(1) 前言

如已前述，洋務運動的中心在軍事技術，首先從購買外國製武器開始。然後為圖自製武器，輸入製造武器必需的工作機械，再準備由中國自製工作機械，同時為了學習武器和工作機械的製作技術及操作方法，在中國設立學校或派留學生到歐美各國。

大抵言之，洋務的實踐始自「官督商辦」方式經營的軍需工業，逐漸發展一般性的殖產興業。洋務運動的先驅性業績，可以說是鴉片戰爭當時，在廣東的林則徐所做的外國式武器和船舶的試作，及外國的政治地理的研究。

北京政府的穆彰阿、耆英等人在鴉片戰爭後的協調外交時代的方案中，也可見到初期的充實軍備意義的洋務運動之要素。例如亞羅戰爭時的廣州、大沽的武器，已比鴉片戰爭當時的武器進步甚多。此事可見之於參加亞羅戰爭的外國軍事專家之觀察記裏。

(2) 北京政府的洋務

一八六一年的設立總理衙門，一八六二年在總理衙門附設同文館，可以說就是洋務的實踐。同文館是聘請美國人傳教士馬汀(W. A. T. Martin)為校長的一種外國語學校。開始時錄取八旗子弟為主的學生，後來也錄取漢人，同時漸漸擴充教學科目。

一八六二年在北京成立稱為神機營的新軍隊。這是使用俄國提供的武器，從八旗的士官中選拔，輪流接受駐留天津的英國軍官之訓練，而以這一批兵員為核心編成的軍隊，兵力約為二萬人㉘。

一八六五年，如已前述，總理衙門印行《萬國公法》；一八六七年在同文館增設天文、算學部門的「算學館」。這是因為西洋的科技基礎在數學的認知上增設的，但仍遭到以大學士倭仁等為代表的保守派的猛烈反對。同在一八六七年開工興建製造火藥的工廠天津機器局㉙。

以北京為中心的洋務，僅以這樣的程度就消失了。在一八六〇年初期，北京的洋務還可看到相當的積極性，可是受到北京官界根深蒂固的保守化氣氛所牽制。但是此後在地方的洋務運動之相關事務，其北京的主管官署為總理衙門，也就是總理衙門不只是辦理外務的官署而已。

(3) 地方督撫的洋務

洋務運動的主力在地方督撫，其中心人物便是李鴻章。重要者有曾國藩（一八一一—七二）、李鴻章（一八二三—一九〇一）、左宗棠（一八一二—八五）㉚三人，其中以受到曾國藩支持的李鴻章為中心。李鴻章的地盤在上海和天津（自一八七〇年），擁有馮桂芬、薛福成、容閎、馬建忠等有才能的顧問或基層領導人。反過來說，這些與科舉考試無關的容閎和馬建忠等人，透過曾國藩和李鴻章才能發揮實際有效的工作。以李鴻章為中心所作的洋務範圍很廣，但大抵而言，可以說集中在北洋海軍的建設。

在十九世紀末的洋務運動中心人物是張之洞（一八三七——一九〇九），直隸省南皮縣人，出生於代代出任大官的家庭，一八六三年進士（一甲三名），任湖廣總督時代（一八八九——一九〇九）以武漢為大工業中心地，而於一八九〇在漢陽建設鋼鐵廠，一八九四年在湖北省大冶開鐵礦，在江西省萍鄉開煤礦。這三個廠礦，於一九〇八年合併為漢冶萍煤鐵廠礦有限公司㉛。

以下將甲午戰爭以前的洋務運動實施狀況，以年表樣式簡單一提，舉其主要設施。

一八六五年，於上海由李鴻章設立江南機器製造局。這是收購美國人的工廠，裝置容閎從美國買回來的機械，開始生產的㉜。

江南機器製造局的經費，由上海的江海關收入撥用二〇％。在這裡製造槍砲、彈藥、火藥、和船隻。一八六九年將「廣方言館」（一八六三年以上海外國語言文字學館設立者）附屬於製造局，另設「繙譯館」，聘傳教士傅蘭雅(John Fryer, 1839-1928)，在此翻譯自然科學、技術、歷史、國際法等相關外國書籍，於一八七〇年代和八〇年代出版兩百部以上的翻譯書。

同在一八六五年，也由李鴻章在南京創設金陵機器局。李鴻章在當時署兩江總督。自一八六五年至七五年在金陵機器局專任管理工作的是馬格里(Samuel Halliday Macartney, 1833-1906)。金陵機器局以製造槍砲為主㉝。

一八六六年，成立福建船政局，從事造船和煉鋼㉞，並附設船政學堂，分為法語教育部門和英語教育部門。前者以造船術為主，後者以航海術為主。入學的學生以福建和香港出身者為主。該校成為中國近代海軍軍官的初期供給來源。

一八七〇年，擴充天津機器局。李鴻章調任直隸總督，接收天津機器局後予以擴充㉟。李鴻章乃在上海、南京、天津擁有能受自己影響的兵器工廠。

一八七二年，開始派遣政府公費留學生。曾國藩和李鴻章採納耶魯大學畢業的容閎的建議而實現的。由容閎自己為推動和實施的中心人物。至一八八一年連續十年保送一百二十名留學生。因保守派之強大反對而中止㊱。

一八七二年成立輪船招商局。這是中國最初的輪船公司。開辦時是官營，一八七三年移轉民營。獨占承包漕糧等官方物資的運送而得與沿海和內河的外國船競爭。一八七七年當時擁有一七艘船，又收購Russel公司的船舶（十七艘以上），成為能夠與Shirdeng，或butterfilled and Swaiyer那樣的外國船公司對抗的實力，但在外國航線仍是弱勢。

一八七六年，從福建船政學堂派遣約三十名政府留學生到英法兩國留學三年。馬建忠以這一批留學生團的「隨員」身分留學法國。嚴復是這一批學生之一赴英留學，後來以翻譯赫胥黎(Thomas Henry Huxley, 1825-95)的進化論和亞當・史密斯的國富論而知名。這項留學生的派遣計畫是直接由李鴻章建議的㊲。

一八七八年，開採開平煤礦。同樣由李鴻章為了提供輪船招商局的輪船使用的煤炭而建請開採。後來也為漢陽鋼鐵廠提供焦炭。

一八七八年，上海機器織布局。也由李鴻章創設，以近代化工廠織布。一八八二年獲獨占織布權及減免稅特權。產品在上海出售時免稅，產品運往內地時與外國輸入綿布相同只繳納通過稅（過境稅），免除其他內地課稅。

一八八一年，在上海——天津間架設陸上有線電信。這也是李鴻章企畫，以北洋軍的軍費建設。之前，也由李鴻章於一八七九年在天津——大沽間架設陸上有線電信㊳。

一八八一年，為運送開平煤礦生產的煤炭，興建唐山鐵路十一公里。這也是由李鴻章辦理㊴。

一八九〇年，由張之洞開始建設漢陽鋼鐵廠和漢陽槍砲工廠。並自一八九四年一部分先行開始作業㊵。

以上僅舉主要的洋務實踐，以年表式排列，經過上述洋務實踐，於一八九四至九五年，迎接甲午戰爭。

4 近代化軍隊之建設

(1) 北洋軍

北洋軍雖由李鴻章一手扶植起來，但它的背景已有淮軍、楚軍的近代化。淮軍和楚軍是在平定內亂的過程中，和由外國軍官指揮的部隊的合作作戰，學習外國式軍隊的組織和營運方式，然後在武器、訓練及組織上逐漸近代化的。李鴻章將淮軍逐漸集中於天津地區，總兵力約有十七萬人，以自外國採購的兵器裝備這一支後來被稱為北洋軍的部隊。

訓練主要採取德國式，招聘德國軍人漢納根(von Hanneken)為軍事教官。主要武器為德國製，採購德國製克魯伯(Krupp)砲為主要武器。更為建設近代陸軍必要條件之軍官學校，於一八八五年設天津武備學堂，招聘德國教官，後來的所謂北洋軍閥之中心人物多屬該校出身者。此後在天津以外各地也接著設武備學堂。

(2) 北洋海軍

北洋海軍也由李鴻章建立。一八七四年的日本出兵攻打台灣，給清朝政府很大衝擊，政府內部對海防問題進行深刻的議論，而對此衝擊的反應就是從一八七五年開始建設北洋海軍。一八八〇年為培養海軍軍官設立天津水師學堂；一八八八年編成北洋艦隊，提督丁汝昌任艦隊司令官。一八九〇年完成旅順軍港，作為北洋艦隊根據地。一八九一年，北洋艦隊遠航日本舉行示威運動。

建設北洋艦隊的財源，由江蘇、浙江、江西、湖北各省的每年釐金，及上海、廣東、牛莊的關稅總額提撥二百萬兩。從這二百萬兩中，實際撥付北洋海軍的有一百二十至一百三十萬兩，其餘轉撥各省軍備之用。但撥付北洋艦隊的一百二十至一百三十萬兩中，有大部分被流用到西太后的建造頤和園是有名的事實。構成北洋艦隊的軍艦，主要購自英國和德國㊶。

(3) 未能建立一體統一的海軍理由

清末的近代海軍分為北洋艦隊、南洋艦隊、福建艦隊及廣東艦隊之四個艦隊。這是反映當時的清朝政治構造之分權化構造，各艦隊不服從統一化的指揮命令。為了矯正這種分散的構造，及直接在中法戰爭的衝擊下，於一八八五年在北京設置海軍衙門，但海軍衙門仍然無法統制北洋艦隊。海軍衙門之所以無力，乃因財政依然保持分散性構造之故。

5 總結

(1) 洋務運動的挫折原因

軍需工廠需龐大經費，而產品大抵不良，結果武器和船艦還是依賴輸入，於是國際性的武器掮客猖獗，中國的駐外官員常常發生收賄事件，購入的軍需品價格高的驚人。

引進科技，則與守舊的傳統性體制衝突。例如採用近代技術，必使車夫、船夫、驛馬驛站工人或從事家庭工業者失業。建設鐵路也與「風水」等民間信仰衝突。尤其為了建設鐵路而破壞墓地，被認為是破壞家族制度而強烈反對。礦山又被當局懷疑為反社會分子聚集之處，乃成為採取土法的礦業發展之障礙原因，這在近代化的礦山也是相同的。

總之，論「洋務」者被認為是頂風臭四十里的人，這種風氣持續很大，不屑論洋務是讀書人的時勢，不過這種風氣不久開始轉變。

企業經營的困難也是挫折的一個原因。當時的中國社會，對於官方權力，經濟勢力不具有獨立性，權力不培育資本反而吃光資本的傾向很強，所以難以集中民間資本。這種構造也滲入推動洋務建設的新企業之中，因此不得不採取「官督商辦」的方式。由於靠商人的出資總是不足，因而不得不依靠官員的匿名出資及政府的大幅度補助費。企業的經理人通常由具有候補道台或候補知縣資格的人擔任。因為必須不斷與官方交涉，爭取免稅特權之故。經理人有時置兩人，一人擔任與官署之折衝，一人擔任內部之經營。營運上很官僚化而效率低，甚至常有「中飽」情形。人事上也可見任用親人，如任用鉅額出資的官員親人為經理人，作為吸取利益的黑手套等等。

(2)　經營專家之出現

雖然有上述種種弊端，但透過洋務運動之實踐，出現了新的經營階層的人才。有的是驅使「官督商辦」方式的經營者，也有「官督商辦」方式的批判者。這種新的經營專家，有盛宣懷（一八四四—一九一六）㊷、容閎（一八二八—一九一二）㊸、鄭觀應㊹、唐景生（一八三二—一九一九）㊺、徐潤（一八三八—一九一一）㊻，及馬建忠（一八四四—一九〇〇）㊼等人。

第八節　天津事件

1　外國人傳教士之活動

亞羅（英法聯軍）戰爭之後，由於在條約上認可外國人傳教士在內地的傳教，於是基督教在內地的布教有了很大的發展，同時過去未曾進入內地的新教，也都順利進入傳教。另一方面，天主教的傳教士常有僭稱中國官員地位，干涉中國人天主教徒的裁判事件。

對於外國傳教士在內地的布教活動，中國人各階層的反感越來越大，官員們更討厭天主教傳教士的干涉裁判，而對基督教反感最大的是鄉紳（讀書人）。他們厭惡基督教否定儒教的教義和家族制度（尤其是男女之不平等），亦即惟恐傳統體制受到破壞。民眾也痛恨信徒拒絕對廟會等一年間定例舉行的節日活動提供協助或捐獻㊽。

2　頻頻發生仇教案

反對基督教的排外運動，亦即所謂的仇教案，自一八六〇年代後半開始增多，至一九〇〇年成為外交上紛爭案件的約有四百件。一般而言，仇教案的組織者和煽動者是鄉紳、讀書人，而被煽動進行破壞性行動的是群眾㊾，尤其是科舉的考生多數集結到考試地點時，發生騷動的情形較多。地方官署也多採取敷衍塞責的態度。

在多數仇教案中，茲舉一八六八年的揚州事件之例子。英國人傳教士戴德生(James Hudson Taylor, 1832-1905)於一八六七年組織的 The China Inland Mission 所建造的十多所教會中，有一所新設在江蘇省揚州，在設立不久的一八六八年八月二十二日發生的大暴動就是所謂的揚州事件㊿。有一萬人以上參加暴動連續兩天。教會的建築物被燒毀，物品被搶奪，外國人（男四名、女四名、小孩四名）僥倖逃脫。當時有很多士子（科舉考生）為參加府試集結（十八日舉行考試），形勢早就不穩。然而不顧外國人方面的再三警告，中國官方採旁觀態度。事件發生後立即趕到現場的英國上海領事麥都思(W. H. Medhurst)，雖與地方官署交涉，但得不到滿意答覆乃直接向駐在南京的兩江總督曾國藩投訴。案子一度移往北京，由英國公使館與總理衙門交涉仍無結果。最後由麥都思率砲艦四艘開赴南京交付最後通牒，案子才急轉直下獲得解決。離事件之發生已經過了二個半月㊿，知府和知縣遭到處罰，被認為是禍首的鄉紳層無人受罰。

3 天津事件（一八七〇）

(1) 背景

天津在亞羅戰爭後已相當鬱積排法感情。其一是法軍駐留時留下的傷痕。因為法國當局將天津的清朝離宮作為領事館，及將佛教的寺院改建為教會，取名為 Nôtre Dame des Victoires，即勝利之意（一八六九年六月舉行獻堂典禮）等不夠謹慎的措施。更有法國傳教士的傳教活動帶來的排法感情。例如中國少女進入法系修道院，便不讓與家族見面。拒絕地方官員考察修道院內，以及附屬於教會的孤兒院有惹人懷疑的情況。因為這家孤兒院以付酬勞金給帶來孤兒的人的方式收容孤兒，因此不斷的發生誘拐幼兒的事件。為了酬勞金而誘拐幼兒的數名中國人被處刑。據說，只要多收一個孤兒施以洗禮，便成為修道尼的績效之故。收容即將死去的孤兒施以洗禮，即使不久便死，就以天主教徒來加以埋葬。

當時正好在天津流行疫病，孤兒院內死了很多小孩，懷疑死因的群眾騷動，發生挖掘孤兒院墳墓的事件。被群眾叫囂的天津地方官員，不得不對駐在天津的法國領事亨利・馮達臬(Henri Fontanier)要求視察教會。

(2) 事件

一八七〇年六月二十一日，天津的道台、知府、知縣來到教會外面，要求進入教會裡面。馮達臬領事接獲報告，立刻趕到三口通商大臣崇厚的衙門，在崇厚面前拿手槍射擊兩槍，又用佩刀敲打桌子。接著馮達臬跑進集結在户外的群眾（官人、鄉紳、一般市民）中，向在場的知縣開槍。子彈打中知縣的隨員，傷重當場死亡。憤怒的群眾當場殺死馮達臬和同來的領事館秘書長，並將兩人屍體碎屍萬段。接著群眾攻擊領事館、教會、孤兒院及其他四所英美兩國的教會，展開破壞和搶奪，更襲擊法國人，殺死修女十名、傳教士兩名和其他法國人四人。有三個俄國人被誤為法國人被殺，三、四十名中國人天主教徒也受到牽連被殺害死亡。

(3) 事件之處理

直隸總督曾國藩於事件發生後趕往天津，於七月八日到達天津。各國公使聯合向總理衙門施壓。八月中旬，法、英、美、義四國軍艦共十五艘集結天津、芝罘（法艦五艘、英艦六艘）。九月十八日，新任直隸總督李鴻章率領大軍到達天津[52]。

結果是十月，將十六名肇事者處以死刑（十月十九日行刑），知府與知縣處以流罪（法方要求死刑），付賠款二十萬兩，派崇厚為謝罪使赴巴黎謝罪[53]，事件乃告解決[54]。

一八七〇年的天津事件，及同年七月的歐克谷協定之否決批准，可以說是象徵同治中興之完結的兩大事件[55]。

註釋

① 「洋務」("foreign matters")這句話，狹義上意味著涉外性的或有關外交交涉的事項（即迄亞羅戰爭時期，主要稱為「夷務」的事項）；廣義上使用於本章所敘述的各種倣效外國的改革的努力，包括其工作的概念。

② 「協餉」（一省的財政收入，為他省的支出送出）在十九世紀後半廣泛實行的事實，最近受到注目而應如何加以解釋，成為新的研究課題。請參閱《史學雜誌》八〇編六號（一九七一年六月）頁九九〇，著者簡單的提到在第二十八屆國際東洋學者會議（一九七一年於坎培拉）上阿托休特博士的下列報告：S. A. M. Adshead, "Viceregal government in Szechwan in the Kuang-hsü period" in pp. 7-8, of28 *International Congress of Orientalists: Abstracts of Papers: Program Nos, 4 & 5: China and Korea and Japan*(Canberea, 1971)。此外，與李鴻章有關連的，對於地方分權性構造之進行說，有否定的見解。請參閱王爾敏《淮軍志》（中央研究院近代史研究所，一九六七，全四五七頁）頁三七一—三九四（第九章結論）。Kwang-ching Liu(劉廣京)"Li Hung-chang in Chihli: the emergence of a policy, 1870-1875," in pp. 68-104 of Albert Feuerwerker et al,ed., *Approaches to Modern Chinese History*(Berkeley and Los Angeles: University of California Press, 1967)。

③ 「四成洋稅」，主要被用於海防和種種借款的還債，但這巨額的財源，有被爭奪的形跡。有關「四成洋稅」的支出史實，散見於各種資料。此一問題可能成為一個研究題目。

④ 當時與此一「合作政策」對照的現象，有英國本國關於殖民政策的所謂「小英國主義」(the Little-Englandism)乃至 the Separatist Movement（曼徹斯特學校的舊殖民地放棄論及新殖民地不要論，自一八五〇至七〇年前後高唱者）。即其一個現象成為在中國的合作政策，至少兩者是並行的現象。

⑤ 如已前述，常勝軍是由上海的寧波幫首腦楊坊資助組成的部隊。第一任指揮官為美國人華爾（華爾為其漢名，一八三一—六二）。常勝軍原為純粹的外國人部隊，後來加入四千名中國人部隊。有關華爾與戈登的最近研究，請見 Jonathan Spence, *To Change China: Western Advisers in China 1620-1960*(Boston and Toronto: Little Brown and Co., 1969), pp. 57-92(chapter 3 [Ward and Gordon: Glorious days of looting])。

⑥ 太平天國的殘餘勢力，在此後仍繼續在各地活動三、四年。但從大勢看來，可以說太平天國以南京陷落而消滅。

⑦ 有關捻軍，詳如下列研究論文。Siang-tseh Chiang(蔣湘澤)*The Nien Rebellion*(Seattle and London: University of Washington Press, 1954), 159pp; S. Y. Teng(鄧嗣禹), The Nien Army and Their Guerrilla Warfare1851-1868(Paris: Mouton, 1961), 254 pp。小野信爾〈捻子與捻軍——清末農民戰爭之一側面〉（《東洋史研究》二〇卷一號〔一九六一年六月〕頁四六—六九。小野的論文活用前兩者未使用的根據現場調查的研究成果「捻軍史特輯」（《安徽史學通訊》一九五六年第六期）。

⑧ 關於回亂，請參閱中田吉信〈同治年間之陝甘回亂〉（近代中國研究委員會編《近代中國研究》第三輯〔東京大學出版會，一九五九〕頁六九—一五九）。王樹槐《咸同雲南回民事變》（中央研究院近代史研究所，一九六八，全四〇七頁）。西田保《左宗棠與新疆問題》（博文館，一九四二，全三〇三頁）。Wen-djang Chu(朱文長, 1917-), *The Moslen Rebellion in Northwest China1862-1878: A Study of Government Minority Policy*(The Hague and Paris:Mouton, 1966), 232 pp。

⑨ 漢譯的《萬國公法》立刻被輸入日本，在同年（一八六五〔慶應元〕年）由德川幕府的開成所，在漢文上附加日語讀法的返點符號，訓讀的助詞和助動詞的假名，以及漢字的日語注音假名等翻印出版後相當流傳，也很快為日本各方有效運用（尾佐竹猛《從國際法觀察幕末外交物語》〔文化生活研究會，一九二六〕頁六—一〇）。此外，以主編《清朝行政法》而知名的行政法學者織田萬也曾在佐賀縣鄉里的漢學私塾讀過這本翻印的漢譯《萬國公法》。請參閱坂野《近代中國外交史研究》頁三八七。

⑩雖然於一八七〇年代再次在天津進行條約之交涉和簽署，但這是反映李鴻章擔任北洋大臣，在天津負起外交上重要任務的結果。

⑪關於本項之記述，請參閱坂野正高《近代中國外交史研究》頁二三二—二四二、二九二—三〇三。

⑫歐克谷固執到底的只有通過稅一件。中方在交涉時曾頑強堅持。歐克谷的報告中有，全面禁止輸入鴉片、禁止內地傳教、撤廢領事裁判權等三項目，雖然是「中國政府及全官員之主張目標」，但總理衙門並未對這三點主張到底，對英國來說是幸甚矣。

⑬總理衙門最後應允將過境稅收入之十分之七付給地方。在洋關的徵收過境稅與內地課稅之間的對抗關係之協調，以上述方式解決。又把內地課稅定為自由而在輸出港口退回超過過境稅部分之新方式，是為了消除外國人在內地取得的過境稅證明書，被中國商人收購作為逃稅手段之弊害而訂的。

⑭備一艘蒸氣牽引船之規定，是為外國人所有的輪船邁向可以自由航行中國內河的第一步，依歐克谷的希望插入的。歐克谷考慮現在以得到較小的讓步表示滿意，就是為導入更大的利益打下基礎。

⑮關於清日修好條規的簽訂交涉之最新研究，請參閱坂野《近代中國外交史研究》頁二四二—二四七。

⑯信夫清三郎《近代日本外交史》（中央公論社，一九四二）頁三三。

⑰據李鴻章之報告，回顧鴉片戰爭後開港以來之經驗，以外國人內地通商的弊害最大。加之日本人貧窮而貪婪愛說謊，面貌和文字也相同很難區別，又與中國很近，有最惠國條款將使禁止內地通商的規定空洞化，因此為了貫徹禁止內地通商，絕對不可列入最惠國條款。

⑱「兩國既經通好，自必互相關切。若他國偶有不公，及輕藐之事，一經知照，必須彼此相助，或從中善為調處，以敦友誼。」

⑲在交換批准書之前，一八七二年日本再派柳原到天津，企圖交涉修改削除第二條，但不獲中方理會。日本之所以希望削除第二條，正如日方所擔心的招致各國之猜疑，經美國的抗議，日方對美國承諾要刪除該條之故。

⑳ 在斌椿的旅行記中，有對於歐洲社會與中國的人情、風俗不同的驚奇記述，卻看不到對政治（制度與實態）的考察記錄。

㉑ 蒲安臣使節團在國外做了兩件值得注意的工作。其一是於一八六八年七月二十八日在華盛頓簽署中美間的八條的天津條約追加條款（蒲安臣條約）。這是蒲安臣獨斷簽署的包括幾項保護在美中國人規定的條約，中國政府還是予以追認批准。在政治上重要的是第八條，該條規定「合眾國常對於一國對他國之事務或內政加以不必要的指揮或干涉，不予承認或加以防止，故自動放棄關於建設鐵路、架設電信、及其他改善內部各項事物之干涉中國內政之意向和權利。另一方面，中國皇帝陛下在其領土內進行改善上列事項，保留自行決定其時期與方法等權利」。這項規定被認為是針對當時在北京進行中的歐克谷的修改條約交涉加以牽制的。

蒲安臣在倫敦，要求外長 Clarendon（Guladoston 內閣）發出聲明表示，如中國遵守條約，英國㈠不對中國施加影響中國之獨立與安全的非友好壓力；㈡與其地方官署，將以中央政府為對象。這是在中國當地的前述「合作政策」，由英國政府正式聲明的。

英國政府並未將此聲明當做單純的表態，而於一八六九年對駐在中國的英國公使賦予抑制駐在中國的領事的很大權限，同時大幅削減配置在中國沿海的海軍力，並由艦隊司令官實際發出限定海軍軍官權限的命令。(Grace Fox, *British Admirals and Chinese Pirates* [London: Kegan Paul, 1940], pp. 44-45, 67.)

㉒ 郭嵩燾，湖南人，一八四七年進士（與李鴻章同年）。與曾國藩親密，是組織湘軍及推動湘軍財政資金的釐金之一人。一八六三年署廣東巡撫，一八七五年任福建按察使。同年被召回北京署兵部侍郎，兼任總理衙門大臣（為派任馬卡利事件之謝罪使，在北京待命）。郭嵩燾於一八七七年一月抵達倫敦，二月遞交謝罪文，然後改遞辦理公使之信任狀駐在倫敦。在倫敦的中國公使館輔佐郭嵩燾的是英國人馬格里(Sir Samuel Halliday,1833-1906)。郭遵照總理衙門的命令，在倫敦的觀察以日記體記錄呈送總理衙門。總理衙門竟未徵求本人同意以《使西紀程》書名出版。郭在日記中率直記述在歐洲的見聞，寫著歐洲有兩千年歷史，有與中國不同的傳統和文化，與中國史上

表現的所謂夷狄大為不同等等因而受到中國讀書人的嚴厲批判。一八七八年回國時，郭嵩燾為了避免本身的危險，不到北京復命，稱病自上海直接回到故鄉的湖南。

㉓ 紫光閣是用於引見朝貢國使節之場所。一八九四年始在文華殿舉行謁見。此舉從建築物這一點，被解釋為意味著開始採取對等的方式。

㉔ 據小山正明的最近研究而明瞭的是自一八八〇年代，綿線的輸入（主要從印度和日本）快速增加。綿布的輸入則依然停滯。自印度進來的綿布，促進農村土布的全國性生產之擴大，因而阻撓洋布的流入農村。另一方面，土布生產的非常興盛招致價格下降，乃從以家庭副業為中心的生產構造，轉向形成農工分離的製造工業方向變化。請參閱小山正明〈清末中國的外國綿織品之流入〉（近代中國研究委員會編《近代中國研究》第四輯〔一九六〇〕頁一—一〇八）。

㉕ 一八六九年之後，不急的運輸仍然繞行好望角。如綿花、羊毛、黃麻、米、麥、砂糖、茶、咖啡等笨重貨物及移民，多由繞行好望角的船隻運送。從成本來說，歐洲與東方的東西貿易，如澳州墨爾本那麼遠的地方，以距離而言通過蘇伊士運河在經濟上仍不合算，不急的話，可不必付相當高額的通行稅，成為兩相比較的問題。**André Siegfried**, *Afrique du Sud: notes de voyage*(Paris: Armand Colin,1949), pp. 98-108。

㉖ 外國人商社的利益賺頭之下降，原因之一在從事國外貿易的中國人勢力漸漸增大。此後，中國與歐洲的國際關係進入電信外交的時代。大體言之，現場外交官裁量的幅度縮小，同時在東方發生的事件立刻傳到歐洲，成為新聞被大眾傳播廣為散播，因而可能引起轟動或恐慌混亂狀態。這從外交和操作輿論的關係來看，是值得注目的事情。

㉗ 馮桂芬於一八五三年太平天國占領南京後，組織防守蘇州的團練，一八六〇年避難到上海。一八六一年底，為蘇州地方鄉紳寫信呼籲曾國藩，實現淮軍移防長江三角洲（一八六二）。之後擔任李鴻章的顧問至一八六五年前後，為李鴻章提供種種建議。一八七一年獲三品銜官位。一八六一年，馮桂芬自行收集自己的政策論編著出版

《校邠廬抗議》。這本書因含有在當時是相當急進的論說，因此至一八八五年才把全部印行。內容計有涉及內政外交的政策論約五十篇。他的論點雖然立論在為了採納「船礮堅利」，必須引進西學，但重要的是第一，著眼於西學的基礎之數學（算學）之重要性。第二是做為改革內政之原理而主張「復古」（或反求，即反而求於己）。所謂「復古」或「反求」，雖以三代聖人之法為旨，但在當時是極為急進的主張，表現變法論的前一步思惟構造。在政策論方面，馮桂芬反覆論及養成人材之重要，提出具體的提案。例如主張在上海和廣東設置「翻譯公所」，教授外國語及中國的經學、歷史和算學，以培養翻譯人材。此外提議在通商口岸設「船砲局」，聘僱外國人教師。又如提示在科舉新設一科，對船砲局出身的優等生授予舉人、進士等資格之構想等等。

對於官僚機構，馮桂芬也提唱幾項順應現實的改革論。如將「保舉」、「會推」之權，由高官移轉下級；科舉考試的從嚴；廢止書吏，置「幕職」，由「諸生」（指廣義的儒生，狹義的生員）充任等等。設置「幕職」的構想，可以說是將非正式存在的幕友予以正式化的。

《校邠廬抗議》，於甲午戰爭後的變法運動中再版刊行，廣為人讀。變法運動的項目中有不少與《校邠廬抗議》的主張酷似者。再說，馮桂芬雖以《海國圖志》著者魏源的主張為依據，但排斥魏源的「以夷制夷」性的構思。

㉘ 為了保障占領而駐留天津的英法軍隊，法軍於一八六一年十一月，英軍於一八六二年五月，分別自天津撤退。在大沽的英法小部隊則一直駐留至一八六五年。天津的英法軍隊之駐留，對華北的維持治安上扮演了有效的角色。因此為了防止英法聯軍撤退後產生「力」的真空狀態，英方主動協助訓練神機營。神機營在創設當初是相當有力的軍事力，然而在進入光緒年間後，墮落而變成無力化。

㉙ 天津機器局的財源以天津海關的鴉片稅撥付，但在尚未著手製造火藥的階段，於一八七〇年移到北洋大臣、直隸總督李鴻章之手，然後擴充發展為兵器廠，製造相當精巧的步槍。

㉚ 左宗棠與郭嵩燾同樣出身湖南湘陰縣讀書人的家庭。自少年時代喜讀顧炎武的《天下郡國利病書》等人文地理書。一八三二年考取舉人，但在會試三次落榜。此後專研地理和農學，從事種茶和養蠶。一八五二年以後捲入平

定內亂的工作，專心於此。一八六〇年進入曾國藩麾下，同年在長沙組織五千人兵力的一支部隊，稱為楚軍。一八六二年出任當時全省幾乎在太平天國統治下的浙江省巡撫。六三年升閩浙總督，六四年自太平天國手中奪回杭州。他努力恢復因太平天國之亂而荒廢的福建、浙江兩省，尤其致力於教育和茶業及蠶絲業。一八六六年籌設福建船政局，同年調任陝西總督，全力平定回亂。

左宗棠在浙江省與太平天國作戰時與法軍合作，此時有機會和法國軍官接觸，乃在籌建船政局時雇用長於造船技術的法國軍官日意格(9Prosper Giquel, 1835-86)和德克碑(Paul d'Aiguebelle,1831-75)兩人。福建船政局由沈葆楨（一八二〇—七九，福建省侯官縣人，林則徐之女婿，一八四七年進士）出任船政大臣，在創設期出力很大。

㉛ 漢陽的鋼鐵廠與大冶的鐵礦，已於一八九六年落入盛宣懷手中。

㉜ 容閎受曾國藩招聘，及從美國購入武器的詳情，請閱容閎的自傳《西學東漸記》（平凡社、東洋文庫、百瀨弘譯）。

㉝ 馬格里是軍醫出身的蘇格蘭人。一八六二年以來為中國政府工作，自一八七七至一九〇六年在倫敦的中國公使館擔任書記官，後升任參事。

㉞ 船政局自一八六七至七四年建造十五艘船艦。

㉟ 一八九三年，當時的日本陸軍中將川上操六訪問天津機器局後的報告說，從當時的日本陸軍使用一八八〇年研製的村田式步槍階段的日本兵器水準看來，天津機器局已在生產使人驚奇的高水準步槍。

㊱ 一百二十名留學生中約有一百名回國實際工作。他們暫時在基層工作，甲午戰爭後開始受到重用，至袁世凱的總統時代，已在外交官、技師、海軍軍官等各崗位上受到重用。

㊲ 接著於一八八一年派遣第二批十名至德法兩國，一八八六年有第三批三十二名到英法兩國（其中十名由北洋海軍選派）。這三批留學生回國後未獲重用，大都從事海軍以外的工作。關於福州船政學堂及其留學生計畫，請參閱包遵彭《中國海軍史》（新版，台北，一九七〇）下冊，頁六八六—七七四。

㊳ 有線電信網在此後漸漸擴大，在一八九四年甲午戰爭開戰當時已延伸上海、南京、漢口間，及天津經營口至旅順，和天津經鳳凰城，漢城至仁川等。迄一九〇七年的電信網狀況，請見《大清郵政輿圖》（通商海關造册處，一九〇七）之第二十二圖「中國電線圖」。

㊴ 由中國人興建的鐵路，以一八七六年上海・吳淞間五英里，由 Shirdeng Masesn 商社等外國公司資本和中國人資本合作興建的為最早。這一條鐵路，由於中國民眾的強烈反對，最後由政府當局收購，於一八七八年拆除。唐山鐵路雖然是輕便鐵道，但以這一條鐵路為開端，在華北逐漸擴張鐵路網。

㊵ 日本最早的八幡製鐵所，於一八九六年才開始建設。

㊶ 中法戰爭時北洋艦隊未曾出動作戰被保存，而福建艦隊則被法軍全滅（一八八四年八月馬江之役）。其實當時法國海軍也迴避攻打北洋艦隊。因為法方惟恐摧毀李鴻章的政治力，將失去和談對手主體之故。

㊷ 盛宣懷，江蘇人，官人之子，取得舉人資格，入李鴻章幕下，是典型的官督商辦型的能幹的企業家。關於盛宣懷，有下列研究書籍。Albert Feuerwerker, *China's Early Industrialization: Sheng Hsuan-Huai(1844-1916)and Mandarin Enterprise*(Cambridge, Mass.: Harvard University Press, 1958), 311 pp。

㊸ 容閎是澳門附近貧農出身，就學於澳門和香港的教會學校。少年時代赴美，在康乃狄克州蒙松學院就學，一八五四年自耶魯大學畢業，其間於一八五二年歸化為美國人，成為基督教信徒。回國後在曾國藩和李鴻章下面工作，實現自美採購機器和派遣留學生計畫，也在上海做茶商賺大錢。關於容閎的詳細生涯，請見其自傳《西學東漸記》。

㊹ 鄭觀應的身分不明，可能是買辦出身，在李鴻章下面擔任各種企業之經理，也牽涉張之洞的漢陽鋼鐵廠。著有《盛世危言》（一八九三），把官督商辦說得一文不值。據說是毛澤東年青時愛讀的書。

㊺ 唐景生是 Shirdeng Maseson 公司的買辦出身。經營招商局，後來也經營開平煤礦。

㊻ 徐潤，廣東香山縣人。十五歲時移居上海，任 Dent 商社買辦。後來涉足招商局和開平煤礦的籌辦，廣泛參與李

鴻章洋務運動的各種工作。其自傳《徐愚齋自訂年譜》，內容豐富，很有趣味。

㊼ 馬建忠，自幼受傳統性教育，更在上海受法國耶穌會系統的教育後入李鴻章幕下。中年時赴法國留學，專攻外交、國際法、法律，獲巴黎法科大學法學士學位。在李鴻章幕下為交涉家、行政專家、改革思想家，很有才幹，也參與輪船招商局和機器織布局的經營。在經營方式方面好像過分合理化，被盛宣懷策動排斥，於一八九〇年代隱居上海。蒐集他的論說和旅行記的《適可齋記言記行》（一八九六）充滿敏銳的思想。關於馬建忠，請參閱下列各種論文。林要三〈馬建忠的經濟思想——「富民」思想之成立及其任務〉（《帝塚山大學紀要》，第二輯第二册（一九六六）頁一九一—二一七）。坂野正高〈法國留學時代的馬建忠——關於外交及外交官制度的兩個意見書（一八七八）為中心〉（《國家學會雜誌》八四卷五・六合併號（一九七一年八月）頁二五七—二九三）。坂野正高〈馬建忠的海軍論——以一八八二年的意見書為中心〉（川野重任編《亞洲的近代化》（東京大學出版會，一九七二）頁三一三—三四四）。

㊽ 另一方面對貧民來説，只要改信基督教，傳教士會從官方的欺壓保護他們。概括説來，民眾雖然對基督教沒有多大好感，但也對官方和紳士對外國人的態度，有時也不予信任。因為在外國人施加壓力時在緊要關頭爭先逃跑的是他們，受到殘酷報復的總是跑不掉的民眾自己。（請參閱《籌辦夷務始末》，同治朝，卷十二，頁三三—三四所收「密訪問答」（江蘇巡撫所派密探之報告））。

官員、鄉紳、僧侶、道士等因基督教而多多少少被侵害自己利害關係的人故意放出的謠言或傳説之類，也能煽動民眾反基督教的感情。如説成懺悔的風習是天主教神父誘惑婦女的手段，或在孤兒院挖小孩的眼睛做照相機的鏡頭，將肝臟製成藥品等。又放出謠言説，旱災不下雨，是外國傳教士來到之故等等。

㊾ 在幕末的日本，直接襲擊外國人的是武士，民眾是不關心的。這與中國的狀況成為顯著的對照。

㊿ 外國傳教士依一八五八年的天津條約被允許到內地傳教，但未被認可內地居住權。戴德生強行於一八六七至六八年設立十一所教會，企圖被承認事實上的居住權。

(51) 此一事件的結果，以典型的砲艦外交終結。當時，英國本國與當地英國當局的方針是在本章第五節已提到的，不採用砲艦的威嚇。

(52) 八月二十二日兩江總督馬新貽遇刺死亡。八月二十九日曾國藩轉任兩江總督，由李鴻章遞補直隸總督。當時李鴻章為平定回亂，出動到陝西省時奉命自中途轉變方向，率大軍趕到天津的。曾國藩一直至十月十七日在天津處理事件之善後事宜，然後在北京短暫滯留後再赴南京到任。

(53) 崇厚於一八七一年十一月二十三日在巴黎謁見法國第三共和的第一代總統梯也爾(Adolphe Thiers, 1797-1877)。

(54) 六月二十一日的天津事件消息，於七月二十五日到達巴黎。是普法戰爭爆發後的第十日。在中國的法國公使獲知普法戰爭的開戰是在八月四日。在歐洲進入德國與法國兩國交戰狀態中時，為解決天津事件，在中國的德、法兩國代表，經美國公使費雪(Hamilton Fish, 1808-93)的斡旋，成立為了保護全體外國的利益而合作的諒解。

(55) Mary C. Wright, *The Last Stand of Chinese Conservatism*(Stanford:Stanford University Press, 1957), p. 299.

第九章　喪失邊疆・其一

俄國雖大，與土耳其苦戰以來，師老財殫，臣離民怨。近歲，其國王屢有防人行刺之舉。若，更渝盟犯順，遠圖勞民，且必有蕭牆之禍，正自斃。焉能及人。

——詹事府司經局洗馬張之洞之奏文（一八八〇）（《清季外交史料》，卷十八，頁二〇）

第一節　序說

1　朝貢國地帶

我們在第三章說過，清代中國四周有稱為朝貢國或屬國的緩衝國(buffer states)。按照《清史稿》「屬國傳」的記載，我們再來看看朝貢國地帶的形成過程，首先蒙古成為滿洲人勢力的「藩邦」。一六三七年（崇德二年）征服朝鮮，以此鞏固東方背後，完成專心集中力量於中原的態勢。一六四四年「入關」，定都北京，建立清朝。一六四六年（順治三年）琉球、一六五二年（順治九年）暹羅、一六六〇年（順治十七年）安南、一七二六年（雍正四年）蘇祿、一七二九年（雍正七年）南掌（寮國）分別成為朝貢國。繼而乾隆帝（在位一七三六—九六）「蕩平」「回疆」。即一七五八年平定準噶爾，一七六〇年底定天山南路。其結果，浩罕、塔什幹、阿富汗等「相率款塞」（款塞，叩塞門表示服從來降）。因乾隆帝的再度遠征，緬甸於一七六九年（乾隆三十四年）入貢。緬甸是佛教國家，故對中國不採取臣下之禮，而以中國皇帝為「兄」。一七九二年（乾隆五十七年），清軍遠征尼泊爾，尼泊爾「稽首稱藩」。

以上所列舉諸地方之中，朝鮮、琉球、暹羅、蘇祿、越南、南掌和緬甸為禮部所管，《光緒會典》（一八九九）仍有記載。其他地方的主管為理藩院。無需說，朝鮮、琉球、安南為漢字文化的國家。《清史稿》「屬國傳」敘述上述經過之後，總括地說：「於是環列中土諸邦，悉為屬國。……蓋秦漢以來所未有」。

2 喪失邊疆之經過

圍繞中國的緩衝國地帶，因為咸豐、同治之所謂「內亂外患」，國力衰落的結果，大致來說，從一八七〇年代，逐漸走上崩潰的過程①。

以下，我們將中國喪失邊疆的過程按照年代順序列舉如下：

⑴喪失琉球（一八七五—七六年，因日本的佔領。一八七九年，廢藩置縣）。

⑵伊黎問題（西方領土的縮小）（一八七一年，俄國佔領伊犁。一八七九年，利華迪亞條約。一八八一年，彼得堡條約）。

⑶喪失緬甸（一八八六年）。

(4)喪失越南（一八八五年，中法戰爭）（請參考第十章）。

(5)喪失朝鮮（一八九五年，中日甲午戰爭）（請參閱第十一章）。

(6)因俄國合併浩罕等。如前面所述，一八四〇年代汗國不再入貢，一八六〇年代浩罕也不再來進貢，只有阿富汗維持獨立。

(7)格爾卡（尼泊爾）迨至一八八二年仍在入貢（一八九九年，《光緒會典》有所記載）。

3 朝貢關係的崩潰與近代式「國境」的劃定

在這裡我們必須指出的是，中國當局對於中國與周邊地域的疆界，在傳統上其觀念是很模糊的。她們之間的疆界糾紛雖然不斷，但卻並沒有近代國際法上主權國家間的「疆界」之觀念。其關係近乎行政區域間的疆界。

4 邊疆危機的因應

(1)危機的同時發生(simultaneity)

一八七〇和八〇年代，在中國周邊同時發生了幾個危機。譬如伊犁問題，從一八七一年俄國佔領伊犁到一八八一年簽訂彼得堡條約的十年，不斷發生緊張的期間，也一直發生了安南和朝鮮的問題。在琉球，一八七四年發生了與日本派兵台灣有關的問題。這些事件和問題，在國際上，也在中國政府決定政策的「時空」互相發生作用和影響。在內陸亞細亞（新疆），俄國和英國對立；在朝鮮，與日本；在安南，與法國有關係。

面對這樣複雜狀況的中國政府外交當局，在決定政策時，必須不斷地比較考量處理問題的優先順序(priorities)。

(2) 決定政策的過程

本章的研究對象即一八七〇、八〇年代清朝政府之決定政策的機構或決定政策的過程，大致而言，不會超出第二章「清代中國的政治機構」所述的範圍。為了需要，我們把重點擺在在這個時期特別顯著的事，再來予以概觀。

首先是，決定政策之機構的皇帝（此時是慈禧太后的垂簾聽政）和直接輔助皇帝的軍機處②。

其次是，北京主管外交的官廳總理衙門。附屬於總理衙門的總稅務司羅勃・哈特，不僅扮演著內政外交顧問的角色，同時指示中國海關駐倫敦局長的甘培爾(James Duncan Campbell, 1833-1907)常常從事外交上的枱面下工作③。譬如總理衙門擬與英國交涉時，除總理衙門經由中國公使館到英國外交部的正式途徑外，也有由總理衙門經由哈特和甘培爾到英國外交部的抬面下管道④。

第三，都察院和翰林院的中堅官員，基於儒學傳統觀念，展開侃侃諤諤議論的政治上發言發生了很大的影響力。這叫做「清議」。尤其從一八七〇到八〇年代，俗稱「清流」或「清流黨」特定的八、九個官員，頻頻力倡強硬論，時或對政策的決定發生影響。

第四，北洋大臣、直隸總督李鴻章的發言力也是決定政策上的一大因素。他是老成的政治、行政專家，作為北洋大臣不但具有外交上的權威和事實上的影響力，而且擁有北洋軍和北洋海軍，能夠左右當時中國最強大的軍事力量。由於他具有事實上的權力和負責任的地位，他便擁有一種務實的和方便主義的行動傾向。這與「清議」是成為對照的⑤。

發生重大問題時，在決定政策的過程中，地方大官常受到諮詢。對於諮詢地方所呈報的意見，多會在北京的廷臣會議討論。危機逼迫沒有時間諮詢地方意見時，就不得不立刻付議廷臣會議。這種時候，政策的決定過程就會有所收斂，相對地廷臣會議（清議）的比重就提高。

(3)　「塞防論」與「海防論」

因受一八七四、七五年日本出兵台灣的衝擊，在中國政府內部，從七四年到七五年產生了海防上的重要議論。此時，曾經發生應該重視內陸亞細亞的防禦，還是防禦沿海的爭論。在歷史上，前者叫做塞防論，以在從事鎮壓回亂的左宗棠為代表。後者為海防論，北洋大臣李鴻章為其中心人物。這是如何使用有限財源之優先順序的論爭，也是中國安全保障上戰略論的爭論⑥。

(4)　曾紀澤

曾紀澤（一八三九－一九〇）為曾國藩之長子。考科舉三次皆落榜。他很熟習所謂經世致用之學，對西方學問、科學、機械等有興趣，很用功，學英語。一八七七年，繼承乃父侯爵爵位。自一八七九年至八六年出任駐英法公使，在此期間，得到馬卡多尼的輔助。因越南問題發生中法紛爭時，在巴黎再三與法國政府交涉，但對於這個問題，他與李鴻章的意見對立。為著再次交涉因伊犁問題所訂對中國很不利的利華迪亞條約，他曾奉派前往聖彼得堡，於一八八一年簽訂了彼得堡條約。回國後出任戶部左侍郎，並兼任總理衙門、海軍衙門大臣。

第二節　伊犁問題

1 俄國插足中央亞細亞與陸路貿易

前面說過，俄國於一八五〇年代完全併吞了哈薩克汗國（她向俄國和中國雙方朝貢）。其結果，中國在內陸亞細亞與西方直接接觸，一八五一年簽訂了伊犂條約（喬治亞條約）。因此條約，決定互相引渡犯人，為俄國打開伊犂和塔城的市場，規定兩國間的陸路貿易。從一八六〇到七〇年代，俄國勢力南下中央亞細亞，征服浩罕、布哈拉、希瓦三汗國。

2 阿古柏叛亂

從一八六二到七三年，在陝西省和甘肅省發生了回亂。為其討伐，左宗棠出任陝甘總督，次年被賦予欽差大臣資格。

浩罕的豪族阿古柏(Yakoob Beg，1820?-77)，於一八六四年入侵喀什噶爾，迨至一八六六年在天山南路建設了一個大的國家。從印度前來的英國勢力接近了她。在這前後，天山北路的回教徒起來叛亂，一八六六年奧格朗(Abul Oghlan)在伊犂建立政權，壓迫俄國的貿易勢力，對伊犂條約採取不承認的態度。一八六九年，阿古柏越過天山山脈，侵入天山北路。據傳，這些動作係因英國的煽動而引起。

3 俄國佔領伊犂

一八七一年，俄國出兵佔領伊犂，奧格朗投降。俄國當局對中國政府發表聲明：清朝如能維持伊犁地方秩序，則從該地方撤退。隔年俄國，一八七三年英國，分別與阿古柏締結通商條約。所以，阿古柏在國際上被承認為中央亞細亞作為緩衝國的存在。

4 左宗棠經營新疆

一八七三年，左宗棠平定了陝西、甘肅兩省的回亂。一八七五年，他獲得「欽差大臣督辦新疆軍務」的資格，專心於恢復新疆省。七五年恢復了天山北路，七七年收回了天山南路的門户吐魯蕃。該年阿古柏去世（據說是服毒自殺的）。在一八七七年一年之中，除伊犁外，左宗棠以軍事力量收復了整個新疆。

左宗棠正在經營新疆時，自一八七四至七五年，如上面所述正在論爭塞防論和海防論。海防論主要以因應日本的威脅，專心於海軍的建設，故主張放棄新疆。其主要提倡者為李鴻章和丁日昌等。左宗棠反對此種主張，結果只有妥協。既不能不建設海軍，又必須收回新疆省，便成為北京政府的方針。外交史學家蔣廷黻評這個爭論為「我國歷史上大辯論之一」⑦。

5 中俄交涉——利華迪亞條約與中俄關係的緊張

(1) 利華迪亞條約的簽訂

為了解決伊犁地方被俄軍佔領這種情況，一八七九年清廷以左都御史崇厚為全權大使派往俄國。經過八個月的交涉，於該年九月十五日，在黑海北岸沙皇的避暑地利華迪亞簽訂了一共十八條條文的條約。

利華迪亞條約的主要內容為：第一，俄國要把伊犁歸還中國；第二，中國政府要支付俄國佔領伊犁費用五百萬盧布；第三，中國要將國境地方的領土割讓給俄國（這是非常廣大地域的割讓，對中國極為不利）；第四，俄國得到了若干貿易上的特權。以上四項當中，只有第一、第二兩項是崇厚事先獲得授權範圍之內。

(2) 北京政府對利華迪亞條約的反應——拒絕批准與起用曾紀澤

一八七九年十月八日，總理衙門奏請應該著北洋大臣李鴻章、左宗棠、兩江總督沈葆楨、伊犁將軍金順和達巴爾加泰參贊大臣錫綸，與崇厚諮詢利華迪亞條約之處置。該日，北京政府以上諭就這些事項與上述人員發出諮詢。一八七九年十二月十六日，北京政府以已回答的沈葆楨、李鴻章、左宗棠（尤其是左宗棠）的意見為根據，對於利華迪亞條約的各項，等崇厚回國詳細報告之後，應承認的就承認，該拒絕的就拒絕，朝廷的上諭對於批准與否，保留了判斷的自由。

一八八〇年一月二日，將利華迪亞條約與有關此次條約之交涉的總理衙門上奏文等等，付議廷臣會議（「大學士、六部、九卿、翰詹科道」）。一月三日，崇厚回到北京。

一月十六日，張之洞（詹事府司經局洗馬）（一八三七—一九〇九）呈主戰上奏文。他舉出利華迪亞條約有十項「不容許的內容」和四項「改議之道」，同時指出俄國國內政情不穩，現在可與俄國一戰。更主張「立誅」崇厚⑧。

一八八〇年一月十七日上諭，以崇厚奉命為使節前往，卻不待諭旨就回國為理由，予以「先行革職拿問，交刑部治罪」。一月二十一日，呈上前述一月二日所召集廷臣會議的回答。其內容為：要俄國歸還全部伊犁地方，停止一切關於劃定國界和通商事項，但願意支付佔領伊犁費用二百八十萬盧布。同日，這個回答與其他有關上奏文，又交廷臣會議（親郡王、御前大臣、軍機大臣、總理衙門大臣、大學士、六部、九卿、都察院堂官）討論，尤其命令醇親王參加會議，呈上奏文⑨。

二月七日，將崇厚交付「親郡王、御前大臣、軍機大臣、總理衙門大臣、大學士、六部、九卿、都察院堂官」（與一月二十一日所召集廷臣會議同樣成員的合議體）審判。崇厚的罪狀是「違訓越權，情節重大」。

二月十九日，前述廷臣會議提出會議結論。它說，第一，領土全部不能讓。第二，如果歸還整個伊犁，可以支付「兵費」。第三，不可答應通商特權。第四，特派「熟悉洋務大臣一員」再交涉。同日任命駐英公使曾紀澤為「出使俄國欽差大臣」。

依一八八〇年三月一日所呈同樣廷臣會議成員的上奏文，提案曾紀澤抵達俄國以後，好好觀察情勢，「隨時奏明，請旨遵行」。

(3) 對崇厚「斬監候」判決及其影響

一八八〇年三月三日的上諭，對崇厚判了「斬監候」。四月一日，總理衙門予曾紀澤訓令案，要其逐條詳細檢討利華迪亞條約及其附屬協定後呈上奏文（《清季外交史料》，卷十九，頁二二一—五〇）。

列國公使已於二月，分別對總理衙門建議對崇厚的處置要慎重，上述三月三日的判決，曾予外國以極大的衝擊。

中國和俄國都在作準備戰爭的示威運動。俄國動員九萬大軍前往紛爭地點。左宗棠所率領的六萬官兵，仍然在新疆，其中三萬集結於國境，從二月底，外國報紙就此已有所報導。俄國艦隊出動至中海和渤海灣。中國在威海衛和大連灣建設軍港，在旅順黃金山建蓋砲台。在北京，相繼上呈了主戰奏文。

英國公使魏特和法國公使布烈，分別於五月十八日和六月一日，建議李鴻章免崇厚之罪。中國方面，兩江總督劉坤一，在五月底六月初，前往天津與李鴻章私下談話，建議魏特斡旋。劉更前去北京，以說服總理衙門。另一方面，英國公使魏特也一再地向李鴻章說項。

六月十五日，總理衙門呈英法公使以及李鴻章、劉坤一請求寬恕崇厚的上奏文。此項上奏文提到，魏特以維多利亞女王之名對中國皇帝懇求⑩。

一八八〇年六月二十一日又召集廷臣會議。這個會議的成員為「王公、大學士、六部、九卿、翰詹科道」、「醇親王」、「御前大臣」，同時特別指示張之洞出席會議，「以備諮商」。六月二十六日，這個廷臣會議呈結論，建議「減等」崇厚罪名（因曾紀澤請求，崇厚於八月十二日獲得釋放）。

六月二十六日，對於曾紀澤下了密諭。其內容為：崇厚暫先可以免「斬監候」罪名，但仍要監禁，要看曾紀澤到達俄國交涉如何再下諭旨，並要曾紀澤將這意思通告俄國政府。同日，亦對李鴻章、劉坤一、吳元炳（江蘇巡撫）下了密諭。其內容說，免崇厚之罪，乃因海防不可恃，曾紀澤再交涉不順利時，可能一戰，要準備。

6　中俄交涉——派遣曾紀澤與彼得堡條約

曾紀澤於一八八〇年七月三十日到達彼得堡，與基爾斯外相開始交涉。俄國政府召回駐華公使比卓夫參加交涉。條約先以法文起草。

一八八一年二月二十四日簽訂了彼得堡條約。全文二十條，條文有俄文、中文和法文三種，以法文為正本。條約要點為：㈠俄國歸還伊犁。㈡償金（兵費）增加為九百萬盧布。㈢大幅縮小領土的割讓範圍。㈣減少貿易上的特權（譬如減少領事駐在場所等）⑪。

一八八一年三月十五日，將有關簽訂彼得堡條約的曾紀澤報告付議廷臣會議（「醇親王、會同王大臣等」），三月十六日北京政府批准該項條約，命令曾紀澤交換批准書。

7 新設新疆省

清朝政府解決伊犁問題之後，採取加強統治新疆地方的措施，一八八四年十一月，新設甘肅新疆巡撫官職，令其駐紮烏魯木齊。首任巡撫為劉錦棠。因此新疆省的行政，以從前的軍政與巡撫的民政並存。蓋新疆這個名稱，開始用於乾隆時代⑫。

第三節 喪失緬甸

1 緬甸與清朝的關係

緬甸與清朝係屬於朝貢關係。定為十年一貢，貢道則通過雲南省的騰越。

乾隆時代，中國政府自一七六六到六九年，遠征過緬甸。此時，緬甸曾把清軍趕出國境之外。

2 英國侵略緬甸

緬甸在十七世紀，以英國人、葡萄牙人、法國人為生意對手，以輸出柚木材的國家馳名。

一八二四至二六年的第一次緬甸戰爭是，緬甸王國的擴張政策與以印度為根據地的東印度公司的衝突。戰爭結果，東印度公司奪取了阿薩密、阿拉肯、德蟲色利姆三州。因一八五二至五三年的第二次緬甸戰爭，緬甸失去了包括仰光的伊洛瓦底江三角洲地方，因而於一八五七年將首都遷移到瓦城。一八六二年，緬甸與英國簽訂了通商條約。關稅以五％為原則，規定英國人得在緬甸國內通商。

一八六八年與一八七四至七五年，英國人為了開闢越過緬甸、雲南國境的通商道路，派遣了探險隊。

3 馬卡利事件與芝罘協定

(1) 馬卡利事件

開闢緬甸、雲南間通商道路的計劃是，要開拓湖及伊拉瓦底江，經由巴莫到達雲南省的騰越和大理府（省都）的公路。由之印度政府一再遣派探險隊，第一次的一八六八年到達巴莫。一八七四至七五年的第二次探險隊，以勃朗(H. A. Browne)為隊長，為擁有一百九十三人的大探險隊。而為其傳譯的是，北京英國公使館所派的馬卡利(A. R. Margary)。

馬卡利於一八七四年八月二十二日由上海出發，經由陸路於一八七五年一月十七日抵達巴莫。二月六日，探險隊往巴莫出發。二十一日，比該一行先去的馬卡利和五個中國隨行人員，被來路不明武裝集團所殺（另外一個隨行人員因為是雲南人而沒有事）。六個星期以前，貢使（即帶著許多商品的商隊）曾經走過這條路。

殺害事件的主謀者是誰呢？可能是反對開闢雲南貿易通路的人，是緬甸王、雲南當局和住在國境地方的部族。

英國公使托瑪斯・魏特(Thomas Wade, 1818-95)，意圖藉此機會一舉解決中英間的懸案，故片面而高壓地進行交涉。他往還歐洲電信之終點的上海與北京之間三次，利用這個往還作為威脅交涉的手段。魏特於一八七六年八月，在芝罘與李鴻章開始交涉。此時，哈特與芝罘稅務司德特琳（以後他擔任李鴻章的顧問二十年）曾從事仲介。當時，英國艦隊集結於芝罘海面⑬。

(2) 芝罘協定

魏特與李鴻章交涉結果，簽訂了所謂芝罘協定（一八七六年九月十三日簽字，四天後北京政府批准）。這個協定分為三個部分，六個項目，另有特別條款。第一部分為「雲南事件之解決」，其主要內容為：第一，在各省公佈關於對雲南事件道歉；第二，派遣緬甸、雲南道路探險隊時，中方要接受在現地交涉；第三，為考察通商狀況，英國官員得在大理府或雲南省其他都市駐紮五年；第四，中國政府要支付二十萬兩賠償金（這筆錢亦可用於支付本事件以外）；第五，中國政府要對英國派遣謝罪使。

協定的第二部分為「官方交際」(Official Intercourse)，其要點為：第一，總理衙門要與各國公使訂定「禮節條款」(a code of etiquette)這是要使在條約港等國內外官憲互相往來、會談、文書往還合乎國際慣例，準備讓外國公使、領事駐紮中國的規定（不過在實際上並沒有起草這個「禮節條款」）。第二，規定會審的程序，由被告的官員擔任審理，使用被告之本國法，原告觀審。這是定義一八五八年中英天津條約所規定「合同公平審斷」之「合同」的。在上海，自一八六四年以來設立和運作「會審衙門」。

第三部分為「通商」(Trade)。其內容如下：第一，以湖北省的宜昌、安徽省的蕪湖、浙江省的溫州和廣東省的北海為條約港。第二，英國官吏為考察四川通商狀況要駐紮重慶。但以輪船能開到重慶時開港（一八九〇年三月三十一日的協定，改變為承認帆船貿易。因此離開上海一千四百英里的重慶也成為條約港）。第三，在長江設立六個靠岸港(ports of call)。第四，在沒有設租界的條約港，要分別依交涉劃定租界。第五，以租界為免除洋貨釐金之區域。第六，輸入鴉片時暫先進保稅倉庫，賣出時由「洋商」繳納關稅，由「買客」支付釐金。第七，為防止各項通關稅的弊害，擬協定其徵收手續。第八，天津條約第四十五條規定戾稅的請求期間限定三年。第九，為協調粵海關干涉香港帆船貿易問題擬設立委員會。

在「特別條款」(Separate Article)（「另議專條」），一八七七年約定，自北京經由甘肅、青海，或經由四川、西藏，英國派出探險隊前往印度時，中國政府要採取保障其安全的措施。

中國政府立即批准了芝罘協定。英國政府遲至一八八五年七月十八日才批准該項條約。這是因為商人和印度政府極力反對所致。即：第一，承認所謂免除釐金區域，恐怕必須承認在其他地方徵收內國關稅。第二，反對鴉片出保稅倉庫時繳納釐金的作法。因為耽心不知道會被課多少稅⑭。

一八八五年，批准芝罘協定當日，另外在倫敦，曾紀澤與索爾斯柏利外相簽訂由九個條文構成的追加條款，規定鴉片的釐金一擔一律八十兩⑮。

4 合併緬甸與中英緬甸協定

(1) 第三次緬甸戰爭（一八八五）

緬甸的吉坡王(Thibow)（在位一八七八－八五）為昏君。他為了給予法國利權，觸怒英國，由之引發第三次緬甸戰爭。英國只以一艘軍艦，於一八八五年十一月二十八日就佔領了瓦城，逮捕其國王，將其送往印度。一八八六年一月一日，英國宣佈合併緬甸，緬甸遂成為英國的一部分⑯。

(2) 中英緬甸協定(Convention relating to Burma and Tibet)

英國為調整合併緬甸的新局勢，於一八八六年七月二十四日，在北京，中國與英國簽訂了緬甸協定。其全名為「關於緬甸、西藏之協定」，全文五條，其中與中國有直接關係的有兩點。第一，英國要令緬甸繼續對中國派遣貢使，貢使由緬甸人擔任。第二，中國承認「英國對緬甸現今的統治」("the authority and rule which England is now exercising in Burma")以及將來所作的一切。

一八九五年，緬甸事實上往北京派了貢使。但這是緬甸對中國的最後一次入貢，《光緒會典》（一八九九）仍然記載緬甸為朝貢國。

第四節 喪失澳門

1 葡萄牙在澳門的地位

如前面所述，從一五五七年以來，葡萄牙人就在澳門。澳門屬於廣東省香山縣，葡萄牙人對香山縣繳納了一千兩的地租（從一六九一年為六百兩，一七四〇年以後的每一期改為五百兩）。在原則上，香山縣的縣丞駐在澳門，事實上，自一八〇〇年以來就駐紮這裡。縣丞在澳門處理刑事事件的審判，為審判管轄權問題常與澳門當局發生糾紛。縣丞對於住在澳門的中國人也予以課稅。在徵收關稅上，澳門在粵海關管轄下，這一點也成為爭執的原因之一。

2 鴉片戰爭後的中葡交涉

一八四三年，澳門當局為使澳門與香港成為同樣地位為目的，與欽差大臣耆英進行交涉。其結果，雙方確認澳門為中國的領土，同時堅決拒絕了澳門當局所提出廢止地租的要求。但廢止了為建築和修理建築物、碼頭和砲台要中國的許可，和對中方支付手續費的以往習慣。關於貿易，澳門大致被承認與五港同樣的地位和待遇，並允許澳門當局得與駐在澳門的中國官員，以對等的方式往還文書。

一八四九年，趁為進廣州城中國與英國的糾紛，因澳門欲採取強硬措施而發生紛爭。即該年三月五日，澳門總督阿馬拉爾(João Maria Ferreira do Amaral)宣佈澳門為自由港，並以文書向兩廣總督徐廣縉提出欲締結澳門與中國諸港之貿易的協定，但沒有得到回答。中方將在澳門的中國海關和中國商人撤回到黃埔。澳門當局雖然極力挽留但沒有奏效。

八月二十二日，阿馬拉爾總督在騎馬中，不知被誰所刺殺，並帶走首級和一隻手。九月十六日，徐廣縉通告說已經審判暗殺者，並處以死刑，如果釋放澳門當局以嫌犯所逮捕的三個中國人，願意將阿馬拉爾的首級和手歸還。十二月二十四日，那三個中國人交給中方，一八五〇年一月十六日，中方將阿馬拉爾的首級和手歸還了澳門當局。

這個事件以後，澳門停止對香山縣繳納地租。史學家H・B・莫斯評論，從此以後中國對澳門「失去了支配」("lost control")。

3　一八六二年的天津條約

趁因內亂中國政府力量減弱，葡萄牙與北京政府交涉，一八六二年八月十三日雙方簽訂了天津條約。

這個天津條約具有與一八五八年中英天津條約的同樣內容，特別有承認澳門在葡萄牙支配之下這種意思的條款。換句話說，對於澳門從前兩國間都沒有文字上或口頭上的一切協定（第二條）；葡萄牙國王命令澳門總督要協助中國不要損害中國的利益，並規定中國要以具有四、五品官員之同樣職權的領事駐紮澳門（第三條）。

本條約規定簽訂兩年以後交換批准書，惟因於一八六四年太平天國的首都南京淪陷，中國為恢復國力，要求與葡萄牙再交涉有關澳門的規定。因葡萄牙沒有同意，故中方拒絕批准該項條約⑰。

4 一八八七年的里斯本議定書

一八八七年三月二十六日，代表中國海關的倫敦局長甘貝爾與葡萄牙外相哥梅斯(Henrique de Barros Gomes)締結了所謂里斯本議定書。

該條約第一條規定，要在北京簽訂包括最惠國條款的通商條約。第二條規定中國確認「澳門及其附屬地，與其他葡萄牙國領土一樣永久為葡萄牙佔有和支配(“perpetual occupation and government”)」。第三條規定，非經中國同意，葡萄牙不得將澳門讓給他國。第四條規定，關於在澳門的鴉片收入，葡萄牙要對中國作與英國在香港所作同樣的協助（這是對於由澳門到中國港口的鴉片，葡萄牙要協助徵稅的意思，即承認在澳門附近設立總稅務司管轄的海關辦公分處）。

一八八七年十二月一日，根據里斯本議定書的規定，葡萄牙與中國簽訂了所謂北京條約。這個條約有英文、葡萄牙文、中文三種文字，以英文為正本。里斯本議定書的第二條和第三條都分別獲得確認。第九條規定由葡萄牙任命商人領事。

哈特認為，這個一八八七年的里斯本議定書，只承認以中國主權的繼續為基礎的現狀，不是「領土的割讓」(“a cession of territory”)。葡萄牙政府，因受哈特的請託，也採取同樣立場。但中國內外之哈特的政敵卻認為這是割讓，李鴻章、張之洞、劉坤一等對這件事也極為憤恨。哈特的聲望以此時為顛峰，以後便開始走下坡路了。

註釋

① 一八六六年，應英國公使奧爾格克的要求，北京英國公使館中文秘書托瑪斯．威德所起草「外國新議略論」所說以下內容的誓言，很值得我們注意。即不準備對抗鄰國，必將遭到鄰國的合併。這不是各國有無侵略中國之意圖的問題，而問題是各處有侵略的「勢力」。內外的勢力如果不均衡，一個國家出手時，其他國家便會學她。請參看坂野正高《近代中國外交史研究》，頁二二八—二二九。

② 現在，我來稍微說說一八七四年同治帝虛歲十九歲去世後，光緒帝即位情形。同治帝沒有兒子。清朝在這種情形的規矩是，要從在血統上皇帝的下一輩行中選擇繼承人。與同治帝同輩者名字前面都加「載」字，其下一輩者的名字前面即加「溥」字。本應以有溥字輩行者為繼承人，惟因西太后的堅決主張，遂以載字輩行的載湉（一八七一—一九〇八）為皇帝（即光緒帝）。他是恭親王奕訢之弟醇親王奕譞之子，當時虛歲四歲。因醇親王之妃為西太后之妹，所以四歲的幼帝是西太后的侄子。光緒帝雖然為同治帝之繼承人，惟因同一輩行，不能祭祀同治帝，故要祭祀前前任的咸豐帝。因光緒帝幼小，與同治帝未成年的時候一樣，由西太后和東太后再度垂簾聽政，西太后在政策決定過程中具有很大的發言權。一八八一年，東太后薨逝，抑制西太后的影響力由之少了一個。社會流傳東太后係由西太后毒死的風聲。總之，因西太后令光緒帝即位的來龍去脈，從清朝的政治制度慣例來看非常沒有道理，故她不得不顧慮以傳統為根據來批判她的言論和動向，而這便使西太后治下光緒年間政策決定過程多方曲折而複雜。關於光緒帝即位的情況，請參看黃鴻壽《清史紀事本末》，卷五六（光緒入繼）；李宗侗、劉鳳翰《李鴻藻先生年譜》（台北中國學術著作獎助委員會，一九六九，全二冊，全八五六頁）頁二一七—二三〇。

③ 關於坎貝爾(R. R. Campbell, ?-1961)的經歷，請參看最近出版的專著。*James Duncan Campbell: A Memoir by His Son*(Cambridge, Mass: Harvard U niversity Press, 1971), 125 pp.

④ 一八八〇年代初期，繼上海、天津、北京架設了陸上電信，如我們在第八章所論述，地方督撫與皇帝、軍機處電

信的往還，似乎都經由管轄電信事務之官廳的總理衙門。《清朝行政法》，改訂第一卷，上，頁二五三—二五四說：「凡緊急之諭旨要發下督撫將軍等者，總理衙門奉承之電達之。此謂電告。若非諭旨，只急需照會督撫等即已定之事件，則遵本衙門旨電照。督撫將軍出使大臣等有緊急事件奏聞時，同樣依電信先傳達本衙門，由本衙門翻譯，經軍機處呈進御前。是即電奏。總理衙門之管掌諸如電旨、電照，不過因其統轄電信事務，唯因國家機務統一，非透過本衙門辦理不可，其政治上地位乃益見樞要」（句逗號主要由作者所加）。《光緒會典》（一八九五）卷一〇〇，一三丁裏，對南洋大臣說，「疑難者則咨總理衙門。大事則奏。」之後注說，「急事用電奏。由總理衙門代陳。」因電信線延長至北京，上諭和奏文的發受手續如何改變，這在政策決定　程中在事實上給予總理衙門的角色或比重以多少影響上將是一個研究課題。

⑤ 西太后的行動，看起來優柔寡斷，不斷在動搖。這當然可以視為女性特有的行動傾向，但亦可以解釋為是操控清議和李鴻章的影響力，以滿足自己權勢欲的一種政治技術。關於一八七〇、八〇年代決定政策的清議和李鴻章、西太后的角色和互相關係，下面研究書隨處有很好的分析。L. E. Eastman, *Throne and Mandarins: Chian'a Search for a Policy during the Sino-French Controversy 1881-1885*(Cambridge, Mass: Harvard University Press, 1967), 254 pp.

⑥ 關於塞防和海防的論爭，請參閱姚欣安〈清末新疆政策底發展〉（《西北研究》，第三期〔北平西北研究社，一九三二年一月〕頁一九—三四）頁二七—三四。

⑦ 蔣廷黻《近代中國外交史資料輯要》中卷，（商務印書館，一九三四），頁二〇五。

⑧ 當時，張之洞幾次呈同樣的上奏文，這裡所舉出一月十六日的是比較有代表性的一個。他於一八六三年，以一甲三名之良好成績成為進士，可能因為其對伊犁問題有令人清醒的主戰言行，而迅速進升，一八八二年出任山西巡撫，八四年就任兩廣總督，八九年為湖廣總督。

⑨ 即召開與上次構成稍微不同的廷臣會議，特別令主戰派中具有象徵性的醇親王發表意見。

⑩ 這個總理衙門的上奏文（《清季外交史料》，卷二一，頁二一—五）非常重要。正奏中詳細敘述列國公使、李鴻

章、劉坤一、哈特的動態，片奏說將派往他國之使節處以死罪乃是侮辱對方國家，成為開戰的原因。正奏與片奏同時說德國公使布特蘭實際上在背後煽動俄國。又提醒：如果忽視英國維多利亞女王的呼籲，將是侮辱英國。

⑪ 交涉進行中，曾紀澤常以電報和總理衙門聯絡。在這期間，北京常常召開廷臣會議。

⑫ 關於新疆省的統治機構，請參看《清朝行政法》，改訂第一卷，上，頁一〇八—一〇九；以及西田保《左宗棠與新疆問題》（博文館，一九四二）頁二五〇—二六三。

⑬ 托瑪斯・威德從鴉片戰爭以後在中國工作，出任口譯官和領事，繼而擔任駐北京公使的中文秘書。一八七一年，經多年活動成功，被任命為公使，直到一八八三年。一八八八年出任劍橋大學中國語教授。

⑭ 這與當時中國國內法雖然禁止種植，但實際上卻有相當多的人在種植有所關聯。

⑮ 實際上，芝罘協定除上述兩點之外，沒等到交換批准書，已經暗中開始實施。(N. A. Pelcovists, *Old China Hands and the Foreign Office* [New York: King's Crown Press, 1948], pp. 129-130.)

⑯ 游擊隊的抵抗又繼續了幾年。因一九三五年的印度統治法(the Government of India Act)，緬甸從印度分出來成為另外一個英國殖民地。

⑰ 一九六九年，中國政府因羅勃・哈特的獻策，曾計劃以一百萬兩把澳門贖回，並與葡萄牙簽訂條約，但此案未開始交涉就遭受挫折（《籌辦夷務始末》同治朝，卷五八，頁二九—三三；卷五九，頁一四—三二；卷六二，頁三—七；卷七十，頁一〇）。

第十章 喪失邊疆・其二

——中法戰爭

中國約明，將所駐北圻各防營，即行調回邊界。("Le Céleste Empire... s'engage...à retirer immédiatement, sur ses frontières, les garnisons chinoises du Tonkin...")

——李・費爾聶協定（一八八四）第二條

第一節 中國與越南的歷史關係

1 清朝以前

越南於漢武帝時由中國平定（西曆前一一一年）。爾後與中國之間，或作為中國的領土（迨至西曆九三七年為所謂「中國領有時代」），或以中國的朝貢國（十世紀中葉以後的所謂「獨立王朝時代」）繼續有關係，深受中國文化影響，具有漢字文化（公文書和經史是漢文）、儒家、科舉制度的官僚機構，發展為專制王朝的國家。他們在民族上是不同於中國人的。在經濟上受華僑商業支配，與中國有相當的貿易。

佛教的影響力也很大。

在所謂「獨立王朝時代」的越南，王朝屢屢隆替，對中國始終以朝貢國的形式，相對地維持其獨立。通常，中國不干涉越南的內政和外交。不過越南發生內亂時，為支持當時的政權，大多對越南派出遠征軍，以武力干涉反革命。越南常常殲滅或擊退中國軍①，阻止中國的壓力之後，便重新入貢中國，建立朝貢關係，兩國的關係，遂趨於安定和正常化②。

2 清朝與越南的關係

(1) 後期黎朝與西山黨

明朝隆替時的越南，係在後期黎朝（一五三三—一七八九）的統治之下。對於清朝，曾於一六六〇、六三、六六和六八年入貢，清朝封其為安南國王，恢復明代之舊制的三年一貢。

在後期黎朝，以河內北方越南為勢力範圍的鄭氏，和以順化為根據地統治南方越南的阮氏這兩個豪族對立著。十八世紀後半，西山黨阮氏（「西山賊」）起來叛亂，將順化的阮氏追往南方，繼而破鄭氏軍隊北進，一七八六年迫近河內。一七八八年，後期黎朝的皇帝逃出首都求援於中國。同年，清朝乾隆帝派遣大軍，黎氏恢復帝位，但清朝遠征軍，受到西山黨用象載運大砲裝備的大軍毀滅性的打擊而敗退③。隨後西山黨阮氏入貢清朝，被封為「安南國王」。

(2) 阮朝（一八〇二—一九四五）之建立

被西山黨趕走逃往越南西貢的順化的阮福映，於一七八〇年建立大越國。法國傳教師比牛（屬於外國傳教師會，俗稱阿特蘭主教）（Evêque d'Adran, vicar apostolic to Cochin-China, Cambodia and Tonking—俗名Pierre-Joseph-Georges Pigneau de Béhaine, 1741-99）受其委任，帶其一子（幼兒）作為人質，回到法國。比牛與法國政府的孟莫蘭伯爵(Comte de Montmorim)，於一七八七年十一月二十八日，簽訂了被稱為凡爾賽條約的一種攻守同盟條約。但法國政府沒有批准這個條約④。比牛在印度組織了大約三百六十人的私兵（法國軍官、水夫、冒險家等等），乘坐兩條商船，於一七八九年回到越南。

因這個法國人部隊的援助，阮福映於一八〇二年統一了整個越南，年號稱為嘉隆（因此阮福映俗稱為嘉隆帝〔在位一八〇二—一八二〇〕）。阮朝越南的首都設在順化。

比牛於一七九九年陣亡。他是一位極出色的組織專家、行政家和將軍。他的手下以所謂法國權貴(French mandarins)在宮廷服務，建設造幣局、海軍和城堡。其中幾個人是高官。嘉隆帝留下「要敬愛法國人，但要固守封疆，不可喪失寸土」的遺囑。

一八〇三年，阮朝派遣貢使到北京。一八〇四年，北京冊封使前往河內，封越南皇帝為「越南國王」（阮氏在越南國內自稱皇帝）。越南與中國的朝貢關係，為二年一貢，但定為每四年一起入貢（從一八三九年以後，名符其實地成為四年一貢，貢物也減半）。

另一方面，在一八〇七年阮朝使暹羅和柬埔寨成為越南的朝貢國。從前柬埔寨曾入貢暹羅，她一入貢越南，暹羅便對越南出兵，於是柬埔寨王逃往越南。越南出大軍將柬埔寨王送回金邊，令駐屯軍和大官繼續駐在該地。如此這般，柬埔寨一邊受越南很大的影響，一邊繼續對越南和暹羅從事雙層的朝貢。

(3) 阮朝的反法政策——迫害傳教師

從一八四〇年代後半，天主教傳教師在東亞的活動非常積極，其人數也增加。其結果，越南和朝鮮尤其遭遇到嚴酷的鎮壓，傳教師被處死並不算稀奇。在另一方面，法國的海軍也很援護傳教師的活動。

第二節 法國侵略越南的由來

1 拿破崙三世政府的侵略越南

——一八六二年的西貢條約

前面說過，與亞羅戰爭的同時法國進行了越南作戰。一八五八年，與中國簽訂天津條約以後，到一八六一年土倫（現蜆港）和西貢地方與西班牙共同作戰⑤。

當時的法國政府是在拿破崙三世的統治之下。拿破崙三世的政治是所謂破拿巴爾特主義，大有博取人們歡心之政策傾向，對外採取發揚國威的政策，在國內接近教會右派。又如前面所說，維也納會議以後，因為法國在東方失去海軍根據地，如在克里米亞戰爭或亞羅戰爭時，配合英國對外積極政策的時機，採取同時共同出兵的方法。

法國和西班牙於一八六二年六月五日，與越南簽訂了西貢條約。這個條約包括有通商友好條約的規定，但重要的是，它規定了法國要合併交趾東部三省以及崑崙島⑥。西貢條約的批准書於一八六三年四月一日在順化交換⑦。

一八六三年，法國因西貢總督格蘭杰爾(de la Grandière)的獨斷專行，使柬埔寨成為法國的保護國。亦即以實力取代了越南對柬埔寨所擁有的宗主國地位。拿破崙三世懼怕英國的態度而有所逡巡，惟因海軍當局的強大壓力，他終於勉勉強強同意此項措施。

一八六七年，法國更以實力併吞了交趾西部三省。這個措施是，本國與現地海軍當局協商之後，獨斷實行的。

2 第三共和制對越南的侵略

(1) 越南政策的各種因素

第三共和制時代法國對越南政策的主動者仍然是海軍當局，它與以下所述新的因素結合。海軍當局之越南政策的主觀因素，法國海軍之維持或誇耀其名譽的欲望，以及現地軍官之想立功的因素也不容忽視。

支持天主教傳教師的活動，作為政策因素，因第三共和制之反教會主義而失去其重要性，代之對地理學的關心成為很重要的因素。這個對地理學的關心，因海軍當局的財政援助而付諸實施。與此同時，在人際關係上，地理學協會等組織的領導層與海軍的關係很密切。這個對地理學的關心，並非抽象而獨立的學問上關心，而是對海外市場的關心（這不是關心馬上要擴大其海外市場，而是為要與他國競爭作準備之將來的可能性的關係），以及競爭獲得殖民地的關心。

第三個因素是，第三共和制所特有共和主義者的發揚國威意識。這是以失去阿耳沙斯、洛林的代價，與發揚國威欲望結合的法國文化優越的信念為內容，可以說是為其文化的殖民主義。共和派，於一八七九年麥克馬洪總統辭職以後，獲得了法國政治的領導權，但爾後成為推動建設法國初期殖民帝國的卻是以吉爾・費利(Jules Ferry, 1832-93)為首的所謂穩健派。穩健派代表資產階級的利益，他們在同樣共和派之中，備受自認為是繼承法國革命雅各賓之正統的激進派（以久爾杰・克烈猛梭〔一八四一——一九二九〕為代表）的非難，而推動殖民地的建設。

第四個因素是，自一八七〇年代以來，已能使用有線電話，由當地報來的悲傷、戰敗消息刊在報端，因而引起轟動，短期地發生恐慌，在某種程度上會左右外交政策。

(2) 一八七四年西貢條約

從一八六六到六八年，法國人進行了湄公河流域的探險。這個探險是法國海軍計劃和實行的，其目的在於探索與雲南省的貿易管道。其探險結果，認為作為雲南貿易通道湄公河並不適當，反而發現北越海防附近流入海洋的紅河遠比湄公河適當。

法國商人、冒險家，自一八六〇年代就住在漢口的吉恩・丟比幼(Jean Dupuis)，為討伐回亂需要外國武器之雲南省當局補給物資往還湄公河，繼而意圖經由河內輸送禁制品——鹽，前往雲南。於是越南當局要求法國的西貢總督逐出丟比幼。

乘接到此項請求的機會，西貢總督丟不列(Dupré)，遂派遣大約六十名的士兵乘三艘小軍艦，從一八七三年十月到十二月，控制了東京灣地方的紅河三角洲地帶。同年十一月二十日，法軍佔領了河內。由之立刻發生親法份子的叛亂擴大，扼制三角洲地帶。受此衝擊，越南皇帝嗣德帝(Tu-duc)遂要求法方進行媾和交涉⑧。

交涉結果，於一八七四年三月十五日簽訂了西貢條約（全文二十一條）。其要點是：第一，承認法國對交趾六省具有完全主權；第二，在實質上，法國將越南保護領化。⑨

(3) 因越南宗屬關係的中法紛爭

中國政府於法國染指東京地方時才開始採取因應行動。如果法國沒有插手東京（北越），中國可能保持緘默。對中國而言，有兩個問題。一個是國防的和戰略的觀點，第二個是朝貢關係和近代國際關係(modern western state system)這兩個原則之間對抗關係的問題。

一八七五年五月二十七日，法國通告總理衙門一八七四年所簽訂的西貢條約。當時，得知三月十一日的馬卡利事件的消息，三月十三日接到英國公使魏特的抗議照會不久的總理衙門，於六月十五日回答法國，明白主張中國與越南具有宗屬關係[10]。

越南於一八七六和八〇年，曾派貢使到北京（一八八〇年，似同時悄悄地求援於中國）。

一八八〇年，法國在北越的河內和海防置守備兵，同時在紅河流域建設城堡。這可能是由於受到這個衝擊所致，一八八〇年，當時為駐英、法公使的曾紀澤，曾對法國外務省提出抗議。到一八八二年他更一直再三地向法國政府抗議。

當時，對於越南問題，曾紀澤被認為是強硬論者。尤其法國政府當局作這樣的看法。但在實際上他跟李鴻章一樣，是持慎重的態度。惟李鴻章只知本國的弱點，不知法國的弱點，曾紀澤因長年在歐洲生活，知道法國政治內情的弱點，在這一點還是比李鴻章強硬，具體地主張中國對越南維持宗屬關係。

第三節　中法紛爭——武力衝突與交涉的交錯

——李・費爾聶協定

自法軍出兵北越之一八八二年四月到結束中法戰爭一八八五年六月簽訂天津條約之間，武力之對立和衝突的外交交涉的交錯過程，在現象上極為複雜。在這期間，中國政府內部在決定政策的過程，不斷地發生動搖。此種現象的一個原因是，法國和中國雙方的權力、權限分散，以及法方的當事者常常更換所致。

在法國方面，外務省與海軍當局（海軍省與越南當地海軍），多年來不但對立，而且經常換內閣（一八八三—八五年就更換了四個內閣），駐華外交代表也由布烈公使而多利克公使、史馬列臨時代理公使以至巴特諾多爾公使。在此期間，業餘外交家費爾聶海軍中校，與李鴻章簽訂了具有實質上解決紛爭的內容，但卻非常不正確的協定，使事體陷於更加紛亂。由之發生了不必要的流血，從而大事拖延了紛爭的解決。

在中國方面，與法國交涉的窗口，除總理衙門之外，有以馬建忠為助手的北洋大臣直隸總督李鴻章；另外，南洋大臣兩江總督曾國荃，有一段時期，也從事交涉。在當地，除總理衙門透過駐法公使曾紀澤與法國外務省的正規管道外，也有總理行車透過總稅務司哈特，以海關倫敦局長甘貝爾，由檯面下與法國政府中樞接觸的秘密管道。

譬如一八八四年八月馬江之役當時的命令系統，為北京政府之中樞的軍機處和總理衙門，該年春天的政變以後，兩者首腦由不同人士出任，而且都是沒有經驗的人。當時既不是軍機大臣也不是總理衙門大臣的醇親王，卻在政策決定機構具有很大的發言權。在天津，有具有很大影響力的北洋大臣李鴻章，但卻以朝鮮問題緊張為理由，不希望派北洋海軍到福州。管轄福州的通商大臣和南洋大臣的曾國荃，也沒有遣派其直接指揮的南洋海軍前往福州。福州的直接地方長官是閩浙總督何璟，駐紮福州。福州也有八旗駐屯軍，司令官為福州將軍穆圖善。而福州艦隊之負責人同時又是福建船廠的長官是督辦船政大臣何如璋。此外，為指揮福建的海防，特地以「會辦福建海疆事宜」頭銜從北京派來了以「清流」馳名的主戰論者張佩綸⑪。

1 劉永福的黑旗軍、李維也爾上校佔領河內、清軍出兵東京

當時，北越靠近雲南國境的一帶，蟠居著劉永福（一八三七—一九一七）所部的黑旗軍⑫。一八八二年四月二十五日，以黑旗軍妨害法國礦山調查隊在江河流域的活動為藉口，李維也爾海軍上校(Henri-Laurent Rivière, 1827-83)以六百人的兵力佔領了河內。

受此衝擊，清朝正規軍遂越過國境陸續出兵北越。這是以列民頓製武器裝備的雲南、廣西正規軍。同時，中國又調動屬於廣東水師的二十艘軍艦到越南水域。另一方面，北京政府又派遣主戰論者之一的吏部候補主事唐景崧（一九〇二卒。一八六五年進士）前往越南，令其與劉永福接觸，並說服劉永福協力對法作戰。

中國此項對越南的出兵，不等待越南的請求，為維持朝貢國的治安，根據多年來的慣例，當然地做。

2 李鴻章的交涉活動

在越南密林中斷斷續續地從事戰鬥行為的同時，北洋大臣李鴻章與法方繼續交涉。在這交涉中，真正去折衝的是，起草備忘錄等的馬建忠。

(1) 與布烈公使的交涉（一八八二年十一月—八三年三月）

這個交涉係由布烈方面的接觸而開始，從一八八二年十一月二十六日到二十七日，起草了所謂李、布烈備忘錄（這個備忘錄後來加以一些修改）。其要點為：㈠雙方撤退若干里；㈡二分國境與紅河之間的中間地帶，北方由中國，南方由法國分別「巡查保護」；㈢維持東京的現狀。亦即這是欲設置一種緩衝地帶

的構想，其特徵是，欲回避朝貢關係等「原理」問題，以實際解決問題。

布烈備忘錄，於一八八三年一月九日，獲得法國政府的同意。但於隔月二日，巴黎發生了政變，二月二十一日成立的費利第二次內閣卻否定了這個備忘錄，布烈被調回國（免職布烈的電報於三月五日到達中國）。另一方面，於三月二十七日，在北越的法軍，佔領了控制河內入口三角洲地帶之要衝的南定。

這種局勢的激變，使清朝政府的態度趨於非常硬化。官吏之對法國的不信任感成為絕對的，「清議」很是熱烈。同年五月一日，對於當時因服喪歸省的李鴻章，為「督辦越南事宜」，北京命令他前往廣州。李鴻章未服從此項訓令，並與北京爭論。最後，他前去其故鄉與廣州之中間的上海，在那裡如後面所述，與多利古公使進行交涉。

另一方面，第二次費利內閣的法國政府，開始完成積極侵略越南的陣容。它任命阿爾曼為東京政務辦務官，布又少將為交趾支那陸軍司令官，克爾伯提督為新設的東京艦隊司令，下院更通過了五百五十萬法朗的追加軍費。

在東京，當時的雲南軍在山西，廣西軍在北寧。黑旗軍駐紮於從西邊能監視河內的地帶。以這種態勢，中方封鎖法軍於三角洲地帶，與其對峙。從前，直接與法軍作戰的是黑旗軍，一八八三年五月十九日，李維也爾被黑旗軍包圍戰死，中國採取了黑旗軍和清朝正規軍共同作戰的態勢。

(2) 與多利古公使的交涉（一八八三年六月—八三年九月）

李鴻章與多利古在上海，又在天津繼續交涉。

可是他卻從背後受到「清議」之拘束，大大地減少了行動的自由。而且，他對北京也沒有據實報告。同時，在巴黎的曾紀澤公使給總理衙門的法國政情報告（副本給李）說，中國如果採取強硬態度，法國可能軟化的判斷，對於李鴻章的行動也產生了很微妙的影響。

多利古以比他的前任布烈更強硬的態度，提出在國境要創設中立地帶的構想，對此李鴻章繼續主張至少河內以北應當是中國的勢力範圍。如此這般，交涉沒有獲得結果，越南當時的情勢便有新的發展。

3 一八八三年的順化條約與北京主戰論的沸騰

一八八三年八月二十五日，新任的東京政務辨務官久爾·阿爾曼(Jules Harmand)與越南簽訂了二十八條的順化條約。其要點為：㈠法國對越南具有保護權（「包括中國」[“y compris la Chine”]法國掌握一切對外關係）；㈡在連接東京之海岸地方的平順省要割讓給法國；㈢法軍無限期佔領要地及紅河流域；㈣越南軍要從東京撤退，由法軍討伐黑旗軍；㈤法國在東京地方設都督(résidents)和副都督(résidents adjoints)，在順化置都督(résidents)；㈥海關、土木要在法國控制之下；㈦要開放歸仁（施耐）、土倫、春台三港；㈧法國人得自由來往開港地和東京全土，旅行安南（越南）中部內地需要護照⑬。

命人締結順化條約的越南協和帝，為排法派的重臣阮文祥毒殺。此時越南的宮廷政治極為陰慘，皇帝一再隆替。協和帝被毒殺之後，其侄子建福帝（十五歲）繼承，阮文祥被任命為首席攝政內務大臣（內政部長），與當時赴任中國途中的新任法國公使巴特諾多爾(Patenôtre)交涉，簽訂了修改一八八三年之順化條約的新條約。這就是一八八四年六月六日的順化條約。全文一共十九條，其要點為：㈠取消割讓平順省；㈡從保護權的明文規定刪除「包括中國」(“y compris la Chine”)的文字；㈢減少無限期佔領的地點等等。

一八八三年順化條約的修訂，予北京政府極大的衝擊。主戰論由之日愈高漲，不是以透過黑旗軍的方式，而主張全面投入清朝正規軍以侵略東京⑭。

另一方面，雖然少數，中國政府中也有主和論。無需說，掌握北洋軍的李鴻章是主和論者。在北京決定政策之中樞的軍機處內部，翁同龢等也是主和論者和慎重論者。總稅務司哈特，以憤怒不應表現在軍事力量上，而主張慎重。這種主和論或慎重論者的腦海中，在考慮朝鮮的問題。一八八二年，在朝鮮發生了壬午之亂，一八八四年爆發甲申政變，朝鮮問題對中國提高了其重要性。在與朝鮮問題的權衡關聯中，應該以何者為優先處理的選擇問題，在李鴻章等人的腦海裡徘徊不息。

4　山西、北寧的敗戰與北京政變

一八八三年十二月十六日，經過二十天激烈戰鬥的結果，以黑旗軍為主力的中國軍，在山西戰敗。此時，雲南、廣西軍開始公然豎起軍旗，著制服作戰。繼而自一八八四年三月十二日到十三日的北寧會戰，大約五萬的中國軍，在法軍進擊面前，幾乎沒有什麼抵抗就潰退，當地司令官有的自殺，有的因北京命令在第一線被處死刑。

得悉山西、北寧戰敗之後，於一八八四年四月八日，在北京發生政變，恭親王失勢。即該日西太后免除了恭親王以下全體軍機大臣的職務，並任命禮親王世鐸等五人為軍機大臣。同時免職總理衙門大臣九名中恭親王等四人（留下主戰論者張佩綸外四人）。四月十二日，加貝勒奕劻（日後的慶親王）等四人為總理行車大臣。四月九日，命令軍機處有「緊急事情」時，要與醇親王「商辦」。

這個政變是，西太后與醇親王聯手，以北越的戰敗為藉口，為了一掃恭親王勢力而進行的。由之實權落入醇親王和軍機大臣孫毓汶的手裡。因此次政變，軍機處與總理衙門之首腦部同屬於一人的以往體制崩潰了。在新的體制，兼任雙方官廳職務的，只有閻敬銘和許庚身兩個人而已。此外，成為軍機處和總理行車之新首腦部的禮親王和貝勒奕劻是，對政治實務經驗很淺的人物。

在這新體制中，雖然是少數派，也有主和論者。為其中心的是閻敬銘（户部尚書），協助他的為許庚身、張蔭桓（同年六月八日出任總理衙門大臣）和周家楣（原為總理衙門大臣，於九月三日辭職）。

5　李・費爾聶協定

簽訂李・費爾聶協定前後的情勢是，顯示「清議」對決定政策之影響力程度的典型事例。海軍中校法朗索華・愛爾聶斯特・費爾聶(François Ernest Fournier, 1842-1934)，自一八七六年就在東亞工作。他與李鴻章是舊識，李曾問他願意不願意出任北洋海軍的司令官。一八八四年三月，費爾聶偶然在香港、廣州間的船上，與中國海關職員李鴻章之左右手的得特霖(Gustav Detring)在一起，私下談起中法紛爭的解決條件。費爾聶以「私人意見」提出以下四個條件。㈠將東京分成南北，以法國現今佔領的南部為統治圈。㈡開關華南諸省以通商（法國的目的在於要和雲南省通商）。㈢解除曾紀澤的駐法公使職務（這個條件是，測試李鴻章在中國政府內部政治影響力的程度，因李鴻章的建議曾紀澤被免職的話，法國就可以李鴻章為交涉對手以解決紛爭）。㈣支付賠款及為它的保障佔領（這個條件是，為使對方接受其要求而所提出討價還價的材料）⑮。

費爾聶的四個條件，由得特霖通報了在天津的李鴻章。李鴻章以一八八四年四月二十日給總理行車的信函告訴了這四個條件，並建議是否應該令曾紀澤辭去公使職務，和「現在」應與法國進行交涉。

四月二十八日，曾紀澤被免職駐法公使（但他仍為駐英和駐俄公使）。同一日，李鴻章呈上奏文，請求與費爾聶交涉時的訓令。這個上奏文於四月三十日由軍機處受理，五月一日其副本送交總理衙門⑯。四月三十日，巴黎以電報正式賦予費爾聶交涉的權限。

四月三十日的上諭，命令「御前大臣、軍機大臣、總理衙門大臣、大學士、六部、九卿、翰詹科道」為這個問題召開會議，更特別命令醇親王參加會議，上奏意見。此項廷臣會議於五月二日在內閣舉行。爾後，五日之內，一百九十名官員呈四十七封上奏文。大多數意見認為與法國交涉是免不了的事，但對妥協表示憂心。

五月二日的廷臣會議的意見，五月四日以大約一百六十名官員聯名會奏的形式上呈。其旨趣是，從道理來說，只有決戰，要媾和實極為困難，但還是應令其交涉，應令李鴻章隨時上奏請訓以交涉，不可委曲求全。

五月四日的上諭，予李鴻章以訓令。它有四個重點。第一，不得改變越南為朝貢國（「屬國」）的「成憲」。第二，與雲南的通商，只許在越南領域內從事（即為雲南通商，不許法國人插足雲南省）。第三，不要「驅除」黑旗軍。第四，要支付「兵費」（即賠償金）。

李鴻章與費爾聶的交涉，自五月六日至十一日舉行於天津，實質上協助李鴻章的馬建忠出力不少。五月十一日簽署了協定。該項協定一共有五條條文。第一，法國尊重中國與東京現今的國境。第二，㈠中國要立刻將中國軍隊撤退至國境（「即行調回邊界」）（"retirer immédiatement sur ses frontières"），㈡「要尊重」（"respecter"）法國與越南之間現在及將來之條約（「概置不問」）。第三，法國不要求賠償金，但中國同意越南和法國的國境貿易（這是互相讓步的規定）。第四，法國與越南所訂的新條約，不使用會令中國失面子的文字，新條約取代以往的一切條約（這雖沒有說法國否定中國與越南的朝貢關係，但也沒有說承認其朝貢關係。故李鴻章有違反訓令第一點之嫌）。第五，根據這個協定締結確定條約，確定條約以法文為正文（李・費爾聶協定的中文文字，沒有有關正文的規定）⑰。

李・費爾聶協定在北京政界風評極差，彈劾李鴻章的上奏文達四十七封⑱。以上經過，說明了當時政界極為微妙的平衡情況。李鴻章在喧囂的非難攻擊中繼續其交涉，一方面表示了他的勇氣。與此同時，他沒有被免職，顯示他對西太后的影響力，也就是西太后如何需要李鴻章這個政治的、行政的支柱。這個規定的內容和報告的含糊，說明李鴻章的行動顯然地受到「清議」的限制。

第四節 中法紛爭——從重開戰鬥到天津條約（所謂「中法戰爭」）

1 撤兵問題的糾紛

李・費爾聶協定，到實施階段因撤兵問題發生糾紛，中法兩國於是又重啟戰端。糾紛的直接原因是，協定本身的內容極為含糊所致。加以還有所謂「五月十七日之備忘錄」一件事。簽署了協定的費爾聶，在離開天津之前，往訪李鴻章，就協定中對於認為不明確的部分向其提出更明確之解釋的備忘錄。其中最重要的是有關撤兵問題。它說，法軍於六月五日進至廣東、廣西國境，七月一日進入雲南國境，法軍遭遇中國軍隊時，予「二十四小時之時間」，令中國軍隊撤退。對此，李鴻章答應擬以自己權限下必要的命令⑲。因此費爾聶用鉛筆劃線把有關撤兵勾消，並簽字。這個行為本身是職業外交官不可思議的作法，而令人更驚訝的是，這樣重要的瞭解內容，費爾聶卻沒有作兩份文書，而將只有一份原件交給李鴻章。

六月二十三日，在靠近北越諒山的北黎這個村落，因搞錯命令而發生武力衝突。因此事態又陷於破裂[20]。

2 曾國荃在上海的交涉

雖然是以北黎的衝突事件為契機而死灰復燃的武力衝突，中國和法國還是不得不簽訂確定條約。因為費利鑑於國內的政情，不希望繼續戰爭。

話雖如此，因發生武力衝突，在趨勢上，法國不得不要求賠償。中國則因受「清議」的牽制，只有採取比從前更強硬的態度。於是南洋大臣曾國荃與新任的法國公使巴特諾多爾，於七月二十五日在上海開始的交涉，雖然沒有成功的希望，斷斷續續地談下去。法方一再提出最後通牒，八月二十三日，臨時代理公使史馬列離開了北京。

3 法國艦隊攻擊基隆

法國艦隊自一八八四年八月五日到六日攻擊基隆，毀其砲台。雖然登陸了，惟因兵力不足，故未佔領就撤退。當時，台灣有以福建巡撫劉銘傳（一八三六—九六）為司令官的五萬兵力。法國艦隊之攻擊基隆，是一種威脅，希望以此一擊能使清朝屈服，但反而引起清朝的態度強硬。所以，法國不得不抬高對中國的要求。

4 馬江之役

法國艦隊於一八八四年七月中旬，由福建省省會福州流入海洋的河川─馬江，以克魯布砲和阿姆斯壯砲裝備的河口砲台，因兩國都沒有作國際法上的宣戰，故沒有妨害法國艦隊的溯航。八月二十三日，法國艦隊對集結在此地的福建艦隊挑釁，十五分鐘就擊沈或燒毀以十一艘組成的中國艦隊。這十一艘都是木造的近代軍艦。以九艘組成的法國艦隊的船都是鐵甲艦㉑。

5 繼續戰鬥

八月二十六日的北京政府發上諭，對內宣佈開戰。在國際法上，中法的戰爭行為始終是未宣戰的戰爭。其中一個理由是，雙方可能為了避免宣戰時，將引起因局外中立種種麻煩的國際問題這樣做。

中國軍隊再度越過國境向越南進擊。法國在馬江攻擊福建艦隊，希望因此一擊中國會求和，但這個預測反而導致中方的態度硬化，由之一八八三年底以來發生於廣州的排外運動遂愈演愈烈。十月一日，法軍再次攻擊基隆，十月二十三日，宣佈封鎖台灣。一八八五年三月三十一日，法軍佔領了澎湖島。

中國軍隊在東京地方苦於瘧疾，但仍採取正式的戰鬥態勢，相當插足越南，但卻逐漸被迫後退。這是一八八四年十月到八五年春天的情況。

6 甘貝耳的巴黎秘密交涉

北京政府的中樞，從一八八四年十一月中旬到十二月初旬，傾向於希望媾和。媾和論的中心人物是總理衙門的首席大臣慶親王。主戰論的首領醇親王，終於不得不同意和談。迨至一八八五年一月，西太后對於主張「清議」的三個官員，以其所呈上奏文為理由，相繼付諸懲罰。因此項措施，所謂「言路」為之閉塞，「清議」只有沈默。

一八八五年一月，總稅務司哈特出面仲介。他在總理衙門諒解之下，假其他事情派遣海關倫敦局長甘貝耳前往巴黎，直接與費利接觸。當甘貝耳與費利進行秘密交涉時，在越南當地，戰局有些起伏，這又影響法國的政局。即從一八八五年三月二十三日到二十四日，中國軍擊退了進攻鎮南關的法軍，三月二十九日，奪回了諒山。在這兩次戰鬥，老將馮子材（一八一八—一九〇四）親赴第一線大聲叱呼指揮。因戰局一時的激變發生恐慌，三月三十日費利內閣垮台。

但這並未影響媾和的大勢，因法國總統格列維(Jules Grévy)的裁決，於四月四日，甘貝耳與外務省政務局長比奧(Billot)簽署了所謂巴黎議定書（此時新內閣尚未成立）。

巴黎議定書，主要是確認李・費爾聶協定，即時停止戰鬥，立刻解除台灣之封鎖，約定在天津或北京簽訂確定條約。

四月六日，中國政府發上諭批准巴黎議定書，九日傳達巴黎，十三日公佈批准巴黎議定書的上諭。四月十六日，解除了台灣的封鎖。在越南現地的中國軍雖然反對，但北京政府強行實施撤兵。

7 天津條約

根據巴黎議定書之確定條約草案的交涉，由甘貝耳與哈特以電報聯絡，在巴黎進行。條約的簽署，在天津，法方由巴特諾多爾公使，中方由李鴻章、總理衙門大臣錫珍和鄧承修（「清流」之一），於一八八五年六月九日簽字。

天津條約全文十條。以李・費爾聶協定為基礎。其主要內容為：第一，中國尊重法國與越南現行及將來的條約，中國與越南的關係，不會傷害中國的「威望體面」(“la dignité”)，也不違反這個條約（第二條）。（順化條約，明白表示法國對越南擁有保護權，因天津條約這樣的規定，中國間接承認放棄對越南的宗主權）㉒。

第二，劃定國界（第三、四條）。

第三，規定有關雲南、廣西、廣東三省的國境陸路貿易（第五、六條）。即承認雲南、廣西之間特惠關稅，以及規定互相派駐領事。

第四，中國要建設鐵路時，要與法國業者商量（第七條）。但它被瞭解為，這個規定並非予法國以獨占。此項規定，係因法國撤回要求賠償，以為其報償而加進去的。

第五，規定由台灣、澎湖撤退的期限（第九條）。簽訂條約之後，法軍要立刻由基隆撤退，並停止公海上的臨檢，一個月之內，要由台灣島、澎湖列島完全撤退。

第五節　餘論

1　排外運動

自一八八三年到八四年，中國與法國因武力衝突的影響，從浙江省到雲南省的華南各地，排外運動風起雲湧，在雲南且發生了流血事件。這些排外運動，刊登於當時在香港出版的中文報紙上，除讀書人外，也能為看報的一般民眾廣為閱讀，而可能扮演了一個角色。與鴉片戰爭以來的排外運動比較，這或許可以說是民族主義的一種爆發。

當時年少的孫中山，後來在其自傳說，他因深受中法戰爭影響而決心從事革命，這是為人所知的。

2 變法論的抬頭

中法戰爭是，中國充實近代戰備以來，第一次的近代戰爭。在這首次近代戰爭戰敗，曾予知識份子以很大的衝擊，因此在思想家層面，變法論顯然地抬頭起來了。

3 設立海軍衙門

一八八五年，如前面所說，其所以創設海軍行車，直接是，由於對在中法戰爭中國海軍的各艦隊不能採取統一行動，只有福建艦隊在烏江之役遭到潰滅的反省。但它卻並沒有達到創設統一海軍的效果。曾紀澤卸任公使回到北京之後，出任海軍衙門大臣之一，惟因海軍衙門的工作成果不彰，憂悶之餘，於一八九〇年憂憤而死。

4 官界的腐敗

以一八八四年之前述山西、北寧的戰敗為契機，給予八四年四月北京政變的一個影響是，因曾為「清流」之後盾而馳名的李鴻藻被免職，人們以為，北京官界的腐敗更是變本加厲㉓。譬如該時代的觀察家張謇（一八五三—一九二六）在其自傳說，因一八八四年的政變，恭親王離開，醇親王掌握政權，孫疏汶擅權之後，「賄賂公行，風氣日壞，朝政益不可問，由是而有甲午朝局之變，由甲午而有戊戌政局之變，由

戊戌而有庚子拳匪之變，由庚午而有辛亥革命之變。因果相乘，昭然明白。」（《嗇翁自訂年譜》，卷上，光緒十年二月之項）

5　對日本人中國觀的影響

一般來說，日本人對於中國的看法，以中日甲午戰爭為界，有了很大的轉變，但仔細一看，譬如德川幕府末期文久年間乘派往上海之千歲丸的當時武士所寫日記，很早就有相當寫實和冷嘲的中國觀，這是已經有人說過的㉔。是即中法戰爭也曾予日本人的中國觀以微妙的變化和屈曲㉕。

註釋

① 從中國來的遠征軍，為瘧疾所苦，死了許多人，故兵力少時被大軍包圍和殲滅，大部隊時則為游擊隊所困，終於撤退，這是既定的形式。

② 都是中方片面的攻擊。在這一點，與雙方反覆攻擊上演拉鋸戰的內陸亞細亞與中國的關係成為對照。

③ 《清史稿》「屬國傳」謂，清軍在紅河「皆互相擁擠溺死，還者不及半」。

④ 這個凡爾賽條約雖然並未生效，但後來時或被引證。其內容，由今日國際政治觀點來看，亦頗富意義。其要點為：㈠法國國王為協助阮王恢復國土，以四艘帆船軍艦裝載一千二百名步兵、兩百名砲兵、二百五十名印度奴隸兵和一切軍需品，以其經費派遣。㈡安南國要將土倫和崑崙島割讓給法國。㈢安南國只給法國人通商上的特權。㈣安南國割讓的土地，受到他國攻擊或威脅時，以及法國與亞洲、歐洲國家交戰時，安南國要以兵力幫助法國

（援助區域以麻六甲海峽、遜達海峽諸島、麻鹿加群島的內部為範圍）。

⑤西班牙的傳教師被迫害，也有被處砍頭的，故西班牙與法國共同作戰。開始作戰當時的兵力，軍艦十四艘中十三艘是法國船，登陸部隊法軍不足兩千人西班牙軍為大約五百人，另外還有數百名西班牙所率領的菲律賓塔加羅格人。一八六一年增強了兵力，其中有數百名中國苦力。惟因疫病死者甚多，作戰不順利，迨至一八六一年，法國確保了交趾支那東部三省。

⑥崑崙島為中南半島突出部分海面之島，被稱為布羅・昆多爾島(Poulo Condore Island)，以在後來法國統治時代，收容重大政治犯之監獄所在地而馳名。

⑦一八六二年以來在西貢附近盛極一時的排外暴動，法軍得到由阿爾及利亞人和非洲人部隊構成，從中國調來的增援部隊，以及西班牙軍增援部隊的支援，才得以鎮壓，和交換批准書。

⑧嗣德帝為很激烈的反法國主義者和反天主教主義者，故被喻半神經病的人物。

⑨即規定㈠法國承認越南對一切外國的完全獨立（包含否定朝貢關係的意思）。㈡法國根據越南的要求，約定為維持治安、攻擊、防禦、討伐海盜予以無償的援助。㈢越南不變更現今的外交政策。㈣未事先通告法國，越南不得與他國簽訂抵觸法國、越南通商條約。

⑩主張宗屬關係之部分的原文為：「至交趾即越南。本係中國屬國。」乃是越南至今原為中國之朝貢國的意思。法方的翻譯官應該將「本係」譯為“elle est depuis longtemps”，可是卻把它譯成“elle a été”。若是，將成為越南曾經是中國之屬國的意思。

⑪馬江之役當時，張佩綸在離開戰場幾公里的地方。會戰之後，逃往附近村莊，被村民痛罵。後來他受處罰，被流放邊界三年。

⑫劉永福為廣東客家出身，為參加太平天國之天地會的餘黨。太平天國滅亡之後逃往越南，為「土匪」集團的首領，溯航紅河在進雲南國境地帶的保勝創建一大村落，自擁稱為黑旗軍的兵力蟠居，控制貿易通路，徵收商稅。

一八六八年以來，它與越南政府保持不即不離的關係，協助越南政府討伐「土匪」，一八七三年，令當時佔領河內的指揮者法國海軍軍官加爾尼也(Francois garnier, 1839-73)戰死。在七〇年代後半，得到雲南省當局和越南政府的支援，與法國人勢力對立，成為法國人與雲南通商的阻礙。一八八一年，黑旗軍移駐河內附近。

⑬ 法方交涉締結這個條約時，先以軍事力量予以一擊，震撼順化政府，把越南當局拉出交涉舞台。迄一八八〇年秋天法國當局所確立的方針是，先與順化政府簽訂條約，明確保護國化越南，製造既成事實，然後再與中國進行交涉。這個方針是由海軍省提出，外務省贊成的。

⑭ 再者，法國外交部預測，在新條約明文設定保護權，中國將不再主張宗主權。但從結果來看，這是一種失算。這件事反而使法國外交當局受到很大的衝擊。

⑮ 當時，費爾聶與由八艘軍艦組成的法國艦隊，漸漸往天津北上。克魯伯的全艦隊三十艘也將前來中國的風聲流傳於北京。換句話說，以這樣法方的武力示威為後盾，費爾聶個人意見所提出的條件，傳達到北京政府的中樞。

⑯ 李鴻章的這個上奏文，從歷史角度分析情況，認為此時應該媾和以期將來的恢復，希望就交涉方針予以明確的訓令。他同時要求，與費爾聶的交涉，請能由軍機處、總理衙門遺派一人參加（《清光緒朝中法交涉史料》，卷一四，頁一—三）。

⑰ 關於黑旗軍，協定本身雖然沒有提到，但費爾聶卻在交涉席上明白說法軍要予以討伐。可是李鴻章卻報告說沒有提到黑旗軍。關於協定第二條撤退軍隊的部分，李鴻章對總理衙門報告說，中國軍隊既已撤回到國境附近，只要不再進攻就行。

李・費爾聶協定簽署之前，已得北京政府的同意，並以五月十日的上諭正式賦予李鴻章以全權。法國首相費利也接受了這個案。亦即雙方政府中樞明白瞭解之後，十一日才簽字的。

又，五月十九日的上諭，鑑於第四條的規定含糊不清，故指示在確定條約要載明「越南册貢，照舊辦理」。

⑱ 左宗棠於六月十三日回來，六月十八日被任命為軍機大臣。他從該年夏天到秋天，在北京，經常主張主戰論。

⑲ 事實上李鴻章對於廣西軍，雖告知六月五日的期限，卻沒說要撤退，而以法軍來時「相度機宜，酌量進止」這種含糊的語氣聯絡。前面我們提到，李鴻章以為中國軍已經撤回到沿國境之線，其實當時中國軍還在七十公里的南方。李鴻章並沒有上奏這個撤兵事。因為顯然地上奏是其政治自殺行為。另一方面，費爾聶在備忘錄雖然說有二十四小時的和緩時間，但對於當地法軍的聯絡卻說期限一過就「立刻」(sommairement)趕走中國軍。

⑳ 從法軍來看，應該不在的中國軍卻在北寧。中方的這個部隊，是被告知了李・費爾聶協定，但事實上並沒有到得撤退的命令。因此中國軍的指揮官以文字請法方替其打電報給北京請示。惟因法軍的越南翻譯看不懂中文。無法溝通，因法方不能再忍耐乃前進而終於衝突。經過三天戰鬥之後，法軍撤退了。此時法方受傷一百人，中方受傷三百人。

㉑ 關於這次海戰，請看 J. L. Rawlinson, China's Struggle for Naval Development 1839-1895 (Cambridge, Mass.: Harvard University Press, 1967), pp. 116-120。根據此書記載，如果能好好利用該日潮流的變化，雖然船數比對方少，但中方還是能對抗法國艦隊。

㉒ 天津條約第一條規定，由法國維持東京的治安。這味著否定中國軍隊片面地越境這種從前的慣例。

㉓ 譬如李劍農《中國近百年政治史》（商務印書館，一九三七年初版），頁一五二。

㉔ 衛藤瀋吉〈日本人之中國觀——以高杉晉作等為例〉（福島正夫編《仁井田陞博士追悼論文集，第三卷，日本與亞洲》〔勁草書房，一九七〇〕，頁五一一—七一）。

㉕ 請參看田中正俊〈中法戰爭與日本人的中國觀〉（《思想》，五一二號，頁一九六七年二月，頁一五〇——一七〇頁）（未完）。

第十一章 中日甲午戰爭

德川氏頗能以文治平國。故二百年來海波不警以此。……（同治）七年，今之日本國主嗣位，改元明治。十月，其霸府德川喜慶歸政。終於削藩侯，置郡縣，平內難，改服飾，制度一循西法，稱維新。而我東方從此多故。

——姚錫光《東方兵事紀略》（一八九七）

敵屍累累橫路旁。為野犬吃，無手者，無脖子者，被拉出五臟六腑者，其狀況，實慘不忍睹。

——濱本利三郎《中日甲午戰爭從軍秘錄》（地主愛子編，青春出版社，一九七三，頁七〇）

在軍國中日本酒零售店實最可惡……其弊害不可數，物價大多為國內五倍至七八倍，又如燒酒向中國人購買物美價廉。

——「明治二十七、八年征清之役，鯨洲大森茂中從征日錄」（引

自稿本，大森千久惠氏藏《朝日新聞》東京武藏野版，一九六七年二月二日「珍貴的中日甲午戰爭秘話」一）

第一節　建立近代的外交關係

1　德川時代的中日關係

德川時代的中日關係是，由中國以帆船前來日本長崎，可以說以片面交通的貿易為中心。如前面所述，在一八一八年《嘉慶會典》的規定，日本被列為「互市諸國」之中。鎖國以後的日本，只以長崎為貿易港，這是在長崎奉行的管轄之下，實行由幕府當局直接管理的一種管理貿易，而貿易的對象只是中國和荷蘭，這是眾所周知的。除長崎貿易之外，有透過與日本和中國具有兩屬關係之琉球的中繼貿易。

一八六二年（文久二年），幕府所派的使節團，為考察貿易情形，乘千歲丸前往上海。乘千歲丸的五十一人之中，有江户官員三人，長崎當地官吏七人，長崎本地商人三人，隨員二十三人（其中有高杉晉作等人），水手十人（其中包括偷偷想購買軍艦的五代才助）。此外還有船長以下英國的船員，和一個住在長崎的荷蘭商人。此時混進隨員的高杉晉作等青年武士，曾留下目睹上海現地當時中國實際情形的觀察記①。

2　明治以後的中日關係

對於一八六八年的日本明治維新，當時的中國官員和知識份子是做怎麼看法呢？大體來說，他們的看法是受傳統先入為主之日本觀的影響。他們當然知道明治維新是政治上和制度上的變革，尤其是日本人改服制穿西裝，以及一半以輕視和懼怕的眼光看做效「西法」。但卻無從真正認識明治維新是根本而巨大的社會變動。即使能從離開歷史的偏見來看它的真面貌，主要的還是從明治日本的抬頭對東方威脅的可能性，尤其有從對中國在軍事上的威脅將會怎樣這個角度去看的傾向②。

一八七一年（明治四年）締結中日修好條規，雙方設定了近代的國際關係，這是前面說過的。這個條約，於一八七三年交換了批准書。

一八六九年，日本政府設立外務省，隔年創設駐外使臣制度。一八七四年，根據中日修好條規，在北京開設日本公使館。中國於一八七八年在東京設立公使館。首任駐日公使為翰林院侍講何如璋③。（發表於一八七七年）

第二節　台灣事件與琉球問題

1　日本對琉球的統治

明治維新以前的琉球，從明朝以來就是中國的朝貢國。與此同時，也入貢日本薩摩藩。以這個兩屬關係為媒介，經由琉球，中日間進行著中繼貿易。中國與琉球的貿易，係以福州為起點，在福州特准了十家貿易商。

明治維新以後，一八七二年，日本政府以琉球為琉球藩，封琉球王尚泰為琉球藩王，並列為華族（有爵位的家族）。而且，琉球以往與荷蘭、法國、美國簽訂的諸條約，由日本外務省管轄，令外務省官員駐在琉球，禁止琉球入貢中國。一八七三年，置琉球藩與府縣同等地位，從外務省的管轄移到為內務省的管轄。

2 台灣事件

一八七一年，發生了琉球的漂流民漂流到台灣被生蕃（原住民）殺死的事件。

一八七三年，全權大使副島種臣前往天津交換中日修好條規的批准書時，他繼而在北京晉見了同治帝。此時派遣隨員柳原（前光）一等書記官到總理衙門，去試探有關事件。總理衙門與表示琉球國為中國之藩屬，琉球國民不是日本人的同時，說生蕃為「化外之民」（因此是不能懲罰的意思）。以總理衙門這種意思表示為藉口，日本政府乃以追究生蕃之責任的理由，於一八七四年出兵台灣，大致將其平定。

日本的出兵台灣，曾予中國當局極大的衝擊，中國立刻採取了臨戰態勢。但當時中國的戰艦都是木造的軍艦，日本海軍有兩艘鐵甲艦④，故不敢發動戰爭。惟因中國政府拼命由歐洲購買船艦和武器，所以據說武器的價錢增加了三倍。同時，北京政府向地方大官徵詢有關海防問題的意見。在這海防議論中，如前面也說過，重視內陸亞細亞的左宗棠的塞防論，和以日本為假想敵重視沿岸防備之李鴻章的海防論對立。一八七五年，清廷開始建立北洋海軍。

日本的遠征軍雖然平定了台灣，駐軍長期化之後，病人頻出，兩國的對峙陷於一種膠著狀態。日本政府派遣參議大久保利通前往北京，就解決事件進行交涉。交涉自九月十日到十月三十一日。在這期間，他與總理衙門大臣會見七次，經由英國公使威特的仲介才達到妥協。所簽署協定的要點為：㈠中國承認日本出兵台灣為「保民之義舉」；㈡中國支付難民遺族「撫恤金」（不是賠償款）十萬兩；㈢以日軍撤兵為條件，中國支付日本因其在台灣留下來的設施之補償金四十萬兩⑤。

同年十一月，大久保利通回國中途落腳台灣，促使當地日軍司令官陸軍中將西鄉從道撤兵。其結果，於該年十二月，日軍由台灣撤退。

3　琉球之廢藩置縣

一八七六年，日本政府令內務省官員常駐琉球，同時由熊本鎮台派遣第一分隊駐紮琉球。一八七九年，琉球強行廢藩置縣。即內務省高官以熊本鎮台兩個中隊的兵力，於三月三日接收首里，四月四日向日本全國佈告廢藩置縣，隔日任命沖繩縣令。六月，並將舊藩主尚泰帶到東京（尚泰於一八八五年被封侯爵）。

這個廢藩置縣的措施，非常激進，因而更加快步其海軍的建設。

4　分島改約之議

日本與中國曾經進行二分沖繩列島為南北，以此修改中日修好條規的所謂「分島改約」的交涉，並於一八八〇年十月二十一日確定條約案。其主要內容為：㈠以琉球列島中，南方二島宮古、八重山二島為中國領土；㈡互相承認雙邊特惠國待遇（因而可以從事內地通商）。中國當局之所以同意起草此種內容的條約案，應該與當時和俄羅斯之間因伊犁問題處於危機狀態有關係。

但中國政府，並沒有在這個條約簽字。因為中國國內有激烈的反對，以及一八八一年二月二十四日，因締結彼得堡條約，中俄間避免了危機所致。

第三節　朝鮮的開國

1　「開國」以前朝鮮的對外關係

朝鮮半島自一三九二年以來，是由李朝政府統治的統一國家。李朝時代朝鮮的對外關係，可以「事大」和「交鄰」這兩句話來說明。所謂事大，是指對中國一年四貢的朝貢關係而言。「交鄰」是指與日本的關係。豐臣秀吉出兵以來斷絕的兩國外交，於一六〇七年恢復，朝鮮並與德川日本具有某種外交關係。對馬的宗家擔任朝鮮交涉，在朝鮮南岸的釜山設和館（「倭館」），依「歲遣船」進行對馬、朝鮮貿易。和館就是小小的居留地，只許對馬藩人民居住，對馬藩派有館司、代官，以行使對居留民的審判管轄權。

另一方面，朝鮮對歐美各國頑強地關閉其門戶。理由是，㈠李朝政府討厭基督教，在國內一再大事鎮壓基督教。㈡尤其於一八六六年舉行大規模鎮壓，處死三萬人。㈢國內常常發生叛亂。

從一八三〇年左右，在朝鮮沿海，出没外國艦船。特別是亞羅戰爭的結果，開闢牛莊、天津、芝罘三個港口，外國船在朝鮮近海出没的更多。隨之發生各種各樣的事件。

一八六六年，爆發法國艦隊佔領仁川入口的江華島事件。其原因為該年大事鎮壓基督教時，法國傳教師被殺害⑥。

一八七一年，美國艦隊同樣佔領了江華島（「辛未洋擾」）。美國處理一八六六年美國商船夏曼輪在大同江失事時全體船員被殺的事件（「丙寅洋擾」），以此為契機，意圖與朝鮮簽訂通商條約。但美方未能與漢城政府交涉就離開。

一八七一年，當時掌握李朝政府實權的大院君，在八道立了「斥洋碑」。此時大院君已經由政界引退，因為朝鮮政府改變了外交方針。

2 明治政府之尋求外交

明治維新之後，日本政府曾努力要與朝鮮建立新的外交關係。首先，於一八六八年，任命對馬的宗氏辦理朝鮮通交事務。其次，一八七〇年以後，屢次遣派外務省官員要求建立邦交，但皆遭到朝鮮拒絕。

一八七三年，以副島種臣全權大使前往中國時，曾透過柳原書記官，向總理衙門試探過朝鮮問題。總理衙門大臣說：「稱朝鮮為屬國乃循守舊禮，具有册封獻貢之典而已」，於是柳原問說，「若是如此，彼國之和戰權利，貴國絕不干預乎？」他答曰：「然也。」

一八七四年，朝鮮政府在釜山，始答應與日本外務省官員交涉。此時，適值大院君從政界隱退，朝鮮政府的外交方針改變的緣故。

3 日鮮修好條規（江華條約）

一八七五年九月二十日，日本海軍的測量船雲揚艦（老朽低速小木造船）遭受江華島砲台的砲擊（江華島事件）。雲揚艦是奉測量海路命令，由朝鮮西南沿海前往牛莊途中，因缺乏用水乃投錨江華島海面，卸下小船求取用水時，遭到砲擊。雲揚艦遂豎起日本國旗，接近海岸，對砲台的砲轟還擊。更令士兵登陸，佔領砲台，擄獲砲三十八門，於九月二十八日回到長崎⑦。

日本政府以追究江華島事件之朝鮮政府的責任為藉口，於一八七六年，遣派陸軍中將參議黑田清隆和參議井上馨前去交涉。黑田等仿傚柏利來日的作法，率領兩艘軍艦和四艘輸送船以示威風，同年二月二十日登陸江華島。在該地與由漢城派來的朝鮮政府代表交涉，於二月二十七日簽訂了全文一共十二條的日鮮修好條規。該條規的要點為：㈠「朝鮮國為自主之邦保有與日本國平等之權」（第一條）；㈡兩國得互派使節，交涉結束之後得滯留；㈢朝鮮除釜山之外，為貿易要開二港，日本得在貿易港駐紮領事；㈣日本領事對於刑事事件得行使領事裁判權；㈤此條約不待交換批准書簽字立刻生效（朝鮮於簽字之日遞交批准書，日本於七月三十一日遞交批准書）⑧。

根據日鮮修好條規，日本於一八八〇年在漢城設立公使館，朝鮮於一八八八年在東京開設公使館。在漢城，朝鮮政府要人迴避與日本公使會見，尤其日本公使館館員走在街頭，常常遭人丟石頭。

4 與歐美各國簽訂條約

一八八一年，中國政府將在中國之有關朝鮮的「洋務緊要之件」，由禮部移到北洋大臣主管（《德宗實錄》，卷一二六，頁一八）。

一八八二年，在朝鮮，發生壬午之軍亂（「壬午之變」），仿傚中國總理衙門，設立統理衙門，撤除斥洋碑等等，這是在內政外交上發生各種重要事件的一年，同時也是朝鮮與歐美各國締結通商條約的一年。

關於要令朝鮮「開國」，在中國負責朝鮮事務的李鴻章有一種意圖。從趨勢來看朝鮮的開國既然無法避免，則不如積極促進朝鮮與列國交涉條約，在交涉條約的過程中由中國介入，藉朝鮮與列國簽訂條約，作為中國加強朝鮮之宗屬關係的一個手段，又因怕日本獨占朝鮮貿易，乃考慮以與列國的交涉條約，為對抗之措施。

(1) 鮮美修費爾特條約

首先，朝鮮與美國簽訂了條約。這個條約簽訂交涉舉行於天津，是由李鴻章和美國的修費爾特(R. W. Shufeldt)提督進行的。在李鴻章底下真正從事條約文之起草等實務的是馬建忠。美方駐華公使何爾科姆(Chester Holcombe)交涉時在場。中方意圖將中國與朝鮮的宗屬關係（朝貢關係）明文規定在條約上，而這成為一個爭論點。朝鮮的代表也前來天津，但沒有參加交涉，只得到臨時簽字的條約案，並以中國軍艦把他送回朝鮮。

爾後，在靠近仁川的濟物浦海岸，舉行了朝鮮和美國的正式交涉。中方以三艘軍艦送提督丁汝昌和馬建忠到濟物浦，以會同交涉。

一八八二年五月二十二日所簽訂的修費爾特條約，全文十四條。其重點如下：㈠雖然沒有以明文規定宗屬關係於條約，但卻於五月二十四日遞交了以同樣旨趣為內容之朝鮮國王的書信（馬建忠所起草）⑨。又條約本文最後的日期，在中文版本則曰「大朝鮮國四百九十一年即光緒八年」。㈡關稅稅率最高為三〇%（生活必需品為一〇%）（第五條）。這與中國和諸外國所訂條約稅率為五%的標準比較，算是很高。㈢互相禁止輸入鴉片（第七條）。㈣承認領事裁判權，但載明其為暫時性（第四條）。㈤最惠國條款係有條件（第十四條）。㈥條約有限期間為五年。這與中國的通商條約期限通常為十年成為一個對照。

以上所述各點，與當時中國與歐美諸國間的諸條約比較，皆指示中國要修改條約時希望實現的方向。

在這種意義上，修費爾特條約在中國修改史上具有很重要的意義。

(2) 與其他各國簽訂條約

朝鮮繼而與其他各國簽訂了條約。其簽訂交涉共同的特徵是，第一，在中國的諒解與斡旋、監視（馬建忠的介入）之下進行；第二，以修費爾特條約為範本。這第二點，與英方的期待矛盾。

首先簽訂的鮮英條約。馬建忠也參加了交涉，本條約於一八八二年六月六日，與英國代表威爾斯(George Ommanney Willes)提督簽字的。因為威爾斯條約以修費爾特條約為範本，尤其對於高關稅稅率，在遠東的英國商人非常反對。由於李鴻章的主張，對於修費爾特條約中上述其他各點，離開英國以往政策的反彈，英國政府便拒絕這個條約的批准，並令新任駐華公使巴克斯與朝鮮簽訂新的條約。新條約於一八八三年十一月二十六日在漢城簽訂。此時中方沒有參加交涉。巴克斯條約的要點為：㈠稅率五％至一〇％（但棉製品為七·五％）；㈡詳細規定領事裁判權，同時刪除修費爾特條約的暫時性文字；㈢條約的期限為十年；㈣以最惠國條款為無條件。一八八四年四月二十八日，在漢城，由兼任駐鮮公使巴克斯交換批准書。

其次，於一八八二年六月三十日，德國和朝鮮在濟物浦簽訂了條約。德方代表為駐華公使馮·布蘭特(von Brandt)，他率領兩艘軍艦前來。中方由馬建忠和丁汝昌，率領四艘軍艦與會。本條約也以修費爾特條約為範本，同樣，附有給國王的照會信函。德國政府因英國的要求而拒絕這個條約的批准，一八八三年十一月二十六日（與巴克斯條約同一天），在漢城，以橫濱總領事查伯(Eduard Zappe)為代表，與巴克斯一起交涉，簽訂了和巴克斯條約大致相同內容的新鮮德條約。更於一八八六年六月二十五日，在漢城，同年六月二十六日同樣在漢城，一八八六年六月四日也在漢城，一八九二年六月二十三日在東京，分別簽訂了鮮俄條約、朝義條約、鮮法條約和鮮墺洪（奧匈）條約。以上四個條約，皆以巴克斯條約為藍本，並且都由朝鮮國王交給對方國家元首說「朝鮮本為中國之屬邦」這種同樣文字的照會⑩。

第四節　朝鮮問題的展開

1　國際背景

首先我們要考慮到從一八六〇年俄國合併沿海州，到一八八五年中法戰爭期間所展開，中國喪失邊疆過程的情況。

其次，要注意日本和中國在朝鮮的對立。這個對立，在朝鮮的開國過程已經可以看到，尤其是一八八二年的壬午之變以後，中日間的對立，與朝鮮的內政有很深的關聯。

此外，也有克里米亞戰爭（一八五四—五六）以後，尤其是從近東到東亞之廣泛地域中英國和俄國的對立。我們必須特別留意俄國一直欲在東亞找一個不凍港這個事實。

從一八八五到八七年，英國海軍佔領了朝鮮半島南端海面的巨文島。當時，因阿富汗問題英國和俄國對立得很厲害，因有俄國欲取得朝鮮東海岸之港口的風聲，故英國便以先下手為強，採取對抗措施，事先經過中國的同意，在承認中國對朝鮮具有宗主權的諒解之下出於此舉。最後，中國由俄國取得不割取朝鮮任何土地的諾言，英國才由巨文島撤退（據說因此島在戰略上沒有太大價值英國才罷手）。

中國自一八八五年以後，從以往只說不干涉朝鮮的內政外交，維持名義上之朝貢關係的立場前進幾步，加強了對朝鮮的支配。英國支持中國加強對朝鮮支配的政策。由於這種原因，反而使朝鮮國王接近與英國對立的俄國。而對於俄國，日本便具有很大的戒心。實際上，日本對於俄國的猜疑心，自德川幕府末期以來便很深，其征韓論，乃源自對於俄國支配朝鮮之可能性的恐懼感。

2 壬午之變

(1) 背景——朝鮮的黨爭

李朝朝鮮的政治，以黨爭激烈馳名。這個黨爭的特色，第一是，宮廷內繼承王位及王室婚姻問題（所謂外戚的專橫問題）等舊有類型之爭；第二是，廣泛把位在鄉下的官僚預備軍（所謂「儒林」——他們屬於「兩班」階級，以地方「書院」為根據地形成集團）拉進去之官吏（「士林」）的黨派之爭。第三是這個黨派間之爭，不僅是陰微的暗鬥，而且是摻雜公然的政策爭辯和公然對當局的抗議活動。

當時的朝鮮是，國王李大王（在位一八六四—一九〇七年）之生父大院君（李是應的執政時代）（一八六四—七三年）的時代。他創造巨大黨派，毫不留情地鎮壓反對勢力，為打擊地方的反對勢力，廢止書院及其所擁有的土地。同時對於基督教也大事鎮壓，進行了前述一八六六年的大屠殺。對外他採取排外政策。而一八七一年擊退美國艦隊以至建立斥洋碑的排外措施，都是其具體的表現。

不特此，大院君為營造宮殿和為了軍備，使用龐大的費用，其負擔落在農民身上，所以全國上下怨聲載道。

一八七三年，國王達成年年齡時他隱退，但仍時常出入宮廷，發揮其影響力。

大院君隱退之後，掌握宮廷實權的是王妃閔氏的外戚。閔氏一族為對抗從前大院君的鎖國政策，乃採取協和的外交政策。一八七六年，朝鮮與日本簽訂日鮮修好條規（江華條約）就是其結果。他們也恢復了地方的書院，仿傚日本意圖內政改革，聘請日本軍官，購買日本武器，訓練日本式的新軍。一八八一年，曾經派遣考察團前往日本。

(2) 壬午之變（壬午之軍亂）

因閔氏日式兵制改革被淘汰舊士兵之怨恨，以及對現今士兵薪水之不能支付，或糧食之違法事件等為直接原因，於一八八二年七月二十三日，在漢城發生了兵變（士兵之暴動）。又因所謂「不平分子」和流浪者的加入，遂變成大暴動。這個事件的背後，有朝鮮開國以後，因與日本的貿易米價上漲，引起漢城市民眾的反日感情也是一個因素。

大院君抓住這個良機，煽動兵變。於是閔氏一派成為暴動的攻擊目標，廷臣死者達三百多人。日本教官堀本禮造中尉、三名日本留學生、三名日本警員被殺。日本公使館遭火攻，公使花房義質好不容易逃往仁川，由英國軍艦收容，於七月二十九日回到日本。

(3) 中日兩國的軍事干涉

日本政府立刻派遣四艘軍艦、三艘運輸船和一個大隊的陸軍兵力，前往仁川。與其同行的公使花房，於八月二十日進入漢城。日本政府同時在國內下動員令，集中兵力於九州福岡。

另一方面，清廷遣派駐紮登州的提督吳長慶，率領七艘軍艦和陸兵兩千多人，於八月二十日到達仁川。此時吳長慶的手下有袁世凱和張謇。

中方於八月二十六日抓住大院君，將其送往天津（大院君在保定被扣留了三年）。此時親自把大院君帶出來，令其坐上轎子的就是馬建忠。此外，馬建忠在仁川與日公使花房見面，盡力斡旋，相當牽制花房與朝鮮政府的交涉。當時美國因駐華公使楊格(J. R. Young)的建議，曾派遣一艘軍艦到仁川。顯而易見，美國這艘軍艦的存在，乃是公使花房無形的壓力。

(4) 濟物浦條約

一八八二年八月三十日，在仁川附近的濟物浦，花房公使與朝鮮代表善後處理壬午之變的濟物浦條約。本條約條文有六條。其要點：㈠處罰「凶徒」；㈡支付被害者償金五萬日圓；㈢支付日本政府損害賠償款五十萬日圓（分五年付款）；㈣為保護日本公使館同意駐紮「若干兵員」（第五條）[11]；㈤對日本派遣謝罪使。

(5) 壬午之變後清朝勢力的增長

以壬午之變為契機，中國政府派大軍到朝鮮，中國軍隊繼續長期駐紮現地，以訓練朝鮮的軍隊。在朝鮮政府中樞，閔氏重建其政權，放棄從前的日式改革，依靠中國勢力施政。從這個時期以後，閔氏政權俗稱「事大黨」。

一八八二年九月，在天津簽訂了稱為中朝商民水陸貿易章程之八條的協定（中方的簽字者為李鴻章、周馥（津海關道）和馬建忠）。這個章程的前文確認中國與朝鮮的宗屬關係。而本章程的修改，規定由北洋大臣與朝鮮國王交涉，經清朝皇帝許可後實施。即這不是獨立國間之條約，而是宗主國和朝貢國的一種行政約定，換句話說，簽署這個水陸貿易章程，意味著中國加強了對朝貢國朝鮮的控制。

中國更以梅連特爾夫(P. G. von Möllendorff, 1848-1901)[12]為朝鮮海關總稅務司兼外交顧問（一八八三年）。梅連特爾夫事實上控制了仿照總理衙門創設統理交涉通商衙門（設立於一八八二年）。

中國為阻止朝鮮對日本借款，由輪船招商局貸款五十萬美元給朝鮮政府。

3 甲申之變與中日天津條約

一八八四年十二月四日的甲申之變（甲申之軍亂）是，獨立黨欲打倒事大黨的政變，由之清朝派的高官被殺，隔日建立了親日的政權。獨立黨是，對抗現在變成守舊勢力之閔氏一派的事大黨，接近日本，欲實行明治維新般之改革的開明少壯政治家群。在一八八四年八月二十三日的馬江之役，法國海軍消滅福州艦隊的消息傳來，他們便乘此機會，依靠駐紮朝鮮的日本小小兵力實行了政變（中國駐屯軍減半了其兵力）⑬。日本公使竹添進一郎也參與了這個計劃。

十二月六日，出動了由袁世凱率領的一千五百名中國軍隊，打敗日軍，政變隨之消聲匿跡。日本公使館被燒燬，四十四名日本人被殺，婦女遭到強暴。重新出現閔氏政權，金玉均等獨立黨政客逃亡日本。

為了善後處理甲申之變，日本政府派遣外務卿井上馨和兩個大隊兵力前往漢城，與朝鮮政府交涉。其結果，於一八八五年一月九日簽訂了全文五條的漢城條約。其要點為：㈠朝鮮政府要向日本政府致送謝罪國書。㈡朝鮮政府要支付償金十一萬日圓。㈢支付二萬日圓以為新建日本公使館之費用。

因甲申之變為日本和中國在朝鮮爭勢力之舞台所發生的事件，故日本和中國有簽署協定的必要。於是日本政府遣派參議內務卿伊藤博文前往天津。此時參議農商卿西鄉從道也同行。他之所以自告奮勇與伊藤博文同行，為的是想與伊藤分擔責任，以抑制國內的強硬派⑭。

在天津，伊藤博文和李鴻章，從四月三日到十八日，展開很激烈之爭論的交涉，十八日簽訂了天津條約（在這交涉中的四月四日，簽訂了收拾中法戰爭的巴黎議定書）。天津條約的要點為：㈠兩國軍隊四個月以內要撤兵；㈡兩國不對朝鮮派遣軍事教官；㈢「將來朝鮮國如果發生變亂重大事件，中日兩國或一國要派兵時，應先互相行文知照。及其事定應即撤回不再留防。」（第三條）⑮（句號和逗號係引用者所加）。

4 中國加強對朝鮮的支配與中日兩國充實軍備

(1) 中國對朝鮮加強宗屬關係

一八八五年三月，袁世凱（一八五九—一九一六）護送被扣留在保定的大院君，再次被派往朝鮮，繼而以「駐劄朝鮮總理交涉通商事宜」的頭銜，作為李鴻章在朝鮮的代表，在位到中日甲午戰爭之前。袁世凱的這個職務不是公使。他的頭銜正式的英譯為 Resident，是中國對朝貢國或屬邦的朝鮮掌統其外交實權者。因此他對於朝鮮的內政外交，事事干涉，一天到晚要導正朝鮮為中國之朝貢國的名分。同時為妨害朝鮮對歐美派遣常駐使節，更控制朝鮮的電報線，主控關稅行政。同時阻止朝鮮向他國舉債，一八九二年，以在朝鮮中國商人名義貸款二十萬兩，並以海關的收入為擔保。他一方面禁止夢想一夕致富的無賴中國人前往朝鮮，另方面招徠中國商人到朝鮮。一八九〇年，在朝鮮的中國商人有六百多人。他更讓招商局的船，向以往運輸中國商人之貨物的日本船，對其獨占情形發出挑戰。他同時妨害閔氏政權接近英國。

(2) 李鴻章充實中國軍備

甲申事變之後，北洋陸海軍的建設，急速進展。一八八七年，編成英國式訓練的北洋艦隊，一八九〇年，完成了由德國人指導建設的旅順軍港和砲台。同時進行由國防觀點所作的鐵路建設，一八九一年，中國的鐵路延長到越過山海關的關外⑯。

(3) 日本的陸海軍建設

創立明治政府以來的日本軍隊，是防衛國土和用於鎮壓內亂的軍事力量，但爾後往以中國為假想敵國，準備對大陸戰爭的方向發展，並於八〇年代中葉確立了它的基礎。可以為其年表之指標的事件為，一八八八年改變以往鎮台的編成設立師團司令部，成為近衛師團以下七個師團的組織⑰。

第五節　中日甲午戰爭的爆發

1　一八九〇年代的國際關係

一八九〇年，因俾斯麥由德意志帝國的宰相地位下台，歐洲的國際政局開始變化。俾斯麥的下台，是因為俾斯麥之為保障政策之重要一環的德俄間的所謂再保險條約於一八八九年到期時，對於主張延期的俾斯麥，威爾・荷爾姆二世決定不再延期所致。因沒有延期再保險條約，德法之間如果發生戰爭，以前約定要遵守中立的俄國，在國際政治上將恢復其行動的自由。由之日後促成了簽訂一八九四年的俄法同盟。

一八九〇年代，又是歐洲列強對亞洲和非洲拼命從事帝國主義擴張的時代。於是中國問題敏感地影響歐洲，相反地中國問題本身又因歐洲國際關係的動向而敏感地受到影響。

如此這般，可以說是成立了單一的世界政治的「處所」，而為其構成要素的，日本和美國登場實值得我們注意。日本在中日甲午戰爭（一八九四—九五）獲勝，一九〇二年簽訂英日同盟。它後來成為爆發日俄戰爭（一九〇四—〇五）的主因。另一方面，美國因一八九八年美西戰爭的結果，領有菲律賓，自然而然地成為東亞國際政治的一大因素。在歐洲方面，於一九〇四年，簽訂了英法協商，一九〇七年，成立了英俄協商。一九〇〇年前後世界政治的一個基本因素，如所周知，是英國和德國帝國主義的對立。這些因素，成為第一次世界大戰的背景。

2 暗殺金玉均事件

如前面所述，一八八四年甲申之變戰敗結果，獨立黨（開化派）的首腦金玉均、朴永孝等十名政客亡命日本。日本政府拒絕朝鮮政府希望引渡其亡命政客的一再要求。一八八六年，日本政府命令金玉均離開日本，因為不肯，遂被扣留押送至小笠原諸島，繼而送到北海道的札幌。一八九〇年，解除了金玉均的扣留。

一八九四年，金玉均被朝鮮政府所派刺客洪鐘宇騙出去，帶著給李鴻章和李經方的介紹信，前往上海。他們於三月二十七日到達上海，隔日在上海共同租界的宿舍被洪鐘宇槍殺。犯人和遺體由共同租界當局交給清朝當局，清廷以軍艦送回仁川。

金玉均的遺體被附諸審判，四月十四日處以凌遲之刑，以其首級示眾。由之洪鐘宇得到獎金和房屋。金玉均暗殺事件及朝鮮政府對它的處置，使日本輿論大為沸騰，爆發了對清朝當局的憤怒。總之，金玉均的暗殺事件，成為日本爆發抗清形勢的導火線⑱。

3 「東學」之亂（「甲午農民戰爭」）

所謂「東學」，是以黃教為基礎的朝鮮民族宗教。它是儒學、佛教、道教和「天主」之諸觀念的混合，對於破壞古俗習慣的西學，稱之為「東學」。教祖崔濟愚（一八二四—六四年）（没落貴族）自一八六一年起對没落貴族和農民傳教卻遭到鎮壓，一八六四年成為其首領。隨後東學以秘密結社廣為傳播，並與各地的農民暴動發生串聯。同時東學以「伸冤教祖」的形式，一再展開非法、集團、非武裝的直接行動。其口號為排外[19]和懲討貪官污吏。

一八九四年，全羅道發生了東學的大叛亂。對於一八九四年二月十五日因改修水利設施問題開其端的民亂，當局乘此機會開始鎮壓東學，東學的領導者全琫準於三月下旬起兵。全羅道一帶由之立刻演變為大叛亂，五月三十一日，未戰就攻陷其首府全州。

朝鮮的漢城政府，於五月上旬，遣派新式裝備的新式練軍八百名（野砲二門，機關砲二門）前往現地。仁川、群山間之軍隊的運輸，也使用一艘中國軍艦。六月上旬，增派擁有二門克魯普野砲的一千名兵力，未等待其到達，政府軍已經恢復了全州。東學因而解散和潛伏，其幹部編入地方行政機構之中。

4 中日兩國出兵

(1) 清朝出兵

一發生東學之亂，中國和日本立即出兵朝鮮。對於中國，朝鮮政府事先非正式試探之後，於六月三日以書面正式請袁世凱出兵。袁世凱以電報告訴李鴻章，李鴻章將其電報轉給總理衙門。中國依北洋大臣的權限實行出兵朝鮮，六月五日，巡洋艦二艘到達仁川（加上停靠在那裡的一艘，中國軍艦成為三艘。當時，仁川海面有兩艘美國軍艦和二艘日本軍艦）。從六月八日到十二日，中國政府令陸兵二千四百名（八門砲）登陸牙山，六月二十六日，又增援四百名[20]。

(2) 日本出兵

當時，日本駐韓公使大島圭介回國，由一等書記官杉村濬代理臨時公使。杉村於一八八〇年進外務省以後，無論在外務省或派駐外國，都一直做朝鮮關係的工作。

當時的日本政府是第二次伊藤博內閣，外相為陸奧宗光。接到杉村說朝鮮非正式請袁世凱出兵的電報之後，在六月二日的內閣會議，中國決定出兵時，日本將出動之兵力混成一旅團，以「維持勢力之均衡」的方針。其實，陸軍早已秘密地作動員的準備，同時也請內閣出兵。六月五日，設立大本營，對廣島的第五師團下達了動員令。

大島公使於六月五日，搭乘軍艦八重山號，由橫須賀出發，以平均一小時十六海里的速度火速趕往現地，六月十日抵達漢城。同日，擁有兩門野砲的海軍陸戰隊四百三十人也進了漢城。當時，仁川集結著十六艘日本軍艦。六月十六日，混成旅團的第一梯次輸送部隊登陸仁川，設司令部於仁川的居留地。慢清朝完成第一次出兵只是四天。

(3) 中日間的交涉

六月七日，中日兩國互相通告其出兵。中國的通告，係由李鴻章透過駐日公使汪鳳藻向日本外相提出的。它說出兵是「我朝保護屬邦舊例」而行的。日本的通告，則由駐北京的臨時代理公使小村壽太郎送總理衙門，和由荒川駐天津領事交給北洋大臣李鴻章的兩個管道進行。日本的通告，以天津條約第三條為出兵的法律上根據，十二日，更通告其出兵係根據濟物浦條約之規定。

中日兩國雖然派大軍到朝鮮，但如前面所述，東學之亂已經平定，故公使大島和袁世凱遂進行共同撤兵交涉，六月十五日，撤兵協定案一度成立。但大島為當地日本文武官憲所迫，於六月十七日，轉變為採取強硬方針。

5 朝鮮的內政改革及中朝宗屬關係之放棄

日本政府在六月十四日和十五日的臨時內閣會議，決定了以下三項新的方針：㈠由中日兩國共同討伐；㈡中日兩國協同朝鮮改革內政；㈢清朝拒絕時，日本將單獨令朝鮮從事改革㉑。對於日本政府的這個新方針，中方以共同撤兵為先決條件。日方於六月二十二日，堅決表示絕不撤兵（陸奧的所謂「第一次絕交書」）。另一方面，六月二十八日，混成旅團完成了第二梯次的運輸，日軍在漢城、仁川間的兵力達五千人。反此，在牙山的中國兵力為三千人。

此時大島公使的立場極為困難。朝鮮宮廷內的改革派勢力很微弱，如果不驅逐中國軍，無法改革內政。另一方面，因中國軍和日軍相距二十多里，故衝突的可能性不大。因此大島與提出改革內政的同時，主張朝鮮政府違反規定朝鮮之自主獨立的日朝修好條規的第一條。亦即作為宗屬關係之爭執點，朝鮮政府如果不能叫中國軍隊撤退，日軍將替朝鮮政府趕走中國軍隊。

七月十三日，大島公使收到陸奧外相要其採取促進中日衝突之一切手段的電報指示。七月十九日，大島收到一任其斷絕邦交的時期和方法之電報指示的同時，混成旅團司令官大島（義昌）少將也收到清朝軍隊如有增派跡象，則以主力征討眼前敵人的電報命令。該日，袁世凱留下唐紹儀，他自己偷偷離開。

七月二十日，大島向朝鮮政府提出最後通牒，建議為完全自主要令清朝軍撤兵，並以七月二十二日午後十二時為期限。二十三日，日軍入侵王宮，把引退中的大院君再度拉出來。大院君得到不割寸土之日方保障之後，才答應要出馬。二十四日開始所謂甲午改革㉒，二十五日朝鮮廢除中朝商民水陸貿易章程等等。同日，唐紹儀由朝鮮撤退；混成旅團的主力由漢城南下。同一天，在豐島海面中日進行了海戰，高陞號被擊沈。二十九日，有成歡、牙山之役。

6 中國政府內的主戰論和迴避開戰論

(1) 開戰當時的決定政策機構

光緒帝（一八七一－一九〇八，在位一八七四－一九〇八），從一八七八年二月開始「親政」。但至一八八九年三月，行西太后的「訓政」（先乞西太后懿旨，然後再奏聞皇帝的方式）。爾後西太后亦看主要奏文，干涉人事。更挪用許多海軍建設經費以建造頤和園。

在軍機處和總理衙門，如前面所述，自一八八四年的政變以來，雙方的首腦由不同人士出任。軍機處以禮親王為中心，總理衙門以慶親王為首腦。在雙方任職的只有徐用儀和孫毓汶兩個人。

在決定政策方面具有重要發言力的是，北洋大臣李鴻章。北洋大臣統轄北洋海軍，也擁有派兵和購買外國武器的權限。對於駐外使館，透過文書往還，作事實上的指揮，在這一點與總理衙門具有競爭關係。自一八八一年以來，北洋大臣又管轄朝鮮事務，一八八五年以後，透過駐在漢城的「Resident」的道員，指揮和監督朝鮮的內政和外交。管轄朝貢國之官廳的禮部，自一八八一年以後，關於朝鮮，只掌管典禮關係的事務。

又，對於決定政策具有主要影響的，有光緒帝的親信重臣翁同龢和李鴻藻。從一八八二到八四年的政變，翁同龢曾任軍機大臣。從一八八二年到八四年他是皇帝的師傅，從一八八六到九八年是戶部尚書。李鴻藻自一八八七年以來出任戶部尚書，其以「清流」的後盾而馳名。他也是於一八八四年的政變時被趕出軍機處的其中一人。這兩個重臣嚮往以緊縮財政、刷新吏道等改革手段之傳統想法的改革，在此種意義上，與新興督撫是對立的。他們雖然不一定反對改革，但他們認為，改革不是由地方督撫，而應該由北京政府以傳統思維來實行。

(2) 主戰論和迴避開戰論

想迴避與日本戰爭的第一個人是李鴻章。他知道北洋軍備內容的空洞，也很熟悉日本的軍備。因此欲以外交手段利用列國來控制日本。任職於軍機處和總理衙門的徐用儀和孫毓汶在北京政府中樞，支持李鴻章迴避開戰論的立場。李鴻章是西太后權力的一個重要支柱，多年來信任李鴻章，而且希望能夠順利過今年十二月虛歲六十歲生日的西太后，也傾向於不願意與日本交戰。

反此，力主戰爭論的中心人物為光緒帝及其親信翁同龢和李鴻藻。户部尚書翁同龢對李鴻章的挑戰，以户部和海軍衙門的設法籌劃，於七月三十一日，將三百萬兩巨款交給北洋，令李鴻章陷於窘境。

七月十六日，翁同龢、李鴻藻、軍機處和總理衙門，在北京舉行了聯席會議。翁同龢和李鴻藻主張立刻對朝鮮增兵，但大勢傾向於慎重論，其結論於十八日上奏。隔日，即七月十九日，李鴻章下令增派二千三百名前往牙山。他同時計劃送六千人到平壤。

光緒帝希望於七月二十七日宣戰，但北洋大臣一直盼望能夠迴避戰爭。總理衙門也支持這個立場，以抑住皇帝、軍機處、翁同龢和李鴻藻的開戰論。總之，未決定開戰時期就交戰了。李鴻章既不一舉派大軍，也不採取完全不派兵的方針，挾在國內反對勢力中間，以不徹底的辦法稍稍增援部隊，這可以說是政略上和戰略上很大的失敗。

7 開戰

在成歡、牙山之役，清軍大敗。七月三十一日，中國透過總理衙門經由小村臨時公使，通告與日本斷絶邦交。八月一日，兩國分別發佈宣戰詔書㉓。二日，日本與朝鮮簽訂日本朝鮮暫定合同條款七條，由此承認日本對朝鮮國內改革的指導權，和同意漢城、仁川間，漢城、釜山間建設鐵路權，以及從前日本所建設漢城、仁川間及漢城、釜山間軍用電信的事實。二十六日，日本與朝鮮簽署了稱為大日本大朝鮮兩國盟約的攻守同盟。

第六節　中日甲午戰爭的經過與清朝的政情

1 平壤之戰與黃海海戰

一八九四年九月十六日，發生了平壤之戰。中國陸軍大敗潰走，越過鴨綠江退到中國國內。因此一戰，中國決定性地失去了朝鮮㉔。繼而於九月十七日，有黃海海戰，中國喪失軍艦十二艘中的五艘。從此以後，北洋艦隊迴避遭遇日本艦隊㉕。

平壤、黃海之戰，立刻對於國際關係，尤其英俄的對立關係發生影響。在英國，九月二十四日《泰晤士》報的社論説，英日兩國之間没有明白的利害的對立，對於一直欲在太平洋尋找不凍港之俄國的行動，為英日兩國所關注。十月，英國政府，如後面所述，對於朝鮮的獨立和支付償金二條件，意圖聯合干涉

㉖。開戰前，支持中國支配朝鮮的法國，因遠東勢力均衡的變動，馬上開始急劇變化。與此同時，俄國艦隊為經由蘇彝士運河前往東亞，日夜大忙而特忙㉗。

2 恭親王、翁同龢、李鴻藻再獲重用

被追究在朝鮮敗戰的責任，李鴻章於九月十七日被褫奪三眼花翎和黃馬褂的兩個榮典。成歡、牙山之役時，上奏大勝之虛報的李鴻章，以九月十九日的上奏文論辯敗因說，乃由於速射砲和連發之不足。同時指出，只以北洋對抗全日本的現況，力主有舉國持久戰之必要。

九月二十九日，賦予恭親王「管理總理各國衙門事務、總理海軍事務、辦理軍務」的重大權限。十一月三日，令翁同龢、李鴻藻重任軍機大臣（其前一天的十一月三日，設立「督辦軍務處」和「巡防處」，皆以恭親王、翁同龢、李鴻藻和慶親王為其首腦。

另一方面，八月以來不斷地有彈劾李鴻章的上奏文，繼而其非難攻擊箭頭指向西太后，由之加深了皇帝與西太后的鴻溝。

3 戰況的進展

一八九四年十一月二十一日，旅順港淪陷。此時發生了日軍的屠殺事件。這是在數日前的戰鬥，中國軍砍日本兵的頭以為梟首的報仇行為。這個日軍的屠殺事件，立即為世界的報紙所宣傳，碰巧當時美國參議院正在審議美日新通商條約，對其通過曾經躊躇㉘。

旅順港淪陷之後，李鴻章被剝奪陸軍的統帥權㉙。以後，北洋艦隊自閉於山東半島的威海衛，僅僅有

時候遊弋於登州和山東半島東端之間，一看到日本艦隊，就躲起來。

日本軍部曾準備進攻北京，惟因耽心王朝崩潰以後將失去交涉對象之伊藤博文的意見，遂變更戰略進行山東作戰。一八九五年一月二十日，日軍登陸山東半島，二月一日以前佔領了威海衛的南北砲台，北洋艦隊由之從海陸被關在威海衛港裡頭。二月十一日，北洋艦隊司令長官（丁汝昌）自殺，北洋艦隊十一艘軍艦投降㉚。

三月三十一日，日本海軍佔領澎湖島。從三月二十日已經在下關開始媾和交涉，迨至佔領澎湖島的隔日即四月一日，日方才提示條約案。換句話說，佔領澎湖島是以製造要使中國割讓台灣之既成事實為目的所進行政略性佔領。

第七節　媾和交涉

1　李鴻章請俄國武力干涉

李鴻章之傾向俄國，與總理衙門自伊犁事件以來很反俄成為顯明的對照。自平壤、黃海敗戰之後，西太后和李鴻章想提供代價請俄國武力干涉。十月十二日，李鴻章與俄國駐華公使加西尼會面時，加西尼表示俄國正在觀望形勢中，無意武力干涉，反而建議中國早日與日本議和。但又表示，俄國也無意單獨斡旋媾和。

2 英國的共同干涉

開戰前中國政府，尤其是知道中國沒有充分軍事力量的李鴻章，欲以列強的壓力使日本從朝鮮撤兵。事實上，俄國和英國曾經分別嘗試過調停，美國也因為朝鮮國王的請託，嘗試過調停。但日本卻排拒列國的干涉，一邊取得列國的諒解，一邊進行出兵的佈置，採取先下手為強的政策進入戰爭。

而敏感反應平壤、黃海戰鬥之勝敗的，如前面所說是英國。羅斯伯利內閣的外相金巴利，以賠償戰費和列國保障朝鮮之獨立的兩個條件，意圖聯合干涉，說服德國、美國、俄國和法國（十月六日）。但這四國沒有接受。

十月八日，英國單獨對日本提出中日媾和。但日本以不是提示媾和條件的時候而予以婉拒（十月二十三日）。

英國也對中國建議議和（十月十日奧孔那與李鴻章會面）。但當時希望俄國武力干涉的李鴻章拒絕（但兩天後俄國公使加西尼表示没有武力干涉的意思，前面已說過）。十月十三日，英方對恭親王作同樣的建議。十月十四日，軍機處就此事舉行協議，展開大辯論。最後，翁同龢、李鴻藻的強硬論佔上風，拒絕英國的建議。

3 派遣得特霖到日本

因日軍遼東作戰之進展的衝擊，中方開始直接試探日本政府對媾和的態度。首先，派遣與李鴻章親密的德國人天津稅務司得特霖，以李鴻章之「委員」的身分前往日本。他帶著李鴻章給伊藤博文的照會和半正式的書信，於十一月二十六日在神戶登陸。這是旅順淪陷五天以後的事。日方完全不理他，故於十一月二十九日由神戶搭船回中國。

4 美國的斡旋

因美國政府（總統柯立芝、國務卿W·G·格列夏姆）的提議，於一八九四年十一月四日，對駐日公使愛特恩·旦(Edwin Dunn)和駐華公使查利·田比(Charles Deuby)以電報指示，要其分別向日本政府和中國政府表示美國願意斡旋。日本政府接受了。他們認為，時期雖然早一點，但早晚總得透過第三國來從事和平交涉最為方便，而這第三國以美國最為理想，因此終於接受了。中國方面，於十一月三日，曾以朝鮮的獨立和賠償戰費為條件，請美國、英國、法國和俄國公使聯合斡旋，但終於接受了美國的單獨斡旋。同時表示其條件為朝鮮的獨立和支付賠償。此事於十一月二十三日傳達了日本外相陸奧宗光。日本拒絕以清朝案為基礎，只要求遣派全權代表。

以後，田比公使和旦公使，一直扮演中日兩國間媾和交涉的通信管道(channel of communication)。尤其是田比扮演了總理衙門的顧問和說服者的角色，常常協助外交文書的起草。

5 派遣張蔭桓、邵友濂到日本

總理衙門大臣户部侍郎張蔭桓和署湖南巡撫邵友濂，以曾任美國國務卿的約翰·W·霍斯達(John W. Foster)為顧問，於一八九五年一月三十一日到達廣島。二月一日和二日，與日本代表伊藤博文和陸奥宗光會見。日方以中國代表的全權委任狀不齊全，拒絕進入交涉，並對中方非正式地暗示希望能派恭親王或李鴻章㉛。

6 下關媾和交涉

二月十一日丁汝昌自殺兩天後，即於二月十三日，中國政府任命李鴻章為頭等全權大臣。二月十六日，日本提示如下媾和條件之原則。㈠支付賠償金；㈡朝鮮的獨立；㈢割地；㈣簽訂新通商條約。二月二十一日，李鴻章來到北京。

李鴻章、慶親王和軍機大臣，與皇帝、西太后一再舉行會議。中方同時請列國政府從事調停，但以美國已經出面在斡旋，所以都予以婉拒。三月二日，北京政府以上諭，同意割地和賠償戰費作為條件。

給李鴻章的全權委任狀，仿照日方者起草，包含上次成為問題的三點。

媾和交涉，從三月二十日至四月十七日，在下關（馬關）舉行。霍斯達此次也以顧問身分同行。三月二十四日，第三次會見後回住宿途中因李鴻章被人襲擊受重傷，日方遂提出除台灣、澎湖島外無條件停戰，三月三十日簽署停戰條約。停戰的期限到四月二十日中午。

四月一日，日方正式提示條約案。其內容為：㈠朝鮮的獨立；㈡割讓遼東半島、台灣、澎湖島；㈢賠款三億兩，分五年支付；㈣簽訂新通商條約；㈤保障佔領瀋陽和威海衛。

對於日本案的報告，於四月三日到達北京。關於割讓領土，政府內部曾有激烈爭論。對於割讓遼東半島，全體反對。關於台灣和澎湖島，皇帝和軍機大臣大多數人原則上贊成，翁同龢顧慮「清議」斷然反對，最後強硬論獲勝。四月八日，李鴻章收到不同意割讓領土的訓令。

四月九日，李鴻章對日方提出如下的對策。㈠割讓瀋陽南方四縣和澎湖島；㈡賠款一億兩；㈢加上仲裁裁判條款。四月十日第四次會面時，日方提出如下的修正案（出席者伊藤博文、李鴻章、李經方（四月七日成為全權代表），陸奧宗光因病缺席）。㈠割地為奉天省南部地方（比原案縮小）、台灣和澎湖島；㈡賠款二億兩，分七年付款；㈢不同意加仲裁裁判條款。

四月十五日上午，李鴻章收到總理衙門之如不得已，可以無修正地接受日本修正案的訓令㉜。

第五次談判舉行於四月十五日，從下午二時半到下午七時，日方稍作讓步。即威海衛的保障佔領軍減到一萬人，其經費自二百萬兩減到五十萬兩。由之於四月十七日，舉行簽訂儀式，簽署了中日媾和條約、關於佔領威海衛別約、和追加停戰條約（規定停戰延長至預定交換批准日之五月八日）。

7 媾和條約的內容

中日媾和條約（通稱馬關條約）一共有十一條條文。其重要內容為：㈠清朝確認朝鮮之獨立與廢止朝貢典禮等（第一條）；㈡中國要對日本割讓遼東半島、台灣、澎湖列島（第二條）㉝；㈢軍費賠款二億兩（分七年付款）（第四條）；㈣簽訂新通商條約（在這之前要給日本最惠國待遇）。此外，a要開沙市、重慶、蘇州、杭州四港；b同意航行至長江之重慶，以及由吳淞江和運河航行至蘇州、杭州之權利；c同意日本人在開港場和開市場經營製造業㉞（第六條）；㈤威海衛之佔領保障（第八條）。

8 中國的主戰論和拒和論

四月一日的日本案於三日報告到北京之後，立刻洩露到外邊。從四月三日到五月八日交換批准之間，相繼出現拒和上奏，主戰論非常激烈。在這期間，到皇帝手裡的拒和上奏，收在《清光緒朝中日交涉史料》者，有一百三十件。其聯署者達二千五百人次，包括劉坤一、王文韶、張之洞等總督級大官和都察院、翰林院的少壯官吏。

而且，沒有上奏權的小官和舉人等為催迫代遞上奏文，雲集於堂官轎子周圍。同鄉舉人上書有三十件，聯署者達一千五百人。「清議」之盛況，可謂空前。康有為起草著名的「公車上奏」（公車係舉人之意）時集了一千二百多名舉人，六百零三人聯署。這個奏文是請求拒和、遷都和變法的。惟因起草得太慢，終於沒有上呈，但其抄本廣為流傳（其內容，我們在下一章討論）。

這些上奏文之拒和論和主戰論的內容，與亞羅戰爭時的主戰論之為觀念論、中華思想的相當不同其論調。但其共同點有三點：第一，在批判媾和條約內容方面，反對支付賠款、割讓領土、給予更多的通商權益（提到所謂六條二項四款的問題）。但很少人反對朝鮮的獨立。第二，彈劾孫毓汶、徐用儀和李鴻章。第三，這個拒和論和主戰論，與國內政治刷新庶政的要求是結合在一起的。這些上奏文，憂慮中國的自主、自立將受到威脅，並預言戰後列強的侵略和內亂會繼續發生。由這些主戰論和主戰論者，產生和組織了戰後的變法運動㉟。

第八節 三國干涉

李鴻章將媾和交涉經過通報了列國，以為其干涉的準備。等到收到其老友前德國駐華公使洪・布蘭特（當時在柏林服務）的密碼電報的情報，李鴻章才簽訂媾和條約。

干涉由俄國主導（羅巴諾夫外相持消極說，以為要與日本一戰應該此時的財相威特的強硬論獲得支持）。一八九五年四月二十三日，俄、德、法三國公使對日本政府表示，日本之擁有遼東半島將危害中國首都，使朝鮮之獨立變成有名無實，並成為「遠東和平」永遠的障害。與此同時舉行武力示威，俄國軍艦十七艘、德國軍艦二艘、法國軍艦一艘集結於交換批准預定地芝罘。

日方最後不得不屈服。這主要是軍方的意見。五月五日，日本政府對三國回答：願意放棄整個遼東半島，但馬關條約照預定批准交換，歸還遼東半島要賠款。五月八日，按照預定交換批准書，同年十一月八日，在北京，李鴻章與日本公使林董簽署歸還遼東半島條約，中國約定支付三千萬兩賠款。十二月二十一日，遼東半島正式還給中國㊱。

台灣和澎湖島，於一八九五年六月二日，依媾和條約規定，正式交給日本，同年四月，媾和條約內容傳到台灣，抵抗空氣高漲，五月二十五日，成立「台灣民主國」。台灣民主國的主體是台灣的鄉紳，劉永福的黑旗軍也參加這個陣營。推舉台灣巡撫唐景崧為總統。台灣民主國於同年中崩潰，以後台灣人繼續抵抗相當長的時間，所謂「土匪」，於一九〇二年才被平定㊲。

註釋

①譬如納富介次郎、日比野輝寬《文久二年上海日記》（全國書房，一九四六，全一六五頁）。

②譬如中日戰爭以後不久所出版姚錫光《東方兵事紀略》（一八九七），就明治維新這樣寫著：「德川氏頗能以文治平國。故二百年來海波不警以此。……〔同治〕七年，今之日本國主嗣位，改元明治。十月，其霸府德川喜慶歸政。終於削藩侯，置郡縣，平內難，改服飾，制度一循西法，稱維新。而我東方從此多故。」

③何如璋是一位很出色的學者，開設當初的東京清朝公使館，有許多日本漢學家和漢詩人出入，流行所謂「參拜清朝公使館」。請參考實藤惠秀《明治日支文化交涉》（光風館，一九四三），頁六七—一一二（〈清朝公使館物語〉）。

④一八七三年（公佈徵兵令之一年）當時，日本海軍有二艘甲艦艦 一艘鐵骨木皮艦、十四艘木製小艦，其排水量一共一萬三千九百公頓（四手井綱正《戰爭史概說》〔岩波書店，一九四三〕，頁四一〇。

⑤這個協定沒有正面提到琉球的歸屬問題。但協定前文卻說「以台灣生蕃對日本國屬民等妄加害」。

⑥為這個法國傳教師被殺事件，法國駐中國臨時代理公使伯羅聶(Bellonet)曾向總理衙門抗議，對此總理衙門說，對於朝貢國朝鮮不干涉其內政，故拒絕適用一八五八年的天津條約於該地發給法國傳教師護照。因此伯羅聶便獨斷實行遠征。法國海軍滯陣江華島一個月，不能開始交涉，並為朝鮮兵的奇襲所困擾，且迫近結冰期，故遂紛紛逃走。於是巴黎召回了伯羅聶。因當時歐洲的政局極為險惡，所以法國政府不能採取更強硬的態度。

⑦為測量朝鮮沿海所派遣的雲揚艦，其實是日本大久保利通政權欲與朝鮮建立外交關係的構想所作有計劃性的示威行動。（信夫清三郎《近代日本外交史》〔中央公論社，一九四二〕，頁五〇—五一）。關於江華島事件的詳細，請參看田保橋潔《近代日朝關係之研究》（朝鮮總督府中樞院，一九四〇），上卷，頁三九三—四一二。請同時參閱彭澤周《明治初期日韓清關係之研究》（塙書店，一九六九），頁一六七—一七一。

⑧這個條約沒有最惠國條款，但一八八三年七月二十五日簽訂的「在朝鮮國日本人民通商章稿」第四二條，加上只有日方享有最惠國待遇之片面的、無條件的最惠國條款。請參看外務省條約局編《舊條約彙纂，第三卷（朝鮮、琉球）》（一九三四），頁五〇。

⑨美國政府將國王給總統的書信，與條約本身分開處理，並沒有公開棄而不顧。總統給國王的回信，否定宗屬關係，並說要朝鮮當作完全自由獨立的國家看待。

⑩朝鮮與俄國，於一八八八年八月八日簽訂了朝俄陸路通商協定。在東方的英國人，以此為俄國插足朝鮮半島的第

一步。

法國於締結一八八六年條約之前，已於一八八二年六月，在濟物浦與馬建忠進行過條約的交涉。但此時馬建忠主張插入禁止天主教傳教條款，法方認為在條約中不能規定不得傳教，故交涉未成功。當時，因為越南問題，法國和中國的關係非常險惡。

⑪ 同意駐屯「兵員若干」這個駐兵權的規定，後來爆發中日戰爭時，由日方援用於出兵的法律上根據。

⑫ 梅連特爾夫為德國人，自一八六九年以來，為中國海關的職員。在這期間，從一八七五到八一年，工作於德國駐中國領事館。

⑬ 一八八四年春天（農曆四月），為與李鴻章交涉，傅爾聶與法國艦隊北上，為了因應，中國將在朝鮮兵力的一部分，移往金州（《清季外交史料》，卷四〇，頁二四—二五；卷四一，頁二一—二三）。

⑭ 牧野伸顯《回顧錄》（文藝春秋新社，一九四八—四九年，全三册），第一册，一四六—四七頁。海軍省官房編《山本權兵衛與海軍》（原書房，一九六六），頁二一八。

⑮ 第三條是經過激烈爭辯後規定的。李鴻章主張，對於屬國的內亂，清朝可以自由出兵。伊藤認為必須是「互相均一之約定」，並提出中日雙方沒有他方的同意不得出兵的代案。最後，成為上述第三條那樣的規定（伊藤所起草）。

⑯ 這件事非常刺激俄國，同年開始建設西伯利亞鐵路。西伯利亞鐵路的建設，反而使日本人開始緊張起來。

⑰ 四手井綱正《戰爭史概説》（岩波書店，一九四三），頁四一—四三。

⑱ 其原因有日本之插足朝鮮和朝鮮政策的問題。關於這一點，有重視朝鮮開國以來日本對朝鮮經濟勢力增長之因素的解釋，和重視政治因素的解釋。

⑲ 排外使用「斥倭洋」的字眼。其所以用「倭」字，有因與日本貿易影響人民生活的問題。譬如從一八八九年（明治二十二年）到一八九三年（明治二十六年）發生的「防穀令事件」，也應該與其關聯去瞭解才對。防穀令事件

是，一八八九年因漢城政府禁止輸出糧食一年所發生的事件。其背景是，朝鮮開國以來，海外商品流入農村，相反地米和大豆流出外國特別是日本，在釜山、元山等地，日本的糧食商派居留當地的店員到農村收購囤積，甚至藉貸款殺價購糧食。因日本的抗議，禁止輸出幾個月就解除了，但為賠償問題而鬧翻。一八九三年，因此事件日本輿論沸騰，因首相伊藤博文交代，李鴻章出面斡旋，結果由朝鮮支付十一萬日圓賠償金告一段落。有關中日戰爭前朝鮮近代史上的獨立黨和東學（甲午農民戰爭），最近朝鮮和日本的研究者有相當詳細的研究，而有與從前不同的角度來重新評估的努力。譬如有人說，甲申之變政變之主體的獨立黨，可以說是西歐式的改革派，其主要成員具有一種精英意識，具有將一般民眾視為「愚民」的意識。另一方面，獨立黨作為政治上的方便以借用日本人的援助，但他們本身是主體的朝鮮改革派，這與後面所述中日戰爭爆發之後，所謂甲午改革之主體的金宏集的開化派政權具有來歷上的關係。反此，東學的構成要素雖然各種各樣，但與獨立黨比較時，像以農民為基礎，其主張雖然有各色各樣的想法，雜有古老的思維，但總的來說，獨立黨的想法偏向於西方式的開化，東學是重由下而上的自生的變化。

⑳ 從大沽或山海關到仁川，坐船只需十二、三小時，從日本的宇品到仁川，同樣坐船卻需要四十多小時（陸奧宗光《蹇蹇錄》（岩波文庫，一九三三年版），頁二八—二九。

㉑ 請看陸奧宗光《蹇蹇錄》（岩波文庫，一九三三年版）以下的說明。「我個人則認為，朝鮮內政的改革，乃為政治上所需要，除此以外沒有任何其他意義。因我不認為有從義俠精神與十字軍出發之必要，故朝鮮內政之改革，首先應以日本利益為主要目的為限度，不能因此犧牲日本的利益。……所以我自始就不特別重視朝鮮內政改革本身，同時我也懷疑：朝鮮這樣的國家，究竟能不能作好改革，不過，朝鮮的內政改革既然成為外交上的問題，日本政府自不得嘗試其實行……。」（頁四六）（句逗號為引用者所加）。

㉒ 甲午改革是一種由上而下的改革，乍看之下，好像是短期就結束的紙上改革，其實在朝鮮政治上、經濟上、社會上留下很深遠的影響。關於這個問題，稍微舊了一點，作為基礎的研究，請看田保橋潔以下未完成的出色論文：

「近代朝鮮的政治改革」（第一篇）（朝鮮總督府朝鮮史編修會編《近代朝鮮史研究》〔朝鮮總督府，一九四四〕，頁一—三〇二）。最近的研究，請參看姜在彥（一九二六—）《近代朝鮮之思想》（紀伊國屋書店，一九七一），頁一三八—一四八。姜在彥認為甲午改革是「改良的開化思想之反映」。

㉓ 「我政府的廟算是，在外交上採取被動的態度，在軍事上則一定要制機先，即在迅雷不及掩耳的時機，外交、軍事的關係上要步步聯行，各當局之慘淡苦心，現在回想起來，真令人仍覺竦然。」（《蹇蹇錄》〔岩波文庫，一九三三年版〕，頁三三。

㉔ 中國軍曾掠奪強暴使朝鮮民心叛離。日軍增援到達前中國軍南下並不攻擊，集結在平壤，軍官天天宴會享樂。日軍分為四面進行包圍作戰。特別從東海岸的元山登陸，大迂迴從西北進攻平壤之支隊的行動，中國軍遭到意外的突襲（姚錫光《東方兵事紀略》）。

㉕ 黃海海戰，證明了擁有大口徑速射砲高速力新型巡洋艦，如果指揮得當，能夠對抗舊式笨重的主力艦（田保橋潔《日清戰役外交史之研究》〔刀江書院，一九五一〕，頁三四六。

㉖ William Langer, *The Diplomacy of Imperialism 1890-1902*, 2nd ed. (New York: Knopf, 1956), pp.174-175.

㉗ 陸奧宗光《蹇蹇錄》（岩波文庫，一九三三年版），頁一三七。

㉘ 同前註，頁九八—九九。

㉙ 十一月二十三日，李鴻章遭到「革職留任」的懲戒處分。十二月二日，以兩江總督劉坤一為欽差大臣，予山海關以東諸軍的指揮權。一八九五年一月二十三日，任命雲貴總督王文韶為署理北洋大臣直隸總督；八月二十九日，出任北洋大臣直隸總督。李鴻章自一八七二年以來是內閣大學士，一八九五年八月二十九日離開北洋大臣職務之後，仍奉命「留京入閣辦事」，一八九六年十月二十四日，兼任總理衙門大臣。換言之，他在中日甲午戰爭之後仍然維持了大學士兼總理衙門大臣的政治生命。

㉚ 因以「海軍總教習」指導北洋艦隊的英國人朗格上校(Captain Lang)非常嚴格，為中國軍官所討厭，故以計謀於

一八九〇年把朗格趕走。從此以後，操練遂馬馬虎虎，高級軍官及其家屬便住在陸上，每年北洋結凍就巡航南洋，在香港、上海吃喝玩樂。丁汝昌為淮人，原為陸將，不懂近代海軍。參謀長劉步蟾雖為留學歐美學習海軍軍事的才子，惟因是福建人，故多起用同鄉人，幾成福建幫（姚錫光《東方兵事紀略》，以及田保橋潔《日清戰役外交史之研究》，頁二八八—二八九。

㉛ 張蔭桓和邵友濂所持有的全權委任狀，雖具有對兩人之上諭的形式，但全權委任狀最重要的部分卻這樣寫著：「派為全權大臣。與日本派出全權大臣會商事件。爾一面電達總理衙門。請旨遵行。」日方認為，這個文字沒有明載全權委任狀的必要條件。即第一，沒有明寫交涉事項；第二，沒有附賦締結條約的權限；第三，沒有提到皇帝的批准。中國之所以給其這樣的全權委任狀，不是中國政府不諳國際慣例，而可能是由於崇厚簽訂利巴迪亞條約時的伊犁事件的慘痛經驗所導致。

㉜ 日本於一八九四年夏天，開戰前夕，解讀了中方的電報密碼。在媾和交涉中李鴻章與總理衙門往還的電報，原封不動地被日方所解讀。請參看山邊健太郎〈外交文書與密碼〉（《密斯滋》，三九號，一九六二年六月），和外務省百年史編纂委員會編《外省之一百年》（原書房，一九六九），下卷，頁一三二五—一三三〇。

㉝ 割讓遼東半島是，為控制朝鮮和北京的軍事上理由，日本陸軍所要求的。台灣和澎湖島的割讓，是日本海軍要求的。這是鑒於中法戰爭時法軍的佔領，知道其在軍事上的重要性，同時認為，第三國佔領台灣和澎湖島，中部日本以西將面臨危險所致。

㉞ 其所以有同意日本人經營製造業之第六條二項四款的規定，長久被認為，因日本的棉工業，尚未發達到強非硬要求在中國設廠不可的程度，他國給予暗示日本加進去的。外國人工廠從一八六〇年代逐漸開始出現。一八八二年以前有七十個工廠（其中四十四個在上海）。可是對於與中國簽訂條約，在開港場是不是的確可以從事機械工業一事，總理衙門與外國自一八八二年以來有爭論。事實上，從一八八二年以後，中國當局對於條約港的外國製造業，有予以鎮壓的傾向，一八八二年當時，據說上海有十五個工廠，全國有二十個左右的工廠。在另一方面，日

本也於一八八七年以來，欲在條約港設立工廠而與中國政府開始交涉。日本之所以提出這個要求，是因為日本棉業資本家要求在上海建設原棉工廠。為了贏得與印度棉紗的競爭，希望以中國的原棉作為日本棉業的原料。關於這個問題的詳細，請參看波多野善大《中國近代工業史之研究》（東洋史研究會，一九六一），第四章。對於以上所摘要波多野的說法的批判，請參考中塚明《日清戰爭之研究》（青木書店，一九六八），二七九—二八七頁。對於這個問題，批判從前的諸研究，使用東洋文庫所藏喬治·莫里遜蒐集的小冊子中資料所作最近研究，請參閱田中正俊〈日清戰爭的上海近代「外商」紡紗業與中國市場——以 Charles Denby, Jr.,"Cotton-spinning at Shanghai," the Forum, September 1899 的分析為中心〉（山田秀雄編《殖民地經濟史之諸問題》〔亞細亞經濟研究所〕，頁一—三三）。

㉟ 本項的敘述，許多地方參考市古宙三〈日清戰爭時中國之主戰論〉（一九五五）（重刊於市古《近代中國之政治與社會》〔東京大學出版會，一九七一〕）。

㊱ 陸奧宗光對於招來三國干涉，在《蹇蹇錄》作這樣的解釋。「內外形勢如此互不相容，要予以調和極其困難，若強行調和，不能不考慮當時必然發生於內部之激動，其危害他日或比外來之事變更為嚴重。政府處於內外兩難之形勢，較量時局之緩急輕重，常先其重且急者，而後輕且緩者，對內難盡力緩和，外難則盡量限制，完全不能限制者則努力於拖延其禍機之發生，可謂已盡外交之能事。……此次馬關條約之變更，在事後之今日觀之，政府屈從外國，但在事前之大勢，其實對內部有所顧慮才為事實之真相。……我相信，當時以任何人當此局亦絕無他策。」（岩波文庫，一九三三年版，頁二九七—二九九）。

㊲ 關於台灣人的抵抗，請參看許世楷《日本統治下之台灣—抵抗與鎮壓》（東京大學出版會，一九七二），黃昭堂《台灣民主國之研究》（東京大學出版會，一九七〇）。向山寬夫之〈日本統治下的民族運動〉為未出版的博士論文（一九六一），為兩百字稿紙四千五百八十張的大作，敘述從首任台灣巡撫劉銘傳的政績到二次大戰後對於國民政府的抵抗，非常有分量（在日本國會圖書館可以閱覽）。

第十二章 爭奪利權的競爭與戊戌變法

天下大器也，難成而易毀；兆民大衆也，難靜而易動。……日本一小島夷，能變舊法，乃敢滅我琉球，侵我大國。前車之轍，可以為鑒。

——康有為，「公車上書」（一八九五）

第一節 列強爭奪利權的競爭(the Battle of Concession)

1 序論——國際環境的變化

(1) 朝貢國（緩衝地帶）地帶的崩潰

如前面所述，中國周圍朝貢國地帶當中，已經失去了緬甸和安南。在內陸亞細亞，國界線雖然是後退了，但卻設置新疆省，加強了統治。蒙古和西藏仍然照舊沒動。現在因為甲午戰爭一下子失去了朝鮮、琉球和台灣①，「睡獅」的神話也隨之破滅，滿清王朝之根據地東三省（奉天、黑龍江、吉林三省）成為權力政治的下一個焦點（譬如三國的干涉和俄國的主導）。

(2) 美國和德國登場東亞國際政治舞台

美國因為美西戰爭（美國和西班牙的戰爭，自一八九八年四月二十一日至十二月十日）獲得菲律賓群島，深深插足東亞的國際政治。同時德意志帝國對中國的政治關心，以威廉二世（一八五九—一九四一，在位一八八八—一九一八）的海外膨脹政策為背景而高漲。如前所述，德國之參與三國干涉就是它的例子（不過這也是其牽制俄法同盟的一個方案）②。

2 外國企業的進入

如前面所述，在一八九五年以前，在法制上是不容許的，但在條約港，事實上外國人已經在那裡經營工業了。馬關條約六條二項四號，予這個事實以法律上的承認。因此，外國資本對條約港的工廠的投資，更加安全。從此以後，條約港的外國人工業日盛。首先是以紡紗為中心，其中英國的企業最多。不過其大部分是中外合辦，中國人也是股東，也有於該公司任職者③。

3 借款

(1) 為籌措戰費的借款

中日甲午戰爭時，中國政府因財政困難而發行國內公債，惟只籌到一億一千零二萬兩，所以不得不依靠巨額的外債。以下是籌措戰費的借款。

㈠第一次英國借款（一八九五年一月二十六日）。金額一千萬兩。利率年七分。

㈡第二次英國借款（同日期）。三百萬英磅。利息年六分。

㈢德國借款（南京借款）（一八九五年六月二十日）。一百萬英磅。利率年六分。

㈣第三次英國借款（卡色爾借款）（一八九五年七月）。一百萬英磅。利率年六分。

這些借款，以海關收入作擔保。總而言之，中國以英國的資金打了甲午戰爭④。

(2) 為支付賠款的借款

甲午戰爭結果，清朝政府對日本賠款二億兩，贖回遼東半島款項三千萬兩，以及負擔威海衛保障佔領費每年五十萬兩。由此中國不得不借外債來還債。

㈠俄法借款（一八九五年七月六日）。四億法郎（一千五百八十二萬英磅）。利率年四分。以海關收入作擔保⑤。

當時，總理衙門對於俄國政府提議保證支付本利，表示很深疑惑（《清季外交史料》，卷一一三，頁一八等）。

㈡第一次英德借款（一八九六年三月二十三日）。一千六百萬英磅。利率年五分，以海關收入為擔保。

㈢第二次英德借款（一八九八年三月一日）。一千六百萬英磅。利率年四·五分。以海關收入作擔保，以及長江流域若干地域之一般釐金和鹽的釐金（其徵收置於總稅務司管轄下）。

4 俄清密約與中東鐵路（東省鐵路）

一八九六年俄清密約的時代背景是，李鴻章在甲午戰爭後向俄國靠攏，以及一八九五年二月，成立了俄國法人俄清銀行(Banque Russo-Chinoise)（「華俄鐵勝銀行」）。創立這個銀行的是巴黎的四家大銀行和金融界的巨頭。這是俄法同盟以來，法國資本流入俄國的一個例子。

一八九六年三月，李鴻章奉派參加俄國皇帝尼古拉二世（在位一八九四—一九一七）的加冕典禮。其所以被選派為慶賀大使，係由於俄方的特別要求。乘李鴻章訪俄的機會進行交涉，該年六月三日，在彼得堡簽訂了俄清秘密同盟條約（李・羅巴諾夫條約）。但實際上從事交涉俄方代表是財相威特。全文六條，其要點如下：㈠對日本侵略俄國東亞領土、中國或朝鮮時，兩國要用一切陸海軍互相幫助，兩國不單獨媾和（第一條、第二條）；㈡條約之期限為十五年（第六條）；㈢中國同意俄國西伯利亞鐵路橫斷黑龍江和吉林省，俄國在戰時可以自由使用該鐵路。其建設權和經營權屬於俄清銀行。為此俄國駐中國公使與俄清銀行所訂契約，從中國皇帝確認之日起開始實施本條約（第四、六條）⑥。

該年九月八日，在柏林，駐俄公使許景澄（一八四五—一九〇〇）簽訂了「關於建設及經營中東鐵路之契約」，九月十二日，沙皇批准了中東鐵路公司條例⑦。所以第一，俄國所建設西伯利亞鐵路的橫斷線為一千英里，經過滿洲里、哈爾濱和綏芬河。西伯利亞鐵路幹線於一九〇四年完成。建設資金的大部分是法國人的投資。第二，基於一八九八年租借旅順、大連獲得建設權，建設了從哈爾濱到旅順的六百四十六英里的鐵路。

5 建設鐵路、開採礦山與外債

鐵路的建設，將廣大的中國內地，以廉價的運輸手段，與近代經濟的世界聯結起來。所以希望建設鐵路的不是中國，而是外國。但鐵路的建設，不是單從經濟觀點決定的。許多時候係出於戰略上的動機。中東鐵路就是因俄國的戰略而建設的。甲午戰爭以後，中國政府曾經自動要建設鐵路，這也是因為戰略上的需要。但中國自己没有資金，故只有依靠外債。其結果，鐵路經營權或多或少落於外國人之手。因提供貸款，發生了國際上的競爭。又為了設立自己國家的勢力範圍這種外國方面的政治意圖，也互相爭奪鐵路利權。

建設鐵路與開發礦山有密不可分的關係。如唐山鐵路所示，為搬運從煤鑛開採的煤，需要鐵路。相反地，建設了新鐵路，為供給其所需材料或燃料，必須開發礦山。同時，外資之投資鐵路的建設，往往以獲得該鐵路之沿線的礦山開採權為條件。因此外資之投資鐵路，自然會連帶帶動礦山的開發。如此這般，外資之一再投資鐵路和礦山，意味著列強之插足中國，已經從以貿易為首的時代，轉移到「輸出資本」的時代。

中國政府於一八九六年十月，設立鐵路總公司，任命盛宣懷為鐵路總公司事務督辦⑧。

以下，簡介其主要鐵路。

(1) 京奉線

這是北京、奉天（瀋陽）間的鐵路，一九〇三年完成到新民屯。向外國借貸建設資金時，中國政府曾經努力於不要讓俄國掌握鐵路支配權⑨。

(2) 京漢線

這是北京、漢口間的鐵路。張之洞早就主張要建設這條鐵路，動工於一八九九年，一九〇五年完成。張之洞所建設的漢陽製鐵所（鋼鐵廠）、萍鄉煤鑛和大冶鐵山，都是為了京漢線⑩。

(3) 「麥克唐納五鐵路」

英國以京漢線的同樣條件，要求由其建設：㈠天津、鎮江間；㈡河南、山西與長江間；㈢廣州、九龍間；㈣浦口、信陽間；㈤蘇州、杭州間的五條鐵路。此時，英國認為必要時要用武力來示威。一八九八年九月十四日，中國政府接受了英國的要求⑪。

(4) 滬寧鐵路

這是上海、南京間的鐵路，一九〇八年通車。這是英國系統⑫。

(5) 膠濟鐵路

為青島、濟南間的鐵路。德國因租借膠州灣（一八九八年三月六日）（後述）而得到建設權。一九〇四年通車。

(6) 滇越鐵路

法國主張雲南、廣東、廣西各省甚至於四川省為其勢力範圍。一八九七年，簽訂了同意將越南的鐵路延長到雲南府（昆明）的契約。一八九八年重新確認此項建設權，一九一〇年通車。

(7) 粵漢鐵路

這是漢口、廣州間的鐵路。一八九八年四月十四日，駐美公使伍廷芳與「美國中國開發公司」(American China Development Co.)簽訂了借款契約。金額為四百萬英磅。從一八九九到一九〇〇年冬天開始測量。一九〇〇年七月十三日，簽了追加契約，增加四千萬英磅的借款⑬。

一八九九年四月二十八日，英國和俄國在聖・彼得堡簽訂了司考脫・姆拉維也夫協定（司考脫為美國駐俄大使，姆拉維也夫為俄國外相）。這個協定的要點如下：㈠英國不在萬里長城以北尋求鐵路利權；俄國得在該地域追求鐵路利權。㈡俄國不在長江流域尋求鐵路利權；英國得在該地域追求鐵路利權。㈢山海關鐵路及其延長線為中國之鐵路，他國公司不得以其作為擔保或接受其轉讓。換句話說，這個協定是為鐵路利權劃分勢力範圍的例子⑭。

山西省以擁有豐富的鐵鑛而馳名，一八九八年五月二十一日，山西省當局給予北京辛迪加（由英國和義大利構成，資本是英國系），省內一定地域的鑛產物開採權和鐵路、道路、橋樑、運河等的建設權。同樣的利權設定，也行於河南省、四川省、湖南省和湖北省。

6　租借地（海軍基地）

(1)　膠州灣租借地（德國）

一直欲獲得膠州灣為海軍基地的德國，以一八九七年十一月一日德國人傳教師，因強盜襲擊村莊事件連累遭到殺死事件為藉口，於該年十一月十四日（得知事件四日後），派一小部隊登陸青島，佔領了砲台和港口。以武力威脅為後盾，於一八九八年三月六日，簽訂了租借膠州灣的條約⑮。

(2)　旅順、大連的租借地（俄國）

因一八九八年三月二十七日和五月七日，分別在北京和彼得堡修訂的兩個協定，而將旅順和大連（簡稱旅大）租借給俄國⑯。

(3)　威海衛租借地（英國）

一九八九年七月九日簽訂了是項租借條約。其租借期間為俄國租借旅大同樣的期間。

(4)　九龍半島租借地（英國）

一八九八年六月九日，簽訂了「關於擴張香港地域之條約」，承認已經成為英國領土之接續地域的租借。其名目是為了保衛香港。租借期間為九十九年⑰。

(5) 廣州河租借地（法國）

決定於一八九八年十一月十六日。租借期間為九十九年。

一八九九年三月，義大利曾經要求租借浙江省三門灣，但中國採取要以武力拒絕的態度，且全國反對的聲浪高漲，因此義大利只有放棄其要求。

7 不割讓宣言（「勢力範圍」的設定）

中國曾經幾次對特定國家發表過，不把一定的地域割讓給任何國家的宣言。這意味著中國承認這個地域屬於不割讓宣言之對手國家的勢力範圍⑱。在中國外交史上最早的不割讓宣言是，鴉片戰爭以後不割讓舟山群島的約定（一八四六年四月四日的虎門寨協定）。

以下是一八九七年至九八年的不割讓宣言

(1) 一八九七年三月三日及三月十五日關於海南島不割讓交換公文（應法國的要求）。

(2) 一八九八年二月九日及十一日，關於長江沿岸不割讓之交換公文（應英國的要求）。

(3) 一八九八年四月四日及十四日，關於東京鄰接諸省不割讓約定之交換公文（應法國之要求）。

(4) 一八九八年四月二十二日及二十四日關於不割讓福建省之交換公文（應日本之要求）⑲。

8 關於總稅務司之地位的宣言

因一八九八年二月十日及十三日，總理衙門給麥克唐納英國公使的公文，發表了有關總稅務司之地位的宣言。其內容為，英國與中國的貿易佔第一位期間，總稅務司要聘英國人⑳。

第二節　戊戌變法

1　變法論

⑴　甲午戰爭的拒和論——「公車上書」之分析

一八九五年甲午戰爭結束開始媾和交涉時，「清議」以拒和論的主張發生了空前的爆炸。當時撰寫的意見書之中，其內容最具體，同時連署了六百零三人卻沒有呈上，但公開印刷廣為流傳具有很大影響力的康有為之「公車上書」（他的所謂第二上書〔一八九五年五月三日〕——馬關條約簽訂於四月十七日，清廷於五月二日批准，五月八日交換批准書），對於一八九八年變法的各種問題有很有系統的敘述（其全文，請看中國史學會主編《戊戌變法》，一九五三，第二册，頁一三一——一五四）。長達一萬八千多字的這個意見書，其重點，借用《康南海自編年譜》（收於中國史學會主編《戊戌變法》，第四册）的說法，則為「拒和、遷都、變法」這三個項目。以下，我們來分析這個意見書所說「變法」的內容。

康有為說，治天下要以「開創之勢」，不可以「守勢之勢」，要以「列國並立之勢」，不能以「一統垂裳之勢」，除非「變通舊法」，不能「治」，故「變此之法以富國為先」㉑。

以下，將康有為所提出的具體內容，分成六項來概觀他的政策論。

㈠「富國」——具體的方策是「鈔法」、「鐵路」、「機器」、「輪舟」、「鑄銀」和「郵政」。他說：「凡一統之世必以農立國，……並爭之世必以商立國」（傍點引述者）。

(二)「養民」——在這裡論述「務農」、「功工」、「惠商」和「恤窮」。

(三)教民——第一廢「武科」，置「藝科」，教西學(「天文、地鑛、醫律、光重、化電、機器、武備駕馳……測量繪圖、語言、文字」)，在這個科目予以秀才、舉人、進士之資格。第二，「文科」不拘泥於「格法」或「措法」，也不拘泥於法定人數，應錄用「直言極諫條對凱切」者。第三，設「道學科」。這是要在地方或在外華僑之間講解「孔子之道」的。第四，獎勵發行報紙(「報館之開設」)。這與建設鐵路互為表裏，有助於「開拓心思，發越聰明」。另一方面，為因應最近「風俗人心之壞」，需要「道學科」，一縣「孔子一廟」是不夠的㉒。

(四)「官制」——提出停止捐納，合併或廢止冗官，以士人為胥吏，允許百僚奏事(「開言路」)等等。

(五)「外交」——設「使才館」，以培育明「外務」的人材㉓，學習俄國、日本的先例，派大官出國考察三年。

(六)「議郎」——十萬户選出一名「直言之士」，任期一年，倣漢代之制，把它叫做「議郎」。令其在紫禁城的武英殿，輪流工作，擔任顧問。允許駁詔書，轉達民眾意見。「內外的興革大政和籌餉事宜」要附諸議郎會議，依多數(「三占從二」)決定後，由六部實施㉔。

以上六點是公車上書具體論述的改革方策，康有為在結論的部分明白說要以日本為目標或模範，同時提醒不可小看政治操作的對象和作為政治主體之民眾的潛在力量。他說：「日本只一小島夷。能變舊法，即能滅我琉球，侵我大國。前者之轍，當以為鑑。」「夫天下為大器。難成易毀。兆民為大眾。難靜易動。」

(2) 變法運動（出現「學會」與「報館」）

從甲午戰爭拒和論裡頭的運動，形成了變法運動。一言以蔽之，以北京為起點，以 voluntary associations 和出現媒體的形態，向全國傳播了運動。運動的主體和對象是官僚特別是下級官僚和一般讀書人。所謂「學會」，乃是指「讀書人的政治結社」(scholar-gentry political associations)而言。其主要者如下：

㈠「強學會」。這是一八九五年八月至九月左右，康有為、文廷式等北京所組織的結社。以張之洞為會長，劉坤一、王文韶、袁世凱也參加。張之洞、袁世凱等曾予以財政上之援助。以傳教士李提摩太(Richard Timothy, 1845-1919)（在上海主持「廣學會」，成立於一八八七年。廣學會自一八八九年發行傳教士的機關報《萬國公報》）為顧問。它附設「強學書局」，以梁啟超為編輯主任，發行《中外紀聞》。在上海設強學會分會，出版《強學報》，惟因沒有用清朝年號，使用「孔子紀年」，故立即被禁止發行。

㈡「保國會」——成立於一八九八年四月十二日。

㈢「粵學會」——設立於一八九七年十二月。

㈣「蜀學會」

㈤「閩學會」

㈥「浙學會」

㈦「陝學會」

㈣到㈦成立於一八九八年一—二月。從㈢的粵學會至㈦的陝學會，係呼籲志士在北京所組織，他們的目的想回到自己家鄉以擴大其在地方各省的勢力。

「報館」——除上述者之外，還有以下幾種：

㈠《時務報》——取代上海強學會之《強學報》，由時務報館所發行的報刊。主筆梁啟超，由李端棻、黃遵憲、麥孟華、徐勤協助，據稱發行一萬七千份㉕。

㈡《國聞報》（天津）——以嚴復等為中心，連載嚴復的天演論（赫胥黎之進化論的自由譯）。

㈢《知新報》（澳門，創刊於一八九七年一月）。

㈣《湘學報》（長沙，創刊於一八九七年三月）。

北京的強學會四個月就被禁止，一八九六年二月，強學與強學書局以官辦的「官書局」復活，「特派」以前進官僚馳名的工部尚書孫家鼐（一八二七—一九〇七，陽明學派學者）來「管理」，聘請傳教士**傅蘭雅**(John Fryer, 1839-1928)，出版《官書局彙報》，以介紹外國情勢㉖。

一八九八年年初，據說中國各地有四十以上學會、學報和報館㉗。

(3) 湖南的情勢

湖南省是非常頑固的保守派（「守舊派」）和前進派（「開明派」）分庭抗禮的地方。曾國藩是湖南的出身，該地出了許多變法論者，同時也誕生了像葉德輝（一八六四—一九二七）這樣很保守的大學者，也是中國共產黨的領導人毛澤東等的故鄉㉘。

甲午戰爭以後一兩年之間，湖南省比其他各省充滿了革新的空氣。其中一個理由是，前進的官員位於該省的領導層。即陳寶箴於一八九五年出任巡撫，江標㉙掌學政，一八九七年黃遵憲接任署按察使。

一八九六年十二月左右，因前國子監祭酒王先謙（一八四二—一九一八）（保守派中心改革論者）等鄉紳的申請，成立了「時務學堂」。這所學堂靠士紳的捐獻和公費來維持，以「中體西用」為宗旨，教洋務的學科。聘請梁啟超為中文總教習㉚。

在原有比較好的書院岳麓書院（院長王先謙），也將學科分為「經」、「史」、「掌故」、「算」、「譯」五部，購買《時務報》鼓勵學生閱讀。

當時湖南革新的主要推動力是，斡旋邀請時務學堂的梁啟超，《湘學報》的唐才常（一八六七—一九〇〇）到湖南來，親自於一八九八年一月回到湖南的譚嗣同（一八六五—九八）等人。這一群人，已經要讓湖南萌發變法的基本構想。

⑷ 康有為（一八五八—一九二七）的政治思想

康有為出生於廣東省南海縣的書香之家。一八九四年舉人，一八九五年中進士，同時與朱九江（一八〇七—七一）學習經世致用之學。因不懂外國語文，故在一八九八年以前沒有出過國。但於一八七九年在香港，一八八二年在上海，目睹外國人社會後大受刺激，乃依漢譯猛看洋書（天文、地理、物理、醫學、藥學、有關基督教之書）㉛。

康有為的學風是所謂公羊派。他的意圖是欲建立立憲君主制的新王朝。他用引進西方立憲政體合乎孔子之真意的邏輯，而且主張孔子不是祖述傳統的人，而是改變制度的人（《孔子改制考》，一八九七）。

歷史將由據亂、昇平、太平而演進，最後到達點是大同社會。今日已經出現大同社會徵兆。大同社會的第一步是共和政體，所以中國應該早日採取立憲君主政體。康有為的這個想法，在當時無論在學術上或政治上都是非常激進的㉜。他在學術上和政治上這兩個層面，走向絕對保守勢力。他的策略是，第一，以孔子為思想上的傀儡，認為孔子本來就是改革家（《孔子改制考》）。第二，以在君主專制體制之頂點的神聖不可侵犯的「皇帝」為政治上的傀儡，並以前述的結社（「學會」、「開會」）和媒體，來策動體制之主角和支持者的士大夫讀書人。在這一點，與策動秘密結社和華僑的孫中山之「由下」的著手是完全相反的。

2 「百日維新」（一八九八年六月十一日—九月二十一日）

(1) 工部主事康有為的方法

一八九五年，康有為成為進士，該年五月五日，被任命為工部主事，但沒有上任。該年六月三日，他呈送所謂第三上書。這個上奏文的內容是，詳述「公車上書」的，係經由都察院呈上皇帝。光緒帝令人作了四分抄本，自己留一分㉝。

一八九五年六月三十日，康有為呈上了第四上書。這個上奏文認為應該「講明」「國是」，惟因被工部的一部分堂官所討厭，故沒有得到代呈。都察院和督辦處也沒有幫他轉呈此項奏文。這時康有為出入於翁同龢處。翁同龢被他說服，認真研究變法，與皇帝商量，準備了變法上諭十二分。這為慈禧太后所得悉，事遂不了了之，翁同龢被解職「毓慶宮行走」之任務（即被解下皇帝之師傅的地位）。康有為回到華南，以遊說各地。

一八九七年十一月十四日，發生德國佔領膠州灣事件（「膠警之變」）。因此衝擊，康有為起草了第五上書（光緒二十三年十二月（一八九七年十二月—一八九八年一月））。這個奏文主張下「發奮之詔」，定「國是」，國事要附「國會」㉞討論。工部的堂官也沒有代呈這個奏文，但其抄本在民間流轉，頗獲好評。

一八九八年一月二十四日，康有為被總理衙門請去，以「賓禮」與翁同龢、李鴻章、榮祿、廖壽恆、張蔭桓諸大臣會談，應諮詢，論變法。此項會談，係依皇帝之指示所舉行的㉟。

一八九八年一月二十七日，以上諭在科舉新設「經濟特科」，並命令總理衙門和禮部妥議具奏「詳細章程」。這是推薦對於「內政」（「方輿、險要、邦國利病、民情、風俗」）、「外交」（「各國政事、條約、公法、律例、章程」）、「理財」（「稅則、礦務、農功、商務」）、「經武」（「行軍、布陣、管駕、測量」）、「格物」（「中西算學、聲、光、化、電」）、「考工」（「名物、象數、製造、工程」）六事其中一項有專長，三品以上京官及督撫學政，由總理衙門和禮部奏請任命大官為考試官，課以「策論」，予及格者以「經濟科貢士」應考殿試等資格㊱。

一八九八年一月二十九日，康有為提出第六上書（「應詔統籌全局摺」）（「制度局之摺」）。這個上奏文是，回答康有為被總理行車請去的一月二十四日，光緒帝命令總理衙門「今後康有為有條陳時應即日呈遞」，命令康有為「呈上奏文獻言」（「具摺上言」）的上呈。

在這個上奏文康有為說：「觀大地之諸國，皆以變法則強，以守舊則亡。……觀萬國之勢，能變則全，不變則亡。全變則強，小變仍亡」；又說：「夫方今之病，為篤守舊法不知變，在於處列國競爭之法行一統垂裳之法」（傍點引用者）。他說要以俄國彼得大帝之心為心，以日本明治之政為政法，主張學習日本維新，㈠定「國是」；㈡在午門設「上書所」容許士民直接上奏；㈢像在內廷曾設南書房和軍機處一樣，設「制度局」，皇帝親臨與「天下通才十數人」商量決定政策。

康有為在這上奏文的建議中，以設立制度局為「設法之原」。認為以現今的政治機構是「百官皆備，但無左右謀議之人」的狀態㊲。他同時主張在地方的各「道」設置屬皇帝的「民政局」，從一品至七品之京官中選擇人才（「通才」）；予以「專摺奏事」之權和督撫對等之地位派遣，並在各縣設「民政分局」，由民政局派官員，與「地方紳士」一起處理行政。

此項上奏文，因遭到禮部尚書許應騤之妨害，迨至三月五日始代呈㊳。

一八九八年四月十七日，康有為於為了應考會試由全國舉人集合的北京，在粵東會館舉行的保國會（成立於四月十二日）的集會，在兩百人聽眾作了鼓動演說（其全文刊於《戊戌政變記》，頁七六—八〇）。他認為，中國四億之人處於「四千年中二十朝未有之奇變」之危機。明治維新以一布衣高山之「哭死」（原文）為原動力——則「由一諸生之無權、無勇、無智、無知、無術所成」——唯有「發奮」「仁人君子之心力」始能救中國。這個演說由天津《國聞報》刊出，各地報紙所轉載㊴。

(2) 「變法」之實施

戊戌變法，始於一八九八年六月十一日所發佈的「國是詔」。矢野仁一博士評變法的實施過程只是「變法上諭的連續」㊵。

「國是詔」全文不到四百五十個字，是比較短的文章，它不是具體的政策，而是將變法的大方針，以「國是」宣佈的。其中，值得注意的是，以培養人才為第一，因而命令設立「京師大學堂」。

這個上諭雖然大叫「變法自強」，卻痛罵「眾喙嘵嘵。空言無補」，以「朕惟，國是不定，則號令不行」，故呼籲從「王公」到「士庶」應「發憤」努力，以「聖賢義理之學」立根本，指示「博采」「西學切時務之東西」認真研究，以「救空疏迂謬之弊」的兩個項目。為培育「通經濟變之才」命令設立「京師大學堂」㊶。

六月十二日，上諭命令宗室、王公「出洋遊歷」。

六月十六日，光緒帝召見康有為，命令總理衙門章京兼務。康有為說召見超過兩個小時。在與皇帝的問答，康有為尤其主張設立制度局㊷和廢止八股文㊸。

六月二十一日，准許康有為「專摺奏事」。

六月二十三日，上諭廢止科舉使用八股文。其主要部分為「鄉會試及生童、歲、科各試先前所用四書文，一律改試策論」。由於這是大改革，所以不顧主張應付禮部之議的軍機大臣剛毅（保守派之巨頭）的堅決反對，皇帝親自獲得慈禧太后之同意，才發佈上諭，一舉命令廢止八股文（《康南海自編年譜》）㊹。

七月三日，設立京師大學堂。將既設之官書局附置於大學堂，任命管理它的吏部尚書孫家鼐為「管理京師大學堂事務」（簡稱「管學大臣」），任命曾任駐日公使和在歐洲工作過的工部左侍郎許景澄為「總教習」。同時新設「譯書局」置於大學堂之下，七月三日召見舉人梁啟超，予以六品銜，為「管理譯書事務」㊺。

六月十三日，總理衙門與禮部上奏經濟特科章程六條，獲得勅許。一月二十七日上諭命令起草的至此才完成。

七月二十六日，上海的《時務報》改為《官報》，以康有為為督辦。《官報》和天津、上海、湖北、廣東等之報館的「報章」（報紙之報導），由督撫寄給都察院和大學堂，有關「時務」的文章，則由大學堂呈覽㊻。

七月二十九日，簡化（「刪改」）各官廳的「則例」（法規先例集），尤其對於過分繁瑣者，命令作「簡明則例」㊼。

八月二日，在北京設立「礦務鐵路總局」，令總理衙門大臣王文韶、張蔭桓「專理」。

八月二十一日，於北京設立「農工商總局」，令端方等「督理」。在各省設「分局」，令「通達時務公正廉明的士紳」二、三人「總司」其事，同時在「各省州府縣」設「農務學堂」，開「農會」，發行「農報」，以「講」究「農器」（令紳富有田業者試辦）。

八月三十日，公佈有關「裁汰冗員」之上諭，廢止詹事事府、通政使司、光祿寺、鴻臚寺、太常寺、大僕寺、大理寺、湖北巡撫、廣東巡撫、雲南巡撫（因三巡撫督撫同城）、東河總督和沒有工作的糧道與鹽道。這個措施也是不顧軍機大臣之「力諫」而實施的。

九月一日和四日的上諭，革職禮部六名堂官，並命令司員不必啟開信封即「條陳」上呈㊽。

九月五日，予內閣侍讀候補楊銳（一八五七—九八。一八八五年舉人，為張之洞之門生）、刑部候補主事劉光第（一八五九—九八。一八八三年進士，在刑部服務十年以上）、內閣候補中書林旭（一八七五—九八。一八九三年舉人，為康有為之門徒）、江蘇候補知府譚嗣同（一八六五—九〇。九月初進京）四人以「四品卿」資格，命令以「軍機章京」「參與」「新政事宜」。

九月七日，李鴻章被免職總理衙門大臣㊾。

九月十三日，皇帝意圖開懋勤殿設顧問官（代設置「制度局」之構想），令其起草上諭，親自去尋求慈禧太后之理解，但慈禧太后沒有同意㊿。

現在，我們將以上按照日期順序所述主要變革措施作一個總結，並討論其問題。

首先，起草變法之諸上諭的是誰？一切上諭應由軍機處起草（「擬旨」）是清末的慣例，當時上諭被懷疑不是對於奏摺的回訓，而是皇帝自動提出的上諭，是不是由康有為所起草。根據《康南海自編年譜》的記載，康有為所呈奉的《日本變政考》（敘述明治元年到二十四年，本文十二卷，撮要一卷，有政表）所附的「案語」，皇帝以其為諭旨的。據稱，這本書，一再被皇帝催促，每完成一卷就呈上（前書，頁一五〇）。這個說法如果是事實，在相當程度上證實光緒皇帝確實不顧軍機處內之反對意見，一連串地公佈上諭㊿。

九月五日，任命譚嗣同等四名「小臣」為軍機章京，令其「參與新事宜」，不外乎命令他們看上奏文起草上諭㊾。

其次，我們將變法構想的主旨，有系統地予以排列，來觀察它的用意。

(a) 培養人才（廢止科舉，建立新式學校制度）

1. 廢止科舉使用八股文，課以策論——這是廢止科舉第一步採取的重要措施㊼。

2. 設立新學校體系之頂點的京師大學堂——新設大學堂教育，以把重點擺在中國傳統的學問和「西學」為前提。值得注意的是，採取了大學當局編輯教科書的方針，和重視翻譯西洋書籍作為教材㊽。

(b) 言論的自由化

1.「洞開言路」（鼓勵士民上書）——因為欲拒絕禮部主事王照之條陳的上呈，禮部六名堂官被免職時，如前面所述，九月一日的上諭命令各官廳司員不必開信封就上呈條陳，九月三日的上諭，指示不得妨害「士民」（一般讀書人和一般大眾）的上書。因這個事件的結果，天下士民呈上奏文，似乎引起了相當的糾紛㊺。

2. 歡迎開設「報館」——「專制國家最憎報館。此不啻中國如然，且以中國最甚。」梁啟超在評論命令將上海《時務報》改為《官報》，並令康有為督辦，同時集各地新聞於京師大學堂，關於「時務」者，由大學堂呈皇帝的七月二十六日上諭的開頭這樣寫著（《戊戌政變記》，頁三五）。這個上諭明言「至於各報體例，自當以臚陳利弊，開擴見聞為主。中外時事，許均據實昌言，不必存忌諱之意」，正式承認媒體的存在㊻。

(c) 廢止冗官（八月三十日之上諭）

康有為認為，作為改革制度的戰術，一下子廢止冗官不是聰明的作法。他在《康南海自編年譜》回憶說，本來他在論述改革官制時，只主張「增加新的東西」，並不主張「裁舊」，以使用宋代之人的「官差並用之法」㊼為是，奏請開設制度局和民政局時，想著「選通才，以任新政，有冗官，以容舊人」的方式（頁一五七）。六月十六日被召見時，他已經直接「面奏」皇帝這個想法㊽。

(d) 殖產興業

在北京設立「農工商總局」和「礦務鐵路總局」，同時在各地開設各種專門學堂，更構想實行專賣特許制（專利）。

(e) 改革軍隊

甲午戰爭以後，逐漸廢止綠營，戊戌新政時準備全面廢止綠營。同時預定廢止以往錄用武官的武科舉，代之增設武備學堂。它以建立受近代訓練的新軍官團為目的。

(f) 「制度局」

這是轉變到立憲君主制的構想，為康有為改革計劃的核心。但在中央設制度局，在地方置民政分局的構想，被理解為要廢止內閣、軍機處和六部，廢止地方的總督、巡撫、布政使、按察使和道員，所以明示這個構想之一八九八年一月二十九日的「制度局之摺」，似乎給官界極大的震撼。加以軍機大臣剛毅之妨害，根本不可能立刻實施（請參閱《康南海自編年譜》，頁一五三）。前面我們說過，梁啟超認為七月二十九日「删改則例」之詔㊾是開設制度局的第一個佈局。

九月十三日，皇帝準備開懋勤殿設顧問官，是相當接近於開設制度局的嚐試，惟因得不到慈禧太后的同意，未見其實現就發生了政變⑥⓪。

第三節 戊戌政變及其影響

1 政變之背景

對於一八九八年的北京，容閎（一八二八—一九一二）這樣回憶說：「這個中國的政治危機迫近時，革新的風潮充滿於北京。受了某種神秘的影響，光緒帝以這個革新運動的代表站起來，使全世界的人側耳而聽。為了目睹這個運動的經過，我決定留在北京，我的住處成為一八九八年革新運動的領導家們聚會的場所。」容閎說光緒帝是「清朝最應該受到注意的歷史上人物」⑥①。

在另一方面，英國公使麥克唐納，當初就不覺得變法會成功，對於六月十一日國是之詔報告說：「這表示宮廷認為真正有根本改革的必要，但卻幾乎沒有理由期待皇帝的訓戒能夠深深打動中國官僚的心」（一八九八年六月十八日）。九月十七日（政變數日前）的報告說：「雖然一再公佈意圖要使中國走上改革的上諭，但卻幾乎沒有任何上諭實際上會產生效果的徵兆。很明顯地，皇帝逐漸學習到發佈改革的上諭和遵守（實行）上諭是兩回事」⑥②。

關於政變的背景或原因，我們舉出以下三點。

(1) 使士大夫讀書人群起叛離

戊戌政變是以部分少壯下層讀書人群為主體的改革運動，其著想的方法和制度改革的構想乃至戰術，實有與士大夫讀書人群一般的想法和利益關係正面衝突的成分63。

其中，第一，以孔子不是舊有制度的祖述者，而是改革者這個《孔子改制考》的想法，相信經世致用之學者自當別論，使信奉正統經學的讀書人，以及學習作為生活之手段的儒學的讀書人成為敵人。第二，廢止八股文，對於考科舉關係其生活的全國無數「士子」的利害予以極大的打擊。康有為在《自編年譜》說，耽憂暗殺的危險，乃養「壯士」，有人勸他盡量少出門（頁一四八）（亦請參考《戊戌政變記》，頁二六）。第三，廢止冗官（八月三十日上諭）之予官界很大的威脅是不待煩言的。麥克唐納公使報告說：「如果嚴格解釋，不外乎是要為中國官僚社會帶來革命。這個上諭的文字是極端的命令口氣，據傳是皇帝親自起草的」（九月二日）64。第四，九月上旬禮部堂官革職事件，表示欲貫徹洞開言路方針之變法派的意向的激烈事件，同時在攻打拘泥於規矩和典禮之守舊派的大本營的意義上，的確招來了很大的反彈65。

(2) 變法派（皇帝）未能掌握軍事力量

出現於一八九八年之政治舞台的皇帝乃至變法派，與慈禧太后乃至守舊派之間的權力鬥爭背後，有軍事力量的問題。當時北洋大臣，掌握了袁世凱的「新建軍」（八千的新式軍隊）、董福祥的「甘軍」（舊式軍隊）和聶士成的「武毅軍」（包含新式軍隊）的所謂「北洋三軍」的是親近慈禧太后的榮祿（如後面所述，任命於六月十五日），在這三年之中，變法派有依靠之可能性的只有袁世凱的新建軍。變法是否能夠成功，完全在能不能利用這個新式軍事力量。

(3) 地方大官之怠職

梁啟超在《戊戌政變記》(頁三九至四〇)指出，地方大官將軍、總督和巡撫知道，皇帝被西太后所控制，毫無權力，因此對於一連串的維新上諭，皆大多束諸高閣以觀望形勢(唯一的例外是湖南巡撫陳寶箴)。皇帝在八月二十六日的上諭，公然嚴斥將軍和督撫㊅。

2 政變之經過

(1) 「國是之詔」(六月十一日)以後保守派的佈局

一八九八年六月十一日公佈國是之詔四天後的六月十五日，採取了㈠命令翁同龢(軍機大臣、總理衙門大臣、協辦大學士、户部尚書)「開缺回籍」；㈡任命大學士榮祿為署直隸總督(即統帥北洋三軍)；㈢命令二品以上大官也對西太后感恩其任命；㈣預告秋天西太后和皇帝將乘火車前往天津去「閱操」(觀覽軍隊之演習)，命令榮祿作其準備四項措施㊆。這些皆被理解為，六月十六日預定召見康有為的保守派搶先對變法反擊的佈局㊇。

六月十六日康有為首次蒙召見時，比他先晉見的榮祿面劾他「亂政」。工部主事的他奉命兼務總理衙門章京，是對於要給他五品卿銜的提案，因榮祿的授策剛毅反對，其目的似乎在於「辱屈」他㊈。

七月十一日，署禮部尚書裕祿出任軍機大臣。他是西太后的寵臣，據說是為了偵探政局內情而特別將其送進軍機處的㊉。

九月十四日，則要開設懋勤殿的隔日，據說光緒帝將兩個密詔(所謂「衣帶之詔」)交給軍機章京楊銳。根據康有為的說法，給他密詔的內容是，「朕之位，且將不保，與諸同志設法密救」的旨趣，顯示事態之緊迫㉑。

(2) 同情變法派之大官的苦肉策動

七月十七日，官學大臣孫家鼐（一八二七—一九〇七。一八五九年進士〔一甲一名〕，曾經與翁同龢同為光緒帝之師傅），對於新設之京師大學堂的運作方針，在其所呈上奏文中，論及該令學生閱讀的書籍時，為預防受康有為之孔子改制的影響，從學堂出現「犯上，為亂之人」，建議以上諭從康有為之著作刪除「孔子改制稱王」等文字（《光緒東華錄》，頁四一三六）。同日，他奏請應該使用馮桂芬之《校邠盧抗議》在天津的版本印刷頒佈，因此直隸總督榮祿立刻印一千本送到軍機處（《德宗實錄》，卷四二〇，頁一七）。原來在上層官僚之中，像孫家鼐這樣開明的人物，一面抨擊《孔子改制考》，同時建議更以傳統想法經世改用之改革論為內容的《校邠盧抗議》的普及，說明他的政治立場之艱難，也可以說是在當時的政治情況中，總得努力於推動改革才行。

七月二十五日的明發上諭，以翰林院侍講黃紹箕（一八五四—一九〇八）所呈進之張之洞的《勸學篇》為「持論平正通達。大有裨益學術人心。」因而命令分給各省督撫、學政一分，以廣為刊布（《光緒東華錄》，頁四一四二；《德宗實錄》，卷四二一，頁六）。《勸學篇》是湖廣總督張之洞，響應湖南的革新氣勢所撰寫之穩健的改革論㉒。而七月二十六日上諭，將上海《時務報》改為《官報》，並命令康有為為督辦，這已如前述，但將《官報》的發行地點不是按照宋伯魯之原案在北京而定於上海，且以康有為為督辦，乃由於奉命研究宋伯魯之提議的孫家鼐所建議，這可能是要康有為遠離北京之政治上層的希望的反映（但康有為卻不肯離開北京）。

這一連串的事體，說明同情康有為，並支持他的開明上層官僚逐漸對他保持距離，一方面緩和變法的方法或速度，對於已經開始的改革儘量溫和及緩慢的複雜情形。一言以蔽之，是欲以《校邠廬抗議》和《勸學篇》來替代《孔子改制考》[73]。

(3) 拉龍袁世凱的工作

九月十一日，命令袁世凱（直隸布政使）進京和晉見。九月十六日召見，予袁世凱侍郎候補之資格，並令其「專辦練兵事務」。隔日又予以召見（該日對康有為發出督辦官報局要其速往上海之上諭）[74]。九月十八日夜，譚嗣同偷偷往訪袁世凱。譚嗣同力說唯有袁世凱的武力能拯救皇帝，似主張預定近日在天津閱兵之際廢立之前，先行下手除掉榮祿（《戊戌政變記》，頁一〇八）。九月二十日，袁世凱第三次被召見，此時他建議將張之洞請來北京「贊襄」，同時表明支持變法。

(4) 政變——「訓政」

九月十八日，榮祿以電報指示在北京的袁世凱回天津。隔日，西太后從頤和園回到北京的紫禁城。九月二十日，袁世凱回到天津。聽袁世凱報告之後榮祿立刻前往北京，晉謁西太后。榮祿曾將聶士成的武毅軍從蘆台移到天津，又將董福祥的甘軍移到北京。甘軍的移動，是為預防袁世凱的軍事力量進入北京所採取的措施。康有為同樣於九月二十日離開了北京。

九月二十一日，發佈光緒帝乞西太后訓政之旨的上諭。同日，西太后再次回到頤和園。九月二十二日，榮祿率領軍隊入京。隔日，西太后舉行臨朝訓政之禮，光緒帝被幽禁於南海瀛台[75]。

康有為因為英國公使館的保護，梁啟超由於日本公使館的保護，逃出危險之地，兩個人統統亡命日本[76]。譚嗣同、楊銳、林旭、劉光第、楊深秀和康廣仁（康有為弟弟）六個人，沒有經過通常政治犯罪要付議廷臣會議的手續，於九月二十八日就處以死刑。為追悼這六個人之死，稱其為「六君子」[77]。

九月二十六日發佈恢復變法實施中廢止的詹事府等冗官，禁止士民上書，廢止《時務官報》，其他改革「不裨時政，有礙治體者」一切中止的上諭。十一月十三日，公佈恢復八股文和停止經濟特科的上諭。換句話說，「變法」幾乎變成白紙⑱。

英國公使麥克唐納在十月十三日的報告說：「我認為，因康有為及其友人之輕率的行動，對於中國真正的改革這個目標，受到不小的損害」⑲。

3 政變之反應

(1) 諸外國之動向

如前面所引用麥克唐納公使的評語，各國大多擁護皇帝（變法派）。康有為在德國佔領膠州灣事件以後，又主張與日本和英國攜手（《康南海自編年譜》，頁一三八—一三九）。一八九八年九月政變時，康有為因為英國官憲之庇護，梁啟超又因日本官憲的保護，逃出國外，皆亡命日本，這是我們在前面說過的。此外，總理衙門大臣張蔭桓，因英日當局（伊藤博文和麥克唐納公使）的勸說免於一死而流刑。為救黃遵憲一命，舊識的伊藤似乎為其盡了力⑳。

(2) 光緒帝的廢位問題

西太后似乎一直在思考廢立問題。一八九八年六月天津「閱操」的預告，可能是廢立的第一步。政變後，故意散布皇帝重病的風聲㉑，同時以密電偷偷試探南方督撫的意向。惟因兩江總督劉坤一，婉轉地一再表示反對的意思，因此這個計劃遂受挫㉒。

一九〇〇年一月二十四日，西太后以端郡王載漪（惇親王之次子，妻為西太后之姪女）之子溥儁為皇太子（所謂「己亥建儲」）。這是一舉實行廢立，以防止外國之干涉，乃因榮祿授策先以溥儁為皇太子的順序所採取的謀略（一八九八年意圖廢立時，是準備以溥儁為皇帝的）⑧³。

可是對於「建儲」，立即從上海以經元善（上海電報局總辦、知府）為首，章炳麟、唐才常、蔡元培等一千二百三十一人，在上海的「各省紳商士民」聯名電爭，海外華僑數十萬也相繼電爭。為了試探外國的意向，委婉地促其致賀，但列國公使卻置之不理。因此，廢立事遂不了了之⑧⁴。

(3) 政治的反動化

政變當時軍機處之保守派龍頭是剛毅，政變之後，榮祿和啟秀出任軍機大臣。實授裕祿以直隸總督。但北洋軍還是由榮祿「節制」，裕祿為「幫辦」。維新支持者統統遭到排斥，新政的諸改革全部後退到現地（京師大學堂維持現狀）⑧⁵。

(4) 保守思想的最高峰

透過一八九八年之變法的宣傳活動和對抗的過程，保守思想從變法到政變及其後之時期，可以說達到最高峰。最能夠表示當時之保守思想的可能是蘇輿編《翼教叢編》（序文，光緒二十四年即一八九八年八月）。蘇輿所寫序文，譬如說「托改制，亂成憲也；倡平等，墮綱常也；伸民權，無君上也。孔子紀年，教人不知有本朝」。收於本書的文章中，譬如葉德輝在「葉吏部與南學會皮鹿門孝廉書」和「葉吏部與俞恪士觀察書」，有這樣的說法：即使地球是圓的，中國還是世界的中心，承認女可去夫這一點，是西俗之錯誤，不必改變服制⑧⁶——換言之，回教中華思想，看穿承認男女平等是推翻「五倫五常」的體制，應該注意。此外，拘泥於服制是，一方面諷刺日本明治維新以後服裝改成西式，認為維持中華思想也是維持傳統服裝等的一種文化鬥爭，值得注意。

以上所述⑴至⑷的情況，可以說是一九〇〇年清廷欲利用義和團排外的因素。

⑸　喚起批判精神

從變法到政變的過程中，中國的青年知識分子大大地被喚醒了批判精神。變法派的想法是，教人批古人，懷疑經典，進而懷疑聖人。

⑹　增加滿人的反漢感情

康有為雖然強調「滿漢不分」㊇，但皇帝被認為是支持漢人，新法只是利用漢人㊈。政變之後被殺的都是漢人。咸豐同治以來的姑息趨勢消逝，漢人對滿人的猜疑心高漲。

⑺　再次發生仇教案

一八九〇年代是，在中國內地尤其是長江一帶，頻頻發生反對基督教的排外運動的時期。但在戊戌新政期間幾乎沒有發生過這種事，可是政變之後馬上又發生，僅僅兩個月之內就發生了五、六起殺死傳教士事件，梁啟超這樣寫著㊉。

第四節　門戶開放宣言

一八九九年九月六日，美國國務卿約翰海，對於英國、法國、俄國、德國、義大利和日本各國政府，通告以下幾點：㈠各國不要干涉其在中國之勢力範圍或租借地域內的條約港或投資事業。㈡中國之關稅率，對位於前述「勢力範圍」之港口卸貨、上貨之商品，不問其所屬國籍為何，皆應適用，其稅金由中國政府徵收。㈢在「勢力範圍」內，對他國籍人民及貨物，不要課高港稅和鐵路運費。

這個通告，俗稱「門户開放宣言」。這可以說是對於列強設定「勢力範圍」的政策，慢一步前來東亞之美國的反擊或意圖擠進其行列所採取的措施，其原因為英國對俄國之垂涎大連港，和因美西戰爭結果佔領菲律賓的美國更關心亞洲事務。其直接的契機是，在中國海關工作的英國人希布斯萊(A. E. Hippsley)賜假回國途中，在美國因其舊識羅克希爾(W. W. Rockhill)（在中國公使館工作過的中國通，後來出任駐華公使）的介紹，與約翰海懇談時，向他建議的。

得到這個通告的各國政府，因國家而有若干表達和意涵的差異，同時以其他有關國家具有同樣意向為條件，曖昧不明有點遁辭的含混意味，但皆回答同意（當然各國的真意和用意之為各色各樣是不待煩言的）[90]。

註釋

① 台灣不是朝貢國，而是福建省的一部分，在福建巡撫管轄下，中法戰爭之後，一八八五年十月十二日（與成立海軍衙門同日）新設台灣省，將福建巡撫移駐台灣為台灣巡撫，福建省為閩浙總督兼管。首任台灣巡撫為劉銘傳（一八三六—九六）。

② 一八九六年李鴻章訪問歐洲時，柏林政府曾試探三國干涉獲得代價的可能性，但李鴻章沒有給予肯定的回答。（蔣廷黻《中國近代史》，頁九六）

③ G. C. Allen and A. G. Donnithorne, *Western Enterprise in Far Eastern Economic Development: China and Japan* (London: Allen and Unwin, 1954), pp. 166 ff.

④ 海關兩與英磅金價兌換率如下：

一八六四年　六先令八辨士
一八七四年　六先令四辨士
一八八四年　五先令七辨士
一八九四年　三先令二辨士
一九〇四年　二先令十辨士
一九一一年　二先令八辨士
一九一八年　五先令三辨士

（根據刊在 H. B. Morse, *The Trade and Administration of China*, 3rd rev. ed. (Shanghai: Kelly & Walsh, 1921)扉頁後面的換算表。）

⑤ 俄國政府無條件保證支付本利。這是中國外債史上唯一的例子，在其他國家也絕少有這種事。利率低，由此可知俄國有很深的政治意圖。英國此時被俄國騙了。請參閱 W. L. Langer, *The Diplomacy of the Imperialism 1890-1902*, **2nd ed. (New York: Knopf, 1956), pp. 187-189**。

⑥ 關於締結李、羅巴諾夫密約的經緯，請參看使用中蘇雙方資料的矢野仁一《日清戰役後支那外交史》（東方文化學院京都研究所，一九三七），頁二九五—四九〇。中國外交史家蔣廷黻說，這個密約是李鴻章「一生的大失策」，他認為，日本在戰後並沒有侵略中國的計劃，而想接近中國（因為西歐諸國在中國的勢力太大對日本不利），威特的目的不是要幫助中國，而是想利用中東鐵路以侵略中國，以後的「瓜分之禍」、日俄戰爭、「二十一條」以及「九一八」，都是源自這個密約。（蔣廷黻《中國近代史》，頁九六。）

⑦ 這個公司依俄國法設立，俄清雙方共同出資。總經理由清朝政府任命，董事由股東大會選舉。公司擁有建設權和經營權。通車八十年後無條件交給中國政府，三十六年後中國得買回來。

⑧盛宣懷剛由張之洞要他管漢陽鋼鐵廠不久。他在一九〇六年廢止鐵路總公司被商部吸收以前，是鐵路建設的負責人。在這期間，他的主要工作是，完成京漢線。由此，確保了漢陽鋼鐵廠之製品的銷路。關於鐵路總公司與盛宣懷的關係，請參看 A. Feuerwerker, *China's Early Industrialization: Sheng Hsuan-huai (1844-1916) and Mandarin Enterprise* (Canbridg, Mass.: Harvard University Press, 1958), pp. 67-69, 78, 237。

⑨起初借了二百五十四萬兩。其細目為香上銀行一百二十四萬兩，俄清銀行六十萬兩，德亞銀行七十萬兩。一八九八年十月十一日所成立的京奉鐵路借款，二百三十萬英磅由香上銀行和怡和洋行所設立的British and Chinese Corporation（英華公司）承受。借款期間，以英國人為總工程師，幹部和會計用歐洲人，鐵路收入要存入香上銀行天津分行。這個借款沒有俄國資金進入，應該與於一八九八年九月七日李鴻章被免職總理衙門大臣有關係

⑩因很難籌款（中方公稱出資一千三百萬兩，實際上是五百八十萬兩（二千一百七十五萬法朗）），終於以盛宣懷為中心尋求外債，一八九八年六月二十六日成立京漢鐵路借款。外國掌握了鐵路的運作權。所借金額為四百五十萬英磅（一億一千二百五十萬法朗），比利時財團(Société de l'Etude des Chemins de Fer en Chine)在布魯塞爾公開募集。此項借款的成立，自始在其背後就有俄國和法國的工作，有俄國、法國和比利時的資本進來。一九〇五年，獲得一千二百五十萬法朗的追加借款。

京漢鐵路通過直隸、山西、河南、湖北四省，其南部一半是英國勢力範圍的長江流域。因此引起英國的反彈，進而發生了下面所述所謂麥克唐納五鐵路的問題。

⑪基於這個五項特別許可，實際上建設的鐵路如下：

㈠津浦鐵路借款（一九〇八）。這個借款由英國和德國承受，但英國握有主導權。也有法國和比利時的資本。當時已有日俄戰爭後鄉紳的收回利權運動，故與京漢線的情況不一樣，建設和管理交給中國政府。總工程將線路分成南北一半一半，由英國人和德國人出任。津浦鐵路於一九一二年通車。

㈡廣九鐵路借款（一九〇七），鐵路完成於一九一一年。

㈢滬杭甬鐵路借款。一八九八年十月十五日成立預備契約，日俄戰爭後，成為鄉紳收回利權運動的對象，由鄉紳成立了江蘇鐵路公司和浙江鐵路公司。一九〇八年，不顧其反對，以津浦借款的模式，正式簽訂契約。建設由上述兩家公司負責，採取由北京政府將借款的一部分貸給公司的方式。

關於麥克唐納五鐵路的英國系鐵路的建設問題，請參考下面之研究，非常詳細。E-tu Zen Sun(孫任以都)(1921-), Chinese Railways and British Interest 1898-1911 (New York: King's Crown Press, 1954), 230 pp。

⑫ 滬寧鐵路借款於一八九八年五月十三日，與「英華公司」成立預備契約，一九〇三年七月七日正式簽約。

⑬ 粵漢線全線通車於一九三六年，它有很長的歷史（後述，請參看頁四九三）。

⑭ 這個英俄協定，是欲與俄國調整利害之英國第三次索爾茲巴利內閣之整個外交政略的一環，乃為當時英國對華政策的基礎。如果把一九〇〇年的英德協定，與這個英俄協定一起來看的話，更能夠瞭解其在政治上的意義（請參閱頁四八四—四八六）。對於因義和團，俄國佔領東北，英國的因應，以英俄協定為前提顯示微妙的屈折。請參考 L. K. Young, *British Policy in China 1895-1902* (London: Oxford University Press, 1970), pp. 212-213, 272-273。

⑮ 這個租借條約的要點如下：㈠德國租借膠州灣兩岸地帶（包括青島）各島與灣內之水域九十九年。㈡鐵路建設權（山東省內）與礦山開採權（從鐵路三十華里以內之地域）給予德國人。㈢在山東省內需要外國之援助時，在首先要通告德國商工業者的意義上，予德國以優先權。

⑯ 其要點如下：㈠租借旅順口、大連灣接續水域與背後地二十五年。㈡以旅順口為軍港，只有俄國和中國的艦船能使用。以大連為貿易港。㈢租借地帶北方六十英里寬中立地帶（「隙地」）之鐵路建設權和礦山開採權，由俄國獨占。對中立地帶中國具有行政權。但中國軍隊要進入中立地帶時，需經俄國當局之同意。為著獲得這個租借地，據說威特行賄李鴻章五十萬盧布，張蔭桓二十五萬盧布（矢野仁一《日清戰役後支那外交史》，頁五七四—五七七）。

⑰ 九龍城內的管轄權，仍然由清朝官吏行使（"exercise the jurisdiction"「同其事」）。這個租借是，於該年四月，

中國對法國非正式承諾租借廣州灣，作為其代價而被要求的。

⑱ 不割讓宣言，通常，由該國駐華公使與總理衙門以交換公文進行。對於外國公使的來翰，總理衙門大多給予回翰。

⑲ 總理衙門對於日方回答的最重要部分如下：「以福建省內及沿海地方均屬中國要地，無論何國，中國斷不得讓與或出租。」

⑳ 因自一八六三年以來擔任總稅務司的哈特（一八四五—一九一一）衰老，以及因為為了提供貸款，德國、俄國、法國等開始爭奪支配洋關，英國便施加壓力令清廷發出這個宣言。哈特以令中國發出這個宣言在政治上不是上策，故相當不滿。請參看 S. Wright, *Hart and the Chinese Customs* (Belfast: Wm. Mullan & Son, 1950) pp. 696-698。

㉑ 其對稱「列國並立之勢」與「一統垂裳之勢」（也說成「並爭之世」和「一統之世」），是故意將近代國際關係與朝貢關係對立，可以說是中國積極自動主張其應成為近代國際關係的構成要素。

㉒ 上述四點之中，第一和第二，提示廢止科舉制度，代之以教西學之新學校制度的方向。第四重視言論之自由。但同時值得注意的是，在「道學科」主張要徹底實現「孔子教」的第三點。從第一點到第四點，在康有為的心想中是一套的，他主張設「道學科」，不是對守舊派姑息的一種作法。

㉓ 其構想為，「使才館」收「貢生監（生）明敏者才者」及「翰林部曹」，令其學習「各國語言文字、政教、律法、風俗、約章」，畢業後令其「遊歷」，或為在外公館之「隨員」，將來提拔其任領事或公使。這與馬建忠留學法國時所撰寫外交官養成方法的構想的著眼點不同。請參看坂野正高「留學法國時代的馬建忠——以關於外交和外交官制度之兩個意見書（一八七八年）為中心」（《國家學會雜誌》，八四卷五、六合併號〔一九七一年八月〕）。

㉔ 這個構想，追根結底，是立憲政體。康有為說明它說是「君民同體……中國一家……以合四萬萬人之心為心」。它同時採取多數決原理，更有「無代表不課稅」的想法。

㉕《時務報》，後來以比梁啟超更忠厚的汪康年為中心改為《易言報》，爾後再更名為《時務日報》和《中外日報》，成為立憲派的機關報之一（張朋園《立憲派與辛亥革命》，台北中國學術著作獎助委員會，一九六九，頁五六—五七）。

㉖官書局於一八九八年擴充為京師大學堂時，出任首任管學大臣的也是孫家鼐（小野川秀美《清末政治思想研究》，增訂再版，密斯滋書房，一九六九，頁一四三—一四五）。

㉗小野川，前引書，頁一二七。

㉘以下內容，主要根據小野川秀美《清末政治思想研究》第五章（「戊戌變法與湖南省」），和梁啟超《戊戌政變記》（北京，中華書局，一九五四）附錄二「湖南、廣東情形」。關於葉德輝，請參看松崎鶴雄《柔父隨筆》（座右寶刊行會，一九四三），頁一〇九—一一三。

㉙江標對於生員的歲試和科試，從新學出題，在校經學院新設「輿地」、「算學」、「方言」（教英語）。他又從新經學院創辦《湘學報》（《湘學新報》）。該雜誌為旬刊，由唐才常等負責，不直接碰政治問題，以實學為中心來編輯。一八九七年八月，徐仁鑄出任學政，他繼承了江標的方針。

㉚梁啟超在時務學堂（學生四十人），利用「劄記」的教育法。以《春秋公羊傳》和《孟子》為課本，令學生寫劄記，他則予以「批答」後發還給同學。世人得知他以這個方法鼓吹革命而譁然。梁啟超《清代學術概論》（台灣商務印書館，人人文庫版，一九六六），頁六二—六四、八五—八七。關於王先謙，請看松崎鶴雄《柔父隨筆》，頁九六—一〇八。

㉛他的成長，與孫中山（一八六六—一九二五）很不相同。孫中山出生於廣東省有許多華僑的香山縣貧窮農家，聽有關洪秀全的故事長大的。孫氏回顧說，他十三歲時就在外國生活，長年受西洋式的自然科學教育，感性地直接觀察並體驗西洋文化。受中法戰爭很大刺激而開始具有革命思想，因中日甲午戰爭之衝擊去醫從事革命運動。

㉜他的想法，在一八九五—一九〇二年曾風靡一世。義和團事件後，革命派抬頭，他的變法論倒退為開明專制論，

成為距離大同社會很遠的烏托邦，大同說成為弛緩革新的意識形態。他成為清廷的擁護者，辛亥革命時主張「虛君共和」，繼而參加復辟運動，倡導孔子教，因「五四」完全成為過去的人。

㉝ 第一上書草擬於一八八八年舊曆九月，因受翁同龢之阻礙而沒有呈上。第二上書是一八九五年五月的公車上書，如前面所述，這也沒有呈上。

㉞ 這裡所謂的「國會」，究竟是怎樣的制度，從其文脈來看並不清楚。

㉟ 翁同龢在其日記中，就該日會談這樣寫著：「（康有為）高談時局。以變法為主，立制度局、新政局、練新兵，開鐵路，廣借洋債數條。狂甚。燈亮歸。憤甚。憊甚。」（中國史學會主編《戊戌變法》，第一冊，頁五二〇）。前述第五上書，乘此機會經由總理衙門呈上（《光緒朝東華錄》，北京，中華書局版，頁四〇一七—四〇二四）。

㊱ 這個上諭係基於總理衙門和禮部研究一八九七年十二月十六日所受理貴州學政嚴修之奏文結果之建議所發的。關於這件事，禮部似有所怠忽，如後面所述，迨至大約半年後的一八九八年七月十三日，總理行車和禮部呈上「特科章程六條」，獲得勅許，至此才實施。但於一月二十七日明示擬設經濟特科的方針本身是劃時代的事件。梁啟超在《戊戌政變記》第四編第一章評它說：「（此）實為戊戌新政的原點」。

㊲ 制度局設以下十二分局：㈠法律局，㈡度支局，㈢學校局，㈣農局，㈤工局，㈥商局，㈦鐵路局，㈧郵政局，㈨礦務局，㈩遊會局（政會、學會、游歷、游學各會），⑪陸軍局，⑫海軍局。

㊳ 根據梁啟超《戊戌政變記》頁一八—一九，皇帝將這奏文批給總理衙門，但總理衙門全面反對這個建議。繼而指示軍機處研究，也全面反對，命令再審議，據說他們只挑「細端末節」表示贊成。

㊴ 梁啟超就這個演講會這樣寫著：「當時集者，朝官二品以下，以至言路詞官部曹（都察院、翰林院、六部之官員等），公車（舉人）達數百人，樓上下，座滿。康有為演說時，聲氣激昂，座中之人，有為之流淚者。繼而雖解散，各省志士卻紛紛繼起，自此風氣愈大開，心亦加勵，不可抑過」（《戊戌政變記》，頁八一）。

㊵ 矢野仁一《清朝末史研究》（大和書院，一九四四），頁三九。

㊶ 發布這個上諭之十天前的五月二十九日，自一八九四年十二月以來出任軍機大臣在政治舞台的恭親王奕訢以六十七歲去世，意味著阻止起用康有為和實行變法的很大反對勢力消除了一個。與此同時，因為變革的穩健抑制力的消失，可以說加緊變法的速度而成為其挫折的一個原因。關於這一點，請參看 M. E. Camerson, *The Reform Movement in China 1895-1912* (Stanford: Stanford University Press, 1931), p. 35。

「國是之上諭」的起草者是翁同龢。從本文所摘要引用的文字可知，它首先主張「西學」和「聖賢義理之學」的重要性，在「通經濟變之才」一句中將「經」與「變」組合起來，可謂用心良苦。關於京師大學堂之設置，已於一八九六年八月發出上諭，不過沒有附諸實施就是了。

㊷ 康有為說，以往倡導設法者大多說要變其一端，不「籌及全體」，所謂變法，首先要改制度和法律，今日所說的「變」，只是「變事」而已，不是「變法」（《康南海自編年譜》）。

㊸ 康有為認為，廢止八股文，禮部官員一定反對，故建議不要經由附都議這樣通常的手續，應該以上諭一舉實行（《康南海自編年譜》）。

㊹ 已於該年舊曆四月上旬（陽曆為五月二十至二十九日），梁啟超等一百多名舉人聯名，奏請廢止科舉。六月十三日，御史宋伯魯也奏請廢止科舉，而這個奏文的起草者是康有為。

㊺ 起草總理衙門所呈上的京師大學堂章程的是梁啟超，他參考了日本的學制（《戊戌政變記》，頁二七）。同文館也於一九〇二年一月，由外務部移至京師大學堂屬其管轄。(K. Biggerstaff, *Earlist Government Schools in China* [Ithaca: Cornell Uiversity Press, 1961], p 139.)

㊻ 這個七月二十六日的措施，如後面所述含有政治意味，在另一方面，可以說是正式承認了媒體。

㊼ 上諭說這是為人吏書吏不可能「舞文弄法」，但梁啟超卻認為這是開設「制度局」之佈局的第一步（《戊戌政變記》，頁三六—三七）。

㊽這是對於禮部主事王照（小航）建議皇帝訪問日本的上奏文（「條陳皇上東游日本痛抑守舊摺」）禮部堂官欲拒絕代呈的事件所採取的措施。此時因王照出於各種恫喝上司的手段，最後禮部堂官與代呈其上奏文的同時，也彈劾他。

㊾這個免職的政治意義並不單純。黃鴻壽《清史記事本末》（原出版於一九一五）（台北，三民書局翻印，一九六三）頁四八六說：「時帝親裁大政。百廢俱舉。深恨鴻章聯俄誤國。乃有是詔。」林權助《談我的七十年》（第一書房，戰時體制版，一九三五）頁八六—八七，也以李鴻章之接近俄國「似乎為北京要人龍頭們不平的原因」，以推測其理由。另一方面，李鴻章從中日甲午戰爭當時就成為變法論者批判的目標，為他們政治上的公敵，認為他以不留痕跡的方法在妨害新政（湯志鈞編《戊戌變法人物傳稿》（北京，中華書局，一九一六），頁二二六—二二七、二二七—二二八、二三一）。梁啟超《戊戌變法記》也評論說：「禮部全堂官既被斥，守舊大臣皆恐。至此（指李鴻章被免職）皆抱震動之心。榮祿亦懼不能免。至此促禍變」（頁四七）。請同時參看稻田正次「關於戊戌變法」（收於仁井田陞編《近代中國研究》（好學社，一九四八），頁二〇七—二六七）。

㊿郭廷以《近代中國史事日誌（清季）》，頁一〇九一，及梁啟超《戊戌政變記》，頁一〇七。

(51)發布「國是之詔」的一八九八年六月十一日，當時的軍機大臣為禮親王世鐸、翁同龢（户部尚書）、剛毅（刑部尚書，六月二十日轉任兵部尚書）、錢應溥（工部尚書）、廖壽恆（刑部尚書，十月五日轉任禮部尚書）等五人。六月十五日，翁同龢被趕出軍機處；二十三日，王文韶（該日，從直隸總督轉任户部尚書）；七月十一日裕祿（署禮部尚書）參加其團隊。

(52)康有為說：「皇上，樞臣老耄守舊，但無權而去，乃專用小臣……以為軍機章京，參預親政。皇上，無權用人為大臣，故名章京，特加參預親政四個字，實如宰相。即令四人閱看群僚呈摺擬旨（起草上諭）。於茲軍機大臣同內閣，伴食而已。」譚嗣同泊其宿，林旭亦每日來，這二人成為他與皇帝間的管道（《康南海自編年譜》，頁一五七；同時參考《戊戌政變記》，頁四七）。

㊵ 梁啟超以為，獲得人才固然需要全廢「科舉」代之以「學校」，但一下子使「數百萬老舉人」失去「登進之路」太過於急激，而且「學校學生之成就」也需要數年，故數年內以「策論科舉」來銜接也是不得已的辦法（《戊戌政變記》，頁三五）。同時他對於廢止八股文所引起的反應則這樣說：「於是海內有志之士，讀詔書者皆相酌酒歡喜，去千年愚民之弊（使人民愚昧），為維新第一大事。八股既廢，數月以來，天下風移，數千萬之士人……爭講萬古之故及各種新學，爭閱地圖，爭講譯出之西書。」（《戊戌政變記》，頁二六）

又，前述「經濟特科」的新設，像自鴉片戰爭以後一直要求考試科目應引進西學，意味著終於實現其第一步。

㊶ 據說，梁啟超起草的大學堂章程，將「教權」集中於總教習，使被任命為管學大臣的孫家鼐憤怒。關於大學堂編譯局該編的「功課書」，康有為以為，孫家鼐懷疑他意圖透過經書的編輯，要把「孔子改制之學」引進大學堂的教育。的確，孫家鼐討厭孔子改制之思想，對於中國的經書和史書，他雖然上奏仍要使用正統的定本，同時也想要編譯局多編譯西學的書。而且建議置當初没有構想的西學總教習，並推薦威廉・馬丁出任這個位子。關於以上諸事，請參看小野川秀美《清末政治思想研究》增訂本，頁一四四—一四八；《康南海自編年譜》，頁一五〇—一五一；《光緒東華錄》，頁四一〇八—四一〇九、四一三六—四一三七、四一五五—四一五七；《籌議京師大學堂章程（節錄）》（中國史學會主編《戊戌變法》，第四册，頁四八六—四九一。）關於大學堂的歷史，莊吉發《京師大學堂》（國立台灣大學文史叢刊，一九七〇，全二〇一頁）極為詳細。

關於義和團事件以後時期以京師大學堂為頂點的新學校體系，日本自由派公法學者織田萬所著批判的解說，請參閱臨時台灣舊慣調查會編《清朝行政法》，第三卷（一九一〇），頁四四一—四四九。

㊷ 根據《戊戌政變記》頁四四—四五，每日各官廳呈上來的上奏文總共十幾分，皇帝自雞鳴到下午四時左右看完奏文，然後分給「參預新政事宜」的林旭等四人看，還是看不完。「下僚寒士」的奏文大多不符合格式，「野人漁民」的上書甚至有以兩尺長之紙撰寫者，但皇帝只有「欣笑」。湖南舉人，有非難皇帝為「變亂祖宗之法」者，據稱軍機大臣起草應嚴厲處罰該人之上諭，但皇帝懼怕「塞言路」而没有予以譴責。梁啟超對此評論說，這雖然

短期間就結束的現象，卻「實中國千年來未有之事」，「最塞之國體」一變而為「最進之國體」。此外，請參看《光緒東華錄》，頁四一八六—四一九〇、四一九三。

(56) 這個上諭，乃為回應管學大臣孫家鼐之奏文而發布的。孫氏的原奏（《光緒東華錄》，頁四一四三—四一四四）引用唐朝魏徵之話說「人君兼聽則明，偏聽則暗」，如只呈《官報》，則有「見聞不廣」之虞，故由地方寄來之各報中，有關係時事，且「不甚背謬者」，一律呈覽，以期「收兼聽之明，無蔽偏聰」，故與上諭的調子顯然有異。孫氏同時在此奏文建議以康有為來督辦《官報》。其實，孫氏的奏文是奉命研究七月十七日御史宋伯魯奏文的回答。宋伯魯的原奏（收於中國史學會主編《戊戌變法》，第二冊，頁三四九—三五一），也建議將《時務報》改稱《時務官報》，為官營，移北京隸大學堂譯書局，在上海設分局，使辦理譯書局事務之梁啟超也「總持」《官報》（這個奏文的起草者，根據《康南海自編年譜》，頁一五一—一五二，係為康有為）。孫氏的回答是《官報》在上海發行，令康有為督辦。從事體之前後的這種文脈來看，孫氏的奏文相當有政治上含義。

(57) 區別「官」（實任之官職）與「差」（臨時差使的兼務），以已在實職的大官兼任的名目出任軍機大臣或總理衙門大臣的作法，實質上創設了新的官職。

(58) 《光緒東華錄》頁四〇九七，說：「康有為面奏。乞皇上勿去舊衙門，而惟增新衙門；勿黜革舊大臣，而惟擢小臣；多召見才俊志士。不必加其官，而惟委以差事，賞以卿銜，許其專折奏事足矣」。

(59) 「刪改則例」之詔，乃接受李端棻之奏請者。李端棻為梁啟超中舉人時廣東鄉試之考試官，因欣賞梁之才華乃令自己妹妹嫁給他。

(60) 以開設制度局為目標，康有為一夥多所策劃，最後想出開懋勤殿以議制度為代替方案，終於使皇帝下了決心，其經過請參看《康南海自編年譜》，頁一五三、一五八—一五九。

(61) Yung Wing, *My Life in China and America* (New York, 1909)（容閎《西學東漸記——容閎自傳》（百瀨弘譯，平凡社，東洋文庫，一九六五），頁二六一）。但同一個時候在北京，拒絕孫家鼐請他出任大學堂教習，對康有為的言行持批判態度，且面對康「微諷」的張謇（一八五三—一九二六）的回憶，則相對地很冷靜。請看《嗇翁自訂年譜》（張若谷《南通張季直先生傳記》〔原刊，上海中華書局，一九三〇〕〔台灣，文星集刊版翻印，一九六五〕）光緒二十四年（一八九八年）六月部分。

62 坂野正高《近代中國外交史研究》（岩波書店，一九七〇），頁三〇六—三〇七。

63 矢野仁一博士認為：「戊戌變法，如果從變法內容本身來看，比清末的變法不但不激進，而且可以說是穩和，完全沒有被抨擊為逆法亂法的理由。雖然如此，其所以有激進的樣子，是因為朝廷的大臣反對，於是為了要實行變法遂不得不採取激進的手段而已。」（矢野仁一《清朝末史研究》，大和書院，一九四四），頁三八。

64 坂野正高《近代中國外交史研究》，頁三〇六—三〇七。

65 被免職的禮部滿尚書懷塔部（其妻為西太后親信），率領數十名內務府官員，圍繞西太后跪下，「痛哭」訴苦，也前往天津向榮祿求援（《戊戌政變記》，頁二七；同時參考李劍農《中國近百年政治史》，頁一八四—一八五）。

66 梁啟超說，指名兩廣、兩江、直隸三總督指斥的上諭，其主要目標是直隸總督榮祿，由此得知榮祿之「保不了身」。

67 《德宗實錄》，卷四一八，頁一八。

68 《康南海自編年譜》簡單說，因西太后的「懿旨」採取了這四個措施，「蓋訓政之變，已是伏」。梁啟超在《戊戌政變記》頁二三—二四，也詳論同樣的意思，以為這是幽廢皇上，誅捕帝黨的前兆。翁同龢作為皇帝的師傅，其影響力很大。如前面所述，在中日甲午戰爭後，因意圖變法而被免去師傅之職，一八九八年令康有為接近皇帝，使皇帝決心實行變法，起草「國是之詔」的也是翁同龢。在另一方面，在其日記說他看康有為之《新學偽經考》非常驚愕，評康有為為「一野狐禪」，同時回答皇帝說康有為「居心叵測」，故最近沒有來往，並說看了《孔子改制考》才知道這些。詳細分析一八九八年翁同龢的言行和角色最好的研究為蕭公權氏下面的論文。Kung-Chuan Hsiao, "Weng T'ung-ho and the reform movement of 1898," *Tsing Hua Journal of Chinese Studies*, New Series, no. 2 (April 1957), pp. 111-243。榮祿（一八三四—一九〇三），似為城府很深的機會主義者。梁啟超在其《戊戌政變記》頁二三—二四，說：「榮祿是西太后最信任的臣，……在內，軍機大臣禮親王（首席大臣）是榮『親家』，剛毅（軍機處內保守派的中心人物）是榮的羽翼，在外，北洋三軍的董福祥、聶士成、袁世凱是榮的親信」。榮祿於一九〇二年成為醇親王載灃（宣統帝之父親）的岳父。

(69) 根據《康南海自編年譜》頁一四五、一四六的記載，告訴他這些話的是，當時在座的李鴻章。

(70) 李劍農《中國近百年政治史》（序文，一九三二）（商務印書館，一九四七），頁一八四。

(71) 《康南海自編年譜》，頁一六〇—一六一。請同時參閱丁文江編《梁任公先生年譜長編初稿》（台北，世界書局，一九五九），頁六七—六八，以及李劍農《中國近百年政治史》，頁一八五。這兩份所謂密詔的全文，刊登於《庸言》（梁啟超編輯）之羅惇曧《賓退隨筆》中，於一九一三年公開的，也收於中國史學會主編《戊戌變法》，第二冊，頁九一—九二。關於這兩件文書的可靠性，其內容，尤其是其日期，康有為和梁啟超的敘述，有動搖和矛盾，請參看房兆楹教授(Chaoging Fang)對於中國史學會主編《戊戌變法》很有深度的分析和推理(*Journal of Asian Series*, Vol. 17, No. 1 [Nov. 1957] pp. 102-105)。

(72) 因德國於一八九七年冬天佔領膠州灣，在歐洲列國之間發生割分中國的風聲時，據傳湖南有人問列國實行分割中國時您將怎麼辦的時候，張之洞默然片刻之後回答說：「分割之後，仍有小朝廷。我仍不失為小朝廷之大臣。」（《戊戌政變記》，頁五六）

(73) 請參看小野川秀美《清末政治思想研究》，增訂本，頁一四四—一四八。湖南巡撫在同一個時候，曾奏請令康有為自己燒掉《孔子改制秀》（奏文全文，中國史學會主編《戊戌變法》，第二冊，頁三五七—三五九）。這是在革新風潮很盛的湖南新舊對立激烈化，身為巡撫的陳寶箴的因應方策，應該是為保護康有為所採取的苦肉之策，由此可見周遭情況對康有為愈來愈不利的一個象徵（請參考小野川，前引書，頁一四九—一五〇）。

⑭ 對於康有為的這個上諭，是明發上諭，該日，透過林旭將另一密詔交給康有為，發出此命令，「實有不得已之苦衷」，「汝，應迅速出外。不可遲延。……夫，愛惜身體，善親調攝」云云（丁文江編《梁任公先生年譜長編初稿》，頁六八）。

⑮ 一般都說，袁世凱辜負變法派，將從譚嗣同聽的話，於九月二十日告訴榮祿。譬如郭廷以《近代中國史事日誌》（台北，商務印書館，一九三六），頁一〇一三頁，以及請參看 A. Hummel, ed., *Eminent Chinese of the Ching Period*, p. 406 ("Jung-lu" by Chaoying Fang)。政變本身，不管袁世凱有沒有出賣，似乎著著在進行其計劃，北京內外已有各種各樣的謠言。總之，扮演關鍵性角色，應該是榮祿才對。關於這一點，請參閱丁文江編《梁任公先生年譜長編初稿》，頁七〇—七二。

前面我們說過，袁世凱曾列名北京強學會之創立，並捐過錢。他的新建軍，是榮祿令他建立的。他可以說是在各方面建立關係，「腳踏雙船」的「政治人物」。

⑯ 關於政變前後的情況，尤其與梁啟超的關係，以及對政變直前偶然前往北京之伊藤博文的動靜，日本外交官的觀察，當時北京公使館一等秘書的林權助《談我七十年》（第一書房，戰時體制版，一九三五），頁七八—一〇四。

⑰ 因政變的連累，康有為故鄉和村落受到大鎮壓，大家相繼疏散（「數十萬户，村落皆空」），他的藏書全部被燒燬（請參看《康南海自編年譜》，頁一六七—一六八）。

⑱ 它有若干成果。譬如京師大學堂留下來了。惟學校體系最基層的小學堂的創設，則由地方官裁量，停止將道觀（道教之寺院）等建築物當作小學堂的校舍。道士們與宮廷的宦官具有關係，為對變法陰微的反對勢力之一(J. K. Fairbank, E. O.Reishauer, and A. M. Craig, *East Asia: The Madern Transformation* [Boston: Houghton Mifflin, 1965], p. 392)。

⑲ 坂野正高《近代中國外交史研究》，頁三〇七。

⑳ 林權助《談我七十年》，頁八八—一〇三，刊有為營救張陰桓，當時在北京的伊藤博文有所策動的故事。

⑧¹ 光緒帝重病的謠言，其前往法國公使館請其醫師診察之後，立即平靜下來。關於這件事，其詳請看王樹槐《外人與戊戌變法》（台北，中央研究院近代史研究所，一九六五），頁二一二—二一六，以及序文六—七、頁一一。

⑧² 李守孔「光緒己亥建儲與庚子兵釁」（《故宮文獻》，第一卷第四期（一九七〇年九月）），頁二。

⑧³ 為了避免劉坤一的阻礙，便命令他一個月以前進京（劉稱病請求給予休假，到春天始進京。可以說是消極的抵抗）。同時事先以李鴻章為兩廣總督，在康有為和梁啟超的故鄉發生騷動時，準備予以鎮壓。

⑧⁴ 關於己亥建儲的最近研究，有王樹槐《外人與戊戌變法》，頁二二七—二三五；李守孔「光緒己亥建與庚子兵釁」（《故宮文獻》，第一卷第四期（一九七〇年九月）），頁一—一二）。

⑧⁵ 對於一八九九年當時總理衙門的氣氛，請參考本多熊太郎《人物與問題》（千倉書房，一九三九），頁七五—八五。關於當年李鴻章的風采，請參看該書，頁八五—八七。當時本多為北京日本公使館的年輕隨習外交官。

⑧⁶ 請注意以下的文字：「西俗合眾公主之法。由於無君臣之倫，其無君臣。由於無父子。其無父子。由於夫婦。其無夫婦。由於女權過重，妻可去夫，夫不得去妻。陰陽反常，為人情大不順。」（葉德輝「葉吏部與俞恪士觀察書」）京都大學人文科學研究所島田虔次教授，提醒筆者應該重視《翼教叢編》。

⑧⁷ 就滿人而言，「滿漢不分」這個口號，意味著從前滿人佔優越地位的前提或既定觀念已經崩潰了。

⑧⁸ 譬如「參預新政事宜」的林旭等四人都是漢人，同時軍制改革的方向，被認為對八旗不利。

⑧⁹ 《戊戌政變記》，頁三二〇。梁啟超認為仇教案在外交問題上最危險並強調說：「教堂滿地，無處不無興釁。故教案實例為割地之藥線（導火線）。教案之發生，固暴徒藉端生事，亦因朝廷及兵官仇視外人之心理。故奸民因乘之。……民間之舉動，實視朝廷之意嚮而轉移。」

⑨⁰ 關於約翰海通告的經緯，及對於通告各國的反應，請參看 A. W. Griswold, *The Far Eastern Policy of the United States* (New York: Harcourt, Brace and Co., 1938), pp. 36-86; L. K. Young, *British Policy in China 1895-1902* (London: Oxford University Press, 1970), pp. 98-99。

第十三章　義和團事件與日俄戰爭

拳匪反抗世界大勢，意圖強行攘夷的無智無謀的舉動，實在可愍。雖然如此，我們在拳匪運動中，發現美麗的中國靈魂。

——山路愛山（彌吉）《支那論》（民友社，一九一六），頁八三。

當天晚上（一九〇三年四月十六日）小村氏晚餐時拼命想著事情。但不是憂鬱。其想法很健朗。他旋即說：「本多君，我想，俄國不撤退比較好。這樣內外可大掃除。」

——本多熊太郎《靈魂之外交——日俄戰爭時的小村侯（爵）》（千倉書房，一九四一），頁二七六。

長春滿目皆為日本之勢力。哈爾濱滿目皆為俄國之勢力。鐵路之管理，俄國不及日本遠甚。華人所住長春、哈爾濱之區，則其整潔絕不及俄國與日本。

——張謇《嗇翁自訂年譜》，宣統三年（一九一一）六月九日。

第一節 義和團事件

1 背景

一八九八年的政變以後，因政治的反動，和在這種政治狀況下再度掌握權力的北京政府內部滿人守舊派，在廢立問題等列強壓力下一再嘗受挫折感，可以說是一八九九—一九〇〇年發生在華北之義和團的暴動，擴大到空前之大排外暴動事件直接的政治原因，首先，我們來看看作為大眾運動之義和團事件的背景。

(1) 一八九〇年代頻發仇教案

基督教傳教士的活動，一八六〇年代以後在中國內地很是盛行，與此同時也再三發生反對基督教的排外運動，這是我們在前面已經說過的。迨至一八九〇年代，外國人傳教士的活動更加頻繁。這是其中一個原因，在九〇年代，仇教案尤其在長江一帶頻頻發生。

(2) 義和拳

義和拳的發生，大概來說，是農民自衛組織的一種。據稱是屬於自嘉慶年間以來八卦教（白蓮教系的宗教秘密結社）的系統，其信徒（其一個特色乃多是少年）用拳和木棒，以咒法（似為一種催眠術）會變成一種神靈附體狀態，抱著不死身的信念，為一種宗教儀禮的武術者集團，其組織是公開的，與站在鎮壓者立場的當局所說為邪教的秘密結社，有所不同。其信仰對象為《三國演義》、《西遊記》等通俗白話小說或戲劇的登場人物，或道教之神仙等等，不承襲以彌勒下生之觀念為中心的白蓮教流派，毋寧可以說是屬於儒、佛、道混淆之本土宗教的混合主義的一種①。

義和團活動的社會背景是，當時，華北有大量的失業人口，尤其是農村充滿了失業者。加上年來排外感情的鬱積。這個排外感情，其中有反基督教的，包括對外國棉製品和燈油等等日常輸入品，象徵著列強經濟侵略之反感。

(3) 義和團活動在山東省

自一八九六年左右，在山東省義和拳（大刀會）的活動已經很頻繁。其直接原因是，於一八九四年八月十六日，從安徽巡撫轉任山東巡撫的李秉衡（一八六〇—一九〇〇），許可和獎勵義和拳的活動。由於這種原因，於一八九七年十一月，在山東省發生了德國傳教士被殺死事件，其結果，因外國強大的壓力，李秉衡乃於九七年十二月十一日被免職②。

一八九八年，黃河大氾濫，該年黃河流域一帶又鬧旱災，無數的饑民流民化。加以德國在山東省有建設鐵路之計劃的謠言，使懼怕失業的交通勞工更加不安。

一八九九年，毓賢（？—一九〇一）出任山東巡撫（真正到任似為四月左右）。他屬於漢軍八旗，是從署江寧將軍轉任山東巡撫的。他與李秉衡關係親密，曾任山東省的知府和布政使③。

出任山東省巡撫的毓賢，准許義和拳的團練。這個措施的背景是，作為因應秘密結社武裝起事，一八九八年七月十一日命令廣為組織團練的北京政府的政策。毓賢可以說是擬將義和拳吸收編入於這個團練組織之中。這使我們想起招撫「土匪」時常常採取這樣的手段。

山東的義和拳，以「扶清滅洋」為口號，再三殺害教民，火劫教堂。

(4) 袁世凱的鎮壓

對於在毓賢擔任巡撫的山東省，義和團的活動很盛，以法國公使的抗議為直接的原因，一八九九年十二月六日毓賢奉命進京，並任命袁世凱為山東巡撫④。

袁世凱用硬軟各種方法，以鎮壓義和團。英國公使麥克唐納，評論袁世凱的被任命為「最有希望的人選」(the most hopeful feature)，以他「果斷的性格，必要時會用武力的膽識」來判斷，他可能以八千的洋式軍隊，很快就處理好山東的「叛徒」（一九〇〇年一月五日之報告）⑤。

2 義和團移動直隸省與引進北京

受到袁世凱鎮壓的義和團，陸續移動到直隸省。直隸總督裕祿（？—一九〇〇）似乎為機會主義性格的政治家⑥，義和團的活動，擴大到省內各縣。義和團殺教民，破壞教堂、鐵路線、電線等一切西洋來的東西。其中最聳動中外的是破壞鐵路。

一九〇〇年四月二十二日，義和團出現於北京。六月十日左右（？），端郡王載漪、剛毅（軍機大臣）（？—一九〇〇），以義和團為「義民」而將他們引進北京⑦。另一方面，六月九日，將董福祥（一八三九—一九〇八）的甘軍移到北京城內。同日，西太后由頤和園回到紫禁城。

3 四次廷臣會議（御前會議）與圍攻公使館

六月十六日，在紫禁城內的儀鑾殿舉行了廷臣會議（「王公大臣六部九卿」）大約一百人參加。席上，皇帝大肆責難未能鎮壓「亂民」⑧。

隔（六月十七）日，再度舉行廷臣會議。該日早上，看到列國公使要求「歸政」四條等之照會的西太后，極力主張主戰論⑨。（該日，聯軍佔領了大沽砲台。）

六月十八日和十九日又舉行了廷臣會議。接到大沽砲台陷落（六月十七日）消息之六月十九日的會議時，西太后終於決定對列國宣戰。六月二十日，德國公使馮・凱得拉(Baron Freiherr von Ketteler)在由總理行衙門回途中，在崇文門大街被搶殺⑩。

六月二十一日，清廷發出宣戰之上諭。董福祥所統率的甘軍（士兵多為義和團員）與義和團，自六月二十日至八月十四日圍攻公使館。此時堅守公使館的有四百五十名警衛兵；軍人以外的外國人四百七十五人，以及中國人基督教徒（「教民」）大約三千人。圍攻公使館，實具有一面戰爭，一面外交交涉的性質。外交交涉，從七月十四日起，由列國公使與軍機大臣榮祿進行。當時等於全部北洋五軍總司令的榮祿，沒有准許與甘軍一起圍攻的自己直轄的武衛中軍使用大砲。在防衛公使館外國人共計九百二十五人當中，戰死七十五人⑪。

八月十四日，八國聯軍入侵北京，解圍了公使館。聯軍總兵力大約兩萬人，一半為日軍。八月十五日，西太后和光緒帝化妝逃出京，走上蒙塵之旅。十月底，設行宮於陝西省的西安⑫。

4 劉坤一、張之洞的「東南互保」

袁世凱（山東巡撫）、李鴻章（大學士、兩廣總督）⑬、張之洞（湘廣總督）、劉坤一（兩江總督）⑭，擱置了西太后的命令，以義和團為叛亂，致力於維持秩序。與此同時，他們仍然繼續忠於西太后和清朝政府。從結果來看，西太后在北京向列國挑戰，在南方諸地區，則令其保護外國人的生命財產，推行了和平與戰爭的兩面政策。

另一方面，劉坤一和張之洞與列國現地當局之間有所謂「東南互保」的協議，因此對外戰爭遂局地化於華北⑮。

此外，張之洞揭發了唐才常（一八六七－一九〇〇）（保皇會左派）在漢口所準備自立軍的暴動計劃，並處死唐才常（一九〇〇年八月）⑯。

5 北京議定書（辛丑條約）

結束義和團事件的媾和條約（「北京議定書」，在中國稱為「辛丑條約」），於一九〇一年九月七日，在北京，由慶親王、李鴻章與十一國代表（日本代表為小村壽太郎）簽訂⑰。

依北京議定書，第一條規定，課中國四億五千萬兩（大約六千七百五十萬英磅）的賠款。以洋關收入、鹽稅和一切條約港之常關收入為擔保，這些常關收入由洋關管理。賠款以公債的形式交付，以四十年分期付款支付，以黃金的市價計算，加上利息（年四分），其金額達兩倍以上。主要各國賠款分配率為：俄國二九％、德國二〇％（俄德二國佔四九％）、法國將近一六％、英國一一％多、日、美各七％多。第二，設定公使館區域，承認各國的駐兵權（公使館區域之警衛兵，以及為維持北京、海濱間自由交通佔領十二個特定地點）。而一九三七年爆發「中日事變」前後，增派日軍前往北平、天津地域，就是根據這個議定書的駐兵權⑱。

根據議定書第十一條規定，經過長時間交涉結果，於一九〇二年九月五日在上海，中英兩國簽訂了新通商條約（所謂馬魁條約）。簽字者，中方為工部尚書呂海寰（一八四〇－一九二七）（前駐德公使）、工部左侍郎盛宣懷，英方為馬魁(Sir. James L. Mackay)。對於此項交涉，不僅外務部，湖廣總督張之洞和兩江總督劉坤一都曾參與很深。爭執最大的是釐金問題，最後以設輸出關稅附加稅不超過七．五％，和輸入關稅附加稅不超過二．五％為條件，中方答應全面廢止釐金等內地課稅（第八條及附屬書乙號）。中國又與日本和美國，於一九〇三年十月八日，分別簽訂了新通商條約⑲。

6 總結

義和團事件，一方面可以說是自一八九八年以來，怨恨每每支持變法派之諸外國的宮廷「頑固派」（「頑固份子」）利用了義和團，同時也是鴉片戰爭以來一貫存在於統治階層內抗戰論的一群勢力所造成。他們在這種意義上，也可以算是愛國者⑳。據稱，西太后曾在六月十六日的廷臣會議說過「可靠的唯有人心」這句話，的確極富象徵性和意味深長。

當時曾在公使館的總稅務司哈特，聯軍進入北京以後沒多久，曾為英國《福特奈特利評論》雜誌撰文視義和團為「愛國者」，說「五十年後身著甲冑形成密集部隊的幾百萬義和團員將會接受中國政府的召集」，並說：「這個小故事……是一個世紀變動的序曲，將為遠東將來歷史的基礎。西曆二〇〇〇年的中國，與一九〇〇年的中國，將完全不同」。這是全世界對義和團的風評極壞的聲浪中他所說的肺腑之言㉑。

一般認為，使騷亂擴大，導致八國聯軍的軍事干涉，且必須賠償四億五千萬兩最大政治責任者是榮祿。他掌握北洋軍，為軍機大臣，為西太后非常信任的人物，明知義和團不可利用，又不採取袁世凱那樣的鎮壓手段，一直採取「依違」的態度。圍攻公使館時，對於耽心並一再問可以殺死使臣嗎的董福祥，他指示可以砲擊公使館，另一方面對劉坤一，以電報表示「兩國雖相戰，不罪使臣自古皆然」。作為文件之負責人之一的董福祥，受到「革職」、「降調」的處分，但榮祿仍然做他的軍機大臣㉒。

大致來說，以義和團事件為界，中國進入了新的時代。

第一，義和團事件阻擋了中日甲午戰爭以來「分割中國」的趨勢。由之列強對中國的壓力比較有彈性，進而傾向於一邊施加壓力，一邊支持清朝政府。但俄國佔領東三省且不準備撤兵，意圖無限期駐兵。第二，中國人以往的排外感情，一變而為開始憎惡滿清王朝。第三，在清廷內部，再也沒有人反對變法。至少沒有人公然反對。問題是變法的順序和時期。第四，革命派的運動以日本為根據地開始成氣候。不特此，整個中國已進入一種「狂瀾驚濤」的時代，全國騷然，成為很有流動性的政治情況。第五，一八九八年與戊戌變法抗衡到達最高峰的中華思想，幾乎崩潰，近代的民族主義從中國內部沸騰起來。

第二節 日俄戰爭

1 序論──「立憲」對「專制」這個形象

日俄戰爭（一九〇四─〇五）是震撼整個亞洲的事件。尤其在日本海海戰（一九〇五年五月二十七─二十八日）中日本海軍的勝利，給予閃電式衝擊的新聞。在十年前敗於日本，掀起欲建立立憲君主制的變法運動，一八九八年經驗戊戌政變挫折的中國，「立憲」贏了「專制」這種形象在有識之士中間廣為固定下來。在俄國，一九〇五年一月二十二日「血的星期日」之悲慘事件，頻頻發生罷工，農民暴動，兵變（軍艦波臼莫金事件等）因應社會的不安，答應要制定憲法也給予中國很大的反應㉔。

2 俄軍佔領東北

義和團事件時，派大軍前來東北的俄國，為了使俄國能在東三省為所欲為，乃暗中與中國進行秘密交涉，意圖簽訂這樣的條約，且幾乎要簽約了（一九〇一）。

探知這個交涉內容的日英兩國外交當局，乘正在交涉締結北京議定書之慶親王和李鴻章的不睦。同時說服袁世凱、劉坤一、張之洞和盛宣懷（當時管理著上海電報總局）；透過他們影響在西安之行宮的軍機處，終於使這個交涉無疾而終㉕。

一九〇一年十一月七日，李鴻章病逝㉖。因此，俄中交涉中方的推動力由之消失，但俄國仍然不肯由東三省撤兵。

3 英日同盟與歸還東北條約

一九〇二年一月三十日，在倫敦簽訂了第一次英日同盟條約。其要點為，英日兩國互相承認：英國在中國，日本在中國和韓國，擁有「特別的利益」（"their special interests"）（第一條）；為著防護上述各自的利益，英日之一國與別國開啟戰端時，他方要遵守嚴正中立（第二條）；如果他一國或數國對該同盟國參加交戰時，他締約國要參戰以助該同盟國，同時兩國不單獨媾和（第三條）。

無需說，英日同盟是兩國綜合性的外交戰略之一環。就英國而言，它是十九世紀中葉以來，從西亞到東亞廣大地域的俄國勢力南下所發生，英俄利害關係之衝擊或摩擦的因應或調整的一環，尤其因應東三省和朝鮮半島情勢之惡化，在中日甲午戰爭中平壤、黃海之戰以來，對日接近延長線上重要的一個佈局㉗。

就日本而言，在日本政府內部，對於同盟的對象應該選擇英國或俄國的問題，山縣有朋、加藤高明的英日同盟論，與伊藤博文的日俄同盟論的對立，乃眾所周知。而最後決定締結英日同盟，因其為義和團事件當時小村之長期外交戰略的一個階段所使然。

對於英日同盟，中國輿論是善意的。京師大學堂的教師們甚至上書政府，建議中國也參加同盟，形成中日英三國的一個集團，以對抗俄國㉘。

屈服於締結同盟條約之英日兩國的壓力，俄國終於不得不約定要從東三省撤兵，一九〇二年四月八日，在北京，中俄兩國簽訂了歸還東北的條約。這個條約，以俄軍逐漸北撤的方式，區分為每六個月，約定十八個月之內全部撤完㉙。

4 日俄戰爭與樸茨茅斯條約

以俄國不履行歸還東北條約，以及在朝鮮半島日俄兩國間利益之調整未能獲得共識為直接原因，於一九〇四年二月七日爆發了日俄戰爭。中國外務部，在開戰後不出數日的二月十二日宣佈「局外中立」。戰爭進行於中國領土，同時也是滿清王朝發祥之地的東三省。思考自義和團事件以來，東亞國際政治展開的背景，此事對中國政治家和有識之士的影響，一定是很複雜和屈折是不待煩言的㉚。

一九〇五年九月五日，於美國樸茨茅斯，在美國總統老羅斯福斡旋下簽訂的日俄媾和條約，是瀋陽會戰（一九〇五年三月十日，日軍佔領瀋陽），和經日本海海戰戰況陷於膠著狀態時的一種不分勝負的解決。一言以蔽之，依樸茨茅斯條約，東三省北部和南部分別屬於俄國和日本的勢力範圍。所以在這個戰爭，任何一方獲得決定性的勝利，東三省很可能變成其領土。因為戰爭不分勝負或日本略勝一籌，中國對東三省的主權，才在樸茨茅斯條約第三條的規定獲得確認㉛。

5 北京條約（關於東三省之條約）

日本依樸茨茅斯條約，以得到「中國政府的應允」為條件，繼承俄國在南滿洲所擁有的諸利權（旅大之租借地及長春、旅順港間鐵路和礦山開採權等）（第五、六條）。而為使中國確認這些利權之繼承簽訂的，就是一九〇五年十二月二十二日的北京條約。樸茨茅斯條約日方全權代表之一的小村壽太郎外相親自前往北京，與在北京的內田康哉公使一起從事交涉。中方的簽字者是慶親王（軍機大臣、總理外務部事務）、瞿鴻機（軍機大臣、外務部會辦大臣兼尚書）和袁世凱（北洋大臣直隸總督）㉜。

6 留日學生的激增和「留學生取締規則事件」

中日甲午戰爭後，留學日本的中國人人數逐漸增加，從日俄戰爭中突然大增，一九〇五、六年達八千人。這不但是被視為「立憲」與「專制」之勝負的日俄戰爭的影響。一九〇五年九月十二日廢止科舉制度也是一個原因㉝。

留日中國學生接觸日本社會，在日本透過學習和讀書，許多人激進化，如下一章所敘述，革命派以日本據點的宣傳活動，從一九〇五年開始組織化，並在留日學生之間革命運動迅速擴大。對於此種情況，因中國政府當局的策動，日本政府乃於一九〇五年十一月二日，制定了所謂清朝留學生取締規則（文部省令第十九號「關於令清朝人入學之公私立學校之規程」）。此項措施立刻引起留學生激烈的抗議活動㉞。革命派的青年才俊陳天華，因而在東京近郊大森海岸抗議投水自殺（一九〇五年十二月五日）㉟。

7 清末的民族主義運動
——對美杯葛（一九〇五）和收回利權運動

因日俄戰爭的衝擊，留日學生革命運動的發展，以及與其有關而值得注意的現象是中國民族主義運動的進展。從義和團事件那種以農民為中心的排外運動的形態，進一步以鄉紳、商人、學生等為主角，具有自覺的組織和目標，與運動形態的對外抵抗運動廣泛地進行。

(1) 一九〇五年的對美杯葛

一九〇五年五月十日，依上海總商會商董會議所作決議，呼籲全國條約港和海外華僑杯葛美國商品為開端，對美杯葛運動，以貿易中心的上海和移民最大供給源的廣州兩大中心地，有如疾風，擴大至沿海、沿江的各港口。居住於香港、美國、加拿大、日本、菲律賓、新加坡、越南、泰國、緬甸、澳洲各國和地區的中國人，也起來嚮應。這個對美杯葛運動，曾一時使外國人懼怕是否義和團事件的再度出現，惟因運動內部的分裂，北洋大臣袁世凱的鎮壓，透過駐華公使羅克希爾所加美國的壓力等等，迨至該年年底勢力減弱，一九〇六年便告一段落。

杯葛的直接動機為，對於居留於美國太平洋岸的中國勞動者，逐漸加強差別和限制，禁止中國新勞動者十年不得前往美國之一八九四年的中美條約的期限，於一九〇四年期滿時，不欲更新的中方通告廢棄，以迫使美國變更政策。亦即杯葛是，欲締結更有利的新移民條約，對美國和自己國家政府所選擇的政治壓力的手段（沒有武力者作為合法行使之有效而消極抵抗的手段），而這個手段又與想培育自己國家產業的希求相結合。杯葛本來就具有雙邊之劍的性質，這個對美杯葛發揮經濟有效性的，在商品主要是對棉製品、石油和小麥粉，在地域上限於華南、上海和長江之若干港口。但譬如只是電信費就需要大量經費的這種全國性的運動，要有組織地展開，實在是很不容易的一件事㊱。

(2) 收回利權運動

欲收回中日甲午戰爭以後所謂競爭獲得利權時期列強由中國得到的鐵路、礦山利權的運動，主要以立憲派的人們（知識份子、鄉紳和商人）為主導力量，從一九〇五年前後有顯著的發展，到一九一一年的辛亥革命，一張一馳地繼續著。這個運動成為引起辛亥革命的一個重要原因，又以第一次世界大戰（一九一四——一九）為轉機，與意味著全面否定舊秩序、舊文化的五四運動互為表裏，成為爆發性之高漲而全面的恢復國權運動的先驅。

收回鐵路利權始於粵漢鐵路。粵漢線（廣州——漢口），如前面所述，是一八九八年四月，駐美公使伍廷芳與「美國中國開發公司」(American China Development Co.)所簽署四百萬英磅的借款契約（因一九〇〇年七月的追加契約，借款金額增加到四千萬英磅）所建設。惟在一九〇三年年底前，大半公司股份由比利時的辛迪加（資本為俄國系）所購買，故於一九〇四年，由湖廣總督張之洞主導，湖南大鄉紳群遂發起收回鐵路運動，大力要求廢除借款契約。湖北、廣東的鄉紳也加入了收回運動。為因應此種情勢，美國莫根商會從比利時辛迪加買回一半以上的股份，但加上學生，收回運動還是執拗地繼續，剛好為了使一九〇五年對美杯葛平靜下來，乃於該年九月，公司遂將利權與已建設鐵路，以六百七十五萬美元賣給中國政府。（粵漢線於一九三六年全線通車，在這以前有苦於籌措資金的很長歷史，曾得以義和團事件賠款英國歸還部分新創立基金會的投資。）

預定連接蘇州、杭州、寧波的滬杭甬鐵路建設權（所謂麥克唐納五鐵路之一），如在第十二章所提到，成為收回利權運動的對象。浙江省的鄉紳，自一九〇五年五月以來開始動作，也與同鄉京官取得聯絡，與上海的浙江紳商合作，以從事收回運動。因此政府終於出面與英方進行交涉，一九〇八年達到收回目的，由兩個中國公司獲得借款，從事建設（一九一〇，上海、杭州間通車）。

關於礦山的利權，中日甲午戰爭以後給予外國的十八個礦山利權當中，除開平煤鑛等四個以外，十四個皆於一九一〇年收回了。這個收回礦山利權運動，各省的官紳互相呼應，耐心而大力地繼續推動，呈現一種大規模的國民運動。

以上所簡述的收回利權運動，到一九〇九年在各省開設諮議局，在其背後扮演了推動的力量，同時如下一章所述，諮議局成為辛亥革命之近因——反對鐵路國有化運動的核心㊲。

註釋

① 堀川哲男氏指出（〈義和團之形成〉〔《岐阜大學教育學部研究報告，人文科學》，一八號，一九七〇年一月〕），義和拳、義和團這個名稱是，在各地個別地所發生各種名稱之無數集團的總稱（或者說，作為學問上的處理概念，這個無數集團之總稱，以使用義和團這個概念，也許比較正確）。也不是發展成為超地域的統一組織的名稱。初期在山東的活動，大多使用大刀會。大刀會比諸義和拳，迷信成分比較少，相反地，具有相當機動力和組織之專門武裝集團的色彩。大刀會和義和團是否不同組織，曾經成為研究史上的一個問題，筆者認為，這兩者相互滲透，在運動過程中，義和團從「大刀會」的專門武裝集團，在量和質上發展和轉變到「義和團」的大眾組織，這種說明可能比較妥當。

又，義和拳的神靈附體現象，與從內陸亞細亞到朝鮮半島和日本列島，以及在北亞一帶的當地「巫」或許有關係。

② 他於該年九月二十七日昇任四川總督。但沒有前往四川履新，繼續留在山東省，因而於十二月十一日被免職四川總督。他於一九〇〇年，與八國聯軍作戰，戰敗自殺。

③ 同一個時候的三月十五日，清朝政府予外國人天主教傳教士以中國官僚機構一種公的地位，規定主教與督撫，副主教與按察使、布政使、道員，教士與知府、知縣之資格相等。但不許傳教士有裁判權。

④ 毓賢於一九〇〇年三月十四日轉任山西巡撫（同一天，袁世凱實授山東巡撫職）。因毓賢在山西省鎮壓外國人，遂於一九〇〇年九月被免職，一九〇一年因外國的強硬要求，被斬首。

⑤ 坂野正高《近代中國外交史研究》，頁三〇九。

⑥ 「裕祿不究辦，且延匪目入見，待如上賓。聚鄉里之無賴棍徒千百人，持義和拳之三字名帖，則以身入衙署得與總督分庭抗禮。……」（黃鴻壽《清史紀事本末》，卷六七，頁一）。

⑦ 瑞那王為皇太子（「大阿哥」）的父親，一九〇〇年六月十日，被任命為管理總理衙門事務，八月十三日，出任軍機大臣。九月二十五日，停止了一切的差使。據說，他是非常耿直而認真的一個人。剛毅和軍機大臣刑部尚書趙舒翹（？—一九〇〇），於六月上旬，先後前往涿州視察義和團的實際情況，趙舒翹向西太后報告說，義和團員雖為「市井之無賴」不足用，卻是可靠的義民。

⑧ 根據出席這個會議的翰林院侍講學士惲毓鼎的說法，軍機章京袁昶（太常寺卿）請求發言說，義和拳其實是「亂民」，完全不可靠，以邪術成事者古來斷無。西太后「今日中國積弱已極。可仗者唯人心」這句名言，係反駁袁昶這個發言而發的。在這個會議，反對欲依靠義和團之西太后的發言很多，似乎有過相當激烈的爭論。關於這個會議的情況，請參考惲毓鼎《崇陸傳信錄》（序文，一九一一）（收於左舜生選輯《中國近百年史資料初編》（上海，中華書局，一九二六），頁四五四—四八八；關於義和團事件文字，頁四六六—四七九）。

⑨ 據稱，這個所謂照會，係偽造的文書，乃夜間官員偷偷送到榮祿邸的，榮祿終夜在邸內走來走去，隔天一早將這文書拿給西太后看，西太后極為悲憤，才決定要開戰端（惲毓鼎《崇陵傳信錄》）。

⑩ 在這之前，即六月十一日，日本公使館書記生杉山彬，在北京外城南側永定門外，被董福祥的某軍士兵殺死。

⑪ 關於其交涉經緯，《藍皮書》之麥克唐納公使的報告非常詳細。關於困居公使館，請參看柴五郎、服部宇之吉（大山梓編）《北京籠城記》（平凡社，東洋文庫53，一九六五，全二六三頁）。

⑫ 戊戌變法以來，由列國同情光緒帝，據稱西太后以自己留在北京將對其不利，強行把皇帝從北京帶走（惲毓鼎《崇陵傳信錄》）。西太后和皇帝回到北京是一九〇二年一月。

⑬ 李鴻章於一八九九年十二月十九日出任署兩廣總督，一九〇〇年五月二十四日實授兩廣總督。七月八日，再任北洋大臣直隸總督，奉命北上卻不動，一再督促，才於七月十六日離開廣州，在香港與香港總督見面，七月二十一日，才到達上海。

⑭ 劉坤一（一八三〇—一九〇二）與李鴻章、張之洞的經歷不同。他從舉人成為湘軍的軍官，一八六五年出任江蘇巡撫，始終是尊重傳統而認真的地方大官，也沒有參與洋務（官督商辦）。他庇護江蘇省南通縣之大鄉紳張謇的工作，張謇亦常為其顧問而效勞。劉坤一與近衛篤麿有交往，近衛於一九〇〇年創立南京同文書院（隔年遷到上海，改名東亞同文書院）時，他曾給予很大的幫助。關於劉坤一的傳記，請看Hummel, ed., *Eminent Chinese*, pp. 523-524。

⑮ 正確來說，六月二十七日，上海道台余聯元和各國領事，簽訂了「保護南省商教章程」（九條）和「保護上海租界城廂章程」（十條）（起草者為盛宣懷）。劉坤一與張之洞連名聲明，除非條約國出兵這些區域，他們將負責保護其管轄地區及浙江省之外國人的生命和財產（連名電報打給有關各國駐在中國的公使）。劉坤一、張之洞之所以這樣做，乃體會上海電報總局督辦，對全國情勢最熟悉之盛宣懷對上海地方之官紳有識者群共同的認識。關於東南互保的最近詳細研究，請參看李國祁《張之洞的外交政策》（中央研究院近代史研究所，一九七〇），頁

一三八—一三七。外國人的研究，請看 L. K. Young, *British Policy in China 1895-1902* (Oxford University Press, 1970), pp. 160-169。

⑯ 自立軍係意圖打倒西太后政權和擁護光緒帝的，因鎮壓自立軍，張之洞遂與變法派絕對分手。關於自立軍和唐才常，請看野村浩一《近代中國之政治與思想》（筑摩書房，一九六四），頁二三八—二三七。

⑰ 一九〇〇年七月二十一日以來，停留在上海的李鴻章，雖然北京督促他北上他還是不動。八月七日，他更得到了全權大臣的資格。八月十五日，西太后和光緒帝從北京蒙塵，八月二十四日予李鴻章以「便宜行使」的權限。八月二十七日，命令慶親王回北京協助李鴻章，同時予以「便宜行事」的權限。八月三十一日，命令劉坤一和張之洞也參加和議。九月三日，慶親王回北京，次日與總税務司哈特會面。九月十四日，李鴻章由上海出發，十九日抵達天津。十月十三日，予慶親王以「全權大臣便宜行事」的資格。十月十五日，慶親王和李鴻章連名對各國公使發出照會，正式開始和議的媾和交涉。中方在這個照會承認圍攻公使館違反國際法，並表示願意償付賠款和修改通商條約，同時要求歸還外國所佔據的總理衙門、停戰和撤兵。十二月二十二日，慶親王和李鴻章與十一國公使在西班牙公使館（西班牙公使為外交團的首席）完成了「議和大綱十二條」。十二月二十四日，列國公使將議和大綱十二條（亦稱為「和約大綱十二條」）以聯合通牒的方式，親手交給慶親王和李鴻章。二十六日，清廷接受了這「十二條」。以後，就其細目雙方討價還價，調整列國之間的利害也花了時間，故交涉隨之拖長，迨至一九〇一年九月才正式簽字。交涉之所以拖長，是因為一獲得解決，聯軍便不得不撤兵，深怕只有俄國大軍留下來的英國政府，遂採取遷延方策所導致。

另一方面，一九〇〇年十月十七日，德國的瓦爾得爾哲(Alfred von Walderse, 1832-1904)將軍抵達北京，設司令部於紫禁城。他以聯軍總司令身份，對華北各都市進行了懲罰性的攻擊。一九〇〇年年底在華北的聯軍總兵力為四萬五千人。當時，東三省已經在俄軍佔領之下。

⑱ 除以上兩點，北京議定書還包括以下的項目。㈠派遣謝罪使到德國（殺死凱得拉公使事件），以及派遣謝罪使到

日本（殺死杉山書記生事件）㈡處罰義和團事件的負責人。㈢主張和平論而被處死刑的徐用儀、立山、許景澄、聯元、袁昶之復權。㈣有過屠殺和虐待行為的地域（其一半是山西省）停止科舉五年（這意味著對讀書人的懲罰）。㈤（兩年之內）不對中國輸出武器、彈藥及其製造材料。㈥現行輸入稅率實質上提高五％。㈦撤除大沽砲台及其他北京、海濱間的砲台。㈧對於違反條約行為的地方官不立刻鎮壓和處罰犯人時，該地方官應立刻予以革職，並不得再出任官職。㈨修改通商條約。㈩以中外合作從事白河（「北河」）和黃埔江的改良水路工作。⑪將總理衙門改為「外務部」，置於其他六部之上（一九〇一年七月二十四日上諭確認）。⑫關於外國代表之晉見儀式。同時規定以法文版本為本議定書及附屬文書的正文。關於北京議定書的締結交涉，日本最近的研究有菅野正〈北京議定書之締結過程——以小村公使之賠款交涉為中心〉（《Historia》〔片假名，大阪史學會〕，四九號〔一九六七年十二月〕，頁四一—六二。）菅野正〈辛丑條約之成立——以庚子賠款為中心〉（《東洋史研究》，三一卷三號〔一九七二年十二月〕，頁三〇九—三三七。同時請參考使用英國未公開出版之資料的下面研究。L. K. Young, *British Policy in China 1895-1902* (London: Oxford University Press, 1970), pp. 214-266.）

⑲ 關於這些條約交涉的詳細，請參閱 S. F. Wrizht, *China's Struggle for Tariff Autonomy: 1843-1938* (Shanghai: Kelly and Walsh,1938), pp. 353-382。《清季外交史料》有許多相關資料，由此可以看出張之洞和劉坤一的動態。

⑳ 請參閱蔣廷黻《近代中國史》（原版為長沙，商務印書館，一九三八）（香港，立生出版社，一九五四），頁一〇二—一〇四。至於頑固派的行動，無可否認地，一方面為了避免義和團變成民變將矛頭指向統治體制，並有希望將其精力向外敵發散的意圖。

㉑ 坂野正高《近代中國外交史》，頁三〇八。哈特的這種論調（他曾寫過幾篇論說，後來輯成一書），在華英國人傳教士，並非因為是傳教士，與應以英國國民身份得到保護這種當局的想法相結合，而發生了使英國輿論趨於鎮靜的作用。請參看 L. K. Young, *British Policy in China 1895-1902* (London: Oxford University Press, 1970), pp. 233-235。《國家學會雜誌》，一六九號（一九〇一年三月），頁一〇六—一〇八，「雜報」欄以「關於中國問

題『羅勃・哈特』之說」，介紹哈特的這個論點，並說「氏因為居與清朝密切之地位，其論點自不能說完全沒有偏袒，但其所言實與他人不同故予以刊登。」

山路愛山《支那論》（民友社，一九一六）認為，「義和團騷動」「像德川時代農民起事」，並評論說：「拳匪反抗世界大勢，意圖強行攘夷的無智無謀的舉動，實在可憐。但我們卻在拳匪運動中，發現美麗的中國靈魂」。（頁七五—七六、八三）。

㉒ 請參看李劍農《中國近百年政治史》，頁二〇七—二〇八。對於幾乎成為一般說法的李劍農的評價，相反地詳細檢討李劍農作為根據引用的事後罵榮祿之董福祥的書信全文，認為完全是「捏造」，與史實不符，請參看戴玄之《義和團研究》（文海出版社，一九六三），頁二二三—二五四（「附錄二　董福祥上榮中堂辨偽」）。

關於榮祿角色的評價，實在很困難。譬如《泰晤士報》特派員G・E・莫理遜，於一九〇一年十一月十五日給英國公使阿聶斯特・沙多的書信說：「對於反抗一九〇〇年六月外國人應皆殺之上諭的張之洞和劉坤一的功勢程度不管怎麼說，榮祿的功勢應該更大。因為，他曾始自(privately)拍電報給張、劉兩個人不必理這個上諭，這是駐日公使蔡鈞所極力主張的。蔡鈞認為，如果沒有這樣強力的支持，不管劉還是張，都不敢反對宮廷的意向的。不過這個說法是否事實，筆者還沒有得到證據。如果這是事實，榮祿應該獲得從前人們所說的還更善意的評價才對。」(V. Purcell, *The Boxer Uprising: A Background Study* [London: Combridge University Press, 1963], p. 284)

一九一〇年出版了所謂英譯本，它被當作敘述一九〇〇年夏天北京當局內幕的根本資料，長期受到珍重，後來就保管於大英博物館的漢文原本，被幾位學者就其可靠性批判得體無完膚，今日幾乎確定。其為偽造的文書。所謂「景善日記」，因有許多是為人吏榮祿的立場有利的敘述，與對他的評價有微妙的關係（景善（一八二三—一九〇〇）是與張之洞同期的進士，曾做過侍郎級的官，一八九四年以來，過著隱居生活的滿人）。這個資料，時至今日，仍然由高估榮祿的研究者，不管其可靠性如何，還在引用。關於其詳細，請參看菅野正〈關於《景善日記》〉（大阪市立大學中國史研究會《中國史研究》，六號（一九七一），頁四七—六四），以及在那裡所引用的內外有關文獻。菅野所没有引用的最近研究，李守孔〈光緒己亥建儲與庚子兵釁〉（《故宮季刊》，第一卷第四期〔一九七〇年九月〕，頁一—二），他在頁五—七，斷定這是榮祿為了避免被外國追究其責任，「命令該黨代纂的」，並推測偽造的時期一定為「庚子（光緒二十六年）七、八月中，聯軍攻陷京師以後，榮祿逗留在保定期間。」

㉓ 關於這一點，請參看萊特給有關辛亥革命最近所出版值得注意的研究論文集所寫的長篇序文「革命的高潮」（全六三頁）。Marry C. Wright, ed., *China in Revolution: The First Phase 1900-1913* (New Haven: Yale University Press, 1968)。

㉔ 譬如張謇，在日俄戰爭中給袁世凱的書信說：「日俄之勝負，立憲專制之勝負也。今全球完全專制之國誰乎？」（李劍農《中國近百年政治史》，頁二三三）。

㉕ 本多熊太郎《人物與問題》（千倉書房，一九三九），頁九一—九七，將為使俄清交涉挫折，小村壽太郎（此時為駐俄公使，然後駐清公使，爾後外務大臣）的外交策略簡潔而有趣地予以敘述。與這個敘述對比，看看《清季外交史料》的「西巡大事記」所收的無數有關史料，對小村的策略能夠瞭如指掌。關於從英方資料看這個問題，請參閱 L. K. Young, *British Policy in China 1895-1902* (London: Oxford University Press, 1970), pp. 263-294。為這個問題積極策動的是日本，英國對俄國在東北之行動的因應，比較保守和謹慎。

㉖ 李鴻章於九月七日簽署北京議定書時，已經很不健康，由別人扶著他。袁世凱繼承李鴻章，出任署直隸總督兼北洋大臣（十一月七日）（一九〇二年六月九日真除）。他於一九〇七年九月四日從直隸總督轉任外務部尚書和軍機大臣。

㉗ 觀察英國的對華政策時，我們必須注意成立日英同盟的背景，第一，一八九九年四月二十八日英俄的史考特・莫拉維也夫協定（請看前一章）互相承認英國不在「長城以北」，俄國不在「長江流域」要求鐵路利權；第二，一九〇〇年義和團事件時，北京淪陷，清廷已經蒙塵，俄國大軍插足東北，同時軍事佔領英國資本所建設的華北鐵

路（大沽・天津間、天津・北京間〔到楊村〕），以及大沽・山海關間），德國的瓦爾特爾哲將軍於九月十六日抵達華北，就任聯軍總司令（進北京為十月十七日），另一方面在華中，六月成立「東南互保」協定以後，欲確立自己在長江流域之優越地位的英國，乃於八月在上海登陸其小部隊，對此法國也這樣做，日本佔領廈門，為因應列強利害互相競逐的變動情況，而於一九〇〇年十月十六日所締結之暫時協定，英德協定（長江協定）（具有四條內容之交換公文的方式）。

締結英德協定之英國的目的是，防止德國插足長江流域，且如能使德國不接近俄國，則能使德國阻止俄國割取東北和華北，進而維護一八九九年英俄協定所暗示默認俄國在東北之優越地位的方針。同時，英國尤其是沙士柏利首相對德國威廉二世的對外政策非常不信任。另一方面，已經控制山東半島之德國的意圖是，在貿易自由的大旗之下能夠插足長江流域。協定第一，主張中國之「河川及海沿岸的諸港」("the ports on the rivers and littoral of China")（德國的原案為欲特定於長江沿岸）之通商自由的原則，規定兩國政府「在其影響力所及範圍內」("as far as they can exercise influence")（儘管以曖昧的文字，模糊協定的適用區域是否包括長城以北），對整個中國遵守這個原則（第一條）。第二，兩國不乘目前的紛擾，在中國獲得領土上的利益，以及兩國約定採取「維持不要變更」("maintaining undiministed the territorial condition of")中國領土之狀態的政策（第二條）（將兩國「反對」("oppose")他國割取領地之意圖的英國強硬案予以緩和者）。第三，他國欲獲得領土上之利益時，關於兩國為了保護自國利益所可能採取的措施，約定要保留取得「事先的諒解」("a preliminary understanding")（第三條）。（第四條規定呼籲其他有關國家贊同本協定之意思，因此日本也參加了這個協定）。

英德協定故意使用不正確的表達方法，如只讀其文字，則很難理解其規定之內涵。這是由於因波亞戰爭被綁住手腳，而又需要統治全英帝國之對外政策的沙士伯利首相極冷靜而透徹的計算。與俄國的關係，以一八九九年的英俄協定為前提，也與德國簽署協定，在阻止德國接近俄國的程度上抑制德國，他的意圖，可以說欲維持當前的現狀。如此這般，總之安定列強在華北的險惡關係，俾早日開始為收拾義和團事件之媾和交涉。關於英德協定，請參看鹿島守之助《帝國外交之基本政策》（巖松堂，一九三八；一九五一年版，改題目為《日本外交政策之史的考察》），頁一〇二—一一二。K. L. Young, *British Policy in China, 1895-1902*, pp. 193-213, 317-318。

㉘ 蔣廷黻《中國近代史》，頁一〇六。蔣氏沒有提出典據，而筆者亦尚未找到能佐證它的第一手資料。在中日甲午戰爭前，因受在華英美人傳教士的論說和日本陸軍軍官的主張，變法派之論者和一部分中央地方的有力官吏，為了對抗俄德（特別是俄國），主張與日、英聯盟的政策論相當有力。關於此點請參閱王樹槐《外人與戊戌變法》（中央研究院近代史研究所，一九六五），頁一三五—一七八。

另一方面，譬如張之洞和劉坤一，肯定日英同盟牽制俄國的行動的同時，懼怕中國不得不跟隨英國和日本。請參看李國祁《張之洞的外交政策》（中央研究院近代史研究所，一九七〇），頁三二五—三二六。

㉙ 在背後推動締結本條約的小村壽太郎外務大臣，到成立歸還東三省條約時，如小村在心理暗中期待，俄國不要實行這個條約的約定，反而可能會向中國提出新的要求的情形時，對他的秘書本多熊太郎自言自語說「本多君，我想，俄國不撤退比較好。這樣內外可大掃除。」（本多熊太郎《靈魂之外交—日俄戰爭時的小村侯（爵）》千倉書房，一九四一），頁二七六。

果然，俄國從第二期就不撤兵，一九〇三年對中國提七項新的要求作為撤兵的條件。對於這種情勢的惡化，在日中國留學生，遂組織「拒俄義勇隊」（後來發展為秘密革命結社「軍國民教育會」的學生義勇隊），另外，在北京，京師大學堂的學生開始全國性的拒俄上書運動。因這兩個運動，以「中國的學生運動迎向黎明」，對比「上書運動」，詳細研究義勇隊運動的，請看中村哲夫〈拒俄義勇隊、軍國教育會〉（《東洋學報》，五四卷一號，一九七一年六月，頁七二—一〇四）。同時請參考中村哲夫〈華興會與光復會之成立過程〉（《史林》，五五卷二號），一九七二年三月，頁一七一—二〇六。

㉚ 山路愛山這樣說：「日本與俄國在滿洲原野，打了古史未有的大戰。對這個大戰中國政治家的態度，很能說明其國民的立場。滿洲是清朝朝廷的發祥地。歐洲強國蹂躪這個滿洲。中國人如果有保護其國家權威的兵力，他們一

定會站起來與其戰鬥。可是他們沒有任何兵力。他們唯有眼睜睜看著其朝廷的發祥地成為人家的領土。因此他們對於日軍起來與俄國戰爭沒有反感。他們當然不相信日本會打敗世界的大強國俄國。正如世界各國懷疑蕞爾小國日本能夠抗戰為世界所恐怖的大國，中國人也懷疑日本人的成功。不過此時，許多中國人認為日本人與俄國人打戰，對中國不一定是沒有利益。兩虎相鬥則相傷，雙方哀弱則對中國有利，中國政治家認為，唆使雙方打鬥最好。直隸總督袁世凱因此對日本表示善意。……」（山路愛山《支那論》（民文社，一九一六），頁一〇五—一〇六。）

㉛「如此這般，形成日本與俄國對峙之勢，中國稍稍收了漁翁之利。」（蔣廷黻《中國近代史》，頁一〇六）如果從世界規模的國際政治史觀點來看日俄戰爭，似乎可以這樣說。

因為這個戰爭被阻止侵略東亞的俄國，由於樸茨茅斯條約、第一和第二次日俄協約（一九〇七年七月三十日與一九一〇年七月四日），與日本協定勢力範圍和調整利害關係，由之再次將矛頭轉向西方，因巴爾幹問題與德國針鋒對立。在此種意義上，日俄戰爭在國際政治層面成為第一次世界大戰的原因。而第一次世界大戰，第一，因歐洲列強從中國暫時後退，因此使中國在國際地位發生重大變化，第二，因一次大戰引發俄國革命，在各國層面予中國以強大的衝擊，進而給予中國的內政和外交很深遠的影響，這在下一章將為之論述。

又，斡旋日俄媾和交涉當時，美國的海軍力量還比不上日本，但自一八九八年美西戰爭以後，美國便開始大肆擴張海軍，旋即日美兩國間的海軍實力發生逆轉。日本海軍的假想敵，在一九〇七年的「帝國國防方針」，由俄國轉變為美國。從一九〇七年年底到隔年，美國以全部戰艦十六隻為首的大西洋艦隊，首次回航太平洋岸，實行艦隊決戰演習，繼而進行世界一周的航海，在其中途，於一九〇八年進橫濱港。日本海軍大肆歡迎美國艦隊，同時實行了一個月的大演習。請參看池田清《日本之海軍》（至誠堂，一九六六—六七，全二冊），下，頁一—一二。

㉜締結北京條約的交涉，於十一月二十一日召開第一次會議，包括十二月二十二日的簽署，一共舉行了二十二次會

議。日方的交涉態度極為高壓性的，因此這個條約引起中國朝野很深的憤恨。關於其締結交涉的詳細研究，雖然有些舊，請看王芸生《六十年來中國與日本》（天津，大公報社，一九三二—一九四三，一共七卷），第四卷，頁二五一—三五四。

這個條約是，以確認樸茨茅斯條約第五條和第六條為內容，一共只有三條，非常簡單，同時也簽訂了十二條的附屬協定。其內容，在考察日後中日關係史上非常重要。此外，只是議事紀錄中的了解事項的關連，而與爾後發生所謂「滿鐵並行線問題」時，日方曾云云其為「秘密議定書」（王芸生，前引書，第四卷，頁三四五—三五四）。

㉝ 關於中國留學生增加的情況，請看實藤惠秀（一八九六—一九八五）《中國人日本留學史》（增訂本，黑潮出版，一九七〇，全六〇三頁），頁四七—六一。

㉞ 永井算己〈所謂清朝留學生取締事件之性質——清末留學生之一個動向〉（《信州大學紀要》，第二號，一九五二年七月，頁一一—三四。實藤，前引《中國人日本留學史》，頁四六一—四九四。）

㉟ 關於陳天華最近的研究，請看里井彥七郎〈陳天華的政治思想〉（里井《近代中國的民眾運動及其思想》，頁三二〇—三七五）。E. P. Young, "Problems of a late Ch'ing revolutionary: Ch'en T'ien-hua," in pp. 210-247 of Chün-tu Hsüeh(薛君度)ed., *Revolutionary Leaders of Modern China* (New York, etc.: Oxford University Press, 1971)。

㊱ 關於一九〇五年對美杯葛，有以下兩種不錯的文獻。C. F. Remer, *A Study of Chinese Boycotts with Special Reference to Their Economic Effectiveness* (Baltimore: The Johns Hopkins Press, 1933), pp. 29-39。菊池貴晴〈關於對美杯葛的意義——中國國權回收運動的一個層面〉（《歷史學研究》，一九三號，一九五六年三月，頁一三—二一。）參考中美雙方外交保存紀錄，最近的詳細研究有張存武《光緒卅一年中美工約風潮》（中央研究院近代史研究所，一九六六，全二六九頁）。

關於以一九〇八年第二辰丸走私軍器事件為導火線所發生的對日杯葛，也應該把它理解為繼續一九〇五年對美杯葛之民族主義的表現的排斥外國商品運動。關於對日杯葛，請看以下兩種文獻。C. E. Remer, *A Study of Chinese Boycotts*, pp. 40-45.；菊池貴晴〈第二辰丸事件之對日杯葛〉（《歷史學研究》，二〇九號〔一九五七年七月〕，頁一—一三。）（增補本註所引用菊池氏之兩篇論文，收於菊池貴晴《中國民族運動之基本結構——對外杯葛之研究》）（大安，一九六六，全五五九頁）。此書從一九〇五年對美杯葛到一九三一—三二年之對日經濟絕交運動，十個對外杯葛運動按照時間順序詳細敘述和分析。

㊲ 本項的敘述，許多根據堀川哲男〈辛亥革命前之利權收回運動〉（《東洋史研究》，二一卷二號，一九六二年九月，頁一二一—一五七）。關於粵漢鐵路，請看 P. H. Kent, *Railway Enterprise in China: An Account of Its Origin and Development* (London: Edward Arnold, 1907), pp. 109-121。關於收回礦山利權運動，李恩涵《晚清的收回礦權運動》（中央研究院近代史研究所，一九六三年，全三七一頁）很詳細。

北京、張家口間的京張鐵路是以詹天佑（一八六一—一九一九）為總工程師，完全由中國人所建設，也沒有直接仰賴外債（一九〇九年通車）。耶魯大學出身的詹天佑是經過風雪考驗的土木工程師，他是具有高度組織和管理能力且為剛直廉潔之士。京張鐵路的建設非常艱難，但每公里的建設費用只花四萬八千元。依靠外債，由外國掌握建設權和經營權的京奉線和京漢線，各每公里的建設費用為九萬四千六百元和九萬五千六百元，為前者的大約兩倍。又，以鄉紳的收回利權運動為背景，使用一九〇八年所締結借款契約的外債，中國政府自己建設和管理（但總工程師請外國人）的津浦線（一九一二年竣工），其費用更高，每公里為十一萬九千元。關於詹天佑的經歷和京張鐵路，請參看凌鴻勛《詹天佑先生年譜》（中國工程師學會，一九六一，全一〇四頁）。

第十四章　尋求新中國

——辛亥革命、第一次大戰、五四運動

家父是東亞同文書院的老師，辛亥革命時，我們住在上海共同租界。辛亥革命開始之後，據說革命派向警察投擲炸彈，故我跑去看。因為小孩不知道可怕，……。革命派的警察，在街頭，抓留著滿洲風俗之弁髮的人，用很大的剪刀予以剪掉。被剪掉的人，以非常悲傷的聲音泣哭。真正看過這種場面的人，現在恐怕沒有了。

——入江啟四郎（一九〇三——）「今後的中日外交史」(1)（《每日新聞》，一九七二年三月十七日）

We are witnessing the birth of a nation, and a birth always comes hard.

——John Dewey, Peking, June 1, 1919.(*Letters from China and Japan* p. 209)

袁氏是年來非常健康的人，惟最近數年時煩惱於咳嗽，依外國醫生

之勸告，每天早晨吃六個雞蛋和一杯咖啡或紅茶及少量餅乾，中午吃四個雞蛋，睡前再吃四個，一日總共吃十四個雞蛋大約三年，他的健康的確似有增進，但去年冬雲南起事，他便夙興晚寐，經常在書房或客廳，與高官擬議，每每要到夜半二時，故自本年三月左右有顯著衰弱之徵兆。……。

——袁世凱秘書某給友人之信（一九一六）（平川清風《支那共和史》，頁四二九。）

第一節　辛亥革命

1　序論

(1)　中國史上革命的概念

矢野仁一博士（一八七一—一九七〇），在其所著《清朝末史研究》（大和書房，一九四四）的〈序論〉這樣寫著：「可以說是清朝末史之結果的清廷的滅亡，與易世革命之中國歷代的革命不同，不僅是清這個朝代的滅亡，也是中國數千年之帝政的滅亡，天下帝國的滅亡，同時也是與帝政一起成立，與帝政一起繼續存在之中國文化的滅亡。在中國的歷史，應該沒有比它更重大的事件，……。其重大的意義，將時代的經過而將會加重。我在清朝末期的七年住在北京，親自見聞清朝衰亡的過程，因長年接觸中國帝政的歷史，對其很有特色的文化感覺無限的摯愛，因此所受印象特別深。至今空洞的這個幾千年老巨木倒下去的光景，仍然歷歷如在眼前，其崩潰的聲音，猶如在我耳底。」

可能以這一段話同樣的想法，吉野作造（一八七八—一九三三）和加藤繁（一八八〇—一九四六）在其合著《支那革命史》（內外出版株式會社，一九二二）的「緒言」第一句話說「中國為革命的國家」，而以七頁的篇幅敘述了中國歷史上之「革命」的概念。以下，我們來簡介它的論點。

中國雖然是革命的國家，但其「革命」並非西方的革命(revolution)。它不過是「王朝的更迭」而已。但清朝倒下成立中華民國之最近的革命，是中國歷史上空前之「政體的大變革」，與其說是革命，毋寧說是近乎revolution。從前的革命，可以大別為三種。第一種是取代漢民族的舊王朝，成立漢民族的新王朝。第二種是打倒漢民族的舊王朝，他民族建立新的王朝。最近的革命接近第三種，即恢復民族的獨立並非其目標，鑒於「世界大勢和東洋的現狀」，是以「自奮自強之精神」，意圖「國家之復興和再造」的。總之，在中國建立了新的「共和國」。「但不久成為袁世凱的黷武政治，所謂第二革命之失敗，袁的帝政計劃，第三革命，進而成為南北兩政府對立之局，諸多內訌紛擾，督軍之專橫，現今失去中心勢力，瀕臨土崩瓦解，甚至產生列強共同管理的問題。」

從袁世凱的黷武政治觀察後來中國之現狀，作很悲觀之狀況分析的這個緒言，在其最後這樣寫著：「所謂第一革命，比諸爾後的諸運動最為踏實、認真，最有精神，和最富國民性。現代中國的長處和短處，在這期間，比較明確地發揮了出來。」①

(2) 對於辛亥革命的各種看法

將革命視為整個社會的變動時，只以辛亥革命作為劃時代，不如將從辛亥革命（一九一一—一二）到五四運動（一九一九）期間所發生的歷史諸現象綜合為一個變動，我認為比較符合中國歷史的事實。現代日本的中國史學家，似乎大多作這樣的看法。

對於辛亥革命的看法，尤其在日本的史學界，有以下三種圖表式的看法。

第一是，將辛亥革命當成以歐洲史的市民革命為榜樣的看法，因而重視中國資產階級的角色（但其角色不盡是主導性的，其結論為「資產階級」背叛了革命）。我們暫且將其稱為資產階級說。

資產階級說，從研究史的觀點來看，可以說是有欲打破理解中國史之所謂停滯性理論為其著想的動機。但如果具體地談到，二十世紀初中國的資產階級是什麼，其說法就變成有些模糊。通常，多指著對革命派大力提供資金的海外華僑，以及國內的所謂「民族資產階級」而言。前者大多為商人，後者具體的意味著商人（不少是買辦商人）、金融業者、鄉紳又經營工業（主要是輕工業），他們或多或少與官督商辦的企業（軍需工業及與其有關連的輕工業）站在對立關係。他們在政治上屬於立憲派②。

第二是，把辛亥革命當作「人民鬥爭」的一種，重視在辛亥革命前一時期在各地所頻頻發生的農民暴動，重視站起來的耕作農民的角色。我們暫時將其稱為人民鬥爭說。從研究史的系統來看，可以說是徹底追究產生資產階級說之想法的最後結果③。

第三是，重視辛亥革命中鄉紳之角色的看法。我們姑且把它稱為鄉紳說。這不是在資產階級說常被指出如張謇這樣在全國性政治層次，作為立憲派活動的大鄉紳，而是為維護同族之財產取得舉人、秀才、監生資格，住在鄉下無名且無數之名符其實的鄉紳④。

上述三種解釋或假設，在辛亥革命的各種層面上強調，皆各有其意義，如果將這三種看法套進政治過程的文脈，再作整體組織的話，或能撰寫一部立體而有活力的辛亥革命政治史⑤。

2 君主立憲派（梁啟超）與革命派（孫中山與中國同盟會）

(1) 君主立憲派

康有為和梁啟超於一八九九年六月十三日，在橫濱組織保皇會。保皇會與既有的革命派結社興中會互相競爭，橫濱等地的僑商，大多變成保皇會的成員。

梁啟超在日本發行報刊，作為文人墨客，非常活躍。《清議報》創於一八九八年一月十四日，繼續到一九〇一年繼而於一九〇二年二月十八日創刊《新民叢報》。又於一九一〇年創辦《國風報》。據稱，以上三報，從學術價值的內容來講，以《國風報》為最出色，但就社會、政治上的影響而言，《清議報》和《新民叢報》較為重要。

這些報刊皆發行於日本，對中國知識份子發生過非常大的影響。著實梁啟超是近代中國最大的文人。在思想上，康有為一直沒有變，但梁啟超自戊戌政變之後，離開了康有為，不是談《公羊傳》或《孟子》，而論盧梭、孟德斯鳩和布倫就利。其中一個理由是，他拼命看日文書得到新的東西。梁啟超的目標雖是君主立憲，但作為論壇的人他曾故意作極端的議論。這具有使讀者特別是青年，嚮往打破現狀的效果⑥。

(2) 革命派

一八九四年，孫中山在夏威夷組織興中會。興中會以夏威夷、橫濱為中心活動，但沒有公開主張革命。成立宣言第一項大致說「本會要振興中華，維持國體」。

孫中山等人於一九〇五年八月二十日，在東京創立中國革命同盟會（簡稱中國同盟或同盟會）。該年十一月二十六日，在東京創辦同盟會機關雜誌《民報》。同盟會的誓詞為「驅除韃虜，恢復中華，創立民國，平均地權」。同時在《民報》的發刊詞提出「民族、民權、民生」（即三民主義）的主張。其中特別強調「民生」之新穎，並說歐美社會的弊病隱藏數十年今日才發現，不能立刻去除，我國採取民生主義最為進步，為防患於未然，如能一舉實行政治革命和社會革命，將能迎頭趕上歐美。

革命派又在「軍政府宣言」，訂定革命方略三個階段。則第一階段為「軍法之治」，第二階段為「約法之治」，第三階段為「憲法之治」。這相當於日後的軍政、訓政和憲政。特別強調第二階段，即「約法之治」或「訓政」是它的特徵。

3　清末的制度改革

從義和團事件時候，清廷雖然晚了一點，由上著手制度的改革。由此超越了戊戌變法。或者可以說將變法一百天所做的事，把它分成五年來做。也可以說，做了在戊戌變法未能做的，或當時想做而未能做的事而已。清末的制度改革在歷史上雖然留下很大的痕跡，但其政治動機不外乎是為了對內和對外的姑息。但已經阻擋不了革命的大勢了⑦。

(1)　從預約變法之詔到廢止科舉

一九〇一年一月二十九日，在西安行宮的西太后，發佈所謂預約變法之詔。四月二十一日，設立由全體軍機大臣、王大臣若干人構成的督辦政務處。乍看之下，這好像是第二軍機處，實際上是制度改革的調查機關，不是決定政策的。

六月三日，公佈廢止書吏差役的上諭，和重開經濟特科的上諭。七月二十四日，總理衙門改為外務部。此項改革是接受外國的要求而行的，並在辛丑條約再次確認的。該年八月二十九日，廢止科舉使用八股文。因此，《清議報》和《新民叢報》的策論，被當作考試參考書，為大家所讀。九月七日簽訂辛丑條約，九月十一日，公佈廢止捐納實官，和在各省設立武備學堂的上諭。九月十二日，宣佈廢止綠營，預告該年內將實行廢止十分之二至十分之三的綠營。九月十四日，規定以京師大學堂為頂點，要省設大學堂、府設中學堂、州縣設小學堂，以建立學校體系。京師大學堂是在義和團混亂中關閉，爾後又開的。九月十六日，決定由各省派留學生到海外研究，學成回國者予以舉人、進士之資格。

廢止戊戌變法時曾經實施，因政變又恢復之一個項目的冗官；一九〇二年二月二十四日，廢止東河總督；三月六日，也廢止了詹事府和通政使司。一九〇四年七月五日，廢止粵海關監督和江寧織造等。該年十二月十二日，廢止雲南和湖北的巡撫；一九〇五年七月二十三日，廢止了山東巡撫。這些遭受廢止的巡撫，係與總督同城的。

一九〇五年九月二日，宣佈將廢止科舉，隔年先廢止鄉試和會試。

以上五年所作的事，借用李劍農的說法，則為「廢科舉、設學校、派游學」這九個字（《中國近百年政治史》，頁二二九—二三〇）。

(2)　**改革中央官制與開設諮議局和資政院**

一九〇五年十一月二十五日，設立了考察政治館。這是為了比較研究各國政治的（一九〇六年八月十三日，改稱憲政調查館）。一九〇六年十一月七日，進行中央官制的大改革，設外務、吏、度支、禮、陸軍、法、郵傳、理藩、民政、學、農工商的十一個部，同時廢止各部尚書以往滿漢各一人而只設一人。實際上任命十一人的尚書中，六人是滿人。

一九〇七年九月二十日，命令設資政院；十月十九日，下令各省設諮議局。

一九〇七年十月十一日，任命沈家本（一八四〇－一九一三）等三人為修訂法律大臣。沈家本為長年服務於刑部之能幹的法律專家，在他手上起草了近代的刑法典，但沒有得到採用。

一九〇八年八月二十七日，發佈預備憲政之詔，預告九年之內制定憲法，召集議會。

一九〇八年十一月十四日，光緒帝逝世，隔日西太后與世長辭。十二月二日，光緒帝之侄子虛歲三歲的溥儀（宣統帝）（一九〇六－六七，在位一九〇八－一二）即位。一九〇九年一月二日，袁世凱被免職，隱居其故鄉河南省彰德。據稱這是宣統帝之父親，光緒帝的弟弟攝政王載灃（一八七七－一九五一）對袁世凱的報復行為，但把漢人大官最有實力的人趕出政界，無異是滿清王朝的自殺行為。

一九〇九年七月七日，學日本的參謀本部設立了軍諮處。

一九〇九年十月十四日，各省諮議開會。諮議局議員（根據憲政編查館起草敕許之各省諮議局章程、案語及選舉章程）的選舉規則，第一，選舉資格要具備以下條件之一：滿二十五歲之男性。㈠在本省內從事「學務或其他公益事務」三年以上，有顯著功績者。㈡本國或外國中學堂或以上學校之畢業生。㈢舉人、貢生、生員以上之出身者。㈣文官需七品以上，武官五品以上之實職經驗，未受到彈劾或免職之處分者。㈤在本省具有五千元以上之營業資本或不動產者。除上述之外，也給予寄籍十年以上滿三十五歲以上之男子，或寄居該地方，擁有一萬元以上營業資本或不動產者以選舉資格。第二，被選舉資格為，具有選舉人同樣資格，年齡滿三十歲以上的男子。第三，對於選舉資格和被選舉資格，有以下八項將失去資格的規定。㈠「品行悖謬營私武斷者」。㈡被處監禁以上之刑者。㈢營業不正者。㈣失去財產上之信用，被提起訴訟且在訴訟中者。㈤吸鴉片者。㈥精神病者。㈦賤民。㈧不識字者。第四，這個選舉，模倣日本之地方選舉，為間接選舉。譬如在湖南省在州、縣直接選舉法定人數之五倍的人，然後由這些人選在府、道選出五分之一為議員⑧。

關於諮議局議員的出身，張朋園氏根據資料最多的奉天省、山東省、陝西省、湖北省、四川省的五省，作了這樣的分析。第一，議員的絕對多數為所謂「士紳層」。一百人當中九十一人擁有進士、舉人或生員的士紳資格。第二，議員有不少留學日本者，或在國內受過新式教育者。其中的一部分人，還擁有第一類型的資格。雖然是不完整的統計，整個來說，留學日本者大約將近二百人，畢業國內法政學堂或經世學堂者不到五十人。第三，議員之中有不少人曾經是政府的官員。這與第一類型的具有士紳資格者許多是重複的。即紳士又做議員者之中，有不少人曾是監察御史或六部之主事，地方之知府、知縣或教授者。第四，議員之中可能有不少的富翁。如前面所述，因選舉人有不少人不喜歡以財產資格來登記，所以有關財產的資料最為缺乏，但清末的實際情況來看，財產大多集中於少數人，尤其是取得科舉資格的人，大多容易致富，所以在各省議員之中，有相當多的有錢人是可以想像得到的。總之，諮議局議員有許多是具有傳統科舉學位的所謂士紳，也不少人與具有科舉學位的同時，也受過新式教育，和不少有錢人。而在資格高的士紳之中，也有中央或地方官吏的政治上的經驗者⑨。

一九一〇年十月三日，舉行資政院的開院典禮。資政院議員的法定人數為兩百人，欽選與民選各佔一半。欽選係由皇帝指定，可以說是貴族議員。其內容為，「宗室王侯世爵」十四人；「外藩王侯世爵」十四人；「滿漢世爵」十二人；「宗室覺羅」六人；各部門衙門官員三人；「碩學通儒」三十九人；高額納稅議員十人，共計九十八人。民選議員由各省諮議局議員選出，惟因總裁、副總裁（正副議長）也是「欽派」，所以欽選議員實際上佔多數。可是十月三日開院之後，情勢卻與清廷的希望相反，議場幾乎為民選議員所控制⑩。

一九一〇年十一月四日，提早四年開設議院，改於宣統五年即一九一三年開設議院。一九一一年一月二十四日，佈告廢止「刑訊」。

(3) 內閣官制——「親貴內閣」

一九一一年五月八日制定內閣官制，廢止舊內閣、軍機處和政務處，根據新內閣官制成立內閣，任命慶親王為總理大臣。十三人大臣中，滿人佔八人，其中五人為皇族；漢人四人，蒙古人一人。因此這個內閣，皇族內閣（所謂「親貴內閣」）的色彩極為濃厚。另外，於同一天，將軍諮處改稱為軍諮府，仿傚日本的樞密院，設立弼德院。

對於這個親貴內閣，立刻引起反對，主要透過諮議局的聯合組織，發出非難的聲音。一九一一年六月十日，諮議局聯合會（即聯合全國鄉紳的組織）呈請勿任命親貴為總理大臣。這個呈請經由都察院代呈，被「留中」在皇帝手裡。七月五日，諮議局聯合會再次呈請，主張說貴族內閣不符合君主立憲的公例。同樣經由都察院代呈了此項主張，但這次下了反駁它的上諭，斥其為「黜陟有司係君上之大權，不得率于請」。

4 革命運動之進展

以下，我們簡述以同盟會為主體的革命運動的進展情況。

(1) 起義一再失敗

從一九〇七年到一九一一年，斷斷續續地一再有近乎革命暴動的起義但都被鎮壓下去，由之流了許多的血。雖然連續失敗，但在心理上卻發生了很大的效果。

(2) 新軍滲透長江一帶

新軍組織於中日甲午戰爭之後，為具有近代裝備，受過近代訓練的新式軍隊之總稱。袁世凱的新建陸軍（在天津近郊小站組織）乃是其先河。義和團事件以後，將全國軍制改組為新軍，各省督撫集農家子弟組織新軍。出任北洋大臣直隸總督的袁世凱，將新建陸軍增強為北洋六鎮。這樣在各省成立的新軍中，革命勢力浸透於長江一帶的新軍，特別是武昌和南京的新軍⑪。

(3) 對直接行動（暗殺）的態度

當時，作為打倒清廷的策略，發生使用暗殺的手段是否適合的問題。汪精衛（一八八三—一九四四）說，大家議論到底以百折不撓為主旨的「恆德」為先，還是以壯士一去不復還的「烈德」為佳的問題⑫。汪精衛自己，曾於一九一〇年，前往北京意圖暗殺攝政王未遂。此時，因一方面愛惜汪精衛的才華，另一方面為了安撫革命派，沒有判他死刑，這是極著名的故事。

(4) 向南洋華僑募捐

不是烈德，以百折不撓的恆德的方法是，多籌集政治資金，俾進行大規模攻擊的方式。而其募捐對象，主要是南洋的華僑。

(5) 以廣州為根據地的北伐戰略

以這樣籌措的政治資金為本，以廣州為根據地和出發點，以展開北伐的大戰略。但這個計劃悽慘地失敗了。一九一一年四月二十四日（舊曆為三月二十九日——譯者）黃花崗七十二烈士之役就是。

(6) 改變以長江流域為策源地的策略

鑒於從廣州北伐戰略的失敗，同盟會改變了其戰略，於一九一一年七月，譚人鳳、宋教仁（一八八二一一九一三）等在上海設立同盟會中部總會（中部同盟會），以為長江流域的革命策源地。長江中游方面，文學社和共進社這兩個秘密結社在活動。文學社是武昌湖南新軍的蔣翊武所組織的。共進社係由湖南焦達峰、湖北孫武、居正於一九〇七年在東京組織的團體。文學社和共進社有很多的新軍士兵參加。這兩個結社，其成員多是同盟會的會員，但不是同盟會的支部。由於它們是湖南人和湖北人的結社，所以不大服從由廣東省出身者所主控的同盟會之指令。加以這兩者之間也合不來。因此譚人鳳由上海前來斡旋，使文學社和共進社互助合作。如此這般，這兩個團體遂成為長江流域戰略的中心勢力。

協助長江戰略的有力機關報是，于右任在上海主編的《民立報》。同盟會領袖之一的宋教仁，曾經在該報大寫特寫「光燄迫人的革命文字」⑬。

(7) 再三發生農民暴動

辛亥革命的前幾年，中國各地再三發生農民的暴動。這是思考辛亥革命的歷史時不能忽視的重要事實。它在使情勢流動化和緊迫化發生了很大的作用。但關於能不能具體地說它扮演了革命的主體角色，當然這要和如何定義「主體」的概念而有所不同，但這是很難斷定的。我覺得應該個別地來論述，同時這也是在整個政治過程中，農民暴動佔了怎樣的位置，或許是今後的研究課題⑭。

(8) 諮議局活潑的動態

前面我們說過，有人認為以革命派的右派和立憲派的左派之同盟為首發動了辛亥革命（五〇一頁註），而這個立憲派的活動舞台就是諮議局。以諮議局為舞台的地方鄉紳，組織了立憲派的全國的聯合組織，並有過很旺盛的活動，這是前面所提過的。透過諮議局和資政院這個舞台，曾經有各種各樣的活動，時勢所趨，也有相當激進的作為。透過諮議局活動的人們是鄉紳。就政治上來說，他們是立憲派，就社會層面而言，其中有些人是「民族資本家」⑮。

5 革命的爆發

(1) 鐵路國有問題

直接點火辛亥革命的事件是，所謂反對國有鐵路運動，尤其是四川保路運動。而這與粵漢鐵路和川漢鐵路的建設計劃是有關聯的。

粵漢鐵路本為美國資本所承辦，因鄉紳的收回利權運動買回來，准許以民間資本建設的。川漢鐵路也准以民間資本來舖設。四川、湖北、湖南的人，曾組織「民營鐵路公司」以集資，但所集資本不多。因此，北京政府決定實行鐵路國有政策，擬以巨額外債來建設，一九一一年五月九日，郵傳大臣盛宣懷提出國有政策。一般來講，如日本明治初年建設鐵路的情形，以外債來建設，並沒有壞處。在一八七〇年代末的中國，馬建忠主張為了建設鐵路應該使用外債，並詳細討論由此可能引起的問題⑯。但具體的歷史問題是，以日俄戰爭以後列強對中國資本投資的攻勢為背景，加以盛宣懷巧妙利用官督商辦的方式而腐敗官吏的壞名聲，以及變成國有的話，為集民間資本所出資民營股東會受到損失等原因，因此發生了激烈的反對運動。於是在四川、廣東、湖南、湖北組織保路同志會，各省諮議局攜手對北京施加壓力。尤其是四川的保路運動最為激烈，因北京政府以軍隊鎮壓，故在各地發生了流血事件。

革命派與以鄉紳為主體的保路運動匯合，並從背後予以煽動。於是同盟會準備了好幾年，並要從事武裝起義革命的，突然提前預定計劃於一九一一年十月十六日起事。

(2)　「武昌起義」（一九一一年十月十日）

十月九日，在漢口俄國租界內之革命派的據點，因失誤使炸藥爆炸的同志被抓，革命派的各機關遭到搜查，計劃被發覺了。於是趕緊決定於隔日（十月十日）起事。以當地的新軍為首，革命軍馬上佔領了武昌、漢陽和漢口。

(3)　十三省獨立

武昌起義一個月之內，湖南、陝西、江西、山西、雲南、安徽、江蘇、貴州、浙江、廣西、福建、廣東、山東等十三省相繼獨立。大致來說，任何地方都沒有發生過激烈的戰鬥。可以說幾乎「清廷自己互解」。

(4)　袁世凱的動作

培訓清廷最精幹練之軍隊北洋六鎮，而且當時仍然掌握著這些軍隊的袁世凱，三年前被免職之後，隱居於其故鄉河南的彰德。在武昌，點燃了革命的烽火之後，於十月十四日，北京政府任命袁世凱為湖廣總督，但他卻以「足疾尚未痊為理由」，不準備離開彰德。十月三十日，發佈「罪己之詔」。十一月一日，袁世凱取代慶親王，被任命為內閣總理大臣。十一月三日，根據資政院之議決上奏，頒佈「憲法信條十九條」⑰。十一月九日，袁世凱根據憲法信條的規定，被選為內閣總理大臣。面對這些事實，袁世凱才離開彰德，於十一月十三日抵達北京。

十二月十三日，清軍與革命軍停戰。這是受袁世凱之托的英國公使朱邇典指示漢口的英國領事所調停的。由之開始了南北很難的和平交涉，結果於一九一二年二月十一日宣統帝以虛歲五歲退位，給袁世凱全權組織臨時共和政府。

在當時的中國具有最大軍事力量的袁世凱，一方面與革命派接觸，邊威脅革命派，邊不以武力予以消滅，一方面對清朝宮廷的中樞逐漸施加強大壓力，以迫宣統帝退位。

6 中華民國的誕生

在美國得到武昌起義之消息的孫中山，於一九一一年十二月二十五日回到上海。十二月二十九日，在南京，由十七省代表選舉，獲得十七票中之十六票的孫中山當選中華民國臨時大總統。一九一二年一月一日，他在南京就任臨時大總統。二月，宣統帝退位，袁世凱聲明贊成共和制，與此呼應孫中山辭去臨時大總統。參議院於二月十五日，選舉袁世凱為臨時大總統，三月十一日，制定「中華民國臨時約法」。臨時約法取代於一九一一年十二月三日公佈的臨時政府組織大綱，新設國務總理，俾以限制大總統的實權為目的之一⑱。

袁世凱在北京炮製兵變，以其為藉口，不肯離開為其地盤的北京，前往臨時政府所在地的南京，而在北京就職⑲。

7 政情的混亂

(1) 袁世凱的獨斷專行和善後借款

根據臨時約法，首任國務總理唐紹儀（一八六〇—一九三八），時或與獨斷專行的袁世凱發生衝突，乃於六月辭職，爾後，袁世凱用聽話的人組閣。

一九一二年八月，制定並公佈了國會組織法和兩院議員選舉法。一九一三年三月選舉結果，國民黨

（以舊中國同盟會為首於一九一二年八月組織的政黨）大勝。可是於三月二十日，國民黨領袖宋教仁卻被與袁世凱有關的刺客所暗殺。

一九一三年四月二十六日，袁世凱未知會國會，擅自與日本、英國、法國、德國、俄國五國借款團簽了二千五百萬英磅的所謂善後借款的契約。袁世凱揮霍此筆巨額政治資金如土，充實軍備，準備收買反對派的議員。

(2) 第二革命及其挫折

英國公使朱邇典(Sir John Newell Jordan, 1852-1925)，在一九一三年五月十九日報告當時中國情勢這樣說：「整個紛爭的根本原因，在於南北政治觀本質上的不同。孫中山、黃興（一八七三—一九一六）等人，與袁世凱、年邁的官員等沒有任何的共同點。前者稱頌並擬以立憲的方法來限制或減少大總統的權力。後者認為完全陷於混亂的國會沒有什麼用途，在相當程度上仍然以從前的方式來統治國家。現今的問題是，與革命的時候一樣，如何為全體的利益樹立共同的政策，使南北能夠合作」⑳。

一九一三年六月，袁世凱開革了國民黨系的江西、廣東、安徽三省都督（分別是李烈鈞、胡漢民和柏文蔚）。七月，江西、安徽、江蘇、湖南、廣東、福建、四川各省相繼宣佈獨立，暨起討伐袁世凱的大旗。這個所謂第二革命，根本無法與擁有大量兵力和收買資金的袁世凱對抗，及至九月初，完全挫敗。

(3) 列強承認袁世凱

十月六日，袁世凱在便服警察力量包圍下的國會，被選舉為中華民國大總統。英、日、俄、法、義等十五個國家，當日承認了袁世凱政府（美國等五個國家已於五月間承認）。

(4)「中國青年」黨的抬頭

具有慧眼的外國觀察家在再三混亂的政局暗中形勢，看出回國失業的留學生為摸索新中國形成不可忽視的勢力。譬如英國駐華代理公使奧爾斯頓(Sir Beilby Francis Alston, 1868-1929)，在一九一三年九月二十二日報告這樣寫著：「我們同時必須研究從日本、美國、歐洲的大學回來，構成所謂《中國青年》黨之核心的許多中國青年的地位。真正學得西洋學問某部門的少數人，已經佔了中國知識專業的地位，這些人自是例外，嚐到淺薄的外國教育恩惠的年輕中國人，與反對滿人帝國同樣程度地非常反對袁世凱的專制政治。他們協助了打倒清廷。但達到目的之後，他們發現與其所打倒政府在統治方法上不相上下的獨裁，樹立了對他們同樣什麼都不給做的共和國。要弄清對於最近的叛亂，回國留學生是否扮演了重要角色，實在不容易。他們相當多的人，似乎不可能以南方派的積極份子參加了戰鬥。但大致可以說的是，在上千上萬的中國中產階級的家庭，不斷地支持孫中山所主張的真正民主共和國，和宣傳反對以袁世凱為臨時大總統的獨裁共和國。同時我們要記得中國青年的不滿份子的人數，因新回國者愈來愈多，以及現今的政府完全不做收攬這些危險份子(this dangerous element)之人心的努力」㉑。

第二節　第一次世界大戰

1　大戰爆發，中國國際環境發生變動

一九一四年在歐洲爆發第一次世界大戰，改變了中國的國際環境。第一，因俄國、德國、奧國三帝國

發生革命，她們在中國的勢力，由之全面撤退。不特此，取代沙皇專制政府的蘇聯，在世界政策上，對中國採取積極支持的政策。第二，即使是戰勝的國家，也都在戰爭中或戰後，不得不面對積極困難的國內政治，對中國不可能採取積極的政策。例外是乘大戰欲迅速插足中國的日本，以及欲抑制日本，於一九二〇年成立新國際貸款團的美國。第三是，以大戰為契機燃燒起來的民主化風潮，和被壓迫民族的解放運動。第四，第一次大戰曾給中國人絕大的心理上影響。多年來歐美人曾大規模地有過史無前例的殘酷屠殺，使其在中國的權威掃地。加以在大戰期間許多中國勞工為從事後勤工作前往歐洲，他們因此接觸了歐洲的底層社會，從與在本國完全的不同角度觀察歐洲的實際情形回國。而且，俄國革命的結果，許多白俄羅斯人流浪到中國，上海街頭目睹白人做乞丐或賣報紙。由於他們不享有領事裁判權，所以在中國人環視中接受會審衙門法庭的審理。

一言以蔽之，第一，各列強對中國的壓力顯著減弱。第二，各列強相互之間共同戰線的崩潰。第三，歐美人對中國人的權威，在心理上衰落了。這種變化最明顯的是，北京外交團的無力化。乘這樣大變的機會，中國的外交猛然出於攻勢，抓住一切機會，努力於實現恢復國權的目的。對於中國外交這樣的性質，有一個外國的作者這樣說：「中國人——至少，至今仍然形成中世的這個巨大集團之近代化外觀的人們，外交官、新聞記者和學生——，巧妙利用因四周的情勢和歐洲的戰爭到處所造成的精神狀態。很容易想像得到的是，他們拼命利用為一切國民威爾遜總統所宣佈自決之權利等十四點。」㉒。

2　二十一條的問題

一九一四年，參加第一次大戰的日本，攻下德國租借地膠州灣，佔領整個山東半島之後，乘因大戰歐洲列強無假顧及東洋，且受英國、美國、法國與日本同盟關係的拘束的情勢，乃於一九一五年一月，突然對中國政府提出二十一條五項的要求（大隈內閣外相加藤高明）。要求的目的是，要確保以延長關東州和南滿、安奉兩鐵路……租借期限為首的南滿以及東部內蒙古的優越地位（要求的「第二號」），加上山東省的舊德國利權及新鐵路利權問題（「第一號」），漢冶萍公司（「第三號」），不割讓沿海島嶼（「第四號」），包括中央政府聘請日本顧問（政治、財政、軍事方面），警察的聯合，由日本提供武器等等，一共七個項目的所謂「希望條項」（「第五號」）。其要求並沒有經過正式的外交程序，直接向大總統袁世凱提出，私下向列強通知交涉案時，保留了有關希望條項的「第五號」。日方被袁世凱非常巧妙的外交戰術耍得團團轉，交涉一再遷延，繼續到該年五月。日本增加在中國的兵力，終以最後通牒成立交涉，內容比原案稍微緩和，但除第五號的大部分外，對於所要的幾乎全部，以兩個條約和十三個換文的方式達到了目的（簽字是五月二十五日）㉓。

二十一條要求在日本國內也受到很大的責難，當然最反彈的是中國。包括杯葛，引起全國性的抗日運動，由之加緊收回國權運動，中國屈服於最後通牒的五月九日，被定為「國恥紀念日」。列國對於日本在中國的所謂特殊權益在某種程度上予以承認，但對二十一條卻非常反對，尤其當時還在世界大戰之局外的美國，一再地對日本發出嚴重警告。日本對各國進行了解工作，一九一五年參加倫敦宣言（約定不單獨媾和與媾和條件之互相約定的英、法、俄協定），一九一七年簽訂第四次俄日秘密協定，同年在美日間也簽署了石井、藍辛協定，使美國承認日本的特殊地位。

3 帝制問題與第三革命

正式成為中華民國大總統的袁世凱，還不滿足這個地位，意圖建立新王朝並做皇帝。一九一五年玩弄各種各樣的術策，炮製擁護袁世凱做皇帝的輿論，故意謙辭幾次之後，於該年十二月十二日答應願意接受帝位。

對於中國政局採取機會主義態度的列強，此時極力反對袁世凱稱帝，十二月十五日，日、英、俄、法、義五國公使聯合起來，正式向外交部提出警告建立帝制。另一方面，在中國國內，發起反對袁世凱的帝制運動，一九一五年十二月二十五日，雲南省的蔡鍔和唐繼堯等宣佈雲南省的獨立，展開討伐袁世凱的運動。這就是第三革命。

面對這樣掀起的強烈反對運動，袁世凱於一九一六年二月二十五日表示擬延期就帝位，並於四月二十一日說要建立責任內閣制，六月六日，他終於在全國的反對聲中病死（病名為尿毒症）。如此這般，軍閥混戰的時代終於落幕。

4 中國的參戰與意圖復辟

一九一七年一月，德國宣傳無限制的潛艇攻擊，該年二月，因美國學中國希望與德國斷絕邦交，故中國該不該參戰成為國際問題和中國的內政問題而為中國政治的日程。二月九日，中國政府對德國提出抗議，三月十四日，斷絕外交關係，八月十四日對德國宣戰。

從參戰問題這樣成為現實的日程，到真正宣戰經過半年的時光，是因為無論在對外或對內有極為複雜的條件攪在一起所導致。對大戰中國一直能保持中立，主張是由於認為不管參加那一方對中國都沒有好處，在新疆哥薩克對中國回教徒的屠殺事件（一九一六），天津法國租界的片面擴張（一九一六），對俄法兩國没有好感，同時在中國國內有親德氣氛，德國政府努力於維持友好關係所致。日本為了不使中國對山東問題擁有發言權，因而一直極力反對中國參戰。即使參戰問題成為現實的日程，對於中國所提出的參戰條件，列國很冷淡，惟因在俄國偶然發生革命，戰局的將來輸贏很難判斷。

參戰的問題，也與中國的內政有很密切的關聯。北方的軍閥，以為宣戰能夠引進外資和增加海關的收入，和期待停止支付義和團事件的賠償金，由之可以擴大和加強自己的政治勢力。反此，南方的革命勢力，深怕軍閥勢力的強化將帶來國內的動亂，因此反對對德國宣戰。起初以為能夠提高中國國際地位而支持宣戰的南方系少壯派，後來因懼怕軍閥勢力的擴大這個現實政治上的考量，也反對參戰。此外，商人，以參加戰爭將失去中立貿易的利益，和耽心國內的糧食必將往同盟國輸出而支持反戰。但最後軍閥的主張得到勝利，在軍閥陣營內互相矛盾，經過複雜彎彎曲曲的歷程，以有如政變的方式，由馮國璋、段祺瑞政權對德奧兩國宣戰。

值得注意的是，在這期間，軍閥張勳，曾經意圖復辟清朝的運動。張勳以軍事力量暫時控制北京，一九一七年七月十七日，擁護宣統帝，宣佈復辟。這個復辟立刻被壓下去了。往年戊戌變法之中心人物的康有為，竟變成反動派的一份子化裝進入北京，參加這個復辟的陰謀是歷史的諷刺。

5 西原借款與日華軍事協定

如前面所述利用第一次世界大戰列強勢力暫時由中國撤退的機會，日本很快地插足中國。而二十一條要求就是它的最好例子。在袁世凱死後的中國，日本尤其支持段祺瑞政權。其具體的一個方策是，從一九一七到一八年，對段祺瑞提供了總金額多達一億四千五百萬日圓的政治資金，是為史上的所謂「西原借款」。這個借款是寺內（正毅）內閣的大藏大臣勝田主計，令日本興業銀行、台灣銀行、朝鮮銀行與中國的段祺瑞內閣簽署的，包括第一次和第二次交通借款、有線電信借款、吉會鐵路借款、吉黑兩省金鑛森林借款、滿鐵四鐵路借款、山東二鐵路借款和山西借款。這些借款都沒有經由外交途徑，由民間人士西原龜三從事交涉，忽視一向幾乎全部負責對華借款的橫濱正金銀行，而且擔保也大多不確實。借款的大半用於段祺瑞政府的行政費和與南方政府戰爭的軍費，本金自不在話下，利息也沒有付，三銀行的借款，最後由大藏省存款部和國庫墊付，也就是由日本國民負擔。

日本政府又怕俄國革命的影響會波及中國，乃強迫段祺瑞內閣，簽訂由幾個協定構成的所謂日華軍事協定（一九一八年五月十六日和十九日），逐漸加深與北方軍閥的關係。這種日本政府與北京軍閥勾結的加深，日漸提高中國國內反日、反北京軍閥的風潮。

第三節　五四運動

1　文化革命——《新青年》的文化革命與北京大學

大戰中，中國的政情，因內亂的激發和軍閥諸勢力的抗爭，凸顯出舊中國的黑暗面，與此同時，也展開了以北京大學為中心的廣泛啟蒙文化運動。而為其開端的是以胡適（一八九一—一九六三）為首的白話文學的提倡，由之誕生了二十世紀中國最大文學家之一的魯迅（周樹人）（一八八一—一九三六）。這個文學革命亦即文化革命，更進一步，主張全面否定以儒學為代表的舊中國文化，同時樹起「科學」與「民主」的旗幟。而李大釗（一八八九—一九二七）等人，也在《新青年》（創刊於一九一五年五月）雜誌上大事介紹馬克思主義。為這些新文化運動之中心的是北京大學，以蔡元培（一八六八—一九四〇）為龍頭，擁有胡適、陳獨秀（一八七九—一九四二）等文化運動的中心人物的教授陣營。

2 巴黎和談會議與山東問題

第一次大戰接近尾聲時，為了因應即將到來的和談會議，北京政府於一九一八年十一月宣佈停止內戰，一九一九年二月以後，南北代表在上海舉行了和平會議。其結果，對於巴黎會議，組織了以外交總長陸徵祥（一八七一—一九四九）為首席，加上廣東派代表，幾位外國顧問，總共五十二人的大代表團。代表團的成員是，除陸徵祥以外，不分南北，都是深受歐美影響的所謂「少年中國」的人們（顧維鈞（一八八七—一九八五））、施肇基（一八七七—一九五八）、魏震組、王正廷（一八八二—一九六一）、伍朝樞（一八八七—一九三四）等人）。

在巴黎和會，中國希望解決以下四個問題。㈠不要透過日本，直接要回德國在山東所享有的各種權益。㈡廢除所謂二十一條要求的結果所簽訂中日間的各種條約和各種協定。㈢取消德奧兩國在中國所享有的各種權益。㈣以將來要廢除各國和各國國民在中國所享有的一切權益為目標，作全盤的重新檢討。但左右和談會議的是，大國之現實的利害關係，中國敗得慘不忍睹。山東半島的各種權益給予了日本，以中日間諸條約、諸協定之為無效的主張遭到封殺。中國希望全盤檢討之外國權益的諸問題只是列入紀錄而已。

山東問題的解決對於中國不利的情勢開始明顯時，全中國掀起激烈的反日運動，全球中國人的反對聲浪也集中於巴黎的代表部。北京政府因受這樣民意的壓力，遂訓令保留對德和談條約中有關山東問題的條款簽字，代表部依這個訓令強硬交涉還是達不到目的，因此中國終於拒絕在凡爾賽條約簽字。

3 五四事件（一九一九）

在巴黎和會，山東問題因諸外國之壓力對中國不利，北京政府屈服於日本的威脅態度似為軟化，就山東問題決定拒絕中國之要求的消息傳出來時，北京三千多名學生提出「外爭國難，內懲國賊」、「拒絕簽訂和平條約」、「誓死取回青島」、「排斥日貨」等口號，舉行大遊行，襲擊被視為親日派的交通總長曹汝霖（一八七六—一九六六），和當時在北京的駐日公使章宗祥（一八七七—一九六一），與北京政府的警察大衝突。這就是五四事件。

4 五四運動

五四事件的中心是學生運動。這個運動，起初是自然發生的，後來漸漸變成有組織和大規模有統一般的大眾運動。

五四事件後，立刻組織了北京學生聯合會，繼而在長江流域的主要都市組織了學生聯合會，更在上海成立了全國學生聯合總會。

五四運動同時帶來猛烈的排斥日貨運動。煽動杯葛的雖然是學生，但商人卻也積極行動，以北京和上海為中心，杯葛有如燎原之火，由華北、長江、華南擴大到南滿洲的一部分。一九一九年極為猛烈的杯葛，繼續到一九二一年。

五四運動同時也是文化運動，始於如前所述提倡白話文學的文化運動，以五四事件為開端，更加擴大和深化，進而成為歷史上統稱五四運動的重要層面。從第一次世界大戰中澎湃激發之中國的恢復國權運動，與意圖全面否定舊文化的五四運動是相隨，互為表裏的（在抵抗外國壓力，舊來的體制與對秩序原理作徹底自我克服的努力沒有結合這一點，與日本近代史不同）㉔。

此外，也有作為五四運動之一個層面的若干工廠的罷工，近代勞工也參加了這個民眾運動。（但中國勞工之決定性地參加民眾運動的一個重要原因是，一九二五年五・三〇以後的事。）

5　杜威和羅素之訪問中國

從一九一九到二〇年，美國以哲學家、教育家和實用主義普及者馳名，並為美國的教育帶來革新的杜威(John Dewey, 1859-1952)，和英國的記號邏輯學家、哲學家羅素(Bertrand Russell, 1872-1970)前來中國，並在各地作了演講。羅素在北京大學擔任了一年的學術研究。杜威是應北大校長蔡元培之邀請來到中國的。他在中國兩年，曾在十一省演講，並得到中國各地教育界很大的反應。

杜威與羅素的前來中國，予五四運動時期中國知識份子以很大的影響，尤其教了他們盎格魯・撒克遜式的實用主義思惟方法。中國之脫離自清末以來所採取日本式教育體系，並轉變到美國式的所謂六・三・三制，乃是受了這兩位思想家的影響，特別是杜威教育理論的影響㉕。

6　中國國民黨的誕生

第二革命後，孫中山等國民黨正統系的人們，於一九一四年七月八日，在東京組織了中華革命黨，它仍具有相當成分的秘密結社的性質，因政客、軍閥也是其構成份子，並埋頭於政治上的交易，故在五四運動沒有扮演任何角色。

但五四運動卻給孫中山的革命極重大的影響。中華革命黨於一九一九年十月改稱中國國民黨，據說是受了五四運動的影響。從此以後，中國國民黨對學生大開其門，派黨的組織者到學校，廣為宣傳，以大量吸收學生入黨。亦即以五四運動為轉機，中國國民黨踏出了轉變為「將基礎置於大眾之政黨」的第一步（徹底作這個轉變的是，一九三四年因改組國民黨的第一次國共合作）。

7 結論——俄國革命的衝擊

一九一七年的俄國革命，尤其發生於該年十月的布爾什維克革命，曾予中國思想界和政治以很大的影響，成為五四運動的一個原因。

在政治的層次，俄國革命政權給中國第一個影響是一九一九年的加拉罕宣言。一九一九年七月，在因五四運動而熱血沸騰的中國民眾所發表的加拉罕宣言，是給「中國人民及華南、華北之諸政府」的，它呼籲說：「我們為了要從意圖壓碎東洋，特別是壓碎中國人民之生命的外國資本的軍事枷鎖解放人民正在進軍。我們不僅在援助我國的勞工階級，也正在援助中國的人民。……如果中國人民學習俄國人民，欲獲得自由，不想讓中國成為第二個朝鮮，第二個印度，希望避免聯合諸國在凡爾賽為中國人所準備之命運的話，中國人民必須瞭解，能為他們獲得自由之鬥爭的同盟者或同胞的，實只有俄國農民、勞工和赤衛軍」，同時宣示願意歸還舊俄羅斯帝國政府由中國奪取的一切領土，無條件歸還中東鐵路和礦山森林利權，放棄義和團賠款，不干涉內政，放棄領事裁判權，以及放棄俄國商人在中國領土內所擁有的一切特權，並表示，除上述各點以外的一切問題，都願意與中國人民交涉。該項宣言的中文版，曾向全中國散發了幾十萬分。一九二〇年十一月，又以加拉罕的名義寄來了宣言㉖。

從五四運動的文化革命，出現了研究馬克思主義的一群，以歐洲成立共產國際為契機，於一九二一年在上海誕生了中國共產黨。

一九二四年，以加拉罕宣言為契機，蘇聯與中國簽訂了協定。中蘇的外交交涉，因雙方在政治上有各種問題，故遲遲不進。即一九二一年蘇聯派了柏克斯使節團前往北京，但會談没有結論。一九二二年八月派遣越飛來到中國。但交涉還是没有結果。一九二三年九月，加拉罕（一八八九―一九三七），因臨城土匪事件（一九二三年五月），北京政府接到十五國署名的抗議文，懼怕可能遭到列國干涉時，被派到北京。加拉罕與北京政府的代表王正廷交涉，一九二四年三月一日，簽署了條約案。惟因內閣遭受到有關國家的反對，乃否認這個條約案。加拉罕於是立刻發出等於最後通牒的抗議，脅迫承認條約案，並公開了條約案。得知其內容為劃時代的「平等條約」，國內各方面於是開始抨擊內閣的作法。在另一方面，加拉罕就中東鐵路，與滿洲的實力者張作霖（一八七三―一九二八）進行另外一個交涉，幾乎要成立協定。因而北京政府當局遂決定由外交總長顧維鈞親自交涉，以為了要與日本公使芳澤謙吉交涉，乃採取夜間偷偷派外交部參事朱鶴翔，極機密地與尚在北京的加拉罕進行交涉的辦法，並於五月三十一日，簽訂了「有關為解決（兩國間之）諸問題之大綱的協定」、「中東鐵路暫行管理協定」、附屬宣言七份、交換公文一份。協定的主要內容大約如下：

㈠恢復正常的外交關係和領事關係（即中國承認蘇聯）。

㈡取消中國政府與沙皇俄國政府之間一切條約和契約等，根據加拉罕宣言之精神，在「平等互惠與正義之基礎上」，簽訂新的各種條約。

㈢沙皇政府與第三國間的條約等，凡侵害中國主權、利益者宣佈無效。

㈣放棄有關租界的特權和專利。

㈤放棄義和團賠款並將其作為中國人民振興教育的資金。

㈥放棄治外法權和領事裁判權。

㈦簽訂通商條約，協定「基於平等互惠之原理」的關稅率。

㈧尊重中國在外蒙的主權，蘇軍由外蒙撤退。

㈨中東鐵路為純粹的商業企業，有關鐵路營業以外的事項，由中國官憲處理。鐵路的將來只有兩國來決定，中國政府得以中國資本收回鐵路。收回之前的暫行管理，根據「暫行管理協定」辦理。

㈩兩國互相不許以暴力反對對方政府為目的之團體的存在，不從事反對對方國家之政治上社會上制度的宣傳。

⑪為了決定協定之細節的實施，簽訂協定一個月以內要召開會議。

簽訂中蘇協定之後，蘇聯政府任命加拉罕為駐華大使。在列國派駐中國公使的當時，這可以說是表示平等交際的一種姿態。

對於中蘇協定的簽訂，列強很是驚愕和不滿，但卻為中國上下所高興和歡迎，以為這是「對於國際帝國主義的勝利」，是廢除不平等條約的一個轉機，而獲得喝采。但在另一方面，也有人對於蘇聯的意圖懷疑，認為蘇聯之侵略中國先給予藥然後再下毒，故予以批判。

在從一九二四年一月二十日到三十日所舉行的中國國民黨第一次全國代表大會，國民黨進行了大改組，明確表明反對帝國主義，並發表宣言對勞工和農民大開其門。在這個大會，特別值得注意的是，容許共產黨員以個人身份參加國民黨。因此，當時的共產黨首腦和毛澤東（一八九三—一九七六）等年輕幹部參加了國民黨。這就是所謂第一次國共合作。以此時為轉機，中國歷史邁進了新摸索的一步。

在以「從瓦斯科・達・伽馬到五四運動」為副標題的本書，將近代中國政治外交史追跡到一九二〇年代前半的我們，在這裡，引用五四運動時訪問中國之羅素，以其所寫極為出色的旅行經驗的該時代史所說的話，作為本書的結論。

「既然中國人口約占世界總人口的四分之一，因而即使中國人不對其他國家的人產生影響，中國的問題本身也是一個意義深遠的重要問題。事實上，中國的事態發展無論如何也會對整個世界產生極其重要的影響。未來的二百年將表明，中國人何去何從，將是影響整個世界發展的一個決定性因素。正因為如此……中國已經提出了許多值得每一個理智的人深思的問題，儘管人們至今還難以找到這些問題的正確答案。」(B. Russell, *The Problems of China* [London: George Allen & Unwin, 1922; reprinted, 1966], p.9.)

註釋

① 矢野、吉野、加藤三氏之革命或revolution的概念，都是政治層次的「革命」的意思。現代的歷史學家或政治學者，通常多把革命理解為包括社會、經濟、文化之整個的變動。就中國史而言，revolution 的劃分，多數的見解是一九四九年，不是一九一一年。請參看 Lucien Bianco, Les origines de la révolution chinoise 1915-1949 (Paris: Gallimard, Collection idées 142, 1967), 389 pp。此書的作者生長於社會主義發祥之地的歐洲，參加阿爾及利亞戰爭，

歷盡滄桑，備嚐痛苦，他雖然一邊大量利用美國的中國研究，卻並不偏於美國的見解。因為價廉的袖珍本，故在法國似為很多人閱讀其文字，為諾曼派出身者的特徵，非常美麗。

② 大致以這種想法作研究的，有菊池貴晴（一九二〇—）著《現代中國革命之起源——辛亥革命之史的意義》（巖南堂，一九七〇，全二四二頁）。一半意圖給一般人讀的此書，正如被評論為「具有百科全書般的利用價值」（野澤豐氏），引用許多日本和中國的研究成果，並在辛亥革命的廣闊歷史展望中，提出許多問題。請參考嶋本信子氏對此書所作的書評，刊於《東洋學報》，五三卷，三、四合併號（一九七一年三月），頁四三〇—四四二。Marie-Claire Bergère, *La bourgeoisie chinoise et la révolution de 1911* (La Hage et Paris: Mouton, 1968), 155 pp。此書詳細檢討「資產階級」的實際情況和功能，在結論上是比較有限制的評價。

③ 立於此種想法而且有代表性的研究展望論文，請看狹間直樹的〈辛亥革命〉（《岩波講座世界歷史》，二三卷〔近代10，帝國主義時代II〕〔一九六九〕，頁三三一—七〇）。這篇論文很能幫助讀者之研究。

④ 關於鄉紳說的代表性論作，我願意推薦市古宙三《近代中國之政治與社會》（東京大學出版會，一九七一，全五三三頁）所收有關辛亥革命的論文，尤其〈鄉紳與辛亥革命〉（該書，頁三三一—三六〇）（原載《世界之歷史》，卷一五〔筑摩書房〕，一九六二〕）。他說鄉紳「轉身革命派，領導革命」，「與近代化應該消聲匿跡的鄉紳，反而得到勢力，這是中國近代化之特色」這個假說，是他廣泛涉獵清末有關民變的資料——報紙、雜誌、地方志等結果所得到的一種心證，這一點要特別留意。對於市古氏之對辛亥革命的見解，中村哲夫氏努力於由其內面予以理解，請參看中村之書評（《歷史學研究》，三八八號〔一九七二年九月〕，頁六一—六四）。

⑤ 在這種意義上，可以說是唯一由日本的政治學家所寫吉野作造著《支那革命小史》（萬朵書房，一九一七，全二五七頁）（以《中國革命小史》重新收錄於《吉野作造博士民主主義論集》的第卷《中國革命史論》〔新紀元社，一九四七〕），在今日仍有熟讀玩味的價值，有助於本文所述意義之辛亥革命史的撰寫。至於最近的研究，請參看以政治社會科學方法整理極豐富資料的張朋園《立憲派與辛亥革命》（台灣商務印書館，一九六〇，全三

五四頁）。張朋園重視革命派右派與立憲派左派之同盟的穩健派（黃興、宋教仁、湯化龍）的角色（一九七一年一月，在坎培拉所舉行第二十八屆國際東洋學者會議所發表〈關於辛亥革命諸精英類型的假設〉的論文）。此外，對中國宗教社會史極為熟悉的鈴木中正氏的〈易姓革命與宗教叛亂〉（《亞細亞研究》，一九卷一號（一九七二年四月），頁一八—三五），就漢末赤眉到太平天國的宗教組織（宗教派）與武力集團（武力派）的相互關係作個別的研究，以其歷史考察為前提，分析有關辛亥革命上述的三個想法，該篇論文雖然不長，很有啟發性。這篇論文是他所做大部分研究（預定最近要出版專書）的要旨。

⑥ 關於梁啟超文筆活動的詳細研究，請看張朋園《梁啟超與清季革命》（中央研究院近代史研究所，一九六四，全二三四頁）。

⑦ 一九〇一年，湖廣總督張之洞與兩江總督劉坤一，對於北京政府徵求中央地方及在外的大官意見，兩個人聯名呈上三份詳論關於振興教育和改革制度的奏文。這個很長的三分上奏文（收於《張文襄公全集》，卷五二—五四），毫無保留地描寫當時中國各種制度的實際情況，意味深長。

⑧ 相當於上述選舉資格之一，五千元以上的財產資格，不過如果公開自己為富翁，可能遭到官憲的掠奪，故許多人沒有去登記。因此選舉人人數意外地不多，只佔全國總人口的〇・四%而已。以省別來看，直隸省為〇・六二%，第一位。第二位是以富裕馳名的江蘇省，為〇・五%，實在太少了。投票時，各省的反應也很冷淡。其原因之一是，因總督巡撫不積極，太慢準備選舉。投票率普遍很低，連在與外國思想接觸最多的廣州，也不到二五%，加以發生干涉選舉、賄選和械鬥。在其他省分，江蘇、直隸、山西、陝西、湖南各省，其選舉比較辦得好。以上有關諮議局的選舉，係取材於張朋園《立憲派與辛亥革命》，頁一一二—一二六。

⑨ 張朋園，前引書，頁二六—三一。

⑩ 張朋園，前引書，頁八四、一〇二。

⑪ 辛亥革命之後，北洋六鎮成為支持北洋軍閥的兵力，他省新軍皆變成地方軍閥。關於新軍的研究，請看以下二

書。R. L. Powell, *The Rise of Chinese Military Power 1895-1912* (Princeton, N. J.: Princeton University Press, 1955), 383 pp。以及劉鳳翰《新建陸軍（新軍志第一篇）》（中央研究院近代史研究所，一九六七，全四三四頁）。後者敘述到一九〇〇年，為非常詳細的兵制史。

⑫ 請參看蔣廷黻《中國近代史》，頁一一六—一一七。關於清末革命運動尖銳的俠義論和暗殺容認論的思想和實踐，高田淳《中國的近代與儒教》（紀伊國屋書店，一九七〇），頁二〇五—二〇九，有很好的摘要敘述。

⑬ 李劍農《中國近百年政治史》，頁三〇一。

⑭ 關於展望性的論文，請看前引狹間直樹《辛亥革命》（《岩波講座世界歷史》，卷二三〔近代10，帝國主義時代II〕），頁三三—七二）。另外，作為出色的研究，請看收於市古宙三《近代中國的政治與社會》（東京大學出版會，一九七一）關於川沙暴動的論文（英文）。

⑮ 關於這個問題，張朋園前引書有詳細的敘述。同時請再參看張謇自訂年譜《嗇翁自訂年譜》。

⑯ 收於馬建忠《適可齋記言說行》（一八九六）之「鐵道論」與「借債以開鐵道說」（皆草擬於一八七九年）。

⑰ 其全文如下：

第一條　大清帝國之皇統，萬世不易。

第二條　皇帝神聖，不可侵犯。

第三條　皇帝權以憲法規定為限。

第四條　皇帝繼承之順序，於憲法規定之。

第五條　憲法由資政院起草議決，皇帝頒佈之。

第六條　憲政改正提案權，屬於國會。

第七條　上院議員，由國民於法定特別資格公選之。

第八條　總理大臣由國會公選，皇帝任命。其他國務大臣，由總理推舉，皇帝任命。皇族不得為總理及其他國務大臣，並各省行政官。

第九條 總理大臣受國會彈劾，非解散國會，即總理大臣辭職，但一次內閣，不得解散兩次國會。

第十條 皇帝直接統率海陸軍，但對內使用時，須依國會議決之特別條件。

第十一條 不得以命令代法律。但除緊急命令外，以執行法律，及法律委任者為限。

第十二條 國際條約，非經國會議決，不得締結。但宣戰媾和，不在國會會期內，得由國會追認之。

第十三條 官制官規，定自憲法。

第十四條 本年度之預算，未經國會決議者，不得照前年度預算開支。又預算案內，不得有既定之歲出，預算案外，不得為非常財政之處分。

第十五條 皇室經費之制定及增減，概依國會議決。

第十六條 皇室大典，不得與憲法相抵觸。

第十七條 國務員裁判機關，由兩院組織之。

第十八條 國會議決事項，由皇帝宣佈之。

第十九條 第八條至第十六各條，國會未開以前，資政院適用之。

⑱ 大總統提出的法律案與要公佈的法律和命令，需要國務員（國務總理和各部總長）的副署（第四十五條）。具有基本人權之規定的臨時約法，乃是具有中國政治史上劃時代之意義的重要文書，它在現實的政治過程雖然沒有落實，但其所意涵的政治原理，為一種標語，據稱相當滲透於民間，故雖然稍微長一點，我們還是將其全文刊出。

中華民國臨時約法（一九一二）

第一章 總綱

第一條 中華民國由中華人民組織之。

第二條 中華民國之主權，屬於國民全體。

第三條　中華民國領土，為二十二行省，內外蒙古，西藏，青海。

第四條　中華民國以參議院，臨時大總統，國務員，法院，行使其統治權。

第二章　人民

第五條　中華民國人民，一律平等，無種族、階級、宗教之區別。

第六條　人民得享有下列之自由權：

一、人民之身體，非依法律，不得逮捕、拘禁、審問、處罰；

二、人民之家宅，非依法律，不得侵入或搜索；

三、人民有保有財產及營業之自由；

四、人民有言論、著作、刊行及集會、結社之自由；

五、人民有書信秘密之自由；

六、人民有居住遷徙之自由；

七、人民有信教之自由。

第七條　人民有請願於議會之權。

第八條　人民有陳訴於行政宮署之權。

第九條　人民有訴訟於法院，受其審判之權。

第十條　人民對於官吏違法損害權利之行為，有陳訴於平政院之權。

第十一條　人民有應任官考試之權。

第十二條　人民有選舉及被選舉之權。

第十三條　人民依法律有納稅之義務。

第十四條　人民依法律有服兵役之義務。

第十五條　本章所載人民之權利，有認為增進公益、維持治安或非常緊急必要時，得依法律限制之。

第三章　參議院

第十六條　中華民國之立法權，以參議院行之。

第十七條　參議院以第十八條所定各地方所選派之參議員組織之。

第十八條　參議員，每行省、內蒙古、外蒙古、西藏，各選派五人，青海選派一人，其選舉方法，由各地方自定之。參議院會議時，每參議員有一表決權。

第十九條　參議院之職權如下：

一　議決一切法律案；

二　議決臨時政府之預算、決算；

三　議決全國之稅法、幣制及度量衡之準則；

四　議決公債之募集及國庫有負擔之契約；

五　承諾第三十四條、第三十五條、第四十條事件；

六　答復臨時政府諮詢事件；

七　受理人民之請願；

八　得以關於法律及其他事件之意見建議於政府；

九　得提出質問書於國務院，並要求其出席答復；

十　得咨請臨時政府查辦官吏納賄違法事件；

十一　參議院對於臨時大總統認為有謀叛行為時，得以總員五分之四以上之出席，出席員四分之三以上之可決，彈劾之；

十二　參議院對於國務員認為失職或違法時，得以總員四分之三以上之出席，出席員三分之二以上之可決，彈劾之。

第二十條　參議院得自行集會、開會、閉會。

第二十一條　參議院之會議，須公開之，但有國務員之要求，或出席參議員過半數之可決者，得秘密之。

第二十二條　參議院議決事件，由臨時大總統公佈施行。

第二十三條　臨時大總統對於參議院議決事件，如否認時，得於咨達後十日內，聲明理由，咨院復議。但參議院對於復議事件，如有到會參議員三分之二以上仍執前議時，仍照第二十二條辦理。

第二十四條　參議院議長，由參議員用記名投票法互選之，以得票滿投票總數之半者為當選。

第二十五條　參議院議員於院內之言論及表決，對於院外不負責任。

第二十六條　參議院議員，除現行犯及關於內亂外患之犯罪外，會期中非得本院許可，不得逮捕。

第二十七條　參議院法，由參議院自定之。

第二十八條　參議院以國會成立之日解散，其職權由國會行之。

第四章　臨時大總統副總統

第二十九條　臨時大總統，副總統，由參議院選舉之，以總員四分之三以上之出席，得票滿投票總數三分之二以上者為當選。

第三十條　臨時大總統代表臨時政府，總攬政務，公佈法律。

第三十一條　臨時大總統，為執行法律，或基於法律之委任，得發佈命令，並得使發佈之。

第三十二條　臨時大總統統率全國海陸軍隊。

第三十三條　臨時大總統得制定官制，官規；但須提交參議院議決。

第三十四條　臨時大總統任免文武職員；但任命國務員及外交大使公使，須得參議院之同意。

第三十五條　臨時大總統經參議院之同意，得宣戰、媾和及締結條約。

第三十六條　臨時大總統得依法律宣告戒嚴。
第三十七條　臨時大總統代表全國，接受外國之大使公使。
第三十八條　臨時大總統得提出法律案於參議院。
第三十九條　臨時大總統得頒給勳章並其他榮典。
第四十條　臨時大總統得宣告大赦，特赦，減刑，復權；但大赦須經參議院之同意。
第四十一條　臨時大總統受參議院彈劾後，由最高法院全院審判官互選九人，組織特別法庭審判之。
第四十二條　臨時副總統於臨時大總統因故去職，或不能視事時，得代行其職權。

第五章　國務員

第四十三條　國務總理及各總長，均稱為國務員。
第四十四條　國務員輔佐臨時大總統負其責任。
第四十五條　國務員於臨時大總統提出法律案、公佈法律及發佈命令時，須副署之。
第四十六條　國務員及其委員得於參議院出席及發言。
第四十七條　國務員受參議院彈劾後，大總統應免其職；但得交參議院復議一次。

第六章　法院

第四十八條　法院以臨時大總統及司法總長分別任命之法官組織之。法院之編制及法官之資格，以法律定之。
第四十九條　法院，依法律審判民事訴訟及刑事訴訟；但關於行政訴訟及其他特別訴訟，別以法律定之。
第五十條　法院之審判，須公開之；但有認為妨害安寧秩序者，得秘密之。
第五十一條　法官獨立審判，不受上級官廳之干涉。
第五十二條　法官在任中不得減俸或轉職，非依法律受刑罰宣告，或應免職之懲戒處分，不得解職。懲戒條規，以法律定之。

第七章　附則

第五十三條　本約法施行後，限十個月內由臨時大總統召集國會。其國會之組織及選舉法，由參議院定之；

第五十四條　中華民國之憲法，由國會制定；憲法未施行以前，本約法之效力與憲法等。

第五十五條　本約法由參議院議員三分之二以上或臨時大總統之提議，經參議員五分之四以上之出席，出席員四分之三之可決，得增修之。

第五十六條　本約法自公佈之日施行；臨時政府組織大綱，於本約法施行之日廢止。

⑲ 關於袁世凱就任大總統之經緯的最近研究，請看藤岡喜久男〈袁世凱之就任大總統〉（《東洋學報》，四八卷三號（一九六五年十二月），頁二七—六二）。

⑳ 坂野正高《近代中國外交史研究》，頁三一四。

㉑ 坂野正高《近代中國外交史研究》，頁三一六。此外，吉野作造於一九一六年三月當時也表示了同樣的見解。他說：「不錯，依目前表面上的觀察，袁世凱好像是中國的中心勢力。但如果進一步往深處觀察的話，袁世凱幾乎失去了中國幾億人的人心。至少，今後的『年輕中國』絕不會以袁世凱為宗主。若是，中國將來永遠的中心勢力，不是今日袁世凱的一派，而可能是現今正在主張改革祖國的幾百的青年。這些人並沒有組織一個團體。但在土耳其曾經有過青年土耳其黨一樣，我們可以稱他們為青年中國黨。……為其中堅者主要是留學外國的青年，以他們為中心這種青年愛國者充滿於全國。他們雖然沒有組織上的聯絡，但不約而同地都反對以往的陋習，欲以一大革命來拯救祖國衰亡之禍，而在那裡摩拳擦掌。……革命不只是武力的戰爭。實際上是思想的戰爭。只要這種思想不消滅，中國最後終屬於青年中國黨。事實上，青年中國黨的一部分人，已經在向舊思想之代表的袁世凱挑戰。……我認為，真正要為中國設永遠之計者，必須牢牢記住中國的將來勢必屬於青年黨。與此同時我們要記得，政治不能遠離眼前的事實。所以即使將來的中國很明顯地會屬於青年中國黨，今日掌握事實上之實權的還是袁世凱，而且袁世凱在兵力和財力，在相當的期間內具有能把青年中國黨的革命運動壓制下去的實力，我們自不

能忽視他來規劃政策。……因此我們在對華外交的舞台上，必須採取邊與青年中國黨保持某種關係，邊與袁世凱共事的巧妙措施。」（吉野作造《第三革命後的中國》〔收於吉野作造博士民主主義論集第七卷，《中國革命史論》，新紀元社，一九四七〕，頁二〇一—二〇四。此書，原刊於《第三革命後之支那》，內外出版株式會社，一九二一，全三二二頁）。

㉒ 此項的敘述，係摘要自坂野正高〈從第一次大戰到五卅運動——收回國權運動史覺書〉（收於植田捷雄編《圍繞現代中國的世界外交》〔野村書店，一九五一〕，頁一—六七）。

㉓ 關於日方所提出要求，交涉時如何變遷，以何種方式獲得解決，爾後怎麼樣等問題，堀川武夫《極樂國際政治史序說——二十一條要求之研究》（有斐閣，一九五八），頁三九〇—四〇〇的「二十一條要求變遷一覽表」，能簡單明瞭地告訴我其情形。

㉔ 關於這一點，請參看西嶋定生〈世界史上的中國〉（《朝日新聞》，一九七一年十月二十七日和二十八日的晚報）。

㉕ 關於杜威訪問中國與對中國教育體系的影響，平塚益德《近代支那教育文化史》（目黑書店，一九四二，全四三四頁），頁二一〇—二一一、二一五、二五〇—二五二有簡潔的敘述。同時請參看集杜威在中國演講的專書：John Dewey, *Lectures in China, 1919-1920*, translated from the Chinese and edited by R. W. Clopton and Tsuin-chen Ou (Honolulu: University Press of Hawaii, 1973), 328 pp。

杜威於一九一九年，給他家人的信這樣寫著，這可以說是他對五四運動的看法。「我們正目睹著一個 NATION 的誕生。生產總是會痛苦的。」「中國人的保守主義，遠比我以前所想像的還要理智，而且是經過一再熟慮的。他們並非我所想像只是惰性墨守習慣。因此他們的想法一開始改變時，比日本人，他們的變法更是徹底，堅持到底。」(John and Alice Dewey, *Letters from China and Japan*, ed. by Evelyn Dewey [London and Toronto: J. M. Dent & Sons, 1920], pp. 209, 308-309.)

㉖如所周知，一九〇二年的宣言，並没有提到中東鐵路的無代價歸還的問題。對於一九〇九年的宣言，俄方主張說，俄語原文没有無代價歸還中東鐵路的項目。後來越飛和加拉罕在北京交涉時，他們都否認有這個項目。尤其是加拉罕交涉時，對於中東鐵路問題，曾經就宣言要以那一種文字為正文爭論過。關於加拉罕宣言最近嚴謹的史料研究，請參看梁肇庭〈初期中蘇關係之一個層面（一九一七—二〇）——關於加拉罕宣言〉（《亞細亞研究》，卷一七，三、四合併號，一九七一年一月），頁五一—八八（這是梁氏博士論文〔哈佛大學〕的一部分。增訂其博士論文的英文稿大著似已完成，最近可能出版）。

文獻導讀

自然科學不需要許多書籍。只要用自己的手操作機器，以研究自然現象，從其裡頭擷取事實就可以了。

——石本巳四雄《到科學之路》（拕谷書房，一九三九），頁一一七

今後要在寫作方面多下功夫。閱讀、思考當然重要。寫作會使一個人的思想精細和明確。漫然看書與走馬看花是沒有什麼兩樣的。

——西田幾多郎（一九〇九年一月十一日，給田部隆次書信，〔田部隆次編《西田幾多郎的書信》，齋藤書店，一九四七，頁九三〕）

◯ 前言 通史等

這個文獻導讀，至少有兩個目的。第一，列出我寫這本書時所參考的文獻。這些文獻，可能有助於詳細理解在本文只簡單提到的史實及其有關問題。第二，希望本書是入門書，能幫助讀者的研究。不過這是例示性的文獻導讀。

在這裡沒有提到的，我沒有看過的或不知道的，應該還有很多才對。希望各位讀者自己去涉獵。

不過如果太在乎人家的研究，則有什麼都不能做的可能。重要的是，過去人家應該看過的舊的根本史料，要不斷地用自己的眼睛和腦袋好好地去閱讀。

以下，我們依本文章節的順序，作文獻導讀之前，先來談通史性的研究書和概說書。（各章所提出的文獻，我以阿拉伯數字表示，舉出並引用其他章的參考文獻時，譬如表示出一—(2)，二—(3)等等。中文數字表示章。這個「前言」以〇表示，引用在這裡所提的則表出如〇—(5)。）這個文獻導讀，主要的提出二手的研究文獻。根本資料的導引，擬在我所執筆後面一—(2)《近代中國研究入門》介紹。關於工具類，請參考一—(2)中市古宙三氏所負責的部分。在這個導讀出現的舊歐文文獻，我並不一一寫註釋，但大多已有定價比較便宜的翻印版。最近，袖珍版出版得更多。

現在，我們就有關外交史的通史開始介紹。

(1) H. R. Morse (1855-1934), *The International Relations of the Chinese Empire*, 3 vols. (Shanghai, etc.: Kelly and Walsh, 1910, 1918), 727+479+530 pp.——自一八三四至一九一一年中國對外關係史之詳細的研究。作者畢業於哈佛大學以後，在海關工作多年，退休後，住英國專心從事著述。只用歐文資料是其缺點，但對貿易史非常熟悉，也相當提到政治史和制度史，其敘述簡明，史觀冷徹，是一本很有用的書。尤其以一八三四—六〇年為對象的第一卷最好。H. B. Morse and H. F. MacNair (1891-1947), *Far Eastern International Relations*, 2nd ed. (Boston: Houghton Mifflin, 1931), 846 pp。是以這部巨著為底本，馬克聶亞所寫的教科書（只有前半的日譯本）。它寫到一九三一年五月左右。作為一般讀物，比摩斯的那三大本有趣。常常被用為上課的藍本。同樣由馬克聶亞撰寫的 *Modern Chinese History: Selected Readings*（《中國近代歷史文選》)(Shanghai: Commercial Press, 1923; Taipei: Commercial Press, 1956), 922 pp。為前者的姊妹編，是教材用的資料集。

(2) H. Cordier (1849-1925), *Hislorire des relations de la Chine avec les puissances occidentales 1860-1900*, 3 vols. (Paris: Félix Alcan, 1901, 1902), 570+650+598 pp.——其視野比摩斯狹窄，有自吹其國家之嫌，有其癖，不好使用。

但引用許多外交部所保存的紀錄，內容極為詳細，作通史頗有益處。

(3) S. F. Wright (1873-?), *Hart and the Chinese Customs* (Belfast: Wm. Mullan & Son, 1950), 948 pp。這是以總稅務司羅勃・哈特的公務生涯為重點所寫中國貿易和海關的編年體制度史。它使用許多海關未出版英文資料，極為詳細的通史，對研究非常有幫助。

(4) 植田捷雄（一九〇四—七五）《在支列國權益概說》巖松堂，一九三九，全五三七頁）；其大著《在中國租界之研究》（巖松堂，一九四一，全九一九頁），這是一種手冊。以項目分類外國權益，從法學和歷史的觀點解說，非常有用。真希望有復刻本。

(5) 蔣廷黻（一八九五—一九六五）《近代中國外交史資料輯要》上卷、中卷（商務印書館，一九三一，一九三四，上卷全四一三頁，中卷全五八四頁）。這是到甲午，中日戰爭中方根本資料的選輯，在章節前面附有簡潔的「引論」。時至今日，還在再版。作者是中國近代外交史學的開拓者，他大量運用一九三〇年代初開始能使用的清朝根本資料。他可以說是具有「悟性」思考方法，頭腦極為清楚的學者。他的著作《中國近代史》（初版，長沙，商務印書館，一九三八年）（香港版，立生書店，一九五四；全一二六頁），處處引用資料，敘述從鴉片戰爭到辛亥革命，是一部簡要通史，值得一讀。

其次，我們來介紹幾本從內部看近代中國史的通史或概說書。

(6) 矢野仁一（一八七二—一九七〇）《近代支那史》（弘文堂，一九二五，全五六一頁），為清一代之統治和叛亂的歷史。也是在內陸亞細亞擴大廣大領域的大清帝國的建設和崩潰的歷史。據稱曾精讀《東華錄》三次的著者所寫的這部通史，雖然不大好讀，但這是一本富有啟示很值得一讀的精力著作，尤其對於瞭解清代朝貢關係的整個情況很有幫助。矢野博士在外交史的領域，今日仍有許多可觀的成績，而使用中外資料的大著《近世支那外交史》（弘文堂，一九三〇年，總共九七〇頁）是，《籌辦夷務始末》及其他新資料還沒有出現以前所寫，所以是「過時」的著作。

(7) 李劍農《中國近百年政治史》（商務印書館，一九三七，初版，全二册，全六九〇頁）。這是增補曾經在日本也有很多人看的《最近三十年中國政治史》（太平洋書店，一九三〇年，全六五二頁）的著作。以從鴉片戰爭到辛亥革命為對象的上册（共三六〇頁），省略的方法很得要領；但民國時代（到一九二八）的下册，人名出現一大堆，黨派的離合集散錯綜複雜，很是無味。不過對於瞭解政治史的事實頗有幫助。

(8) 陳恭祿《中國近代史》（商務印書館，一九三六年，初版，全八一二頁）。其(7)在日本之概說書或教科書的藍本，為大家所愛用的書（現今兩書還在加其版本）。到辛亥革命有七百頁，史實非常詳細。引用（但沒有註明出處）多為其特色。敘述難懂。

(9) 范文瀾（一八九三—一九六九）《中國近代史》上編第一分册（人民出版社，北京修訂八版，一九五三，全四五四頁）。為新中國具有代表性的政治史概說書。其解釋雖為圖表式（呆板），但把資料讀得很深。文體稍微古老，但文字很漂亮。只寫到義和團，續編沒有問世。

(10) 小野川秀美（一九〇九—八〇）《清末政治思想研究》（增訂再版，密斯滋書房，一九六六，全三六九頁）——其內容豐富，為穩重的思想史。對研究政治外交很有幫助。是一本所謂「什麼都提到」的書，註解也可靠。

(11) J. K. Fairbank (1907-91), E. O. Reischauer (1910-90), and A. M. Craig (1927-), *East Asia: The Modern Transformation* (Boston: Houghton Mifflin, 1965: Modern Asian Edition, Tokyo: Charles E. Tuttle, 1965), 955 pp。這是將哈佛大學一般教育科目，大事增補以《社會科學・第一一一號》（俗稱 rice bady）馳名的費正清、賴旭華兩位教授的共同講義之大著的第二卷（以近代以前為對象的第一卷的副題是 The Great Tradition）。將很豐富的內容以簡潔的方法寫得極為精采，其表達的能力令人嘆為觀止。下一本書是將這兩大本巨著摘要而成的。J. K. Fairbank, *The United Sates and China*, 3rd ed. (Cambridge: Harvard Univessity Press, 1971), 500 pp。（市古宙三譯《中國》〔共二册，東京大學出版會〕，一九七二，全五三九頁）。

下面是論文集，我們介紹作為通史有用且最近在日本出版的三本研究書。

(12) 市古宙三（一九一三—）《近代中國之政治與社會》（東京大學出版會，一九七一，全五三三頁）。此書的特色是徹底地結合了實證性和高度抽象且操縱性作業假設的設定。著者的學風，在基本的意義上是「破壞性」的。其將近兩百頁的研究介紹，非常親切。

(13) 里井彥七郎（一九一七—七四）《近代中國之民眾運動及其思想》（東京大學出版會，一九七二，全四一九頁）。經過京都大學文獻學研究之傳統訓練的著者，將中國近代史界定為「人民鬥爭史」，並以「發展階段性和有系統地」予以分析和解釋。令人以為「思考之凝結」的著者的問題意識，從與市古氏不同的角度，來呈顯中國近代史的各種問題。其序章「中國近代史研究之課題與方法」是，從論爭史的觀點來思考「近代化論」的，對研究有幫助。

(14) 坂野正高（一九一六—八五）《近代中國外交史研究》（岩波書店，一九七〇，全四五三頁）。這是邊學政治學，掉進漢文和歐文之根本資料深淵的作者，惡戰苦鬥的紀錄。第六篇論文〈英國外交官怎樣看中國——從馬加多尼使節團的派遣到辛亥革命〉（共七七頁），可以當作一種通史來看。

下面我們介紹四本座右之工具書，也可作為通史的名著。

(15) 郭廷以《近代中國史事日誌（清季）》（正中書局、商務印書館、中央研究院近代史研究所，一九六三，全二冊，一五四五頁）。為敘述自一八二九至一九一一年的詳細年表。它一日一日地記載。沒有寫出史實的出處是一個缺點。但如果把它當作對照《籌辦夷務始末》和《清實錄》、《光緒東華錄》的史料來使用的話，其功用實不可言諭。

(16) A. W. Hummel (1884-), ed., *Eminent Chinese of Ch'ing Period*, 2 vols. (Washington, D. C.: Government Printing Office, 1943, 1944), 1103 pp。這是擁有大約八百個項目的人名辭典。上榜人物總人數超過四千八百人。每一項目皆附有參考文獻目錄，卷末有書名索引和事項索引。可以說是列傳體的清史，從任意的項目進入，檢相關項目來看，有趣得令人不敢相信。

(17) H. L. Booreman and R. C. Howard, ed., *Biographical Dictionary of Republican China*, 4 vols. (New York and London: Columbia University Press, 1967-1971), 479+478+471+418 pp。這可以說是前者的續編巨編，擁有大約六百名的人物介紹。其中有許多是清末的活躍人物。可惜完全沒有索引。

(18) 嚴中平等編《中國近代經濟史統計資料選編》（北京，科學出版社，一九五五，全三七四頁）：分為「鴉片戰爭前的中英貿易」、「商埠、租界、租借地」、「對外貿易」、「工業」、「鐵路」、「輪船」、「農業」的七個項目，共有二百四十七個表（其中有關農業者八十五個），附錄一七八六至一八九八年的人口統計表。資料皆有出處。

(19) *Treaties, Conventions, etc., between China and the Foreign States*, 2nd ed., 2 vols. (Shanghai: the Statistical Department of the Inspector General of Customs, 1917), 995+919 pp。並刊中文和洋文的條約條文。是為海關辦事參考用而編的。

(20) 《清初及中期對外交涉條約輯》（台北，國風出版社，一九六四，全三〇三頁）；《清末對外交涉條約輯》（國風出版社，一九六三，全三冊，一四七〇頁）：這是將外交部圖書處所發行的《康熙雍正乾隆條約》、《道光條約》、《咸豐條約》、《同治條約》、《光緒條約》、《宣統條約》合併起來重印的，雖然沒有附上外文條約文，但收有對於簽訂各個條約之背景的中文有關資料，故作為資料集大可以參考。這一連串之條約的中文條文可以說是最可靠，但也不是完全沒有問題，請參閱坂野正高《近代中國外交史研究》，頁四五三。

(21) 《日中間及有關中國與日本及他國間之條約》（外務省條約局，一九二三，全一二三五頁）；《英、美、法、俄各國與中國間之條約》（外務省條約局，一九二四，全三〇五三頁）；《日、英、美、法、俄以外各國與中國間之條約》（外務省條約局，一九二六，全一七五二頁）。其中，中國與歐美各國之條約的後二書，刊有洋文條約文和日譯文，但完全沒有中文條約文。又，可能由於華盛頓會議以後匆匆編輯的緣故，日譯文中有錯譯、譯得不適當之處。筆者認為，一八四四年之望廈條約的日譯最差。

(22)《有關中國與滿洲之條約及公文集》（外交時報社，一九三四，全一二〇四頁）。這是《中國關係條約集》（外交時報社，一九三〇，全八五八頁）的增補改書名的版本。此書只有日文條約文，但有許多一九三〇年代的資料，是很好用的參考書。惟照抄(21)的錯譯等等，所以使用時要特別留意。

(23)《舊條約彙集・第三卷（朝鮮、琉球）》（外務省條約局，一九三四，全七〇九頁）。這是編輯李朝朝鮮與諸外國之條約及琉球與諸外國之條約的專書，刊有雙方的條文，有許多彩色的附圖，是一部很難得的條約集。

最後，研究近代中國外交史，當然必須瞭解近代日本的外交史，在這個文獻介紹，筆者只舉出與本書的敘述直接有關的文獻。現在筆者舉出一本最新的概說書。

(24)池井優（一九三〇—）《日本外交史概說》（慶應通信，一九七三，全二七九頁）。此書敘述德川幕府末期至第二次世界大戰。從辛亥革命、第一次世界大戰左右以後特別詳細。後面之「學習的指引」（共一八頁）的文獻介紹非常好。

一　外政機構、外交文書、外交史研究

(1)坂野正高《現代外交之分析——情報、政策之決策、外交交涉》（東京大學出版會，一九七一，全四三一頁）。這是筆者欲弄清楚研究外交史背後應有的理論架構的一種嚐試。

(2)坂野正高、田中正俊、衛藤瀋吉合編《近代中國研究入門》（東京大學出版會，一九七四；第二刷，一九八一）。這是八位執筆者，就研究工具、各種中文的讀法、社會經濟史、政治外交史、法律、現代經濟分別撰寫的專著。大致以從鴉片戰爭前後到現在的所謂中國近現代史為對象。筆者負責之「政治外交史——以清末之根本資料為中心」是，在本章對於根本資料簡潔詳細介紹者。此外，在第三節「資料與史實——運用資料之問題」所敘述的問題，能參考的敘述，《研究入門》全書皆有。尤其請能注意最後的座談會部分。全四四二頁。

(3)《關於中國近代史研究》（《歷史評論》，八九號（一九五七年十月），頁二一—四三）。以市古宙三為

首的座談會，司儀是野原四郎。

(4) 江口朴郎（一九一一—八九）、野原四郎（一九〇三—）〈對談——什麼是歷史的看法〉（《歷史學研究》，三八一號〔一九七二年二月〕，頁四三—五九）。

(3)是思考第三節所敘述的資料和史實之互相關聯的問題，和處理假設的問題最好的讀物。(4)是在學問上嚐盡辛酸和懷疑之才氣煥發的老練馬克思史學家（皆很瞭解中國近代史），以「開放」的視野來談論學問和現實之間的緊張關係所嘗試的對談。最好能與(3)一併來看。

(5) 夏曼・肯特（宮崎信彥譯）《歷史研究入門——怎樣撰寫論文》（北望社，一九七〇，全二三六頁）；Sherman Kent, *Writing History* (F. S. Croft & Co., Inc., 1941; revised edition, 1967)的日譯本。本書說明怎樣去搜集資料，如何修正卡片箱之標題卡片和排列（即作業假說），怎樣分類和整理，如何架構論文，用什麼順序來撰寫，註釋應該怎麼寫，怎樣處理文獻介紹和索引等等。透過技術上和具體的敘述，讓你思考歷史學是怎樣的。

(6) 佃實夫（一九二五—七九）《文獻探索學入門》（增訂版，思想之科學社，一九七二，全三二二頁）。這是一本有關索引、年表、書誌、目錄、辭典、事典等，將參考者的利用方法，以參考業務的實際經驗，具體而有系統地敘述的名著。其著作動機為「公共圖書館」式的，所以就使用「研究圖書館」之藏書的專門研究者而言，看(5)之夏曼・肯特的書比較有幫助，但在看肯特的書之前，最好先看這本書。

此外，下面二書雖然非常簡單而且稍微舊一點，但就研究中國史者而言，它可以幫助你必要的約定事項，是極佳的「指南」。

(7) 長澤規矩也（一九〇二—八〇）《中國學入門書略解》（新訂補修版，文永堂，一九四八，全一五四頁）。此書內容始於序說，分別解說辭典、書目、經學、諸子、史學、地理、文學、隨筆、語學各類。因該出版社停業而絕版。希望有復刻或增訂本的出現。

(8) 和田清（一八九〇—一九六三）《中國史概說》（岩波全書，全二卷，一九五一）卷下，卷末之「文獻解題」（共三二頁），對於不好的書它就說不好的書。

二　清代的政治機構

首先，我們來列出一般政治機構的書。

(1) 臨時舊慣調查會《清朝行政法》（一九一〇—一五，共六卷七冊，全二八八四頁，另有一本索引（全一六二頁））（復刻本，大安，一九六六—六七）（復刻本，汲古書院，一九七二）。係由公法學者織田萬（一八六八—一九四五）主持所編述。作為對於整個清代政治機構的綜合性研究，沒有比它更好的書。第一卷（初版，一九〇五）於一九一四年出改訂版（全二冊）。山根幸夫（一九二一—）編《清朝行政法索引》（大安，一九六七，全一〇七頁）比原來的索引好得多。但原來的索引有法律上概念，有的被拿掉。汲古書院所出版的復刻本，有山根編的《索引》和《織田萬、加藤繁博士關於編述清朝行政的講話》（東亞研究所第六調查委員會，鋼版印刷，一九四〇，頁二三）。對於《清朝行政法》本身的研究，有坂野正高〈日本人的中國觀——關於織田萬博士之《清朝行政法》〉（原載《思想》，四五二、四五六號，一九六二、六月）（收於坂野《近代中國外交史研究》，頁三八三—四三八）。又，筆者認為，《清朝行政法》中，最差的部分是第三編的「司法行政」。最近的良好研究滋賀秀三（一九二一—）〈清朝時代之刑事裁判——包括其行政上性質、若干沿革的考察〉（法制史學會編《刑罰與國家權力》（創文社，一九六〇），頁二二七—三〇四）可以補充其缺點。另外，以判例為材料，尤其檢討過失之觀念的很精緻的特殊研究有中村茂夫（一九二五—）《清代刑法研究》（東京大學出版會，一九七三，頁二七四），值得參考。

(2) H. R. Morse, *The Trade and Administration of China*, 3rd revised ed. (Shanghai, etc.: Kelly and Walsh, 1921), 505 pp。第一版出版於一九〇八年。由在中國海關工作三十年以上人士所撰寫的這本書，相對於(1)《清朝行政法》為「圖書館研究」的產物，是「參與者的觀察」之成果。其中有關財政、貨幣、貿易的部分特別出色。摩斯以與中世歐洲比較來看中國。

(3)內藤虎次郎（湖南）（一八六六—一九三四）《中國論》（原文為《支那論》文會堂書店，一九一四，全三九七頁）（創元社版《中國論》（原文為《支那論》）〔一九三八，全三七八頁〕加上《新中國論》〔博文堂，一九二四，全一六三頁，以及附錄「南畫小論」，共三三頁〕和〈近代中國之文化生活〉〔東亞同文會演講，一九二八〕，但七篇的附錄沒有刊載。「南畫小論」也沒有放進去）（《內藤湖南全集》〔筑摩書房，預定出版全十四卷，一九六九—〕，再刊於第五卷〔一九七二〕，頁二九一—四八二）。絕少有這樣活生生地敘述王朝時代之中國的政治社會和政治風土的特徵的專書。其對獨裁制的解釋與《清朝行政法》不同。又，將唐末以後視為近世的時代區分法，以同一時候為中世之開始的社會經濟史家的看法成為對照。其次，關於「政務統一機關」之研究，有以下各書。

(4) 神田信夫（一九二一—）〈關於清初的議政大臣〉（《和田博士還曆記念東洋史論叢》〔講談社，一九五一〕，頁一七一—一八九。這是首次釐清設立軍機處以前滿洲政務統一機關的議政大臣（議政王大臣、議政王貝勒大臣）之構成與活動的實證且相當清楚的劃時代研究。

(5) 神田信夫〈關於清初之貝勒〉（《東洋學報》，四〇卷四號〔一九五八年三月〕，頁三四九—三七一）。此文之研究可以補充(4)。它大量使用滿文資料。

(6) 宮崎市定（一九〇一—一九五）〈清朝國語問題之一個層面〉（《東方史論叢》，第一〔一九四七年七月〕，頁四三九—三七一）。重刊於宮崎市定《亞細亞史研究第三》〔東洋史研究會，一九六三〕，頁三三三—三九三）。這是以征服王朝統治中國時所必需之公文書翻譯機關的研究為線索，以弄清楚清朝初期作為決定政策機構之內閣的起源和變遷的論文。即使以《東華錄》這種到處皆有的正式刊行之中文資料為材料，也不可能出現這種極具創見之研究，實為不可多得的名作。

(7) Silas Hsiu-liang Wu(吳秀良)(1929-), "The memorial systems of the Ch'ing dynasty (1644-1911)," *Harvard Journal of Asiatic Studies*, vol. 27 (1967), pp. 7-56。這是通觀清代之上奏文——本章（題本與奏本）及奏摺——制度之變遷的非常出色的研究。

(8) Silas H. L. Wu, "Transmission of Ming memorials, 1368-1627," *T'oung Pao*, vol. 54, nos. 4-5 (1968), pp. 275-287。關於清代的內閣與題本之制度所繼承明代的制度。

(9) Silas H. L. Wu, *Communication and Imperial Control in China: Evolution of the Palace Memorial System 1693-1735* (Camhridge, Mass.: Harvard University Press, 1970), 240 pp。這是關於與軍機處之設立有密接關係之「奏摺」制度的確立過程之深入而詳密的研究。

(10) 吳良秀〈清代軍機處建置的再檢討〉(《故宮文獻》，第二卷第四期〔一九七一年九月〕，頁二一一四五)。這是檢討以往對於軍機處之起源的諸種說法，並提出它設立於雍正八年(一七三〇)的見解。這可以說是「顯微鏡的」精細研究。以上所舉因(7)至(10)之吳良秀的論文，軍機處與奏摺之起源，以及其與內閣和題本的關係，比從前的研究更加詳細和清楚。尤其(9)是很難得的名著。吳良秀在台灣大學學機械工程，留學美國加利福尼亞大學(柏格萊分校)研究物理化學，然後在耶魯大學和哥倫比亞大學專攻歷史。他對於宮崎市定和神田信夫等日本歷史學家的研究也予以充分消化。其學風是徹底的根本資料第一主義，在方法論上，可以說是受過人口頭腦學之訓練之世代的歷史學家。

(11) 傅宗懋(一九二七—)《清代軍機處組織及職掌之研究》(嘉新水泥公司文化基金，一九六七，全六九四頁)。這是使用故宮博物院之檔案和《清實錄》等資料，以行政學的手法所處理的巨著。雖然欠缺歷史學家的獨創性，但它依問題分章節，有許多統計表、歷任軍機大臣表以及官歷表等資料，非常有用。關於議政王大臣的敘述也有五十多頁，缺點是沒有使用滿文資料。除稻葉君山《清代全史》(一九一四)的中譯以外，沒有參加外國人之研究的跡象。

(12) J. K. Fairbank and S. Y. Têng(鄧嗣禹)(1906-), "On the transmission of Ch'ing documents," *Harvard Journal of Asiatic Studies*, vol. 4, no. 1 (May, 1939), pp. 12. Reprinted in J. K. Fairbank and S. Y. Têng, *Ch'ing Administration: Three Studies* (Cambridge, Mass.: Harvard University Press, 1960)。這是關於搬運上諭、上奏文之公文的驛遞制度與送達文書實際速

度的預備及實證的研究。此外日比野丈夫（一九一四—）〈清末驛傳之一資料〉（《東洋史研究》），二五卷三號（一九六六年十二月），頁三二八—三三六），以在「排單」（是送公文的信，在中途各驛記述必要事項，以為日後之證據）貼上「封印」實際上使用過的一種材料敘述的文章，值得一併參考。

關於廷臣會議與對地方大官的諮訊，以及欽差大臣，沒有特別只以其對象的研究。筆者根據零星的各種研究，和以筆者自己在研究過程中所看到的史實為材料撰寫了本文。

下面我們來列舉若干關於軍制的研究文獻。

⒀ 孟森（一八六八—一九三八）〈八旗制度考實〉（《歷史語言研究所集刊》，第六本三分（一九三六），頁三四三—四一二。）（重刊於孟森《明清史論著集刊》（北京，中華書局，一九五五，全二冊，六三四頁），頁二一八—三一〇）。這是非常有分量的古典的大論文。它可以告訴讀者分屬於諸王之間的全部八旗軍隊，由皇帝掌握的詳細過程。另外，以這篇論文為前提，但不同其解釋，以雍正以前八旗制度不是擁戴獨裁君主的「官僚支配機構」，而是由皇帝和宗室諸王分割領有的「封建支配機構」的最近出色研究，有細谷良夫「清朝八旗制度之變遷」（《東洋學報》，五一卷一號（一九六八年六月），頁一—四三），請能一併參考。細谷使用了孟森完全沒有使用的滿文資料。

孟森自一九〇一至〇四年，曾留學於東京法政大學學法律，清末曾以立憲派活動。民國初年曾為進步黨的領袖，後來專心研究歷史，一九三一年任北大教授。

⒁ Franz Michael (1907-), *The Origin of Manchu Rule in China, Frontier and Bureaucracy as Interacting Forces in the Chinese Empire.* (Baltimore: The Johns Hopkings Press, 1942), viii+172 pp。它雖然用《皇清開國方略》（一七八九）的第二手資料，但卻以政治社會學的分析方法，很有說服力地解釋八旗制度之「官僚制」化的過程。在「邊境」與「官僚制」的互動的想法，可以看出曾受爾文・拉鐵摩爾（一九〇〇—八九）之研究方法的影響。

⒂ 浦廉一〈關於漢軍八旗（烏真超哈）〉（《桑原博士還曆記念東洋史論叢》（弘文堂，一九三一，全一三

六八頁），頁八一五—八五七）。這是很完整的制度史研究。它指出，漢軍八旗入關當時，以能處理火器的製造和操作的特殊部隊受到重用，但爾後以至清末曾受到差別待遇。

⒃ 田中克己（一九一一—一九九二）〈對國姓爺義之漢軍的角色〉（《和田博士古稀記念東洋史論叢》〔講談社，一九六一〕，頁五八九—五九七）。它說，漢軍入關後以其能操作火器的部隊而被重視。

⒄ 鄭天挺〈清代包衣制度與宦官〉（鄭天挺《清史探微》〔重慶，獨立出版社，一九四六，全一三八頁〕，頁五九—八〇）。這是從包衣勢力與確立內務府之過程來分析與宦官的對抗關係之研究。

⒅ J. D. Spence, *Ts'ao-yin and the K'ang-hsi Emperor: Bondservant and the Master* (New Haven and London: Yale University Press, 1966), 329 pp。透過《紅樓夢》的作者曹霑（一七一五—六三）之祖父江寧織造曹寅（一六五八—一七一二）及其一族榮枯盛衰的傳記性研究，以剖析作為皇帝個人官僚主義之包衣制度的實際情況之大作。它也使用了台灣故宮博物院的檔案。史景遷進劍橋大學，在耶魯大學得故梅利・萊特教授的指導取得博士學位，現任該大學教授的英國學者。據說，他與前述吳良秀為研究伙伴，關係非常好。他們兩個人曾與對明清政治史最有研究的房兆楹(Chaoying Fang)教授（當時在哥倫比亞大學）學習很多。

⒆ 羅爾綱《綠營兵志》（商務印書館，一九四五，全三二六頁）。這是對綠營的歷史、兵制、兵政全面而最詳細的研究。綠營與八旗並稱為清朝正規軍，八旗的兵力不僅是綠營的二、三倍，在實際戰爭所顯示的實力也遠比八旗強。

⒇ 羅爾綱《湘軍新志》（商務印書館，一九三九，全二四五頁）。這是取代腐敗墮落的八旗、綠營，打倒太平天國之地方軍之濫觴的代表性軍隊——曾國藩之湘軍的制度史研究。它有助於理解，太平天國的衝擊，改變清朝政權內部勢力關係變動的情況。他對太平天國有許多研究成果，是一位考證型的歷史學家。

(21) 小野信爾（一九三〇—）〈關於淮軍的基本性質——清末農民戰爭的一個層面〉（《歷史學研究》，二四五號，〔一九六〇年九月〕，頁二二—三八。它認為，湘軍比較屬於「書生的」，而李鴻章所組織的淮軍則具有「土豪的」和「宗族的」性質。請一併參看同一作者的論文〈李鴻章的登場——關於淮軍的成立〉）（《東洋史研究》，一六卷二號（一九五七年九月），頁一〇七—一三四）。

㉒ P. A. Kuhn, *Rebellion and Its Enemies in Late Imperial China: Militarization and Social Structure, 1796-1864* (Cambridge, Mass.: Harvard University Press, 1970), 254 pp。這是以為因應叛亂鄉紳所組織的團練與地方軍為焦點的綜合性社會史研究。它界定鄉紳之「軍事化」(the militarization)這個概念。對於中國的叛亂和宗教結社很有研究的專家鈴木中正，對於本書作了書評，刊於《東洋學報》，五四卷一號（一九七一年六月），頁一〇五—一〇九，請參考。

㉓ R. L. Powell, *The Rise of Chinese Military Power* (Princeton, N. J.: Princeton University Press, 1955), 383 pp。這是中日甲午戰爭後近代陸軍之建設的研究。有許多袁世凱的登場。

㉔ 包遵彭《中國海軍史》（新版，台北，中華叢書編審委員會，一九七〇，全二冊，一〇六四頁）。它對近代海軍的資料也很詳細，它大量使用了海軍部未正式出版的紀錄。

㉕ J. L. Rawlison, *Chinese Struggle for Naval Development 1839-1895* (Cambridge, Mass.: Harvard University Press, 1967), 313 pp。本書雖有錯讀漢文之資料等粗糙和不正確的地方，但作為以培育軍官群的問題為中心，有專家觀點的綜合性研究，因沒有其他的這類著作，故還是可以參考。

關於財政，除(1)(2)之外，亦請參考下面三篇論文。

㉖ 加藤繁（一八八〇—一九四六）〈關於清朝後期的財政〉（原載《歷史教育》，一四卷二號（一九三九年五月），頁一二九—一四一）（重刊於加藤繁《中國經濟史考證》（東洋文庫，一九五三），頁四七八—四九二）。此文主要從收入方面來研究。它以乾隆末年以前為清朝前期（「創業發展」的時代），其以後為後期（「守成衰退」的時代）。大約五十年前，譯者曾譯加藤繁關於中國經濟史的文章，發表於《中興評論》、《憲政論壇》等刊物。

㉗ 松井義夫〈清朝經費之研究〉（《滿鐵調查月刊》，一四卷一一號（一九三四年十一月），頁一—三九；一四卷一二號（一九三四年十二月），頁二九—六一；一五卷一號（一九三五年一月），頁四一—八二）（滿鐵經濟調查會的《經濟資料第六十六編》（南滿洲鐵道株式會社，一九三五年二月，全一一二頁）將其集為一冊出版）。

它分成許多項目，從支出經費的準則和手續，以及經費種類的層面來分析清朝財政。

(28) 百瀨弘（一九〇八—七六）「清朝統治異民族的財政經濟政策」（《東亞研究所報》，二〇號（一九四三年二月），一—一一六頁）。此文比較明代，多方考察征服王朝清朝財政的特質。不僅對財政，是對整個清朝政治機構也多所著墨的大作。

對於清朝財政，我們列出三、四篇最近的研究論文。

(29) 鈴木中正（一九一三—）〈清末財政與官僚之性質〉（近代中國研究委員會《近代中國研究》，第二輯（東京大學出版會，一九五八），頁一九一—二八二）。以《清實錄》為主要資料，詳述十九世紀前半期五十年州縣層次的公款消失問題，以弄清楚官僚機構的動態。對於在制度上欠缺分別公、私觀念的制度以養廉扣除（從一種補貼的養廉金扣除以支出公費）為例作研究。

(30) 安部健夫（一九〇三—五九）〈耗羨提解之研究——從《雍正史》的一章來看〉（《東洋史研究》，一六卷四號（一九五八年三月），頁四五八—六〇八）。它詳述雍正帝實行將州縣官陋規之主要泉源的火耗、羨餘（耗羨）（地丁銀的附加稅）收於布政使庫，以為養廉銀和「公費」（各種雜支出）之財源措施的經過。它是以《雍政硃批諭旨》為主要材料，用很通順的文字敘述的巨篇。雖然不容易看，但卻是水準很高的大作。想瞭解清代官僚機構者不可不讀。在看本文之前，最好能先看岩見宏之〈雍正時代公費之一考察〉（《東洋史研究》，一五卷四號（一九五七年三月），頁四二九—四六三）。

(31) Chang Te-Ch'ang(張德昌)"The economic role of the Imperial Household in Ch'ing dynasty," *Journal of Asiatic Studies*, vol. 31, no. 2 (Feb. 1972), pp. 243-269。它將皇室的財政收入即透過內務府皇帝所掌握的收入來源分成(一)皇室所有的收入；(二)內外的進貢物；(三)關稅的「盈餘」（「正額」交户部）；(四)人參與毛皮的專賣收入；(五)「自行議罰」銀兩（官員自動繳納的——上面命令繳的要給户部）；(六)沒收受處罰官員之財產（和珅就是最好的例子）六項來說明。其註解的寫法和引用的方法，不知何故很粗雜，但因其為從前沒有人作過的研究，故很值得注意。在資料方面，它特別使用了《文獻叢編》（故宮博物院，一九三〇—三七，全四四冊）之「清雍正朝關稅史料」和「密記檔」。

(32) 小林一美〈中國半殖民地化之經濟過程與民眾的鬥爭——以十九世紀後半釐金為中心〉（《歷史學研究》，三六九號（一九七一年二月，頁一——一八頁））。它具體研究為籌措鎮壓內亂的軍費而創設，後來成為償還外債的財源之一而受到重視的釐金，在地方實際上具有何種經濟上和社會上的作用，給予那一階級何種影響或禍害。

(33) 高橋孝助〈十九世紀中葉中國強徵稅體制之重編過程——釐金研究序說〉（《歷史學研究》，三八三號（一九七二年四月），頁四七—五九）。這是地主、佃戶關係日趨緊張，生產諸力雖然有所發展，但田賦收入卻減少，而與其並存的財源釐金必然固定這個觀點的研究。此文之作者還有另篇論文〈清末強徵釐金與小農民經營〉（《歷史學研究》，三九二號（一九七二年一月），頁二〇—三〇）。關於官僚機構，(1)《清朝行政法》當然很重要，但最近此領域的研究雖有相當進步。不過仍有不少不清楚的地方。

(34) 宮崎市定《科舉——中國考試地獄》（中央公論社，中公新書15，一九六三，全二二一頁）。此書敘述科舉的複雜制度和實際情形，筆者認為沒有比它還要好的專書。它也能幫助你理解整個清朝的政治機構。宮崎另有一本巨著《科舉》（秋田屋，一九四六，全二九二頁），但前者比較完整而且容易懂。

(35) 近藤秀樹〈清代的銓選——外補制的成立〉（《東洋史研究》，一七卷二號（一九五八年九月），頁一五八—一七九）。這是對於清代官僚制度中，最模糊的「候選」和「候補」，依雍正、乾隆的時代順序，欲弄清楚其歷史的研究。雖然很難懂，不可不看。真希望與這個主題有關聯的研究，能百尺竿頭更進一步。

(36) 許大齡《清代捐納制度》（燕京大學，哈佛燕京學社，一九五〇，全一七〇頁）（復刻本，香港龍門書店，一九六八）。這是一本很出色的制度史。第三篇「影響」（共三八頁）最精采。

(37) 宮崎市定〈清代之胥吏與幕友——特以雍正朝為中心〉（《東洋史研究》，一六卷四號（一九五八年三月），頁三四七—三七四）。這是充分利用《雍正硃批諭旨》以敘述地方行政各層次之胥吏（書吏）、幕友、家人（長隨）等等的很好的概論書。其指出總督、巡撫、按察司、布政司四衙門為「封鎖衙門」頗為正確。看下面瞿同祖著作前，應該先看這篇論文。但作有將胥吏當作現今日本之代書（司法書士）來說明的傾向。

(38) T'ung-tsu Ch'ü(瞿同祖)(1910-), *Local Goverment in China under the Ch'ing* (Cambridge, Mass: Harvard Univeristy Press, 1962), 410 pp。對於清代州縣衙門層次之地方行政（裁判、徵稅等），它使知縣（知州）、書吏、衙役、長隨（家丁）、幕友，與其各機構、機能、收入和腐敗行為互相關聯詳細敘述，並分別鄉紳與地方行政的關係。他對幕友的角色評價很高。他充分利用以能幹地方官馳名的汪輝祖（一七三一—一八〇七）著作等之所謂官箴、公牘之類，與從前這類研究主要諷刺地敘述腐敗面不同，此書是有系統地弄清楚其功能的劃時代名著。著者之中國史和社會學的素養很高，把清代當作整體，故意捨棄其中的時代變遷，在方法上有其特色。

(39) Kung-chuan Hsiao(蕭公權)(1897-1981), *Rural China: Imperial Control on the Nineteenth-Century* (Seattle and London: University of Washington Press, 1967), 783 pp。年輕時留學於康乃爾大學，著作 *Political Pluralism: A Study in Contemporary Theaory* (London: Kegan Paul, 1927), 271 pp。又擁有大著《中國政治思想史》（台北，中央文物供應社，一九五四，全八七九頁）而馳名的他，摘自極多的地方志和使用各種中文、洋文的有關文獻作資料，意圖從歷史具體地分析十九世紀清朝政府支配農村和機能。引用許多英譯資料是它的很大特色。他處理資料極為用心。在內容上，具有鄉紳之角色（包括反政府運動和排外運動）之很有力的研究之層面。

(40) Chung-li Chang(張仲禮)(1919-), *The Chinese Gentry: Studies on Their Role in Nineteenth-Century Chinese Society* (Seattle: University of Washington Press, 1955), 250 pp。這是以經濟學的方法，處理地方志的數據，全面研究十九世紀「紳士」（生員以上人士）的著作。它附有著者所作的統計表。其中一個目的是欲證明紳士中很少有地主（請參看第三十九表）。因對地方志的成立之史料批判不夠，忽視地方志只說是商人，其實是地主的情況，在著者的計算，無視大約三〇%以上「不明」中幾分之一可能是地主等等，故著者這個論證的說服力不大。但我們還是應該肯定本書廣覽地方志，意圖努力以學術的方法來解釋許多問題，因此仍然是一部重要著作。

(41) Chung-li Chang, *The Income of the Chinese Gentry* (Seattle: University of Washington Press, 1962), 366 pp。這是

(40)的姊妹篇。有人認為本書比較好。它意圖探究紳士之收入來源，以解釋作為職業之紳士的實際情形。他認為，紳士成為地方行政之各種公務、調停斡旋和幕友，教師、所有土地以及商業活動獲得收入，大致來說，來自所有土地的收入為三分之一多，因為其為紳士而作前述各種服務活動所得收入佔將近一半。

(42) Ping-ti Ho(何炳棣)(1917-), *The Ladder of Success in Imperial China: Aspects of Social Mobility, 1368-1911* (New York and London: Columbia University Press, 1962; second printing, 1967), 386 pp。著眼於明清時代進入同期及格者名簿（進士登科錄、會試同年齡錄）溯及三代記述及格者之出生，以包括舉人、監生、生員之大約九十種名簿，二萬數千個個案為主要材料，作這個時代垂直的社會變動（是否及格科舉對象家世和財富有多大影響）之統計的和社會史的研究。它說明科舉是可能使社會上升變動的主要管道之一，及其加減效果。是一本很有分量的大作。此外，請一併參考下面著作。R. M. Marsh (1931-), The Mandarins: the Circulation of Elites in China, 1600-1900 (New York: the Free Press of Glencoe, 1961), 300 pp。著者馬修是先學社會學，然後研究中國史的學人。此書可以說是以比較社會學的架構為背景，以研究官僚機構的階層制和人事行政的組織，以及對多數傳記類之統計處理的兩個層面來接近垂直的社會變遷問題。是一本很容易懂的書。

(43) 村松祐次（一九一一—七四）《近代江南的租棧——中國地主制度之研究》（東京大學出版會，一九七〇，全八一三頁）。這是根據對十九世紀江南地方之土地所有和地主經營的日常實況手寫的地主文書所作的劃時代研究。它詳細證實以具有紳士資格的人物為經紀人的地主集團之經營組織體的「租棧」，代收佃租（僱用官權力之強制手段）以及代徵代繳租稅。

(44) 村松祐次〈中國現代化的土地問題〉（《歷史教育》，一三卷一二號，一九六五年十二月），頁一—一二。這是(43)的摘要。能先看此文比較好。

(45) 佐佐木正哉（一九二三—）〈關於清代官僚之貨殖〉（《史學雜誌》，六三編二號（一九五四年二月），頁一一五—一五〇。以《雍正硃批諭旨》、《史料旬刊》、《文獻叢編》等資料所刊登雍正乾隆年間之貪污事件的數據，以說明官人（主要是地方大官）之蓄財和利殖（生財）的各種形態。。

(46) 張德昌《清季一個京官的生活》（香港，中文大學，一九七〇，全二七二頁）。這是根據以捐款進入官界，長期過候補官生活之後成為進士，歷任户部郎中、御史，以從「清流」文人馳名的李慈銘（一八二九—九四）的日記《越縵堂日記》得到的資料，列出其自一八六三年至一八八九年之收入與支出的明細，加上很長解說的出色研究。京官收入的大半為「印結銀」（上呈捐納手續的人附上同鄉京官身分保證書時所繳納的手續費或謝金——這些錢將分給有關各京官）和地方官的「餽贈」，這是分析支出中看戲、酒色玩樂、交際（「酬應」）等費用，乃是製造印結銀和餽贈之管道的手段的個案研究。即使借錢也要租借大邸宅，納妾，官廳的工作適當地應付，而忙於應酬的北京爛熟頹廢的官界生活，此書以相當可靠的根本資料，將其實況刻劃得有聲有色。

最後，對於地方官制中，比較難懂的官職道員，筆者舉出就其種類及功能，從歷史上考察的最近研究。

(47) 李國祁〈明清兩代地方行政制度中道的功能及其演變〉（《中央研究院近代史研究所集刊》，第三期上冊〔一九七二年七月〕，頁一三九—一八七）。

三　朝貢關係

撰寫本章，筆者以以下三篇論文為架構。

(1) Fritz Heichelhein, "Tribute", in pp. 102-104 of Volume 15 of E. R. A. Seligman, ed., *Encyclopedia of the Social Sciences* (New York: Macmillan, 1930-1934)。這是概觀古今中外之「朝貢」現象的研究。

(2) J. K. Fairbank and S. Y. Têng（鄧嗣禹）"On the Ch'ing tributary system," *Harvard Journal of Asiatic Studies*, vol. 6, no. 2 (June 1941), pp. 135-246. (Reprinted in J. K. Fairbank and S. Y. Têng, *Ch'ing Adminstrations: Three Studies* [Cambridge, Mass.: Harvard University Press, 1960])。這是以《萬曆會典》、《嘉慶會典》和《清史稿》為線索，與明代作比較，對清代的朝貢關係所作預備的和基礎的研究。

(3) J. K. Fairbank, "Tributary trade and China's relations with the West," *Far Eastern Quarterly*, vol. 1, no. 2 (Feb, 1942), pp. 129-149。它把重點擺在貿易，是(2)的摘要。想知道問題的大概，最好先看這篇文章。

欲瞭解清代朝貢關係的大概，如前面所述，〇—(6)矢野仁一《近代中國史》是有用的，而下面所介紹的文獻，從就朝貢關係以傳統的著眼為架構這個意義上也很值得一讀。但不容易懂。

(4)《清史稿》（影印本，聯合書店，一九四二，上下二冊，全一七〇〇頁）中的「屬國傳」（聯合書店版為全二二頁，原版是全九三丁）。《清史稿》有各種版本。關於其版本異同，請參閱 C. H. Peake, "A comparison of the various editions of the *Ch'ing Shih Kao*," *T'oung Pao*, vol. 35, livr. 4 (1940), pp. 354-363。

關於內陸亞細亞地方與中國的關係，請參考以下二書。

(5) 佐口透（一九一六—）《俄國與亞細亞草原》（吉川弘文館，一九六二，全三〇三頁）。這是作者依其諸多專門論考為底本所寫水準很高的概說書。參考文獻有一五頁。關於朝貢關係，請看頁一七六—一八八。

(6) 鈴木中正《以西藏為中心的中印關係史》（一橋書房，一九六二，全三九八頁），頁一—七二。他首次指出，清朝與西藏的關係，應該由喇嘛教僧團與大施主的關係切入來作解釋。此書是研究內陸亞細亞之權力政治與貿易的大著。

關於明代的朝貢關係，特別是與海上貿易的關係，佐久間重男的研究值得參考。

(7) 佐久間重男（一九一四—）〈明代之外國貿易——貢舶貿易之變遷〉（《和田清博士還曆記念東洋史論叢》〔講談社，一九五一，全八〇六頁〕，頁二七三—二八八）。

(8) 佐久間重男〈明代海外民間貿易之歷史背景——以福建省為中心〉（《史學雜誌》，六二編一號〔一九五三年一月〕，頁一—二五）。

(9) 佐久間重男《明朝之海禁政策》（《東方學》，六輯〔一九五三年六月〕，頁四二—五一）。

關於朝貢關係的各種情況，最近有下面很有研究水準的論文。

⑽ J. K. Fairbank, ed., *The Chinese World Order: Traditional China's Foreign Relations* (Cambridge, Mass.: Harvard University Press, 1968), 416 pp。此書收有十四篇論文。大部分係關於清代。對筆者而言，Mark Mancall, "The Ch'ing tributary system: an interpretative easay" (27 pp.)和 John F. Fletcher, "China and Central Asia, 1368-1884" (19 pp.)最有趣。鈴木中正也撰寫了中國與匈奴以及西藏關係的一八頁論文。

欲理解明清朝貢關係的歷史背景，戰後日本學術界研究日本史和中國史的學者之所謂「東亞世界」的議論可以參考。

茲列出近年來刊登於稱為「講座」的若干篇論文。

⑾ 森克己（一九〇三—八一）〈古代後期的政治與外交〉（中央公論社收於《新日本史講座》，一九五一，全五一頁）。這篇論文雖然有點舊，但在看以下有關論文以前，最好能把這篇文章看看。這是對於遣唐使和日宋貿易非常有研究的作者，就東亞古代的權力政治，以內政和外交的互動為重點的研究。

⑿ 石母田正（一九一二—八六）〈古代史概說〉（《岩波講座日本歷史》，一卷〔原始及古代1〕〔一九六二年四月〕），頁一—七五）。

在很大架構中討論朝貢關係。

⒀ 西嶋定生（一九一九—九八）〈六—八世紀之東亞〉（《岩波講座日本歷史》，二卷〔古代2〕〔一九六二年六月〕），頁二二九—二七八）。

這是以冊封關係為主軸的研究。

⒁ 旗田巍（一九〇八—九四）〈十—十二世紀之東亞與日本〉（《岩波講座日本歷史》，四卷〔古代4〕〔一九六二年十月〕），頁三三五—三七一）。這是假設「以唐為中心的東亞世界」，對於因唐的衰亡，東亞世界發生變化，「由古代變至中世」的看法，非常仔細提出疑問之充滿懷疑精神的論文。

⒂ 中村榮孝（一九〇二—）〈十三、四世紀的東亞情勢與蒙古來襲〉（《岩波講座日本歷史》，六卷〔中世

2）（一九六三年二月），頁一—五二。這是指出禪僧以國際人活動，並擔任文物傳達者和外交使節之任務的角色；是大學者所撰寫極富滋味的論文）。

⒃　堀敏一（一九二四—）〈如何建構東亞的歷史形象〉（《歷史學研究》，二七六號，（一九六三年五月），頁六四—六九）。這是非常出色的展望論文。由此可知上述所列論文之外，還有許多應該參考的論文。但對旗田氏的見解有所批判。

⒄　藤間生大（一九一三—）〈形成東亞世紀的契機〉（《歷史學研究》，二八三號（一九六三年十月），頁四五—五九）。以⒃堀論文為前提以展開他自己的見解。他留意新羅人國際性的商業活動，是一篇內容極為豐富的論文。

⒅　西嶋定生〈東亞世界之形成・I・總說〉（《岩波講座世界歷史》，四卷（一九七〇年），頁一—一九）。以近代以前之世界為各自「具有完結之自律性的歷史」之「複數世界」的一個，從春秋戰國到清代，依中國史之展開過程來宏觀「東亞世界」。它以册封體制之變化為主軸來考察。雖然有點「論理」在自我活動之嫌，但這是規模宏大的論文。

上述各篇論文共同的批判方向，大致以古代日本與朝鮮（「任那」）的歷史形象為前提，同時請留意以為由朝鮮半島的移住民，造成西日本之諸小國的下一篇議論紛紛的論文。

⒆　金錫亨（朝鮮史研究會譯）《古代朝日關係史——大和政權與任那》（勁草書房，一九六九，全四七四頁）。原著《初期朝日關係研究》，係於一九六六年由朝鮮民主主義人民共和國社會科學院出版社會所出版。

四　鴉片戰爭前的東西貿易

首先，筆者擬列出為大觀本章之主題的歷史、地理及文化背景，而可能有助於思考之座標軸的文獻。

⑴　松田壽男（一九〇三—八二）、森鹿三（一九〇六—）編《亞細亞歷史地圖》（平凡社，一九六六，圖版

全一四八頁，索引全一四八頁）。有許多關於東西交流，特別是近代以前之交流的地圖是其特色。

(2) 飯塚浩二（一九〇六—七〇）《東洋史與西洋中之間》（岩波書店，一九六三，全三〇〇頁）。

(3) 飯塚浩二《東洋史的視角與西洋史的視角》（岩波書店，一九六四，全二六二頁）。

(4) 飯塚浩二《歐洲對非歐洲》（岩波書店，一九七一，全三二五頁）。

(2)(3)(4)是屬於維達爾·特·拉·布拉薛統之人文地理學家飯塚浩二隨興所寫，比較文化論的歷史論和現地報告而很有的論文集。他批判以近代歐洲社會為模範的歷史觀，尤其指出回教世界在歷史上的重要性。刊於(2)《東洋史與西洋史之間》頁一九一—二六〇的〈世界史上遊牧民族——以成吉思汗之霸業為中心之人文地理學上考察〉（寫於一九四四），是舊著《世界史上的東洋社會》（每日新聞社，一九四八，全二五三頁）正式出版論考之再錄，但它卻是告訴筆者應該注意蒙古帝國與隊商商業的關係，使筆者能夠結構性地去瞭解為近代中國外交史之背景的東西交流史的難忘著作。

(5) 松田壽男《亞細亞之歷史——從東西交流看前近代之世界像》（日本放送出版協會，一九七一，全二一五頁）。跟人文地理學家飯塚浩二所企圖的一樣，在東洋史領域出籠的歷史學家的他也作了同樣目的的嚐試。將著者想法以模型來表達的許多圖版最為突出。這是大致理解近代以前東西貿易結構最好的專書。同時請能參閱松田氏《絲路紀行》（每日新聞社，一九七一，全二一七頁）一書。

(6) 大塚久雄（一九〇七—九六）《歐洲經濟史序說》（時潮社，一九三八）（重刊於《大塚久雄著作集》（岩波書店），卷二，一九六九，頁三六七—五三九）。此書對於瞭解近世初期亞洲貿易與新大陸貿易以及歐洲經濟的三角關係有幫助。而將此書大幅補充的就是《近代歐洲經濟史序說·上卷》（初版，時潮社，一九四四）（再版，日本評論社，一九四六）（改訂版，全二分册，弘文堂，一九五一—五二）（重刊於《大塚久雄著作集》，二卷，頁五—三六四）。筆者認為，要理解作者的論點，還是看他一氣呵成，頁數最少的一九三八年的著作。最好又看收於大塚《近代資本主義之系譜》（初版，學生書房，一九四七，全二四八頁——《大塚久雄著作集》，第三卷（一九六九〕訂正增補版）的第五篇論文〈十七世紀東印度貿易與新大陸貿易之對立〉，第六篇論文〈映在威爾列姆・有色林克斯眼中的東印度貿易〉。

下面，筆者擬列舉對本章法國歷史學家從歐洲史的觀點所寫的三本通史。這三書對筆者有極大幫助，尤其是(8)。

(7) F.-L. Ganshof, *Le moyen âge* (Paris: Hachette, 1953), 333 pp.

(8) G. Zeller, *Les temps modernes: I. De Chrisloph Colomb à Cromwell* (Paris: Hachette, 1953), 326 pp.

(9) G. Zeller, *Les temps modernes: II. De Louis XIV à 1789* (Paris: Hachette, 1955), 375 pp.

(7)(8)(9)是盧努班(Pierre Renouvin)監修之*Histories des relations internationales*, 8 tomes (Paris: Hachette, 1953-1958)的第一卷、第二卷和第三卷。這是標準而很詳細的概說書，在廣泛的歷史敘述之中，有關於東西貿易的記述。每章都附有非常詳細的參考文獻目錄。

其次，我們來列出有關東西貿易的專著或專文。

(10) 桑原隲藏（一八七〇—一九三一）《唐宋時代阿拉伯人之中國通商概說特別是宋末提舉市舶西域人蒲壽庚之事蹟》（岩波書店，一九三五，全二四六頁）（簡稱《蒲壽庚之事蹟》）。這是具有敏銳之制度感覺的實證史家所寫的不朽名作。這可以說是學習如何撰寫考證論文最好的典範。

(11) 山中謙二（一八九三—一九七四）《地理發現時代史》（吉川弘文館，一九六九，全三九九頁）。這是以很平淡的筆調全盤地敘述十五、六世紀葡萄牙人與西班牙人之海外發展的概說書。在有限的篇幅中有非常之多的史實。

(12) 生田滋（一九三五—）〈大航海時代的東亞〉（榎一雄〔一九一三—八九〕編《西歐文明與東亞》〔平凡社，《東西文明之交流》5，一九七一，全四六二頁〕，頁一九—一四四，四五五—四五九〔文獻解題〕）。這可能是日文所寫關於葡萄牙人插足亞洲之最好的概說書。

(13) 矢野仁一《近代中國外國關係研究——以葡萄牙為中心的明清外交貿易》（弘文堂，一九二八，全五九六頁），它敘述的範圍自十六世紀初到十七世紀中葉。這是以校對外國文獻與中國文獻為主要目的的考證研究。雖然難懂但是一本大作。以其補註所寫之「關於會同館」（頁一三三—一五〇）、「關於跪叩禮」（頁一五一—一八〇）、「關於明代市舶司之沿革」（頁二一七—二三七），有助於朝貢之制度史的研究。

(14) 荒松雄（一九二一—）〈十六、七世紀西班牙的亞洲貿易——歐洲商業資本之亞洲貿易的一個類型〉（《歷史學研究》，一四九號〔一九五一年一月〕，頁二三—三三）。

雖然是一篇短文，但對於西班牙在亞洲貿易所扮演角色的性質有很出色的分析。

(15) 矢澤利彥（一九一三—）〈耶穌會士之來華與天主教傳教之展開〉（榎一雄編《西歐文明與東亞》〔平凡社，《東西文明之交流》5，一九七一〕，頁一四五—二四四，四四六—四五五〔文獻解題〕）。這是敘述自十六世紀中葉至十九世紀初在中國天主教傳教的經過，以耶穌會士為主體的各種傳教團體的活動以及天主教禁令的情形。另外，矢澤有概說性著作《中國與西洋文化》（中村書店，一九四七，全一九九頁），以及可以說是其改訂增補的《中國與基督教——典禮問題》（近藤出版社，一九七二，全三一二頁），值得一併參閱。

(16) 永積昭（一九二九—）《荷蘭東印度公司》（近藤出版社，一九七一，全二三九頁）。這是一本關於荷蘭東印度公司之亞洲貿易水準頗高的概說書。

(17) H. B. Morse, *The Chronicles of East India Campany Trading to China 1635-1834*, 5 vols. (Oxford University Press, 1926-1929), 313+451+398+427+212 pp。這是按照年代順序摘要保存於倫敦印度辦公廳之英國東印度公司有關中國貿易的龐大現地紀錄的文書，從原始資料引用許多文字和統計數字。對於美國、法國、荷蘭、丹麥、瑞士等國家的廣東貿易，在前述資料的範圍內也有所提到。欲研究英國東印度公司在中國的貿易者，必須將這部著作當作座右銘，是一部最根本的專著。

(18) E. H. Pritchard (1907-), *The Crucial Years of Early Anglo-Chinese Relations, 1750-1800* (Pullman, Washington: the State College of Washington, 1936), 442 pp。這是中國對外國船貿易限於廣州港（一七五七）、交通法(the Communi-

cation)（一七八四）、馬卡特尼使節團之派遣（一七九三—九四年）五十年間之中英關係的研究書。它充分利用印度辦公廳文書，即馬卡特尼文書（康乃爾大學威遜圖書館 the Wason Collection）等基本資料、歐文的基本資料和二手資料，更使用《掌故叢編》、《清代外交史料》等中國的資料。

(19) M. Greeberg, *British Trade and the Opening of China 1800-42* (Cambridge: Cambridge University Press, 1951), 238pp。這是第一次涉獵寄存於劍橋大學圖書館之怡和行所保存的紀錄，以釐清地方貿易商人的活動和鴉片貿易之實際情況的劃時代研究。

(20) 衛藤瀋吉（一九二三—）〈鴉片戰爭以前英國商人的性質〉（原載《東洋文化研究所紀要》，冊三〔一九五二年六月〕，頁五—八〇）（出自衛藤瀋吉《近代中國政治史研究》（東京大學出版會，一九六八，全三〇八頁），頁七三—一五五，改訂為〈鴉片戰爭以前英國商人的性質〉並予以重刊）。這是將重點擺在地方貿易商人的研究。以於一九五〇年代初，廣泛地利用在日本能夠看到的英國和中國正式發表的基本資料和二手文獻所分析的出色論文。這是結合政治學的方法和實證的經濟史研究的成績。

(21) 梁嘉彬（一九一〇—）《廣東十三行考》（初版，商務印書館，一九三七，全四一四頁）（增校本，文星書店，一九六〇，全三四二頁）。這是作者充分利用一九三〇年代能利用的中國基本資料，就構成廣東十三行之公行商人的各企業作了極為詳密研究的著作。註釋由資料引用許多的文字。外國文獻，他主要用了(17)的 Morse, *The Chronicles*。作者梁嘉彬是十三行之一的天保行梁氏的子孫，畢業於清華大學。關於公行的起源，請參考爾後出版之很好的考證論文，彭澤益〈清代廣東洋行制度的起源〉（《歷史研究》，一九五七年第一期，頁一—二四）。

(22) 佐佐木正哉〈粵海關之陋規〉（《東洋學報》，三四卷一、二、三、四合併號〔一九五二年三月〕，頁一三二—一六一）。這是使用(17) Morse, *The Chronicles* 和中國資料（主要是雍正時代的東西），求證粵海關慣習化的各種不正規課稅的實況。雖然不好讀，但很有用。

(23) 小竹文夫（一九〇〇—六二）〈明清時代外國銀的流入〉（小竹文夫《近世中國經濟史研究》〔弘文堂，

一九四二，全二九三頁〕，頁三七—七三）。

(24) 小竹文夫〈清代館、錢比價之變動〉（同書，頁七六—一三九）。

(25) 佐佐木正哉〈鴉片戰爭以前之貨幣問題〉（《東方學》，第八輯〔一九五四年六月〕，頁九四—一一八）。

(23)(24)(25)是在鴉片貿易對中國經濟的影響這個意義上，理解成為鴉片問題之一個重要原因的在中國銀、錢比價之變動的歷史文脈必讀的文獻。同時請能一併參看彭澤益〈鴉片戰後十年間銀貴錢賤波動下的中國經濟與階級關係〉（《歷史學研究》，一九六一年六月號，頁四○—六八），以及佐佐木正哉〈咸豐二年鄞縣的抗糧運動〉（近代中國研究委員會編《近代中國研究》，第五輯〔東京大學出版會，一九六三〕，頁一五八—二九九），頁一九九—二一一（第三節「銀價的上漲與地丁銀負擔」）。此外，佐佐木正哉〈英國與中國——到鴉片戰爭的過程〉（前引，榎一雄編《西歐文明與東亞》〔平凡社，一九七一〕，頁三五八—四三七，四三八—四四三（文獻解題）是一篇很好的概說，同時指出，應該以中國國內國庫及民間退藏銀和拋出退藏銀為考察的對象，以瞭解銀錢比價變動的原因（頁四○四—四○八）。

(26) 郭廷以《近代中國史》第一册（商務印書館，一九四一，全六三五頁）。這是列舉中方資料，也利用外國資料並加以批判性的解說之資料集的很方便的書。該書全面涉及鴉片戰爭以前，中國和俄國以及與海洋貿易諸國之交流、通商的歷史，其中關於中英關係（全一一三頁）與廣東制度（機構與紛爭）（全二九八頁）的部分比較詳細。

(27) L. Dermigny, *La Chine et l'Occident: le commerce à Canton au XVIIIe Siècle, 1719-1883*, 3 vols. with an album (Paris: S. E. V. P. E. N., 1964), 1755 pp。著者為繼承國際商業史秦斗費爾南・布羅岱爾學風的歷史學家，不是中國史的專家。這是以印度辦公廳為首，英、法、德、瑞士文書館公私未出版資料的基本資料和二手文獻（不少日文論文，中文只有一點點），對於自十八世紀至一八三三年歐美與中國貿易之詳密的研究。參考書目就達一一四頁。因沒有好好看中國方面的文獻，以人口和貨幣的動向為線索來看當時的中國社會和歐洲的類似和不同的問題，所以似乎有些不恰當的推論。關於這一點，請看對明清社會經濟史很詳細的卡爾加(Michal Cartier)的書評(*T'oung-Pao*, vol. 52

[1965-1966], pp. 329-340)。

下面，關於內陸亞細亞貿易，除上述所列很好的概說書三—(5)（佐口透《俄國與亞洲草原》）之外，關於俄清貿易，筆者擬列出三本最近的研究。

(28) 吉田金一（一九〇九—）〈關於俄國與清朝的貿易〉（《東洋學報》〔一九六三年三月〕，頁四七二—五一九）。這是以俄語文獻為資料，使用許多統計，研究自十七世紀末到二十世紀初。俄清貿易的結構及其變遷的簡要而精密的研究。

(29) 吉田金一〈西伯利亞管道——俄國與清朝的交流〉（前引，榎一雄編《西歐文明與東亞》〔平凡社，一九七一〕，頁三〇二—三五七，四四三—四四六「文獻解題」）。這是從外交、貿易、文化各方面考察同一時期俄清關係的極佳概說。

(30) Mark Mancall (1932-), *Russia and China: Their Diplomatic Relations to 1728* (Combridge, Mass.: Havard University Press, 1971), 396 pp。這是俄文、中文自不在話下，作者使用蒙文、日文、朝鮮文，對社會諸科學也很清楚，又對人類極有理解的新進學者所撰寫很詳細的初期俄清關係史。作為一種讀物來讀也蠻有意思的。

下面，我們來列舉兩本插足海外尤其是東南亞的中國人（「華僑」）活動歷史的研究。

(31) 成田節男《華僑史》（螢雪書院，一九四一，全四四五頁）。此書稍微舊，而且不是很詳細，但這樣全面寫得很好的概說研究，以後好像出現過更好的專書。

(32) C. P. Fitzgerald (1902-92), *The Southern Expansion of the Chinese People: "Southern Fields and Southern Ocean"* (London: Barrie & Jenkins, 1972), 230 pp。這是在中國一共住了二十年，具有從一九三六到三九年在雲南省從事人類學調查經驗和實務感覺敏銳的歷史學的著者，在坎培拉的澳洲國立大學服務時所發表的研究。它大觀中國人插足雲南、越南，元明時代進出南海，中國海軍勢力的衰退，歐洲殖民帝國的插足，以至今日東南亞華僑社會的發展，此書由專家來看，似有不少缺點，雖有文獻目錄卻沒有註解，但讀來很有意思，其見解亦令人思考，筆者認為值得一讀。

最後，雖然不是這方面的專書，但作為本章的參考文獻，筆者願意推薦此書，為海軍之古典戰略史的馬罕提督的名著。

(33) A. T. Mahan (1840-1914), *The Influence of Seapower on History 1660-1783* (paperback, reprint: New York: Sagamore Press, Inc., 1957), 495 pp。一八九〇年首次出版的此書，作為敘述歐洲各國（西班牙、葡萄牙、荷蘭、法國、英國）插足亞洲之方法的比較文化論、比較政治論的歷史著作也很有意思。此外，對於馬罕之兵學史的評價，請參看小山弘健《軍事思想之研究》（新泉社，一九七〇，全三三四頁），頁二三八—二六一（第三章「美日海軍兵術之對抗——論馬罕與秋山真之」）。

五　鴉片戰爭

以下所列舉的，除前述〇—(1)（摩斯）的第一卷，四—(18)（布利加特），四—(19)（格林巴格），以及後面的六—(1)（費正清）是這一章的基本參考文獻。

(1) W. C. Costin, *Great Britain and China, 1833-1860* (Oxford: Oxford University Press, 1937), 362 pp。或直接引用基本資料，或摘要其內容，依年代順序有如在織錦緞般鍥而不捨地記述史實的，典型英國式腳踏實地的歷史專著。它主要使用英國國家檔案館(Public Record Office)、英國聖公會宣教協會(Church Missionary Society)，以及法國外務省和外國宣教會所保存紀錄，沒有直接使用中方資料，但本書仍舊是從廢止東印度公司獨占中國貿易到鴉片戰爭，經由戰後諸紛爭事件，以至亞羅戰爭的結束，中英關係最基本研究著作之一。

(2) H. P. Chang (1922-65)(張馨保), *Commissioner Lin and the Opium War* (Cambridge, Mass.: Harvard University Press, 1964), 319 pp。本書是從廣東貿易制度和鴉片貿易談起，聶比亞與廣東當局的衝突，經鴉片論爭，以至欽差大臣林則徐在廣東的活動，戰爭的爆發到林被免職，以很冷徹的史觀詳細敘述的研究。作者很仔細地看過去應該有不少人看過的內外文獻，也使用中國史學會主編《鴉片戰爭》（上海人民出版社，一九五四，全六冊，三七五七頁）中的新資料。這可能是研究鴉片戰爭最好的專著。可惜的是，少壯有為的這位作者，沒有出版其續編就因為癌症而去世。此書作為廣東貿易制度和鴉片貿易的研究，也是很有價值的一套書。

(3) 衛藤瀋吉〈砲艦政策的形成——針對一八三四年的清朝〉（《國際法外交雜誌》，五三卷三號（一九五四年四月八日），頁一四三—一六六，以及五號（一九五五年四月），頁三八〇—四〇一）（重刊於衛藤瀋吉《近代中國政治史研究》，頁一六七—二一三）——四—⒇續編。筆者非常受益於這兩篇論文。

(4) 植田捷雄〈鴉片戰爭論〉（《國際法外交雜誌》，四二卷一號（一九四三年一月），頁二一—四七；四二卷二號（一九四三年二月），頁一三五—一五八；四二卷三號（一九四三年三月），頁二三七—二七〇。這是對鴉片戰爭以道義上和法律上的論爭為對象所討論的問題，作全盤重新檢討的史論）。

(5) 植田捷雄〈南京條約之研究〉（《國際法外交雜誌》，四五卷三、四合併號（一九四六年三月），頁九三—一二三）；四五卷五、六合併號（一九四六年五月），頁一五四—一七五。

(6) 植田捷雄〈續南京條約之研究〉（《國際法外交雜誌》，四六卷三號（一九四七年二月），頁一二三—一五五）。

(7) 植田捷雄〈中國之開國與國際法〉（《東洋文化研究》，創刊號（一九四四年九月），頁四三一—四三八）。

(5)(6)(7)是對於締結南京條約之原因及條約內容，作歷史上和法律上之研究論文。是從國際法觀點分析《籌辦夷務始末》所刊載中文資料之最早研究。

(8) 植田捷雄「鴉片戰爭與清末官民百態」（《國際法外交雜誌》，五〇卷三號（一九五一年七月），二三五—二七一頁）。

(9) 鈴木中正〈清末攘外運動之起源〉（《史學雜誌》，六二編一〇號（一九五三年十月），頁八八七—九一四）。這是對一八四一年五月三元里事件之考證性、分析性的大作，著者類型地考察清末攘外運動的組織與領導者，將其區別為「鄉村的摘外主體」和「都市的攘外主體」。關於三元里事件，作為包括現地史跡調查成果，廣東省文史研究館《三元里人民抗英鬥爭史料》（中華書局，一九五九，全三一七頁）。另外，關於社會史的研究，請參看後面的六—(5)（威克曼），頁一一—五八。

(10) 波多野善大（一九〇八—）〈鴉片戰爭中對英強硬論的意義〉（《講座近代亞洲思想史》1〔中國1，野原四郎編〕，弘文堂，一九六〇，頁一—二六）。使用中國史學會主編《鴉片戰爭》（改訂再版，上海人民出版社，一九五七，全六冊），它兼有研究史的性質，視野很廣的論文。

(11) 田中正美（一九一八—）〈林則徐〉（《大安》，六卷三號〔一九六〇年三月〕，頁六—一〇）。以作為研究指引目的所寫的短文，但以「經世的官僚」為林則徐的本質的佳作。也是很不錯的文獻解題。

(12) 田中正俊（一九二二—）〈中國社會的解體和鴉片戰爭〉（《岩波講座世界歷史》，卷二一〔近代8，近代世界的展開〕〔一九七一年八月〕，頁一九—八〇）。這是以世界史的展望為背景所撰寫的經濟史概說。理論架構強韌，分析力敏銳。也可以為第四、六章的參考文獻。這是透過近代實證史學嚴密的資料運用，和馬克思史學為核心，具有廣泛西方教養陶冶之明清社會史研究家名符其實的雕心鏤骨之作。它與四—(20)（衛藤論文）有密接關係，表示戰後日本對近代中國史研究的最高水準。註對研究指引很有幫助。

(13) 郭廷以《近代中國史》，第二冊，（全六三六頁）（商務印書館，與第一冊的合訂本，初版一九四〇，台灣二版一九六六）——四—(26)之續編的副題為《中英鴉片戰爭》。其範圍為自一八三四年到鴉片戰爭後一八四〇年代中半，從禁止鴉片問題到南京條約就有大約四五〇頁。同時請參看集這個時期中文文書的新資料集，收英國外務省所保存紀錄中所發現文書之以下二書。佐佐木正哉《鴉片戰爭前中英交涉文書》（巖南堂，一九六七，全二五〇頁）；佐佐木正哉編《鴉片戰爭之研究・資料編》（東京大學出版會，一九六四，全三一八頁）。前者是復刻一八三四年聶比亞到任廣東，到一八四〇年初期現地中英間往還文書抄本的照相印刷版。後者為敘述以後到鴉片戰爭結束（鉛字印刷），釐清所謂川鼻臨時協定之真相的資料。

(14) 姚薇元《鴉片戰爭史實考——一名魏源「洋艘征撫記」考訂》（上海，新知識出版社，一九五五，全一六五頁）。這是收錄以有關鴉片戰爭馳名之同時代史魏源的《洋艘征撫記》全文，並使用中外公開發表資料作了詳細考訂的專書。這是敘述從鴉片問題到戰爭結束之變遷的確實而適切的鴉片戰爭史，受到此道專家尊重。根據其「前言」，這是補訂一九四二年貴陽文通書局所出版的舊版。同時請參閱同一作者的以下論文。姚薇元〈關於《道光洋艘征撫記》的作者問題〉（《歷史研究》，一九五五年十二月號，頁八一—八九）。（可能是在貴陽所出版舊版的復刻，於一九七一年在台北進學書局發行，並有蔣廷黻的序（一九三三）和郭廷以的序（一九三五）。

最後，因一九三〇年代初出版了《籌辦夷務始末》的影印本，一舉提高了中國外交史研究的近代史學之水準，其一個例子就是對於鴉片戰爭當時以來評價很低之欽差大臣琦善的角色，根據新資料予以再評價者有以下三篇。

(15) 蔣廷黻〈琦善與鴉片戰爭〉（《清華學報》，第六卷第三期（一九三一年十月），頁一—三六）。它主要以《籌辦夷務始末》為材料，詳細檢討琦善的外交上和軍事上的角色，雖然不是無條件地，但卻相當高估其外交見識的劃時代論文。

(16) 陶元珍〈讀《琦善與鴉片戰爭》〉（《大公報圖書副刊》（天津），第七七期（一九三五年五月二日））。他引用《籌辦夷務始末》以批判蔣廷黻之論文。

(17) 夏鼐〈鴉片戰爭中的天津談判〉（《外交月報》，第四卷第四期（一九三四年四月），頁四三—五六；第四卷第五期（一九三四年五月），頁九五—一二三）。這是同樣批判蔣廷黻論文，對比《籌辦夷務始末》和英國文獻，詳細檢討琦善與歐利奥特的大沽交涉及其背後北京中樞動態的精緻論文。（(15)(16)(17)三篇論文皆重刊於包遵彭、李定一、吳相湘合編《中國近代史論叢》，第一輯第三冊（台北正中書局，一九五六）。但《論叢》只刊出原論文之本文，沒有註解。筆者未能看到(16)的原論文，這個論文將引用文之典據表示於本文。）

六　條約港

本章，將鴉片戰爭以後至亞羅戰爭時期的諸問題和諸事件一併列出。無需說，〇—⑴（摩斯）的第一卷，五—⑴（柯斯珍）對本章非常重要。

⑴　F. K. Fairbank, *Trade and Diplomacy on China Coast: the Opening of the Treaty Ports 1842-1854*, 2 vols. (Cambridge, Mass.: Harvard University Press, 1953), 489+88 pp。這是對於從鴉片戰爭結果締結諸條約之簽訂原因，諸條約在五個條約港的適用，條約體制之逐漸崩潰，以至一八五四年在上海創設外國人稅務司之十二年的外交史，以宏觀的歷史社會文脈詳述的大作，是對於西方的「衝擊」中國社會的因應所逐漸形成混合社會之初期條約港社會的各種情況，依新發現的豐富史實予以敘述且極有意思的著作。本書廣泛涉獵中國和英國（尤其是英國）公開發表與未公開發表的基本資料，特別是使用了在華英國領事館所保存的紀錄。此書為凝縮著者二十多年研究生活之成果，超越外交史這個狹窄框框，故對於研究中國近代史和中國社會很有幫助。關於這一點，請參考筆者在《亞細亞研究》，一卷二號（一九五四年十月），頁一二一—一三二的書評。此外，作者將本書主要論點加以更加發揚是以下兩篇論文。J. K. Fairbank, "Synarchy under the treaties," in pp. 204-231, 381-384 (notes) of J. K. Fairbank, ed., *Chinese Thought and Institutions* (Chicago: University of Chicago Press, 1957); J. K. Fairbank, "The early treaty system in the Chinese world order," in pp. 257-275, 380-382 (notes) of J. K. Fairbank, ed., *The Chinese World Order: Traditional China's Foreign Relations* (Cambridge, Mass.: Harvard University Press, 1968)。

⑵　G. C. Allen and A. G. Donnithorne, *Western Enterprise in Far Eastern Economic Development: China and Japan* (London: Allen & Unwin, 1954), 291 pp。本書第一部（頁一三—一八一）是對於中國經濟發展在華歐美人企業所扮演的角色，就貿易、金融、保險、海運、鐵路、航空、公益事業（電氣、瓦斯、自來水等）、礦業、工業，從鴉片戰爭前後到一九三〇年代，正確指出問題之所在。筆者在撰寫本章（條約港）和第八章（同治中興與洋務運動），從

這本書學很多。

(3) 植田捷雄《在中國租界之研究》（巖松堂，一九四一，全九一九頁）。對於自鴉片戰爭以後到一九三〇年代在中國的租界，從歷史上和法律上的研究，這可能是世界最好的一本書。當然上海的部分最為詳細（頁五八—三〇一）。

(4) Grace Fox, *British Admidals and Chinese Pirates, 1832-1869* (London: Kegan Paul, 1940), xiv+227 pp。這是對於參加鎮壓中國沿海海盜的英國海軍的活動，以英國海軍部未正式出版紀錄為主要材料所詳述制度史和政策史的研究。對於研究條約港間的沿岸貿易和砲艦外交之問題的研究很有幫助。

(5) F. Wakeman, Jr., *Strangers at the Gate: Social Disorder in South China, 1839-1861* (Berkeley and Los Angeles: University of California Press, 1966), 276 pp。這是對於鴉片戰爭中到亞羅戰爭後英國佔領軍撤退的期間，廣東排外運動之外交史、社會史研究，是以團練、鄉紳的排外意識和鄉紳與農民的關係為焦點所作「地方史」之嚐試性的難得著作。欲更瞭解排外運動的研究者，請參考二—(39)蕭公權的著作。

筆者所寫論文對本章值得參考者有以下三篇。

(6) 坂野正高〈鴉片戰爭後最惠國待遇的問題〉（原載東京帝國大學東洋文化研究所東漢學會《東洋文化研究》，第六號，一九四七年十月）（重刊於坂野正高《近代中國外交史研究》（岩波書店，一九七〇，全四五三頁），頁一—二九頁）。這是分析當其衝之官員思考方法的研究。

(7) 坂野正高〈一八四八年青浦事件之一個考察——砲艦外交與條約之解釋〉（原載東京都立大學人文學會《人文學報》，第一一號，一九五四年二月）（重刊於前述坂野《近代中國外交史研究》，頁三一—五五）。青浦事件是歐柯克使用大膽外交手腕馳名的砲艦外交的典型例子。由此文可以理解條約之解釋在現實的政治「場合」如何隨意變動的情況。

(8) 坂野正高〈在外交交涉中清末官人的行動方式——以一八五四年修改條約之交涉為中心〉（原載《國際法

外交雜誌》，四八卷四號，一九四九年十、十二月（重刊於前引坂野正高《近代中國外交史研究》，頁五七—一三八）。以下一章所敘述一八五四年修改條約之交涉為材料，類型地分析在亞羅戰爭以前時期，沿海地方大官，在北京政府的意向或偏見與外國代表之壓力的挾擊中採取怎樣的行動方式。

七 太平天國與亞羅戰爭

首先，我們來列舉有關太平天國的參考文獻。

(1) 市古宙三〈中國對太平天國之研究〉（原載《史學雜誌》，六〇編一〇號，一九五一年十月）（重錄於市古宙三《近代中國之政治與社會》〔東京大學出版會，一九七一，全五三三頁〕，頁一三二—一六五）。對於太平天國研究最廣最深的，當然是中國的學者。本論文將中國的研究成果分成「太平天國的看法」、「史料的出版」和「太平天國史之研究」（「研究之動向」）三個部門，以至於最近的刊物，作歷史的展望和解說。作者本身對太平天國也有其獨特的研究，曾發表數篇論文，此書乃是著者所寫高度研究的指引書。

(2) 河鰭源治（一九一四—）〈太平天國與近代化的問題〉（《歷史教育》，一三卷一二號〔一九六五年十二月〕，頁二〇—二六。這是對於太平天國已經有很厚專著的作者所寫研究史的小篇。它很巧妙地摘要對太平天國之看法的變遷，並下這樣的結論：「太平天國之亂，其本身並沒有導致中國的近代社會變革。但成為該亂之核心的上帝會——太平軍——太平天國的意識形態，卻否定傳統的權威、習慣、信仰等，而且有要建立很獨特的國家、宗教、倫理之大膽的遠景」。

(3) 小島晉治（一九二八—）〈太平天國革命〉（《岩波講座世界歷史》，二一卷〔近代8〕〔岩波書店，一九七一〕，頁二八一—三三四）。這是專心研究太平天國之中堅學者的犀利論稿。它主要以湖南、湖北、江蘇、浙江之抗糧暴動和抗租暴動為主題來作敘述，同時分析拜上帝會的思想和組織。請同時參閱同一作者之論文〈太平天國之思想〉（《講座近代亞細亞思想史》1〔中國編，野原四郎編〕，弘文堂，一九六〇，頁二六—五九）。

⑷ 市古宙三〈拜上考——太平天國制度管見〉（原載《御茶水女子大學人文科學紀要》，卷一，一九五二）（重刊於市古宙三《近代中國的政治與社會》，頁四五—六二）。它平實地引用資料，觀察初期太平天國人民的生活，描繪得歷歷如在眼前。它雖然不是長篇大論，卻有莫巴桑短篇小說的味道。

⑸ 西川喜久子〈太平天國運動〉（《東洋文化》，四一號〔一九六六年三月〕，頁七九—一一二；四三號〔一九六七年三月〕，頁七七—一一二）。它詳細再評估自金田起義經建都南京，「楊韋內訌」到後期太平天國（界定其為「反清立場之改良主義地主政權」）之太平天國運動的整個過程。第七節「從民歌、傳說看農民的太平天國形象」是以民間傳承為歷史資料所嘗試撰寫的文字。

⑹ F. Michael, in collaboration with Chung-li Chang(張仲禮), *The Taiping Rebellion: History and Documents*, volume I: History (Seattle and London: University of Washington Press; Tokyo: University of Tokyo Press, 1966), 244 pp。這是對政治社會學很有素養的中國史學家全面的研究。對於「楊韋內訌」悲慘無情的局面也有政治性的非凡刻畫。本書是在美國西雅圖華盛頓大學「近代中國史研究計劃」長年共同作業的成果之一。一九七一年所出版第二卷和第三卷是，將太平天國文書三百九十一件譯成英文加上解說而成的（全一八一五頁）。卷末的文獻目錄就有一五五頁。

⑺ J. S. Gregory, *Great Britain and the Taipings* (London: Routledge and Kegan Paul, 1969), 271 pp。這是以英方各種公私（民間）所保存紀錄及同時代之刊物為資料，詳細分析英國官民各方面對太平天國態度之變遷的研究，是一本以很文雅的英文所寫模範性的史。此外，由精通各國對太平天國之研究的留美中國歷史學家，將重點擺在與外國關係的最近的太平天國史，有以下的大作。S. Y. Têng(鄧嗣禹), *The Taiping Rebellion and the Weastern Powers: A Comprehensive Survey* (London: Oxford University Press, 1971), 458 pp。

關於組織對抗太平軍而終於予以打倒的清朝方面新軍事力量的地方軍，請參看二—⒇（羅爾綱），二—㉑（小野信爾），二—㉒(kuhn)以及八—⑵(Spector)。

關於亞羅戰爭，前面常常提到的〇—⑴（摩斯）第一卷，五—⑴（柯斯珍）還是基本研究文獻，很有幫助。以下我們列出比較重要者。

(8) H. Cordier, *L'expédition de Chine de 1857-58: Histoire diplomatique, notes et documents* (Paris: Félix Alcan, 1905), 487 pp.

(9) H. Cordier, *L'expédition de Chine de 1860: Histoire diplomatique, notes et documents* (Paris: Félix Alcan, 1906), 460 pp。(8)(9)皆為幾乎全面收錄法國外交部所保存紀錄格羅全權的報告和有關文書，略加說明者。借用H・B・摩斯的話(*International Relations*, I, 693)這是「完全可以信賴」("Absolutely trustworthy")的一本書。但筆者於一九五七年初冬在巴黎校對(9)所保存紀錄時，發現至少有一個地方，原文的其中一頁，可能抄寫時沒留意而抄漏了（從頁三二三第四段最後與第五節開頭之間。第四節末尾文章沒有完結）。

(10) J. E. Cady, *The Roots of French Imperialism in Eastern Asia* (Ithaca, N. Y.: Cornell University Press, 1954), 322 pp。此書包括自十七世紀後半到一八七〇年代法國插足東亞的歷史，也有益於瞭解中法戰爭的歷史背景。單單亞羅戰爭就佔大約一〇〇頁。它使用了法、英、美的公開出版或未出版之基本資料。也相當論及與法國國內政治有關的問題。

(11) T. Dennett (1883-1949), *Americans in Eastern Asia: A Critical Study of the United States with Reference to China, Japan and Korea in the 19th Century* (New York: Macmillan, 1922), 725 pp。這是往昔是大家所喜歡用的一本書，但在今日算是過時的東西。它是主要以美國的基本資料所寫從前的標準大作，仍值得一讀。對於太平天國和亞羅戰爭時期有大約二〇〇頁的篇幅。

(12) M. Banno(坂野正高)(1916-85), *China and the West 1858-1861: the Origins of the Tsungli Yamen* (Cambridge, Mass.: Harvard University Press, 1964; second printing, 1973), x+367+xxxiii pp。它從政治外交史、制度史角度敘述亞羅戰爭時，中國如何因應外國（特別是英國）強硬要求要常駐其外交使節於北京，以及一八六一年設立總理衙門。本書沒有採取抽象亞羅戰爭的一個原因，捨去像其他諸原因的方法，以這個戰爭本身為總體的對象。但其第二章（頁五四—九二）是弄清楚在戰爭中中國當局決定政策的機構和過程，應該可以作為參考。後面八—(9)（徐中約）之第一部（頁二一一—二一八），以與本書同樣問題為對象。因本書第二章所嘗試批判分析國內政治情勢時設定操縱性作業假說之模型的方法，故請參考。此外，上面是女學人細膩地詳述亞羅戰爭時期俄清關係的著作，這使用了(12)所沒有使用的伊格那柴夫之正式報告（出版於一八九五），和匿名的回憶錄（一八九二）。序文（共一六頁）是很好的俄清關係史之研究史的文獻解題。Rosemary K. I. Quested, *The Expansion of Russia in East Asia 1857-1860* (Kuala Lumpur and Singapore: University of Malaya Press, 1966), xxx+339 pp。

(13) 宮崎市定〈從中方史論看英法聯軍入侵北京事件——特別是主戰論與主和論〉（《東亞研究所報》，二四號〔一九四三年十月〕，頁八五二—八八四）（重刊於宮崎市定《亞細亞史研究　第二》〔東洋史研究會，一九五九〕，頁二七〇—三〇三）。這是從研究宋代著手通古今中國史極有實力的作者，相當於對東亞研究所提出研究報告（原稿似乎戰後遺失）之摘要的演講紀錄。這雖然是沒有註解的小篇論文，但對主要史料《籌辦夷務始末》的閱讀之深，令人驚嘆。筆者從這篇得到許多啟示。

考察亞羅戰爭當時以後決定英國對華政策最大因素之中國市場的可能性問題時，討論為其研究史之出發點的「密契爾報告書」（一八五二）者，應該注意以下數篇論文。

(14) N. A. Pelcovits (1912-), *Old China Hands and the Foreign Office* (New York: King's Crown Press, 1948), 349 pp。這是詳細分析為「密契爾報告」性思惟所支持的英國外交部與，對其一直施加壓力之現地或英國本土從事對華貿易的英國商人，或由其所組織壓力團體之間十九世紀後半之關係的劃時代研究。

(15) 衛藤瀋吉〈關於密契爾報告書〉（原載《東洋文化》，二〇號〔一九五六年一月〕）（重刊於衛藤《近代中國政治史研究》〔東京大學出版會，一九六八〕，頁二一五—二三三）。這是四—(20)和五—(3)的續篇。此文分析性地肯定「密契爾報告書」的內容，在歷史的文脈中界地其地位。這是在日本學術界討論這個文書的第一篇論文。

(16) 田中正俊〈西歐資本主義與舊中國社會之解體——論《密契爾報告書》〉（福島正夫（一九〇六—）編《仁

井田陞博士追悼論文集・一卷・前近代亞洲之法與社會》〔勁草書房，一九六七年〕，頁三三—六六）。同一作者之五—⑿可以說是本篇論文的發揚，關於密契爾報告，本論文比較詳細。田中正俊這兩篇論文，後來加以補充並重刊於氏著《中國近代經濟史研究序說》（東京大學出版會，一九七三，全三二〇頁）。請能特別留意該書頁一五七—一五八「補記」（在劍橋大學圖書館看怡和行所保存紀錄寫的）。

⒄　坂野良吉〈中國近代——談半殖民地社會變革的認識——關於田中正俊氏一連串之研究〉（《歷史學研究》，三八七號，〔一九七二年八月〕，頁四五—五六）。這是對於五—⑿，七—⒃等田中正俊近年一連串之研究作批判性之敏銳的研究展望論文。註解舉出許多日本和中國的史學家的有關論文，作為「指南」是有幫助的。

八　同治中興與洋務運動

(1)　Mary C. Wright (1917-70), *The Last Stand of Chinese Conservatism: The T'ung-chih Restoration, 1862-1874* (Stanford: Stanford University Press, 1957), 426 pp。這是就同治年間內政、外交、經濟全盤領域，使用許多中方資料和外國文獻（特別是藍皮書）所寫名符其實的力作。對中文資料雖然有些讀得不夠深度，但對本章全部的研究還是應該列舉的一本研究著作。

(2)　S. Spector (1924-99), *Li Hung-chang and the Huai Army: A Study in Nineteenth Century Chinese Regionalism* (Seattle: University of Washington Press, 1964), 359 pp.這是針對十九世紀後半中國政治史，以李鴻章及其所創建的地方軍——淮軍所作的研究。與瑪莉・萊特比較，它將重點擺在重視地方分權的傾向。佛蘭茲・麥格爾(F. Michael)為本書所寫的序章題名"Regionalism in Nineteenth-Century China"的二三頁論文，是從這個觀點出發的。

(3)　市古宙三〈洋務運動與變法運動〉（原載《講座近代亞細亞思想史》1〔中國編1，野原四郎編〕，弘文堂，一九六〇〕（重刊於市古宙三《近代中國的政治與社會》〔東京大學出版會，一九七一〕，頁一七五—二〇六）。這是作者輕鬆愉快所撰寫的概說書。它正確告訴我們最基本的史實和論點。

(4) 小野川秀美〈清末洋務派之思想〉（原載《東洋史研究》，一〇卷六號〔一九五〇年二月〕）（前引〇—⑽，小野川秀美《清末政治思想史研究》〔補訂再版，密斯滋書房，一九六九〕，頁八—五一）。這是以李鴻章等具體的施策之進展，與馮桂芬、薛福成、王韜、馬建忠、劉銘傳、曾紀澤、郭嵩燾、張自牧等的思想關聯起來所作的研究。

(5) Ssu-yü Têng(鄧嗣禹) and J. K. Fairbank, with E-tu Zen Sun(孫以都任), Chaoying Fang(房兆楹)and others, *China's Response to the West: A Documentary Survey 1839-1923* (Cambridge: Harvard University Press, 1954), 296 pp。這是英譯從林則徐到蔡元培、陳獨秀、李大釗、胡適等許多政治家、思想家之文章六十五件，加上解說，以敘述舊中國的領導層對西方衝擊的理解和因應方法的專書。自一八六〇年代到中日甲午戰爭時期佔了整個篇幅的將近一半。下面別冊收有本書的註和洋文、中文、日文的參考文獻目錄，雖然有點舊，但作為文獻解題的指南則很方便。*Research Guide for China's Response to the West: A Documentary Survy 1839-1923* (Cambridge, Mass.: Harvard University Press, 1954), 84 pp。

從經濟面展望這個時代的，六—⑵（亞蓮與特尼遜）對筆者很有幫助，此外我再列出以下二書。

(6) 波多野善大（一九〇八—）《中國近代工業史之研究》（東洋史研究會，一九六一，全五八八頁）。這是包括鴉片戰爭前後到二十世紀初的六篇論文。其中第三章「鴉片戰爭後近代產業的發展」（頁一四五—二九三）是此處最好的基礎參考文獻。

(7) 平瀨巳之吉（一九一二—）這是在理論經濟學、經濟史學具有很深學養且才氣煥發的作者，使用東洋史的標準素材所建構的獨特問題史通史。它將清朝界定為「軍事國家」，敘述「清代國家之經濟政策」、「清代社會結構」（商人的範疇、政治形態）、「清末產業之諸系列」（製造業、農村副業、官營軍事工業）。著者的意圖在於「弄清楚現代中國經濟特別是民族資本必然成為今日之特質的因果關係」（緒言）。作為政治機構的研究書也很有啟示性。出版雖然已經三十年，但研究中國近代史者還是應該一讀。

關於外政機構及外交的運作，有以下的各種研究。

(8) S. M. Meng(蒙思明), *The Tsungli Yamen: Its Organization and Functions* (Cambridge, Mass.: Harvard University Press, 1962), 146 pp。這是正確簡明敘述總理衙門四十年的組織和功能，以及其政治上角色的變遷。關於設立總理衙門前後政治外交史之經緯的詳細，請參看七—⑿（坂野）。

(9) Immanuel C. Y. Hsü(徐中約), *China's Entrance into the Family of Nations: the Diplomatic Phase 1858-1880* (Cambridge, Mass.: Harvard University Press, 1960), 255+xxxvi pp。這是把焦點放在在北京設立外國公使館、引進國際法、及在外國設立公使館三個問題之很銳利的外交史研究書。尤其敘述第三主題的部分最為精采。

⑽ 郭廷以編訂（尹仲容手稿、陸寶千補輯）《郭嵩燾先生年譜》（台北中央研究院近代史研究所，一九七一，全二冊，一〇四七頁）。這是中國最早海外常駐外交使節郭嵩燾（一八一八—九一）的詳細傳記。正確來說，這是將應為傳記之材料一一指出其典據，按照年代順序寫成的所謂年譜長編，所以成為遠比一般性質的傳記更有價值的史實寶庫。

⑾ 坂野正高〈同治年間（一八六二—一八七四年）之條約論議〉（原載《東洋文化》，四二號〔一八六七年三月〕），（重刊於坂野《近代中國外交史研究》〔岩波書店，一九七〇〕，頁二一五—二五五）。以這個時期締結十個通商條約的經緯為例子，以分析中國政府內之議論與決定政策之過程。

⑿ 坂野正高〈英國外交官如何看中國——從馬卡托尼使節團之派遣到辛亥革命〉（原載坂野正高、衛藤瀋吉合編《圍繞中國之國際政治——影像與現實》〔東京大學出版會，一九六八〕）（重錄於坂野《近代中國外交史研究》，頁二五七—三三三）。其中第三節「太平天國——內亂與貿易能兩立嗎？」和第四節「同治中興——進步能強制嗎？」（共二六頁），在此處或可以參考。這是在⑾敘述的時期和問題，透過布魯斯或奧爾柯克，可以說是從外邊觀察的。此篇論文比⑾寫得早，但發表於其後。

關於支持清末財政的洋關，除S・萊特之大著（〇—⑶）以外，列舉二、三種文獻如下。

(13) 坂野正高「羅勃・哈特」（原載東洋經濟新報社《世界史講座》，卷五「帝國主義」〔一九五四〕）（重刊於坂野《近代中國外交史研究》，頁三三五—三五七，加上八頁的「補論」）。這是主要以〇—(1)（摩斯）第二卷、第三卷，和〇—(3)（S・萊特）材料所寫的傳記。「補論」係以基本資料比較哈特與其前任列伊之中國觀的文章。

(14) J. J. Gerson (1921-), *Horatio Nelson Lay and Sino-British Relations 1854-1864* (Cambridge, Mass.: Harvard University Press, 1972), 341 pp。這是就第一任總稅務司（在任自一八五九—六三年）的英國人荷列雪・聶爾孫・列伊（一八三二—九八）詳細敘述其公務活動向倫敦大學所提出龐大的博士論文予以縮小的著作。它使用未正式出版文書的資料。

(15) Ying-wan Cheng, *Postal Communication in China and its modernization 1860-1896* (Cambridge, Mass.: Harvard University Press, 1970), 150 pp。這是總稅務哈特所主導建設官營近代郵政制度的歷史（在英國，郵政制度的近代化也是在一八四〇年代）。它對於以往「驛站」或「信局」（私營的郵件店）也有四〇多頁的說明。這是研究中國通信之近代化過程的重要著作。它以保存在倫敦大學和哈佛大學之哈特書信為資料。

關於建設近代海軍的努力，除二—(24)（包遵彭），二—(25)（羅林遜）外，有以下各種研究。

(16) 波多野善大〈北洋海軍的成立過程〉（《名古屋大學文學部研究論集》V（史學・2）〔一九五三〕，頁二一一—二六二）（重錄於波多野《中國近代軍閥之研究》〔河出書房新社，一九七三，全五四九頁〕，頁六五—一三一。）這是以太平天國左右到辛亥革命建設近代陸海軍的過程，和袁世凱之北洋陸軍（新軍）為中心，使用中文資料所寫的概觀著作。

(17) 王爾敏《淮軍志》（台北中央研究院近代史研究所，一九六七，全四五六頁）。這是關於淮軍最全面和很犀利的研究。與羅爾綱（二—(20)）不相上下的力作，惟對地方分權的傾向採取否定的解釋。

以上我們列舉了台北中央研究院近代史研究所研究員的幾本專著，下面從同一叢書列出三本有關洋務運動的專書。由中堅、少壯研究者以撰寫的這些專著，大多擅長於史實的詳細敘述，比較沒有理論性的分析，故被俗稱為「台北學派」。不過這些專書都是充分利用寄存於近代史研究所的龐大檔案資料所撰寫，所以都是必須閱讀的大作。

(18) 王爾敏《清季兵工業的興起》（台北中央研究院近代史研究所，一九六三，全二二三頁）。這是對於各地機器局的詳盡敘述。附錄的「清季譯著兵工書目表」列出二百零九本書目。其中八本是由江南製造局所出版。

(19) 呂實強《中國早期的輪船經營》（台北中央研究院近代史研究所，一九六二，全三一二頁）。其內容寫到一八七三年創建開始招商局。關於一八六三年，列伊・奧茲波昂艦隊事件也很詳細（頁四三—一一九）。

(20) 李國祁《中國早期的鐵路經營》（台北中央研究院近代史研究所，一九六一，全二四三頁）。其內容寫到一八九八年成立蘆漢鐵路借款。對於自鴉片戰爭當時知識份子對鐵路的認識的變遷也很詳細。

最後，我們來列舉關於反對基督教之排外運動（「仇教案」）的若干參考文獻。

(21) K. S. Latourette (1884-1969), *History of Christian Missions in China* (London: Society for Promoting Christian Knowledge, 1929; Taipei reprint, 1966), 930 pp。這是關於外國人基督教傳教師在中國活動很詳細的通史，是最完全的古典傑作，是今日仍然極有價值的史實寶庫。但要特別注意，這不是中國史的專書。而且只使用歐文資料。

(22) 植田捷雄〈基督教傳教師在中國的法律地位〉（《東洋文化研究所紀要》，一冊（一九四三年十二月），頁一四七—一九四）。它是將自鴉片戰爭到一九三〇年代外國傳教師之法律地位的變遷，從信教權、傳教權與保護享有權、收買土地、建造房屋及居住權利、世俗事業的經營、及其中國信徒之關係的敘述。本文簡要明快弄清楚傳教師的地位不但在條約規定，而且是累積各種附帶權利和事實上的慣例所形成的事實。

(23) 里井彥七郎〈一九世紀中國的仇教運動——抵抗殖民地主義〉（原載小野信爾合著）筑摩書房《世界之歷史》，卷一一（發生「動搖的中華帝國」））（重刊於里井彥七郎《近代中國之民眾運動及其思想》（東京大學出版會，一九七二，全四一九頁），頁一三六—二〇一，加上註釋和改訂者）。這是就鴉片戰爭到一九〇〇年義和團時期，敘述「基督教會勢力插足中國之過程，與中國各階級對其抵抗之歷史」。是使用第一手中文資料，以犀利的分析力嚐試宏觀考察的大作。本文也注意到十九世紀末葉長江流域仇教運動中哥老會的角色。

(24) P. A. Cohen (1934-), *China and Christianity: The Missionary Movement and the Growth of Chinese Antiforeignism 1860-1870* (Cambridge, Mass.: Harvard University Press, 1963), 381 pp。這是特別以爆發天津事件（一八七〇）而結束的一八六〇年代的十年為焦點，在中國歷史中，外國的傳教活動曾發生怎樣的作用，紳士與官人的反基督教活動，為其根底的排外主義是怎麼樣的狀況，在這十年之中如何激烈化等，以中方和外國資料分析和敘述者。

(25) 呂實強《中國官紳反教的原因（一八六〇—一八七四）》（台北中央研究院近代史研究所，一九六六，全二八五頁）。作者將官人、紳士反對基督教的原因分成：㈠儒學的傳統觀，㈡宗教活動的侵略性，㈢中國之迷信、風俗習慣，官人、紳士之陋習和利害的衝突之三點，並舉出許多具體事例來敘述。作者認為㈡和㈢的原因很大。他使用許多近代史研究所有關教務教案之未出版保存紀錄（簡稱「教務檔」的資料）。

此外，我們再來列出二、三篇個別研究的日本論文。

(26) 佐佐木正哉〈同治年間教案及重慶教案資料〉（《東洋學報》四六卷三號〔一九六三年十二月〕，頁三七〇—三九九，四六卷四號〔一九六四年三月〕，頁五一七—五四七）。本文介紹顯示教案之領導者紳士、讀書人之主張的「揭帖」等文書三十件（大部分為英國外國外交部未出版保存紀錄中之文件）之原文，並加以詳細解説者。它敘述一八六二年在江西南昌、湖南衡州和貴州各地發生的教案，一八七〇年的天津教案，一八七三—七七年四川各地教案，以及一八八六年四川重慶的教案。日後同一作者所發表的資料集，也收有許多英國外交部未出版保存紀錄文書，其中一半以上是有關一八六〇到九〇年代的教案。佐佐木正哉編《清末的排外運動・資料編》，上卷（巖南堂，一九六八，全一七八頁）（下卷，迨至一九七三年八月，尚未出版）。

(27) 矢澤利彥〈長江流域教案之一個考察〉（近代中國研究委員會編《近代中國研究》，四輯〔東京大學出版會，一九六〇〕，頁一一一—一五八）。(27)和(28)是對一八九一年在長江流域一帶所發生教案的研究。(27)考察事件之經過與官憲的態度，(28)乃以暴動的動機和主體為對象的研究。

九　喪失邊境・其一

對於本章全部，〇—(1)（摩斯）的第二卷可以作為參考。〇—(3)（S・萊特），對於喪失緬甸（頁五五四—五五八）和喪失澳門（頁五六九—五八四）有所記述。

對於伊犁問題的研究文獻，我們列出以下三種。

(1)　西田保《左宗棠與新疆問題》（博文館，一九四二，全三〇二頁）。這是對新疆省的政治地理，內陸亞細亞之英國和俄國的動態，耶克布・別格政權，回民的叛亂和俄國的佔領伊犁，左宗棠之經營，經略新疆等等，註明出處的踏實概說書。對於中俄對伊犁問題的外交交涉只提到大概而已。

(2)　Immanuel C. Y. Hsü(徐中約), *The Ili Crisis: A Study of Sino-Russian Diplomacy 1871-1881* (London: Oxford University Press, 1865), 230 pp。它詳細敘述里巴迪亞條約到聖・彼得堡條約之外交交涉的經緯，及其間中方決定政策之過程。這是充分利用中、英、德、日、美外交文書之才氣橫溢的大作。對俄國資料，它使用基爾斯外相和外交部高官約密尼的往還書信和陸相密留珍的日記。

(3)　李恩涵《曾紀澤的外交》（台北中央研究院近代史研究所，一九六六，全三九八頁）。這是詳述中國關鍵人物曾紀澤之生平和外交活動的傳記性研究。對於伊犁問題也用了大約一百頁的篇幅。（對於下一章要討論的中法對越南問題的交涉有大約八〇頁）。

關於與緬甸問題有關聯的馬卡利事件（一八七五）和芝罘協定（一八七六），有以下的專著。

(4)　S. T. Wang(王繩祖), *The Margary Affair and the Chefoo Agreement* (London, etc.: Oxford University Press, 1940), 138 pp。使用中英雙方的基本資料，簡潔敘述了問題的歷史文脈。

十　喪失邊境・其二——中法戰爭

關於中法戰爭，〇—(2)（柯爾迪也）的第二卷，用大約三百頁予以詳述。它雖然很露骨支持法國的立場，但引用許多法國的外交文書，是很有用的書。〇—(1)（摩斯）之第二卷用一章（頁二八），邊引用柯爾迪也，作相當平衡的敘述（他自己，法國於一八八五年攻擊基隆時，在當地海關服務）。〇—(3)（S．萊特）也以二八頁來敘述這個事件，尤其對甘培爾在巴黎的交涉部分特佳。〇—(7)（李劍農）只以一一頁就把這個事件說得很清楚，也論及對內政的影響。七—(10)（格迪）與其本國國內情勢關聯詳述一八七四年西貢條約以前法國侵略越南。九—(3)（李思涵）如前面所述，以八〇頁左右敘述曾紀澤的中法交涉。專門研究中法戰爭有以下的研究。

(1) L. E. Eastman, (1929-), *Throne and the Mandarins: China's Search for a Policy during the Sino-French Controversy 1880-1885* (Cambridge, Mass.: Harvard University Press, 1967), 254 pp。這是以丸山真男方式之「關係的函數的概念」(“a relational or functional concept”)的權力論為架構，以分析中法戰爭當時清朝決定政策之過程的名著。作者很仔細地看了中國的基本資料。沒有直接利用法國外交部未出版保存紀錄是其在資料上的缺點。

(2) L. E. Eastman, “The Kwagtung anti-foreign disturbances during the Sino-French war,” Papers on China (East Asian Reserch Center, Harvard University), vol. 13 (Dec. 1959), pp. 1-31。這是對於發生於南方各省排外運動，選擇廣東省之情形的個案研究。它使用了有關美國傳教師未出版保存紀錄。

(3) 邵循正《中法越南關係始末》（北京清華大學，一九三五，全二一九頁）。這是從前的標準力作。是一本好書，至今仍有參考的價值。

(4) 小玉新次郎〈阮朝與黑旗軍〉（《東洋史研究》，一三卷五號〔一九五五年一月〕，頁三四七—三六三）。這是根據《大南實錄》的研究。

(5) E. V. G. Kiernan, *British Diplomacy in China, 1880-1885* (Cambridge: Cambridge University Press, 1939), 327 pp。這是使用英國外交部未出版保存紀錄所撰寫的外交史，由此可以看出英國外交官對中國內部情形分析之敏銳。以大約六十頁討論越南問題，詳細敘述中法紛爭當時英國與其他各國的動態。

此外，欲概觀問題之背景的中國與越南的歷史關係，以下文獻應有幫助。

(6) 岩村成允《安南通史》（富山房，一九四一，全五五〇頁）。這是以《大南實錄》等正史為資料的通史。關於近代對外關係，則以附錄「國際關係史——近世史外篇」（全八二頁）來補說。

(7) 《安南史講義（翻譯）》（東亞研究所，一九四一，全二四七頁）。這是越南的中學教員以法文所寫教科書的日譯。它雖然有強調法國統治之前弊政之嫌，但卻具有社會史的廣泛內容，對日本的研究者而言，與(6)岩村的著作一樣，為標準的入門書，極受歡迎。

(8) 片倉穰〈中國支配下之越南——對於中國諸王朝之壓制的試論性考察〉（《歷史學研究》，三八〇號（一九七二年一月），頁一七—二六．，三八一號（一九七二年二月），頁二八—三八，二七）。這是與中國徵稅制度（收取體系）的變遷關聯，從社會經濟史角度，研究到唐代中國支配越南之變遷的研究。這是顯示學術界最近研究動向的好論文。註解引用許多有關論文，對研究很有幫助。又，片倉還有一篇〈越南前近代之奴婢——作為身份之奴婢的基礎考察〉（《歷史學研究》，三五六號（一九七〇年一月），頁一九—四〇）的出色論文。

(9) 鈴木中正〈中國、越南關係史概觀〉（《亞細亞研究》，一六卷二號（一九六九年七月），頁一—二〇）。這是概觀從十世紀末到明清時代中國與越南之朝貢關係的力學——中國以武力干涉時就恢復朝貢的這種循環——的研究。

請同時參看同一作者，分析十八世紀末至十九世紀初兩國關係之微視的兩篇論文。

(10) 鈴木中正〈乾隆安南遠征考〉（《東洋學報》，五〇卷二號（一九六五年九月），頁一四五—一六七．，五〇卷三號（一九六五年十月），頁三〇七—三三四））。請同時參考越南學人的以下論文。Truong Buu Lam, "Intervention versus tributes in Sino-Vietnamese relations, 1788-1790," in pp. 165-179 of J. K. Fairbank, ed., *The Chinese World Order: Traditional China's Foreign Relations* (Cambridge, Mass.: Harvard University Press, 1968)。

(11) 鈴木中正〈清、越南關係之成立〉（《愛知大學文學會文學論叢》，+三三、三四合併號（一九六六年十二月），頁三四三—三六五）。

⑿ A. B. Woodside (1938-), *Vietnam and the Chinese Model: A Comparative Study of Nguyên and Ch'ing Civil Government in the First Half of the Nineteenth Century* (Cambridge, Mass.: Harvard University Press, 1971), 358 pp。這是以越南已出版與未出版公私基本資料和法文的第二手文獻為出發點所寫的專書。此書以十九世紀前半為對象，比較清代中國以分析阮朝越南的政治機構及其動態的著作。作者是多倫多大學出身，在康奈爾大學學越南文，在哈佛大學取得博士學位的加拿大學者。

十一　中日甲午戰爭

首先，我們來列舉以中日戰爭的國際政治背景為前提必須閱讀的文獻，有以下的古典名著（這為第十二、第十三章也必讀的專著）。

⑴ W. L. Langer, *The Diplomacy of Imperialism 1890-1902*, 2nd ed. with supplementary bibliographies (New York: Knopf, 1956), xxii+795+xxii pp。第一版出現於一九三五年。此書不但廣泛收集洋文各國外交文書，同時也涉獵當時之報刊的輿論動向，是劃時代的大作。對於從中日甲午戰爭到英日同盟東亞的國際政治，用了大約二五〇頁的篇幅。

關於德川時代中日關係——貿易史，筆者只列舉以下二書。

⑵ 山脇悌二郎（一九二〇— ）《近世中日貿易史之研究》（吉川弘文館，一九六〇，全二六三頁）。此書係收集十篇經過補訂的專門論文而成。它也提到中方貿易的主角江浙商人、福建商人和兩淮的鹽商。

⑶ 山脇悌二郎《長崎之唐人貿易》（吉川弘文館，一九六四，全三二九頁）。此書具體有趣而有系統地敘述繼續兩百五十年的長崎貿易的實際情況。

⑷ 田保橋潔（一八九七—一九四五）〈幕末維新期中日新關係之成立〉（《史學雜誌》，四四編二號（一九三三年二月），頁一六三—一九九；四四編三號（一九三三年三月），頁三一四—三三八）。請同時參考這篇論文，

研究中方決定政策之過程的坂野正高《近代中國外交史研究》（岩波書店，一九七〇），頁二四二—二四七，頁二五四—二五五（註）。

關於琉球問題的外交史研究，以下論文可能最為詳細。

(5) 植田捷雄《論有關琉球之歸屬的中日交涉》（《東洋文化研究所紀要》，二冊〔一九五一年九月〕，頁一五一—二〇一）。本文根據中日雙方資料，詳細敘述明治初年格蘭之調停，經分島改約之議，以至中日甲午戰爭的經過。

(6) 旗田巍《朝鮮史》（岩波書店，岩波全書 154，一九五四，全三一〇頁）。這是戰前戰中日本人總括朝鮮史之研究所寫視野很廣的概說書，文章寫得很好而且容易讀。其內容自原始時代到二次大戰之後，其第六章「近代列強與朝鮮」（共四一頁），直接可以為本章的參考文獻。

(7) 姜在彥（一九二六—）《朝鮮近代史研究》（日本評論社，一九七〇，全四七一頁）。本書收集以戰後朝鮮學界研究成果為基礎所寫幾篇的專門論文。對於金玉均等開化派所主導甲申事變（一八八四）背後實學、開化思想之形成，以及甲午農民戰爭（「東學之亂」）的敘述很詳細。

(8) 姜在彥《近代朝鮮之思想》（紀伊國屋書店，一九七一，全二四二頁）。這雖是袖珍本，但比(7)寫得更完整，值得一讀。對於在(7)沒有直接提到的傳統排外思想（「衛正斥邪」思想），特別用了一章。〔追記：最近，姜在彥出版了有關思想史的論文集《近代朝鮮之變革思想》（日本評論社，一九七一，全二六〇頁）。〕

(9) Ching Young Choe(曹直亮)(1927-66), *The Rule of the Taewŏn'gun, 1864-1873: Restoration in Yi Korea* (Cambridge, Mass.: Harvand University Press, 1972), 269 pp。這是從社會史、經濟史及思想史層面，研究朝鮮開國前大院君大約十年執政時代內政外交的專書。這是改訂一九六〇年向哈佛大學所提出博士論遺稿的出版（著者序文，一九六五）。

(10) 奥平武彥（一九〇〇—四三）《朝鮮開國交涉始末》（刀江書院，一九三五，全二一〇頁）（復刻本，刀江書院，一九六九，附錄「朝鮮之條約港與居留地」，全一四二頁，原載《京城帝國大學法學會編集》，第九册（《朝鮮社會法制史研究》），一九三七）。本書內容包括江華條約（一八七六）前後到一八八〇年代初與歐美諸國締結條約。它以朝鮮、美國雙方的基本資料，研究一八八二年朝鮮、美國謝費爾特條約簽訂情形的第三章（全七九頁）為中心。序言「東洋諸國與開國之意義」（全一五頁）是很值得玩味的文章。

⑾ 田保橋潔《近代日鮮關係史研究》（朝鮮總督府中樞院，一九四〇，全二册，全二一〇二頁）（復刻本，東京，文化資料調查會，全二册，一九六三—六四）。這是「根據日清韓三國政府紀錄，〔以及〕校訂編纂上述三國政府紀錄文書，以發行以朝鮮為中心的遠東國際政治史」為目的，由剛直的實證史家執筆，詳細敘述自一八六〇年代到一八九四年中日開戰的日鮮關係史不朽的巨著。此書以總督府秘密出版，日後作為博士論文提出時，當時的右翼教授以其違反國體而予以拒絕，迨至今年出現復刻本以前，在古書市場價錢極為昂貴。作為朝鮮近代史或資料集，是超級的基礎文獻。

⑿ 田保橋潔《日清戰役外交史之研究》（刀江書院，一九五一，全五七四頁）。這是著者的遺稿，可以說是⑾之續篇的端正冷徹外交史專著。它是從金玉均事件到媾和條約的簽訂和交換，充分使用中文的基本資料，且分析了中國的政情。筆者由此書學習很多。

⒀ 信夫清三郎（一九〇九—）《陸奧外交——中日甲午戰爭之外交史研究》（叢文閣，一九三五，全六一七頁）。這是利用當時能利用的有限資料（主要是日方資料），詳細分析中日甲午戰爭開戰前日本當局之動態的大作。起初以《中日甲午戰爭——其政治的外交的考察》（福田書房，一九三四）書名出版，惟因引用外務省秘密印刷品《日清韓交涉事件始末》，遂遭查禁，而改頭換面出版的就是這本書。

⒁ 信夫清三郎（藤村道生〔一九二九—〕校訂）《增補・中日甲午戰爭——其政治的外交的考察》（南窗社，一九七〇，全七二二頁）。這是將被查禁之⒀一九三四年原刊本予以復刻和復元的書。校訂者參考有關中日甲午戰爭的最新成果所寫六二頁的「補註」本身就是非常好的研究，也是有關中日甲午戰爭很好的研究指引。

(15) 中塚明（一九二九—）《中日甲午戰爭之研究》（青木書店，一九六八，全三一六頁）。這是從「中日甲午戰爭是明治初年以來專制天皇制之內外政策，特別是對朝鮮、對中國政策之不可分」的觀點，認為該戰爭的「整個過程，一切局面」，皆為「專制天皇制之政治的延長」予以分析研究且引起注意的最近著作。其最大特色是大量使用譬如「陸奧宗光文書」（不少有關人士的私信）等新資料。

(16) 彭澤周（一九二六—）《明治初期日韓清關係之研究》（塙書房，一九六九，全四五二頁）。這是武漢大學畢業，在京都大學舊制大學院研究日本近代史的中國學者，使用中日韓三國的基本資料，詳細研究明治十年代三國關係的大著（但沒有正面敘述明治十七年的甲申事變）。關於江華島事件和江華島條約就用了大約一三〇頁，壬午事變九〇頁左右的篇幅。對於中日兩國爭奪朝鮮市場，中日兩國的對韓文化政策及民族主義也各設一章。議論的架構雖然有些粗雜，但這是仔細閱讀資料所寫的好書。

(17) 王信忠《中日甲午戰爭之外交背景》（國立清華大學，一九三七，全四一四頁）。這是與十—(3)（邵循正）並稱讚賞的標準著作。其涵蓋範圍為自明治初年到甲午戰爭。此書雖然沒有直接使用朝鮮方面的資料，惟因其為日本外交文書尚未公開和發行時所寫的著作，這是一個缺點，但整個內容寫得很完整，對中國加強朝貢國朝鮮的控制過程寫得很好，所以時至今日仍然很值得參考。

(18) 林明德《袁世凱與朝鮮》（台北中央研究院近代所研究所，一九七〇，全四四〇頁）。此書運用中日韓基本資料，詳述從壬午事變到甲午戰爭前袁世凱在朝鮮的活動。尤其寶貴的是本書使用了近代史研究所所保存未出版紀錄「朝鮮檔」。（追記：「朝鮮檔」已收於《清季中日韓關係史料》〔中央研究院近代史研究所，一九七二年十二月，全十一冊〕出版。）

下面，我們舉出日清同時代史的兩本出色著作。

(19) 陸奧宗光（一八四四—九七）《蹇蹇錄》（岩波書店，一九三三，全三〇〇頁）。無論如何，這雖然不是客觀的歷史敘述，惟因其為「東學黨之亂」至三國干涉日本政府「外交政略」之當事者親自口述的根本資料，不僅非常重要，而且是敘述政治本身的第一流專著。關於一九八七年，日本外務省暗中印刷，迨至一九二九年出版合法化以前，流傳各種非法版本的情況，請參閱稻生典太郎「關於《蹇蹇錄》的版本」（《石田博士頌壽記念東洋史論叢》〔石田博士古稀記念事業會，一九六五〕，頁一五—三二）。

（譯者曾譯陸奧宗光《蹇蹇錄》為中文，於一九九四年，由台北開今文化事業有限公司出版，因已絕版，近日將海峽學術出版社再版。）

(20) 姚錫光《東方兵事紀略》（原刊，一八九七，全五卷）（收於左舜生《中國近百年史資料續編》〔中華書局，一九三三，全二冊〕，頁一三三—二四二）。此書赤裸裸地敘述中國陸海軍內幕。著者在戰爭當時為山東巡撫李秉衡幕僚，實際目睹前線的情況。

十二　爭奪利權的競爭和戊戌變法

首先，我們來列舉有關競爭獲得利權（到門戶開放宣言）的參考文獻。

(1) 田村幸策《中國外債史論》（改訂再版，外交時報社，一九三六，全五八四頁）。其內容是全面的，敘述簡潔，有如事典，極為方便。將此書與〇—(4)（植田《在華列國權益概說》），作劄記精讀，並將其要點按照時間順序排列的話，可以知道其大勢。

(2) P. H. Kent, *Railway Enterprise in China: An Account of Its Origin and Development* (London: Edward Arnold, 1907), 304 pp。這是對於二十世紀中國鐵路建設的鳥瞰式歷史敘述。今日還有人在引用。

(3) 植田捷雄《中國租借地論》（日光書院，一九四二，全四七七頁）。這是關於租借地之綜合性的外交、法律研究。

(4) 矢野仁一《日清役後中國外交史》（東方文化學院京都研究所，一九三七，全七三〇頁）。這是參考歐文出版資料和研究文獻（包括許多俄文文獻），和徹底使用中文已出版基本資料所寫，自三國干涉到李・羅巴諾夫密約，經俄國租借旅大至義和團事件當時俄國佔領東北之中俄外交史的詳細研究。

(5) P. Joseph (1901-90), *Foreign Diplomacy in China, 1894-1900: A Study in Political and Economic Relations with China* (London: Allen and Unwin, 1928), 458 pp。這是受到訓練的法律專家的外交史學家，使用《地緣政治》、英國的《大戰原因文書》、《藍皮書》等已發行基本資料，按照時程所寫列強在「競爭獲得利權時代」的中國政策的專著。有許多引用文，非常方便。它以一八九四年為中國外交史的劃分時期。

(6) A. W. Griswold (1906-63), *The Far Eastern Policy of the United States* (New York: Harcourt, Brace and Co., 1938), 530 pp。這是研究自一八九八年（美西戰爭）到九一八事變美國東亞政策之往年的標準著作。首次弄清楚門戶開放宣言之由來的真相的第二章（全五一頁）很值得一讀。

(7) L. K. Young, *British Policy in China 1895-1902* (London: Oxford University Press, 1970), 356 pp。這是以英國公私未公開出版資料（特別是牛津大學的索爾斯伯利文書），敘述索爾斯伯利內閣（一八九五—一九〇二）對華政策的著作。它以許多史實詳細描寫英國政府內部意見和方針，隨氣氛或狀況的變化作檢討，令人感嘆權力政治的內幕或政治家犬儒主義的真相。

關於變法論和戊戌變法。〇—⑽（小野川《清末政治思想研究》）的第二章「清末變法論之成立」（全三四頁）、第三章「康有為之變法論」（全七一頁）、第四章「譚嗣同之變革論——其形成過程」（全二四頁）、第五章「戊戌變法與湖南省」（全四三頁），很有幫助。此外，筆者精讀和利用康有為幾次的直接上書和自傳《康南海自編年譜》（皆收於中國史學會主編《戊戌變法》）（全四冊，神州國光社，一九五三），和梁啟超《戊戌政變記》（中華書局，一九五四，全一五七頁）。《康南海自編年譜》作為一般讀物也很有趣和很逼真。此外，以下文獻亦值得參考。

(8) Kung-chuan Hsiao(蕭公權)"Weng T'ung-ho and the reform movement of 1898"(「翁同龢與戊戌維新」), *Tsing Hua Journal of Chinese Studies*(《清華學報》), New Series, no. 2 (April 1957), pp. 111-245。這是研究中國近代史的人必須熟讀的著名論文。即是看其四四七個註解（全四六頁）就非常有幫助。作者尤其曾經批判性地徹底看了《翁文恭

公日記》和充分予以運用。

(9) 丁文江（一八七八—一九三六）《梁任公先生年譜長編初稿》（世界書店，一九五五，全七八七頁）。這是以梁啟超（一八七三—一九二九）寫給友人和家族的大約一萬封私信為主要材料所編的所謂「年譜長編」。裡頭有許多內幕性的東西。由此可以窺悉康有為、梁啟超及其身邊人們的生活、想法和人際關係的實際情形，是為此方面的根本資料和文獻。

(10) 矢野仁一《清朝末史研究》（大和書院，一九四四，全三四二頁）。這是在清朝最後七年在北京生活過，「聽到幾千年的老樹倒下……其崩潰聲音響在耳底」的作者所寫自戊戌到成立民國的歷史。第一章「戊戌變法與政變」（全五一頁）雖然有一點不容易讀，但卻擅長於批判史料，對史實有其獨特的解釋。

(11) 王樹槐《外人與戊戌變法》（台北中央研究院近代研究所，一九六五，全三〇四頁）。這是從外國人（特別是蒂摩西・李查德等英美傳教師）和外國當局（尤其是英國和日本）的思想層面和運動層面與變法運動的關係，自一八六〇年代到戊戌政變後不久，有系統地和詳細敘述的專書，很值得一讀。對於外交史學者，第二章「聯盟問題」（全五六頁）很有用。

(12) 野村浩一（一九三〇—）《近代中國的政治與思想》（筑摩書房，一九六四，全二五六頁）。第一篇論文〈清末公羊學派的形成與康有為學的歷史意義——「持統之帝國」之沒落〉（頁一—一五三）是野村於一九五七—五八年所發表處女作的再錄。這是著者以很踏實的政治學和思想史的研究方法，從內部研究自十八世紀末到康有為之中國思想的變遷過程的劃時代大作。雖然有寫得過分之嫌，但充滿新鮮的啟示。

(13) 高田淳（一九二五—）《中國的近代與儒學——戊戌變法之思想》（紀伊國屋新書，全二二七頁）。因有自虐性之吐露心情的獨自的傾向，所以不大容易閱讀。但這是一本充分具有廣泛學識和彈性的探求心作者所寫內容充分的書，雖然是袖珍本，但很值得花時間去精讀的作品。它界定康有為是「文人的士人」，譚嗣同是「武人中的士人」。本書嚴復和章炳麟各佔一章。

此外，以下是筆者能力不足隨意翻閱的，但覺得蕭公權關於康有為思想總共將近四〇〇頁的一連串著作，應該參考。

⒁ Kung-chuan Hsiao, "The philosophical thought of K'ang Yu-wei: an attempt at a new synthesis," *Monumenta Serica*, vol. 21 (1962), pp. 129-193

⒂ Kung-chuan Hsiao, "The case for constitutional monarchy: K'ang Yu-wei's plan for the democratization of China," *Monumenta Serica*, vol. 24 (1965), pp. 1-83.

⒃ Kung-chuan Hsiao, "In and out of Utopia: K'ang Yu-wei's social thought," *Chung Chi Journal*(《崇基學院》), vol. 7, no. 1(Nov. 1967), pp. 1-18; vol. 7, no. 2 (May 1968), pp.101-149; vol. 8, no. 1 (Nov. 1968), pp. 1-52.

⒄ Kung-chuan Hsiao, "Economic modernization: K'ang Yu-wei's ideas in historical perspective," *Monumenta Serica*, vol. 27 (1968), pp. 1-90.

⒅ Kung-chuan Hsiao, "A dministrative modernization: K'ang Yu-wei's proposals and their historical meaning," *Tsing Hua Journal of Chinese Studies*(《清華學報》), New Series VIII, nos. 1 and 2 (Aug. 1970), pp. 1-35.

十三　義和團事件與日俄戰爭

對於義和團運動及其評價，諸説紛紛，很難界定。為了瞭解其在日本研究史上的變遷，以及展望近來的研究動向，筆者擬選擇性地列舉各種形態的若干成果。

⑴ 市古宙三〈義和拳的性質〉（原載學術研究會議現代中國研究委員會（仁井田陞）編《近代中國研究》（好學社，一九四八），頁二四五—二六七）（重刊於〇—⑿市古宙三《近代中國之政治與社會》，頁二八九—三一〇）。

⑵ 市古宙三〈義和拳雜考〉（原載《東亞論叢》，六三號（一九四八年四月），頁九〇—九七）（重錄於市古宙三《近代中國之政治與社會》，頁三一一—三二四。）

(3) 市古宙三〈江口朴郎氏《關於義和團事件》〉（《歷史學研究》，一五三號〔一九五一年九月〕，頁四九—五二）。這是批判刊登於《歷史學研究》，五〇號（記念特集「亞洲之變革」）（一九五一年三月），頁七四—八三之江口朴郎「關於義和團事件之意義」的題名〈覺書風〉的論文。

(1)(2)(3)是綜合性地批判和否定以往的義和團研究的問題，並成為爾後日本對義和團研究之出發點和前提的成果。它們認為「義和拳之亂」，「在本質上與所謂教匪、會匪之亂沒有什麼不同」，「完全是盲目的排外運動」。十二—⑽〔矢野《清末史研究》第三章、第四章（共六八頁）〕是從各方面討論義和團古典論作，值得一併參考。

(4) 村松祐次〈義和拳亂—一九〇〇年—的政治背景〉（《一橋論叢》，二六卷五號〔一九五一年十一月〕，頁五二九—五五四）。

(5) 村松祐次〈義和團亂之社會經濟背景〉（《一橋論叢》，二八卷四號〔一九五二年十月〕，頁四一三—四三五）。

(6) Y. Muramatsu(村松祐次), "The 'Boxers' in 1898-1899, the origin of the 'I-ho-chuan'（義和拳）uprising, 1900," *Annals of the Hitotsubashi Academy*, vol. 3, no. 2 (April 1953), pp. 236-261。是仔細重新檢討《清實錄》等中文資料的研究。前者重視，一八九八年以來清朝「興辦團練」政策之團練組織的問題及其關聯；後者敘述華北的歉收和水災的影響。(6)是將(4)和(5)併起來用英文寫的文章。村松《義和拳、清廷、列強——從平原事件到淶水事件》（《一橋大學研究年報・經濟學研究》，一冊〔一九五四〕，頁二八一—三五六是以(4)(5)為前提，敘述義和團事件波及京津地區之經過的大作）。

(7) 堀川哲男〈義和團運動研究序說〉（《東洋史研究》，二三卷三號〔一九六四年十二月〕，頁四一—六七）。這是將義和團是什麼，為何發生這個運動，參加者和領導者是那些人，運動的性質為何等觀點有系統地論述的論文。作者並不一元地看義和團事件，而是認為它是「飛火的」所傳播「多元的自衛集團」和「由具有義和團色彩的複雜集團的複合體」。

(8) 堀川哲男〈義和團運動與中國的知識份子〉（《岐阜大學教育學部研究報告〔人文科學〕》一五號〔一九六七年二月〕，頁三五—四二）。

(9) 堀川哲男〈辛亥革命前的義和團論〉（《岐阜大學教育學部研究報告〔人文科學〕》一六號〔一九六八年二月〕，頁二六—三四）。

(8)(9)介紹同時代中國人對該事件的看法，尤其注意孫中山的見解。

(10) 堀川哲男〈義和團的形成〉（《岐阜大學教育學部研究報告〔人文科學〕》一八號〔一九七〇年一月〕，頁一九—二七）。這是(7)的續篇。它對於以義和拳為白蓮教系的一般說法表示懷疑。關於這一點，請一併參考堀川對於明確否定通說的戴玄之《義和團研究》（後面(16)）的書評（《東洋史研究》，三〇卷一號〔一九七一年六月〕，頁一四六—一五一）。它不採取義和團和大刀會是不是一樣這種看法，而認為「可能是在義和團運動的發展過程，由大刀會這樣的專門武裝集團，在質量上轉變為義和團的大眾組織」。

(11) 里井彥七郎〈義和團運動——要成窮人的天下〉（《岩波講座世界歷史》，卷二二〔近代9，帝國主義時代I〕〔一九六九〕，頁三七四—四二二頁）。這是一邊批判市古、村松、堀川等人之研究，同時使用國家檔案局明清檔案館編《義和團檔案史料》（中華書局，一九五五，全二冊，全一三四六頁），將自一八九五、九六年開始的義和團運動整個過程，分成幾個階段敘述的大作。請同時參閱認為這篇論文似有「高估義和團運動的人民鬥爭的傾向」之倉橋正直的「關於義和團運動」（《歷史學研究》，三六〇號〔一九七〇年五月〕，頁三六—四〇）。

(12) 里井彥七郎〈義和團運動及其思想——特別是關於第一、第二思想〉、〈克服攘夷主義的道路——義和團運動之再評價〉（里井《近代中國的民眾運動及其思想》〔前引〇—(13)〕頁二〇二—三三〇）〔第三章「義和團運動」的第一節和第三節〕。這是繼續(11)很深而徹底地論述義和團運動的文章。它主張應該一併論述其庶民的、土俗的、信仰的特徵之「否定的層面和積極的層面」。對里井的著作，小林一美的書評（《歷史學研究》，三九四號〔一九七三年三月〕，頁四八—五四），主要地評論這個(12)部分，「分析、解體、微觀性的」迷信、宗教和思想之後，以「標本化」上述兩面性里井的方法，譬喻「西方醫學的解剖醫師」的手法，而認為這樣的「分析主義之解剖學的方法」「可能減少其總體的形象」。此外，小林〈義和團民話的世界——談近代史部會里井報告〉（《歷史學研究》，三六四號（一九〇七年九月），頁二九—三四）是，對於為里井⑫第一論文之原型的歷史學研究會大會的報告敘述其見解的文章，很值得一讀。

⒀ 竹內實（一九二三—）〈《人民》之自我認識及其組織——義和團民話的世界〉（《東洋文化研究所紀要》，冊二九（一九六三年一月），頁一三一—一七六）。這是以義和團民話第二種（一九六〇年出版）為資料，將關心的焦點集中於「『傳說』所傳過程中所加和所修正部分中，其所加和所修正之民眾的想法」，以敘述「在虛構與實體的關係」中，中國「人民」概念的論文。這是中國語、中國文學專家所作為義和團研究開拓新局面的議論紛紛的作品。

⒁ J. Ch'en, "The nature and characteristic of the Boxer movement - a morphological study," *Bulletin of the School of Oriental and African Studies*, vol. 23 (1960), pp. 287-308。這是認為以「義和團運動」既不是「崇高」，也不是「滑稽」，而是「全世界本世紀最大的宗教叛亂」，同時是「中國民族主義的誕生」為前提，根據資料，以研究該運動之社會史上各種情形的「靜態形象」。這是對於「迷信」因素冷靜而透徹的宗教社會史的出色研究。

⒂ G. G. H. Dunstheimer, "Religin et magie dans le movement des Boxeurs d'après les textes chionis," *T'oung Pao*, vol. 47(1959),pp. 323-367。它摘譯佐原篤介「拳事雜記」（中國史學會主編《義和團》〔上海神州國光社，一九五一〕，第一冊，頁二三七—二九九），以研究該運動之宗教上和咒術上的層面。它與⒁，可以告訴我們歐洲學界最近的研究動向。這可能是一連串的論文，不過迨至一九七三年三月，尚未刊出其續篇。

⒃ 戴玄之《義和團研究》（台北文海出版社，一九五三，全二五四頁）。本書對於義和團的源流及其本質的通說（定論）作批判，同時根據資料，重新評估臭名遠播之榮祿的政治角色，以表達不同的看法，為研究者應該參看的論者。

(17) 野原四郎〈關於義和團運動的評價〉（《專修史學》，四號〔一九七二年四月〕，頁一—一二。）很有見解而老練的近代史學人所撰寫的此篇論文，是理解國內外之研究動向和問題的很好文章。閱讀此文將是研究義和團的一個好的開始。

其次，筆者認為對於義和團事變之國際政治層面，十一—(1)（W・朗加）的第二十一章（全三六頁）要訂定其架構有幫助。十二—(7)（L・K・楊格）的一半以上用於討論義和團事變。這是用英國基本資料的最新研究，對於選擇八國聯軍總司令的問題，「東南互保」的媾和交涉（英國故意採取拖延政策）等等，有從前所沒有的詳細論述，更能令讀者瞭解英國政治家的薄情和從容不迫的「政治性」。

(18) 田保橋潔〈義和拳匪亂與日俄〉（史學會編《東西交涉史論》〔富山房，全二冊，一九三九〕，下卷，頁一〇五一—一一六〇）。廣泛收集有關各國的正式出版資料，敘述因應該事件之清廷動搖的內政、外交上的原因，以及列強的武力干涉（特別是日俄兩國態度的變化）的政治外交史的古典好論文。因不以《景善日記》（請參閱本書頁四八〇—四八一頁）為偽作，故有過高評估榮祿之嫌。

(19) 稻生典太郎〈義和團事變與日本的出兵外交——至出動第五師團的經緯〉（開國百年記念文化事業會編《開國百年記念明治文化史論集》〔乾元社，一九五二，全八四四頁〕，頁四九七—五六二）。這是主要以日方資料所作詳細的外交史研究。

(20) 林松祐次〈淶水事件和列國的出兵——義和拳之研究〉（《一橋大學創立八十周年記念論集》〔勁草書房，一九五五〕，下卷，頁四三六—四六九）。它根據(18)（田保橋潔）所引用資料檢討研究，卻得出相當不同的結論。

(21) 野原四郎〈義和團事件前後的政治、思想狀況——帝國主義與中國〉（野村浩一《近代中國的政治與思想》〔筑摩書房，一九六四〕，頁二〇七—二四〇）（原載日本政治學會編《現代世界的開幕》〔岩波書店，一九六一〕）。本書以《清實錄》等為材料，取出現實政治過程之次元的關係者的觀念所作的形態分析。

(22) 李國祁《張之洞的外交政策》（台北中央研究院近代史研究所，一九七〇，全四三七頁）。本書第三、四章（大約二二〇頁）討論自義和團事變到英日同盟張之洞的外交政策。其關於東南互保有九〇頁左右，非常詳細。此書主要使用中文資料。

其次，我們來列舉兩三種有關英日同盟與日俄戰爭的文獻。筆者沒有見過中國方面正面討論這個問題的正式研究。

(23) 信夫清三郎、中山治郎（一九一一—）編《日俄戰爭史之研究》（改訂再版，一九七二，河出書房新社，全五四九頁）。這是對於一九五五年初版的批評，加上予以回答的二七頁「再版的序文」的論著。本書是以下村富士男（日本史）、信夫清三郎（日本政治史）、中山治郎（西洋史）、波多野善大（東洋史）四位為中心的名古屋大學共同研究的成果。日本和蘇聯的研究史（全四五頁）以及前述「再版的序文」，是很好的研究指引。

(24) I. H. Nish, The Anglo-Japanese Alliance: The Diplomacy of Two Island Empires, 1894-1907. (London: the Athlone Press, 1966), 420 pp。這是不但使用英國未正式出版的基本資料，也運用《日本外交文書》慎重撰寫的很正確的研究。此書被認為是英日同盟之研究的「定本」。最近又出版了本書的續篇。I. H. Nish, Alliance in Decline: A Study in Anglo-Japanese Relations 1908-23 (London: the Athlone Press, 1972), 424 pp。

(25) 矢野仁一《滿洲近代史》（弘文堂，一九四一，全五二〇頁）。由於本書是為一般讀者所寫，所以沒有一一舉出出處，但詳細敘述日俄戰爭前俄國撤兵問題的第八章到第十二章大約二〇〇頁可以說是十二—⑷的續篇。據說，著者為一再閱讀很難懂的羅曼諾夫王朝時的俄文著作，曾經停止執筆二年以上。

(26) A. Malozemoff (1910-52), Russian Far Eastern Policy 1881-1904, with Special Emphasis on the Causes of the Russo-Japanese War (Berkeley and Los Angeles: University of California Press, 1958), 358 pp。這是充分利用我國文獻廣泛涉獵的博士論文。在文獻目錄前面所附「解說」("Bibliographical Essay")（以小字一五頁）是批判性的研究。

(27) 谷壽夫（一八八二—一九四七）《機密日俄戰史》（原書房，一九六一，全六九四頁）。這是於一九二五年，對陸軍大學校專攻科十名學生（皆為少、中佐階級）所作對外保密講義的出版物。內容涵蓋自英日同盟到戰爭簽訂中日北京條約。它毫無顧忌地暴露了當時戰爭指導上之內鬥的真相。為欲知道近代戰爭之冷酷無情者必須研讀。

此外，日本國際政治學會編的《國際政治》季刊（有斐閣，一九五七—），有許多可以供本書參考的論文。它包括書評、文獻目錄、年表、研究展望、資料介紹等等。每篇論文大多不長，良莠不齊，但總的來說，這個季刊對於研究仍舊有幫助，故希望參看。各期為特輯專集，就是以有關日本外交史為主題的便有十七冊（到一九七三年三月止）。其中有很多關於近代中國外交史的論文。

（譯者曾譯上村希美雄著《近代中國關係史論》(一)（五南）一書，其第九章為「義和團事變」，共二十三頁，有特別見解，值得參考。）

十四　尋求新中國

關於辛亥革命，譬如從網羅在日本和中國所出版有關文獻的最新資料，山根幸夫編《辛亥革命文獻目錄》（汲古書院，一九七二，全九六頁）為線索，從它在八頁所列舉的目錄、指引、動向之類著手是一個方法。現在筆者擬列出兼具指引和動向展望之性質的一些研究文獻（在本文所註釋的就不再列出，請參照這些註解）；以及五四運動、恢復國權運動，以及有關本章時期國際關係的文獻。

(1) 市古宙三〈近刊中文辛亥革命文獻介紹〉（市古《近代中國的政治與社會》〔一九七二〕，頁三八九—四二九）。這是對於一九四五年以後所出版有關辛亥革命的四十六本（包括若干龐大的資料集）中文專書（史料與研究）的介紹。

(2) Marie-Claire Bergère, "La révolution de 1911 jugée par les historiens de la République Populaire de la Chine: thèmes et controverses," *Revue historique*, tome 230, Oct.-Déc. 1963, pp. 403-436。這是根據「主張與論爭」的刊物（資料集與研究文獻）批判和展望中華人民共和國的史學家如何看辛亥革命的文章。在其後半，作者對倒滿的意義、資產階級、新軍、鄉紳等的角色積極提出其見解，很有啟發性。

(3) 野澤豐（一九二二—）《辛亥革命》（岩波新書，八一四）（岩波書店，一九七二，全一九〇頁）。這是也提到共和制對日本之衝擊內容豐富的概說書。雖然是袖珍本，但其註解是可靠的，故可以為研究的指引。這是多年來研究辛亥革命的作者充滿篤實學風的好書。

(4) 吉野作造（一八七八—一九三三）、加藤繁（一八八〇—一九四六）《中國革命史》（內外出版株式會社，一九二二，全四五七頁）。此書是有系統地詳細敘述自一八九四年興中會的成立至一九一二年孫中山就任臨時大總統的政治史。尤其以很正確的「年代記」概說書至今仍為研究者所喜用。雖然沒有一一列出出處，但譬如頁一二一—一二九之「徐錫麟事件」的一章，似為黃鴻壽《清史紀事本末》（文明書局，一九一五）（復刻版，台北三民書局，一九六三，全六〇二頁）卷七二「光復軍之頓挫」的摘要，照原文譯出。

(5) 平川清風（一八九〇—一九六三）《中國共和史》（上海春申社，一九二〇，全八六八頁）。這是自辛亥革命的起源開始敘述（大約一〇〇頁）以至一九三〇年的政治史。著者是大阪每日新聞社駐上海的記者。具有無數固有名詞之極為詳細的年代記很有助於研究。

(6) 波多野乾一（一八九〇—一九六三）《中國國民黨通史》（大東出版社，一九四三，全六二九頁）。其內容涵蓋興中會的成立到一九四〇年代初。它把重點擺在該黨之組織和運動的變遷，其中有數不清的人名，並引用許多該黨文書（譯文），極有使用價值。到第一次國共合作的成立佔全書將近一半的篇幅。著者是東亞同文書院出身，以《資料集成中國共產黨史》（改題復刻版，時事通信社，一九六一，全七冊）（原刊於一九三二—三八年（原為外務省情報部對外機密的內部資料」）的編者而馳名的中國問題專門的新聞記者。

(7) Mary C. Wright, ed., *China in Revolution: the First Phase 1900-1913* (New Haven and London: Yale University Press, 1968), 505 pp。這是將一九六五年夏天，在美國新罕布夏州樸茨茅斯舉行的辛亥革命研討會所提出論文中，挑選出來並予以補訂所編輯的論文集。除編者瑪莉・萊特教授所寫六三頁的大作「序章　變動的高潮」(“Introduction: the rising tide of change”)外，收有日、中、英、印、以色列、法國、美國等各國少壯、中堅學者的十一篇論文。

1. Michael Gasster (1930-), "Reform and revolution in China's political modernization;"
2. Martin Barnal, "The triumph of anarchism over marxism, 1906-1907;"
3. P'eng-yüan Chang(張朋園), "The constitutionalists;"
4. John Fincher (1936-), "Political provincialism and national revolution;"
5. Marie-Claire Bergère, "The role of the bourgeoisie;"
6. Chūzō Ichiko(市古宙三), "The role of the gentry: a hypothesis;"
7. Mary Backus Rankin (1934-), "The revolutionary movement in Chekiang: a study in the tenacity of tradition;"
8. Yoshihiro Hatano(波多野善大), "The new armies;"
9. Vidya Prakash Dutt, The first week of revolution: the Wuchang uprising;"
10. Earnest P. Young (1932-), "Yuan Shih-k'ai's rise to the presidency,"
11. Harold Z. Schiffrin (1922-), "The engima of Sun Yat-sen."

關於編者萊特女士，筆者曾寫過其小傳，因也提到這部編著的成立過程及其背景，故請一併參考。坂野正高「現代學者的學問與政治——瑪莉・萊特教授小傳」（《東洋學報》，五三卷一號〔一九七〇年六月〕，頁一〇四—一二八）。

(8) Meredith E. Cameron (1905-), *The Reform Movement in China 1898-1912* (Stanford: Stanford University Press, 1931; reprinted by Octagon Books, Inc. New York, 1963), 223 pp。此書雖然沒有直接使用中國文獻，但對於清末制度的改革沒有比它更完整的著作。雖然不是很有趣味的書，但很有用。公文書的資料，許多引自《華北論壇報》(North China Herald)的譯文，這份英文周刊，據和田清博士的說法，是很有用的。

(9) W. Franke (1912-), *The Reform and Abolition of the Traditional Chinese Examination System* (Cambridge, Mass.: Harvard University Press, 1963), 100 pp。此書前一半批判科舉，概觀改革論和改革措施，後一半討論自一九〇〇年至

廢止科舉的一九〇五年的經過。它也充分利用宮崎市定的著作。

(10) Lyon Sharman (1872-1957), *Sun Yat-sen, His Life and Its Meaning: A Critical Biography* (New York: The John Day Co., 1934), 418 pp. Reissued in 1968 by Stanford University Press with a foreword by L. P. Slyke (1929-)。這是孫中山逝世後，突破在中國風起雲湧的「崇拜孫逸仙」形象，從其成長及形成其人格過程重新評估孫中山的傳記性研究。夏曼女士是長老派傳教師的千金，出生於漢口，在中國度過其幼年，此書雖然只使用西文資料，卻充滿對人的理解和關心中國的命運。多年來被認為最好的英文孫中山傳而受到重視。

(11) M. B. Jansen (1922-), *The Japanese and Sun Yat-Sen* (Cambridge, Mass.: Harvard University Press, 1954), 274 pp。本書使用外務省所保存紀錄等日方資料所寫，關於孫中山在日本的行動，具有打破偶像的一面，故當作者在學會發表其內容時，據說曾引起很大轟動。它將焦點擺在孫中山及其周遭之日本人，分析中日關係的本書，作為中日兩國的政治外交史也很出色。

(12) 高橋勇治（一九〇九—）《孫文》（日本評論社，一九四四，全二二八頁）。這是戰前日本研究孫中山的集大成，雖然篇幅不多，但內容相當充實。但其觀點還是離不開三民主義是唯物論還是觀念論之靜態二分法的思維。

(13) 藤井昇三（一九二八—）《孫文之研究——特別以民族主義理論的發展為中心》（《勁草書房，全三〇一頁》。只要有耐心就會成功。這是專心研究孫中山之新進學者雕心鏤骨的力作。請一併參閱同一作者的〈孫文與中國革命思想——以《心理建設》為中心〉（坂野正高、衛藤瀋吉合編《圍繞中國的國際政治——影像與現實》（東京大學出版會，一九六八），頁八三—一二八），出版於一九六六年。

(14) H. Z. Schiffrin, *Sun Yat-sen and the Origins of the Chinese Revolution* (Berkeley and Los Angeles: University of California Press, 1968), 412 pp。這是以洋文所寫孫中山研究的代表性作品。其內容到同盟會的成立（一九〇五）為止。他以中文、日文資料和文獻以及對日本人有關人士的訪問（透過口譯）為材料。著者是留學於柏克萊加州大學，一九六一年由耶路撒冷希伯萊大學博士學位的歷史學家，對政治學和社會學的造詣也很深。

(15) 丸山松幸（一九三四—）《五四運動——其思想史》（紀伊國屋書店，一九六九，全二一三頁）。這是敘述詳細很值得一讀的袖珍本。尤其把焦點放在李大釗。重視五四運動中無政府主義者角色。請參看伊東昭雄的書評（《歷史學研究》，三五五號（一九六九年十二月），頁三六、三七—四五）。

(16) Chow Tse-tsung(周策縱), *The May Fourth Movement: Intellechual Revolution in Modern China* (Cambridge, Mass.: Harvard University Press, 1960), 486 pp.此書是將作者向密西根大學所提出分量很多的政治學博士論文予以濃縮和改訂，關於五四運動最詳細和最全面的研究著作。關於本書內容，野村浩一曾在《東洋學報》四四卷二號（一九六一年九月），頁二八八—三〇一寫過其書評，請一併參考。此外，本擬作為本書附錄的文獻目錄，另行出版了一巨大別冊，在其中，列舉了自一九一五—二三年所創刊或出版中國報刊類六百零四種，並一一予以介紹。Chow Tse-tsung, *Research Guide to the May Fourth Movement: Intellectual Revolution in Modern China 1915-1924* (Cambridge, Mass.: Harvard University Press, 1963), 297 pp。

(17) B. I. Schwarts (1916-), ed., *Reflections on the May Fourth Movement: A Symposium* (Cambridge, Mass.: Harvard University Press, 1972), 132 pp。這是紀念「五四」五十周年所舉辦研討會的論文集。收有邵滋教授的序文（全一三頁）以及六篇論文。它有助於瞭解最近和最前端的研究動向。

1. Maurice Meisner (1931-), "Cultural iconoclasm, nationalism, and internationalism in the May Fourth Movement;"
2. Yu-sheng Lin (1934-), "Radial iconoclasm in the May Fourth period and the future of Chinese liberalism;"
3. Charlotte Furth (1934-), "May Fourth in History;"
4. Leo Ou-fan Lee (1939-), "The romantic temper of May Fourth writers;"
5. Merle Goldman (1931-), "Left-wing criticism of the *pai-hua* movement;"
6. Jerome B. Grieder (1932-), "The qouestion of 'politics' in the May Fourth era."

(18) 中山治一編《日俄戰爭以後——圍繞東亞之帝國主義的國際關係》（創元社，一九五七，全一九九頁）。

這是與十三—(23)(信夫、中山編)成為姊妹篇的共同研究。此書對於作為世界政治的一環理解自日俄戰爭到辛亥革命時期東亞國際關係的變遷有幫助。

(19) Peter Lowe, *Great Britain and Japan 1911-15: A Study of British Far Eastern Policy* (London: Macmillan, 1969), 343 pp。這是主要以英國基本資料所寫的詳密研究。本書有助於瞭解從辛亥革命到二十一條要求以外交家(格雷外相),與往往只看負責地區之外務省本部和外派專門官僚之見解的差異。

(20) 曾村保信(一九二四—)〈辛亥革命與日本輿論〉(原載《濁學新報》,六三卷九號〔一九五六年九月〕)(重刊於曾村保信《近代史研究〔日本與中國〕I》〔小峰書店〕,頁一三五—一五一)。

在日本政治的動向中概觀所謂「浪人」和多數壓力團體之支持革命派,以及援助對抗袁世凱政府之南方的動靜。請同時參看收錄於《近代史研究(日本與中國)I》之曾村〈袁世凱制與日本的外交〉(同書,頁九九—一三二),〈內田良平的中國觀——從辛亥革命到大正初期〉(同書,頁一五三—一七八),以及收於日本國際政治學會編《日本外交史研究・中日關係之展開》(有斐閣,一九六一)頁四三—五五的曾村「辛亥革命與日本」。

(21) 入江啟四郎(一九〇三—)〈辛亥革命與新政府的承認〉(植田捷雄編《神川先生還曆記念近代日本外交史之研究》〔有斐閔,一九五六〕,頁二三三—二九四)。本文多角地敘述到承認袁世凱政權之列強的動態。它利用了外務省保存紀錄「支那新政府承認一件」(松本記錄)〔當時尚未出版〕。

(22) 臼井勝美(一九二四—)〈辛亥革命——日本的因應〉(日本國際政治學會編《日本外交史研究・大正時代》〔有斐閣,一九五八〕,頁一三—二五)。這是一篇使用確實史料的簡潔論文。

(23) 池井優〈日本的對袁外交(辛亥革命期)〉(慶應義塾大學《法學研究》,三五卷四號〔一九六二年四月〕,頁四一二—四四一;三五卷五號〔一九六二年五月〕,頁五一二—五四七)。這是以外務省保存紀錄和當時報刊為資料所寫很詳細的政治外交史研究。下面英文論文是此項研究的摘要。Masaru Ikei, "Japan's response to the Chinese revolution of 1911," *Journal of Asian Studies*, vol. 25, no. 2 (Feb. 1966), pp. 213-227。

(24) 由井正臣「辛亥革命與日本的因應」（《歷史學研究》三四四號〔一九六九年一月〕，頁一—一一）。這是使用國立國會圖書館憲政資料室所藏「寺內正毅文書」、「山縣有朋文書」、「桂太郎文書」所作的研究。它以西園寺公望內閣和元老為後盾之軍部、官僚派的動態為中心所作日本政府因應的分析，也提到參謀本部、川島浪速等的蒙古獨立運動。

(25) Marianne Bastid, "La diplomatie francaise et la révolution chinoise de 1911," *Revue d'histoire et comtemporaine*, tome 16, avril-juin 1969, pp. 221-245。這是根據法國外交部所保存紀錄，留意外交部與當地外交官意見的不同，以研究自一九一一年九月四川暴動到一九一二年清帝遜位期間，法國的對華政策。此文可能是研究法國對辛亥革命中國外交的最早論文。

(26) 堀川武夫（一九一一—）《極東國際政治史序說——二十一條要求之研究》（有斐閣，一九五八，全四一六頁）。本書是以日本外務省所保存紀錄的資料所作的研究。這可以說是界定二十一條在東亞權力政治中之地位的詳細鳥瞰圖，分成很細的項目，有系統的予以分析。是一本很好的參考書，但沒有使用中方的資料。

(27) 李毓樹《中日二十一條交涉（上）》（台北中央研究院近代史研究所，一九六六，全四六二頁）。這是以日本外務省和中國外交部所保存紀錄為資料所作的研究。所預定全八章的一半收在本書，洩露交涉內容而轟動內外的後半尚未出版。

(28) 坂野正高〈從第一次大戰到五卅——恢復國權運動史覺書〉（植田捷雄編《圍繞現代中國的世界外交》〔野村書店，一九五一〕，頁一—六七。這是使用二手資料所寫關於恢復國權運動的變遷，運動的類型以及在其運動中諸社會層之動向的「假設作業」的嚐試。）

(29) W. W. Willoughby (1867-1945), Foreign Rights and Interests in China, revised and enlarged ed., 2 vols. (Baltimore: The Johns Hopkings Press, 1927; Taipei reprint, 1966), 1153 pp。這是敘述一九二〇年代外國權益在中國的法律上、歷史上有很精闢見解的百科全書性著作。著者是約翰・霍布金斯大學的政治學教授，一九一六—一七曾任中國政府的法

律顧問，並在華盛頓裁軍會議等國際會議擔任中國代表團的專門委員。

(30) 入江啟四郎〈中國邊疆與英俄的角逐〉（Nauka 社，一九三五，全六〇七頁）。本書可以幫助各位理解筆者在本書幾乎沒有討論的清末民初蒙古、新疆、西藏的政治地理狀況和國際關係。它使用著許多俄國文獻。如此詳細敘述亞洲內陸情況的概說書，至少在日本，至今還沒出現過。

後記

本書是補訂筆者在東京大學法學部所授課程「亞洲政治外交史」的講義（其內容，所謂亞洲其實是以中國為中心）筆記，在本書後面加以詳細文獻解說（介紹）而成的。

筆者自一九五一年以來，除因在外國從事研究或生病而休息了三年之外，每年都在講授近代中國政治外交史。迄至一九六七年，在筆者所服務的東京都立大學，授課課程名稱為單純的「外交史」，所以先講兩三次近代國際社會的結構與發展之後，再講中國外交史。最初的一年，只講到鴉片戰爭。迨至從一九五五年年底，出去外國研究兩年的幾年之間，每年，都從亞羅戰爭（一八五七—六〇）講到總理衙門的成立（一八六一），學年就結束。這當然是由於不習慣於授課者欠缺省略能力所導致，另外一個原因是當時筆者的研究對象是亞羅戰爭左右，所以自然而然地詳細講自己最得意的部分所致。

從外國研究回來開始授課時，筆者自我期許，希望一個學年能夠完成概觀二次大戰後的授課，於是每年改寫移動式講義筆記，調整先後順序，時或增加內容，漸漸接近二十世紀。如此這般到達中日甲午戰爭，筆者的能力只到這裡。有人問筆者上課時在講什麼時，筆者都回答說：「從瓦斯科・達・伽馬到中日甲午戰爭」。

一九六六年秋天，東京大學出版會的多田方氏曾經慫恿筆者撰寫概說書，筆者曾口頭答應如果寫將交由其出版。對於涉獵資料撰寫論文感覺人生的意義，但對於講課從來不感覺人生之歡欣的筆者，既然以大學教師為生，已經到達感覺應該寫些可以為研究之指引的概說書之責任的年齡了。

一九六九年，筆者下定決心寫作概說書，並認真開始整理講義的編別，補訂筆記。嘗試兩年，加寫了三章，寫到辛亥革命、第一次世界大戰和五四運動前後。於是「從瓦斯科・達・伽馬到中日甲午戰爭」的本書副題，遂發展成為「從瓦斯科・達・伽馬到五四運動」。

筆者因寫作很慢，故以錄音代替寫稿。從一九七一年五月十一日開始錄音，前後二十八次，於十月一日結束。多田氏從頭到尾在場。迨至次年春天，筆者將由錄音以速記寫就的原稿修改兩次，完成每張兩百字將近兩千張的原稿。但以為兩三個月就可以完成的文獻解題，意外地花了筆者很多的時間。其最大理由是，開始看應該看而還沒看的國內外著作和論文，發現其數目愈來愈多，甚至於覺得有相當部分需要改寫所致。這樣，速讀人家的研究成果，修正自己的未定稿，前後竟花了大約十個月的光陰。迨至一九七三年四月二十五日下午八時，精疲力盡，遂擱筆。從口頭答應多田氏的出版，經過了六年有半。

不過，說世上萬事是塞翁失馬或許是有些誇張，因工作的一再拖延，筆者反而能夠使用不少學術界使用的研究成果。話雖如此，時至今日，還有許多筆者不懂的事。而使筆者最費神的是第二章「清代的政治機構」中的「候補與候選」這個項目。真是沒有一個能使筆者懂的研究文獻。看《大清會典》或《會典事例》也毫無幫助。

筆者把它擺下將近一年，重新閱讀有關文獻，以為懂了開始執筆，但還是不懂。在這樣情況之下，筆者看了《北京誌》（一九〇八）。筆者以為這是方便於利用的普通參考書，沒有予以特別重視，可是看了服部宇之吉在該書所寫，觀察該時代的短文，卻解決了這個問題。從此文所得啟示和近藤秀樹的論文（這也是一再看過很難懂的文章）所嘗試的歷史考察，不是概說而是以論文式的敘述方法，才完成了暫時性的寫作。

一九七二年十一月，舊識的哈佛大學費正清教授，前來筆者研究室，大約翻閱了本書的原稿。當時他向筆者提出兩個疑問。第一是書名雖為政治外交史，其內容主要是外交史，內政史尤其關於叛亂的敘述似乎太少。第二是其副題為「從瓦斯科・達・伽馬到五四運動」，但伽馬並沒有到中國。他說印度的學者外交官巴尼卡爾在其著作強調伽馬到中國他可以理解（註），但卻說最早來中國的另外一個葡萄牙人的名字，筆者沒有聽清楚那個名字。於是筆者給他看原稿的詳細目次，他便很用心看第二章「清代的政治機構」的部分，並說他瞭解了叫做政治外交史的意思。不過對於伽馬他好像還是不能接受，筆者對他說，就包括日本人的亞洲人而言，所謂印度航線的「發現」是非常大的歷史事件，伽馬的名字乃其象徵，但他還是無法理解，後來與其見面時他還是提出同樣的疑問。

費正清教授的這兩個疑問，似乎從反面道出了本書之作為中國外交史概說的特徵。筆者在歷年的授課，和建構本書時，最關心和最用力的就是第二章。在講解第二章的時候，在筆者腦海裡的是，公法學者織田萬博士在精力最旺盛，工作最勤奮的四十歲前後，一心一意所撰寫的《清朝行政法》全六卷七冊（一九一〇—一四）。以歷史學家爾後的特殊研究成果以補充這個長篇之所論，以政治社會學的手法予以現代化，以簡而要的形式，引進自己外交史研究，應該是中國史研究者的任務，這是筆者心中的願望和自負。

筆者之所以執著於瓦斯科・達・伽馬，是認為要理解近代中國外交史之起點的鴉片戰爭，必須從近代以前，必須從步行管道、沙漠綠洲管道、海洋管道，這三個途徑的東西貿易談起，同時必須將近代國際關

註 K. M. Panikkar, *Asia and Western Dominance: A Study of the Vasco Da Gama Epoch of Asian History 1498-1945* (New York: The John Day Company, no date), 530 pp.

係、近代國際貿易之否定的朝貢關係或朝貢貿易，與日本史、東洋史專家之間經常討論的所謂「東亞世界」的問題關聯起來來研究。由此筆者想起東洋文化研究所的飯塚浩二教授（一九〇六—七〇）諷刺地笑說，說「發現」了印度航線是有些誇張，只能說是葡萄牙人得到回教徒導航者的幫助而前來回教商人多年來往還的航路而已。是則從人文地理學家飯塚教授有如行馬天空的比較文化論的座談或著述，筆者學得太多了，而令筆者難忘。

在這裡，筆者擬聲明一件事，就是撰寫本書時，沒有直接利用蘇聯研究中國的成果，文獻解題也未能列舉蘇聯的研究文獻。前面筆者說精疲力盡而擱筆，其中乃就這一件事而言。十六、七年前筆者聽說過，在二次大戰期間，蘇聯失去了將近二十名研究中國史的優秀年輕人，這與史大林批判有沒有關係不得而知，但近年來，蘇聯對於中國史的研究卻似正在慢慢地活潑起來。尤其關於十七世紀俄清關係之資料集和研究書的出版令人瞠目，這是日本研究俄清關係史的權威學者吉田金一所提醒的。

四十歲左右幾年，筆者曾邊拿辭典能看俄文文獻，惟因一段時間沒有使用俄文，故這次也就沒有引用俄文資料。

研究中國的俄國文獻，在東京，據筆者所知，東洋文化研究所和東洋文庫有不少。筆者所服務的東京大學法學部研究室，只要知道，都在儘量購置蘇聯新出版的書。對於今後有志於研究中國史者，筆者建議他們在三十歲以前，開始學習俄文。

寫作歷史的工作是無止境的。任何專門的研究，由於新資料或新研究的出現，便會成為過時。何況概說書，因其內容大部分是看二手資料，以大概的看法嘗試所寫，所以寫完之後總有一點空虛感。不過又會想回來，總有一天不得不改訂而覺得有些安慰，但又湧起中學生時代所學得的一句話：「前途遼遠，寄望於雁山之雲。」

在撰寫此書時，筆者承蒙舊識生田滋、池井優、市古宙三、衛藤瀋吉、岡田英弘、神田信夫、佐佐木正哉、鈴木中正、田中正俊、前野直彬、松村潤、矢澤利彥諸氏的指教。對於不懂的時候，有非立刻打電話請教不可之習性的筆者，他們皆非常親切的予以指教，筆者要表示謝意。如前面所說，東京大學出版會的多田方氏，從構想此書到完成，誠心誠意，很耐心地幫助筆者的工作。也給該出版會的土井和代氏添加許多麻煩，筆者要由衷表示謝意。坪井善明氏協助校對。於此致謝。此外，在閱覽利用文獻方面，筆者受到東京大學法學部、東洋文化研究所以及財團法人東洋文庫的圖書職員諸兄姊許多照顧。在此特別記述，以表示深深的謝意。

在本書，雖然只有幾個地方，筆者曾以原文或句句翻譯的方式直接予以引用英國國家檔案館(Public Record Office)所藏「女王擁有版權的未出版資料」(unpublished crown-copyrighted materials)。但其引用，是正式經過英國皇家文書署(H. M. Stationary Office)的主管(the Controller)許可的。

寫完本書之後，回想起來，筆者的研究生活最初幾年，在所謂「法、文、經、農業經濟」的綜合研究「處所」，教授三人、助教授三人、助教六人的小規模人數，充滿清新氣氛，創設初期東洋文化研究所度過深感不可思議的緣份。不同其專門的少壯氣銳的諸前輩，你論我駁，各吐其名論卓說，孜孜研究。在這樣和諧活潑氣圍中，互相勉勵，就筆者而言，是非常幸福的原體驗。如果本書稍具其特別的長處，不外乎是這些經驗之所賜，如果有不完整之處，則為筆者自幼所養成「雜學雜修」的結果。

一九七三年九月
坂野正高

第二刷後記

出版本書第二刷時，主要作了第一刷所散見的錯字和改正其錯誤。

第一刷問世至今已經八年以上，在這期間出版了不少新的研究。因此，如果可能，應該改寫本書的地方不少，文獻介紹亦當補述，為此，筆者特別要列舉有關近代中國文獻目錄刊行委員會（市古宙三主持）編《近代中國關係文獻目錄》（中央公論美術出版，一九八〇，全六四〇頁）。這是自一九四五至七八年，在日本所出版有關近代中國之論文、專著二萬件以上的目錄。

此外，如能一併參看筆者加上解說與譯註的拙譯，馬卡托尼著《訪問中國使節日記》（平凡社，東洋文庫，一九七五），本書的頁一四〇—一四四，補充「馬卡托尼使節團」內容不夠充分的部分是幸。

一九八二年三月七日

坂野正高

譯者的話

本書是已故日本東京大學教授坂野正高先生，多年在該大學法學院講授「亞細亞政治外交史」之完整講義，由東京大學出版會所出版，《近代中國政治外交史—從瓦斯科・達・伽馬到五四運動》一書的全譯。坂野正高，一九一六年出生美國紐約，一九八五年逝世。東京大學法學部政治學科畢業，曾任教於東京都立大學，後為東京大學名譽教授。著有*Japanese Studies of Modern China*（與費正清合著），*China and The West 1858-1861: the Origins of the Tsungli Yamen* (Harvard Univ. Press, 1964)，《現代外交之分析》（東京大學出版會，一九七一）等。他是一位在日本研究國際政治外交的知名學者。

本書係由我和中國文化大學劉崇稜教授合譯。劉教授翻譯「代序」和自第一章至第八章；我翻譯自第九章至第十四章，以及「文獻題解」（即「文獻導讀」）。

本書可以說是研究近代中國政治外交史，尤其是外交史的入門書。對於近代中國外交，應該提到與敘述的，幾乎全部提到和敘述了。而最有學術價值的，我認為還是「文獻導讀」。它分門別類介紹每一章他所參考或認為應該參考的史料和資料。

本書的內容幾乎沒有什麼錯誤。只有中文譯日文部分有一個地方誤讀，年代有幾個錯誤，我都把它改過來了。作者原把黃興寫成與孫中山一起組織中華革命黨。其實黃興從未參加組織中華革命黨，所以我把黃興的名字拿掉了（頁四三五）。

迄止今日，我認為日本學者所出版研究中國的文獻介紹，最完整的應該是山根幸夫編《中國史研究入門》（上下兩冊，一九八三年，山川出版社）。上冊涵蓋自先秦時代至宋、元時代；下冊從明代至現代。附錄介紹研究中國的學術機構、單位及中英日刊物和書店。更有史籍（史學專著）的索引，非常周全。

其次是坂野正高、田中正俊、衛藤瀋吉編《近代中國研究入門》（一九八一年，由東京大學出版會出版第二刷）一書。此書撰稿者，除三位編者外，有市古宙三、前野直彬、滋賀秀三、淺井敦、石川滋。內容包括工具書、文學、社會經濟、法律、政治外交，最後有這八位教授的座談，談中國研究，非常值得參考。

因本書所討論內容範圍很廣，人名、地名極多，查閱不大容易。在翻譯、措辭、用字上，或有不甚恰當之處，敬請斯道行家，不吝指教。

最後，我們要由衷感謝臺灣商務印書館總編輯施嘉明先生和編輯李俊男先生出版極有學術價值的本書。

陳鵬仁

民國九十四年元月廿一日

近代中國政治外交史 ／ 坂野正高著；陳鵬仁,
劉崇稜譯. -- 初版. -- 臺北市 ： 臺灣商務,
2005[民 94]
面 ； 公分.

ISBN 957-05-1953-3(平裝)

1. 政治制度 - 中國 - 近代(1600-)
2. 外交 - 中國 - 近代(1600-)

573.17 94002935

近代中國政治外交史

作 者 坂野正高
譯 者 陳鵬仁 劉崇稜
責任編輯 李俊男
美術設計 吳郁婷
發 行 人 王學哲

出 版 者
印 刷 所 臺灣商務印書館股份有限公司
地址：臺北市 10036 重慶南路 1 段 37 號
電話：(02)23116118 ・ 23115538
傳眞：(02)23710274 ・ 23701091
讀者服務專線：0800056196
郵政劃撥：0000165 − 1 號
E-mail：cptw@ms12.hinet.net
網址：www.cptw.com.tw
出版事業登記證：局版北市業字第 993 號

初版一刷 2005 年 4 月

定價新臺幣 550 元
ISBN 957-05-1953-3（平裝）／ 32561000

2005
5.13